U0129425

行雲流水一孤僧

蘇曼殊及其六記之文藝心理學分析

潘啓聰 著

文 史 哲 學 集 成
文史哲出版社印行

國家圖書館出版品預行編目資料

行雲流水一孤僧：蘇曼殊及其六記之文藝心理
學分析 / 潘啟聰著. -- 初版. -- 臺北市：
文史哲出版社, 民 110.02
　　頁；　　公分（文史哲學集成；737）
　ISBN 978-986-314-545-5（平裝）

1.蘇曼殊 2.文學評論

848.2　　　　　　　　　　　110002409

文 史 哲 學 集 成　　737

行雲流水一孤僧
蘇曼殊及其六記之文藝心理學分析

著　　　者：潘　　　　啓　　　　聰
出 版 者：文 史 哲 出 版 社
　　　　　http://www.lapen.com.tw
　　　　　e-mail：lapen@ms74.hinet.net
登記證字號：行政院新聞局版臺業字五三三七號
發 行 人：彭　　　　正　　　　雄
發 行 所：文 史 哲 出 版 社
印 刷 者：文 史 哲 出 版 社
臺北市羅斯福路一段七十二巷四號
郵政劃撥帳號：一六一八〇一七五
電話886-2-23511028・傳真886-2-23965656

定價新臺幣五二〇元

二〇二一年（民一一〇）三月初版

ISBN 978-986-314-545-5　　01737

李　序

　　啟聰對蘇曼殊的作品一直持有高度的興趣。他的本科是心理學，尤其偏好文藝心理學；而他的博士唸的是中國文學。在這樣的背景下，所以這篇《蘇曼殊「六記」分析──從文藝心理學的進路探索》的精彩是可期的。

　　對我而言，文藝心理學是我從未接觸過的學科，所以我只能從文學的角度給啟聰提供一點意見。待啟聰完稿後，我還真的從這篇論文學到了不少的東西。我不但大致了解何謂文藝心理學，而且還學到了將文學作品與文藝心理學結合起來，可以看到作品的另外一個世界。這真的是出乎我意料之外的收穫。特別是第二章〈方法論〉是本論文最重要的理論依據。以下幾章都是在此一基礎下展開的。所以這篇論文是具有賢實的理論基礎的。

　　本論文在主人公「身世有難言之恫」的局限下，將蘇曼殊的生平，一點一滴的爬梳出來，盡可能的作了最詳盡的介紹，這可花了啟聰相當的心力。

　　我本人是研究中國古典文學的。這篇論文對我而言，是由古典跨越到近代；由中國跨越到西方，所以我能供的意見是極有限的。前面我介紹過啟聰的背景，也唯有具備啟聰這種背景，才有能力完成這篇高度專業的論文。

　　很高興看到啟聰這篇論文已經完成，並將付梓。緩綴數語，姑以為序。

李立信 2019.12.28

吳　序

　　蘇曼殊，一個銘刻在民國文化豐碑上的名字，但這也是一個充滿矛盾的名字。人都稱他情僧，拿凡塵情愛跟比丘相提並論，本就已經非常矛盾；不過，卻也真的顯示他生命中的矛盾。實際上，蘇曼殊是文人，詩人，僧人，更是情人。這位情僧，在三十四歲之時，為自己年輕的生命寫下句號；但這匆匆的生命，寫下更多的卻是問號及感嘆號。

　　他是出家人，法號曼殊；卻冠以俗家姓而名聞於世。

　　他是多個自傳式小說的寫手，卻也是謎樣身世的推手。

　　他要忘情於俗世，卻有濃情託於詩文。

　　他落髮受戒，卻又偏有放浪之跡。

　　他遁入空門，卻又難過情關，也投身革命。

　　他到底是怎樣的一個人呢？

　　蘇曼殊，生於妾室，母為日人，在當時中日緊張的年代，這樣的背景已經夠複雜了；更嚴重的是，他是父親與小姨子的愛情結晶，這個不倫的身世，讓他從小就有「難言之恫」；長大以後，跌宕起伏，情枷恨鎖，逼得他投入空門；但青燈梵典，空寂禪門，關不住這顆年輕的心。面對親情，只嘆母子無緣更無分；面對癡情，他卻從來都像放飛了的風箏，空有餘情牽一線；所以他身雖披剃，心未忘情，只能輕歎：「還君一缽無情淚，恨不相逢未剃時」（《本事詩》）。可見蘇曼殊的情執之深。

　　王長元在《沉淪的菩提——蘇曼殊全傳》中記載了一件曼殊與友人相處的軼事；據說章太炎與蘇曼殊初識，已洞悉他的內心，曾勸他道：「以情入道，自古有之。但悉心觀情，便可發現，此物若天上游雲一般，飄忽萬狀，變化萬端，說有即有，轉瞬又無。易安居士云：『才下眉頭，卻上心頭。』說的就是一個『情』字。用情又有善與不善之分，善用情者，心調理順，氣象平和，觀照人生，也多是春花秋月；不善用者，心緒不寧，必為所累，光顧人生，多半是愁雲慘月。我也明知此話多餘，但還是願真心地說給你。」但蘇曼殊畢竟就是情癡，沒有聽取章太炎的忠告，終致「袈裟點點疑櫻瓣，半是脂痕半淚痕」（《本事詩》）。甚至弄到情人殉情投海，胡沙埋驗骨，情淚滴深杯；回顧前塵，蘇曼殊自道：「終身為情所累」，「負人負己已久。」誤人誤己，實在悔之已晚。

　　實際上，蘇曼殊的人生充滿糾結，他的內心也充滿糾結；所以要理解蘇曼殊的個人及其作品，不能忽視他的複雜人生，以及他糾結的心理情況。當然這就需要一定的心理學專業背景，才能夠真的分析透切！

　　潘啟聰博士畢業於香港城市大學應用社會科學系主修心理學，後又研究哲學，並有志於文學研究。所以當潘博士跟我談適合的研究方向之時，我就建議他考慮善用其學術背景，發揮優勢，從事蘇曼殊的研究。

　　潘博士很快就進入狀況，廣泛閱讀，取精用宏；所謂讀書破萬卷，下筆如有神，潘博士也很快就寫完畢業論文！在研究蘇曼殊的生平方面，歷來都是困難所在；失實的傳聞，加上他的自傳小說的藝術加工，讓人真偽難辨；但潘博士好比巧手解得九連環一般，盡量解答許多蘇曼殊的生平懸案；這是因為潘博士能比較資料的不同版本，細心審察傳聞，撥雲見日，大致呈現蘇曼殊的

一生。

　　此外，雖然研究蘇曼殊的作品不少，也有人用心理分析或文藝心理學進行分析；但受限於專業，不是誤解心理分析理論，就是成果有限。而潘博士在心理分析及文藝心理學方面都有特別用心，最近才出版了《當文學遇上心理學》的專著；所以在運用相關心理理論進行分析之時，頗能駕輕就熟，別出心裁；譬如一般分析《斷鴻零雁記》時，多用戀母為詮釋的框架；但潘博士卻側重於乳媼一角的深層分析。這故事借重遇乳媼開始，乳娘似母卻又並非真的母親，但對於人皆謂我無母的主角而言，也就勾起重遇母親，再享慈母之愛的盼望；然而，現實卻無比殘酷。最終一直幻滅。潘博士扣緊作者生平分析，頗多互相發明之處。而其心理詮釋的新意，也就更顯得信而有徵。所以這本論文可說是當前研究中，嚴格地運用心理學進行蘇曼殊分析的力作。

　　我記得潘博士的論文口試委員，對潘博士的研究都多方肯定。今天這本書就是在其博士論文的基礎上，精益求精的最新研究成果。我很高興看到潘博士的成績，也樂於為這本書撰寫序言。

　　　　　　　　　　　　　吳有能筆於獅子山下
　　　　　　　　　　　　　2020.12.15

行雲流水一孤僧

蘇曼殊及其六記之文藝心理學分析

目　　次

李　序 ……………………………………………………………… 1

吳　序 ……………………………………………………………… 3

圖　像 …………………………………………………………… 11

第一章　緒　論 ……………………………………………… 1

　第一節　有關曼殊生平的研究 …………………………………… 3

　第二節　有關曼殊作品的研究 …………………………………… 6

　第三節　研究各章之簡介 ………………………………………… 9

第二章　方法論 ……………………………………………… 13

　第一節　文藝心理學簡述 ……………………………………… 14

　第二節　現有研究的反思 ……………………………………… 18

　第三節　典型的研究方法佛洛伊德的《格拉迪瓦》 …… 22

　第四節　本研究運用文藝心理學的方法 …………………… 24

第三章　曼殊身世 …………………………………………… 31

　第一節　曼殊身世爭議的兩大時期 …………………………… 32

　　一、第一個階段：父親／血統爭議期 …………………… 32

　　二、第二個階段：母親爭議期 ………………………… 37

　第二節　現存的三種觀點蘇家下女說、河合仙胞妹說，

　　　　蘇家下女說、河合仙胞妹說，和河合仙侄女說 ‥38

第三節　「蘇家下女說」欠證據 ……………………………41

第四節　曼殊沒有打誑話：曼殊與生母確有重遇 ………**45**

第五節　「河合仙胞妹說」比較合理 ……………………50

第六節　結　語 ………………………………………………51

第四章　身世有難言之恫 ……………………………………53

第一節　解讀「身世有難言之恫」的爭議 ………………54

第二節　現存的說法仍有待商榷 …………………………56

第三節　理解曼殊的「身世有難言之恫」………………61

一、寫作風格的轉變 ………………………………………63

二、曼殊的生平資料與作品繫年的比較 …………96

三、曼殊的病態飲食習慣 ……………………………114

第四節　結　語 …………………………………………135

第五章　〈《潮音》跋〉與《斷鴻零雁記》性質研究 ………137

第一節　「而遭逢身世，有難言之恫」的出處

　　　　── 〈《潮音》跋〉 ………………………139

一、〈《潮音》跋〉的來源 ………………………140

二、〈《潮音》跋〉的作者 ………………………141

三、〈《潮音》跋〉的寫作時間 ………………144

第二節　「然彼焉知方外之人，亦有難言之恫」的出處 148

　　　　── 《斷鴻零雁記》………………………148

一、《斷鴻零雁記》所產生的影響 ………………150

第三節　為〈《潮音》跋〉及《斷鴻零雁記》重新定位 ‥155

一、有關《斷鴻零雁記》性質的爭議 ………155

二、《斷鴻零雁記》再定位 ……………………159

三、〈《潮音》跋〉也是曼殊自傳 ……………174

第四節 結語：對〈《潮音》跋〉《斷鴻零雁記》
重新定位之重要性 …………………………………… 177

第六章 六記分析 ── 《斷鴻零雁記》心理分析 …………… 181
第一節 文本分析的前提 ──
曼殊人格（personality）的剖析 ………………… 182
一、曼殊的童年 ………………………………… 182
二、佛洛伊德的人格發展理論 ………………… 184
三、曼殊人格發展的剖析 ……………………… 187
第二節 《斷鴻零雁記》的心理學解讀 ……………… 198
一、心理學對作品解讀的幫助 ………………… 198
二、《斷鴻零雁記》的內容 …………………… 200
第三節 結 語 ………………………………………… 263

第七章 六記的文藝分析與創作心理 ……………………… 267
第一節 「六記」的文藝分析 ………………………… 268
一、〈斷鴻零雁記〉分析（1912 年）………… 268
二、〈天涯紅淚記〉（1914 年）分析 ………… 290
三、〈絳紗記〉（1915 年）分析 ……………… 296
四、〈焚劍記〉（1915 年）分析 ……………… 309
五、〈碎簪記〉（1916 年）分析 ……………… 319
六、〈非夢記〉（1917 年）分析 ……………… 328
第二節 「六記」的創作心理分析 …………………… 335
一、曼殊的寫作習慣：一貫性的悲傷風格 ……… 335
二、悲傷風格的心理分析 ……………………… 355
第三節 結 語 ………………………………………… 374

第八章 重評蘇曼殊 ………………………………………… 377
第一節 重評曼殊的思想 ……………………………… 377

　　第二節　重評曼殊的文學 ……………………………………… 381

　　第三節　重評曼殊其人 ………………………………………… 384

　　第四節　本研究的限制及未來的研究展望 ………………… 386

　　第五節　結　語 ………………………………………………… 387

第九章　結　論 ……………………………………………………… 391

參考書目 …………………………………………………………… 395

　　中文專書 ………………………………………………………… 395

　　中文論文 ………………………………………………………… 400

　　英文專書 ………………………………………………………… 402

　　英文論文 ………………………………………………………… 403

　　作者近年論著 …………………………………………………… 404

後　記 ……………………………………………………………… 407

曼殊大師像（蕭紉秋藏曼殊畫稿手卷之二）

曼殊大師像遺畫三（蕭紉秋藏曼殊畫稿手卷之八）

第一章　緒　論

　　蘇曼殊是中日混血兒，但讓人好生奇怪的是他的生母竟是父親日妾之妹[1]；這一家門內醜，使得他的身份特別尷尬；因為父母的關係，既無名份，也有違倫常[2]，所以蘇曼殊一直到了六歲才得以回到蘇家[3]；另一方面，蘇曼殊擁有中日兩國的血統，難逃雜種之譏，加上中日衝突，身懷日本血統的他，自然不為鄉里所接受[4]。長大後的蘇曼殊熱忱參加革命[5]，曾意圖槍殺康有為[6]；同時他政治交往很豐厚，不但跟國民黨重量級的孫中山、蔣介石及馮自由等結交，也跟創立中國共產黨的陳獨秀非常友好[7]。他精通中、日、梵及歐文幾種文

曼殊大師梵文墨蹟（蕭紉秋藏曼書畫搞手卷之四）

1 馬以君，〈蘇曼殊年譜 一〉，《佛山師專學報》，1985 年第 2 期，頁 138。
2 馬以君，〈蘇曼殊年譜 一〉，《佛山師專學報》，1985 年第 2 期，頁 138。
3 馬以君，〈蘇曼殊年譜 一〉，《佛山師專學報》，1985 年第 2 期，頁 148。
4 社，2007），頁 50。
5 馮自由，〈興中會時期之革命同志〉，《革命逸史 第三集》，（北京：中華書局，1981），頁 68；馬以君，〈蘇曼殊年譜 二〉，《佛山師專學報》，1986 年 01 期，頁 99-102。
6 劉心皇，《蘇曼殊大師新傳》，（台北：東大圖書公司，1992），頁 35。
7 柳無忌，〈蘇曼殊及其友人〉，柳亞子編，《蘇曼殊全集 四》，（北京：當代中國出版社，2007），頁 3-42；劉心皇，〈曼殊的朋友們〉，《蘇曼殊大師新傳》，（台北：東大圖書公司，1992），頁 111-135。

字，並被柳無忌稱為清末民初的第三大翻譯家[8]；他是一名僧人，卻生活得半僧半俗，他食肉、喝花酒，又是一名情種；除了翻譯詩歌、小說及碑文之外，他自己亦有詩、畫、小說、雜文等作品。他的生命雖然短暫，但是他的人生實在精彩豐富。

有趣的是，曼殊留給吾人的，不只是一個傳奇，還是一個個學術的懸案。對於曼殊生平的研究，其血統、其身世、他有沒有正當關係的戀人、他有沒有精神病等都有很多的學人想弄個明白。有關他作品的研究，他的寫作動機、他的風格、他小說故事的內容等，亦不乏學者想一探究竟。可是，查學界的曼殊研究現況，懸案比穩固的知識更多。例如，有關曼殊身世的討論，就曾有著曼殊為香山蘇氏血統，和日本血統「拖油瓶」二說之爭。父親為誰之爭議才止，就有母親是誰的討論。討論中分別又有母親為蘇傑生日妾河合仙、日妾胞妹、日妾侄女及日本女傭若子的說法[9]。又例如，在解讀曼殊作品的研究之中，以〈斷鴻零雁記〉研究為例，有學者指〈斷鴻零雁記〉中的悲劇色彩是與時代轉型有關[10]，亦有學者認為當中的悲傷格調與他飄零悲涼的人生經歷有關[11]，又有學者認為小說中體現了曼殊的戀母仇父情結[12]。當中各種說法差異之大，若把研究對象的名字抹去，實難叫人相信被論述的為同一人或同一部作品。

8　柳無忌，《蘇曼殊傳》，（北京：三聯書店，1992），頁 183。

9　馬以君對曼殊母親的爭議作出詳細陳述，詳細可參考：馬以君，〈蘇曼殊年譜‧一〉，《佛山師專學報》，1985 年第 2 期，頁 138-139。

10　吳近，〈斷鴻零雁的愛中涅槃－論蘇曼殊小說的悲劇性〉，《安徽文學（下半月）》，2010 年第 8 期，頁 35-36。

11　陳亞平，〈中國現代知識分子的邊緣心態與感傷體驗〉，《南京師大學報（社會科學版）》，2009 年第 3 期，頁 150-155。

12　包華，〈戀母仇父情結下的蘇曼殊〉，《作家雜誌‧現當代作家作品研究》，2009 年第 8 期，頁 25-26。

　　有論者認為學界的曼殊研究之現況是一種高峰[13]。筆者認為此說不妥。主要原因是現有的研究，並未有讓吾人加深了解曼殊其人、其作品及其思想。林律光在其《蘇曼殊之文藝特色研究》中指出：「近年來，文壇上一般對於蘇曼殊的生平、著作與文學上的成就評價，已達到了高峰的研究。各有不同的批評與結論」[14]。筆者認為學界中，不少前輩學人對曼殊的研究實在功不可沒，成果甚豐。然而，至今仍有不少有待進一步研究的空間。文壇上對於蘇曼殊的研究數量上固然甚多，各有不同的批評與結論。可是，這些所謂不同的批評與結論並不是屬於不同層面或多角度的理解，豐富著吾人對於曼殊的認識，而結論之間往往是具衝突性，彼此不能互相包容。現有的批評與結論雖多，論點各有不同，但都沒有讓人加深了解曼殊。因此，筆者不能完全認同林律光的看法，謂曼殊研究已達到了高峰。

第一節　有關曼殊生平的研究

　　如前所述，學界的現有研究差異甚大，甚至出現互有衝突的看法，以至吾人根本無法由各項研究中多點了解曼殊。以下將枚舉數例以示問題所在：

　　有關曼殊參與革命之動機的解說，就是其中一個學者們熱門的研究課題。張娟在 2009 年寫了〈與自卑較量 —— 解構蘇曼殊〉一文。張氏在文中指出蘇曼殊之所以參與革命，甚至是暴力革命，是由於曼殊的身世令他在封建的社會飽遭歧視與排斥，使他產生

---

13 林律光，《蘇曼殊之文藝特色研究》，（台北：花木蘭文化出版社，2010），頁 1。
14 林律光，《蘇曼殊之文藝特色研究》，（台北：花木蘭文化出版社，2010），頁 1。

了自卑感。由極度的自卑感生出了對舊社會制度的仇恨，他之所以參與暴力革命是因為仇恨驅使他要破壞及推翻舊社會[15]。

　　邢博在 2005 年撰寫了〈解讀蘇曼殊的人格之謎〉一文。當中他寫道：「蘇曼殊的拯時救世的思想某種程度上體現的正是大乘佛學的『眾生成佛』與儒家『天下為公』思想的融合統一。這也可以理解為『以出世的情懷做人世的事業』」。他的想法與前述張娟的說法幾乎是一百八十度的不同。前者謂曼殊因仇恨心參與革命，後者是以利他救世的心出發參加革命事業[16]。

　　曼殊友人之子柳無忌在其《蘇曼殊傳》之中，寫的又是另一回事。他筆下的曼殊之所以參加革命乃出自一片愛國之心，以及改革社會的抱負。他在書的序言已明確寫道：「他是一位愛國的、革命的、有熱忱和抱負的，卻不幸多病早逝的浪漫詩人」[17]。他所描述的曼殊絕對是一位有志革命和熱心社會改革的錚錚之士。他對於曼殊之所以參與革命的解說，又完全是另一種的情懷了。

　　另外，有關曼殊僧人的身份、出家的動機，和佛法在他心目中的地位等亦是學者們熱門的研究課題之一。林律光在《蘇曼殊之文藝特色研究》中明確地對此議題下了一個判斷，他在書中寫道：「前者（曼殊）雖然少年就已出家，但是那是一種生活所迫，不得已而為之的選擇，曼殊對佛法沒有任何的理解，也沒有真正的悟道」[18]。按他的說法，曼殊出家的動機是一項不得已而為之的選擇。曼殊對佛法是沒有任何的理解，更談不上他有沒有受益

15　張娟，〈與自卑較量 —— 解構蘇曼殊〉，《書屋‧海內與海外》，2009 年第 3 期，頁 70-72。

16　邢博，〈解讀蘇曼殊的人格之謎〉，《臨沂師範學院學報》，第 27 卷第 1 期，頁 81-84。

17　柳無忌，《蘇曼殊傳》，（北京：三聯書店，1992），頁 2。

18　林律光，《蘇曼殊之文藝特色研究》，（台北：花木蘭文化出版社，2010），頁 80。

於佛法而得自在。

　　對於曼殊出家的動機，柳無忌有著與林律光相似的看法，認為他出家是一項不得已的選擇。他在《蘇曼殊傳》之中寫道：「從一個目的地遠大的青年革命志士變成一個乞求施捨的和尚，這種變化是很劇烈的，但也可能是很簡單的，只是為了逃避家庭為他已經安排好的婚事，才促使他這麼做的」[19]。至於佛法在曼殊心目中的地位，按柳無忌的說法，是有著演變的。柳氏認為曼殊對佛教信仰的獻身和熱情在 1908 年達到頂點。可是，在他一生的最後幾年裡，他對佛教的熱情也大大冷淡了。按柳氏所說，雖然曼殊在言談和公開發表的文章裡，仍舊保持一個佛教僧侶的形象，但是那只是一種姿態和外表，並不是對宗教的真正信仰[20]。

　　一反以上的說法，陳星在他的《多情乃佛心 —— 曼殊大師傳》一書之中，將曼殊描述為一位自小已經與佛法有緣，有志弘法利生的大師。例如，在描述曼殊得知《蘇報》案的判決後的反應時，他寫道：「就在此時，他的心中升起了一種崇高的願望：把餘生奉獻給與他因緣最深的佛教」[21]；又例如，寫曼殊第三次出家時（雷峰寺出家），陳氏寫道：「曼殊此次受戒可說是他個人生命旅途中的里程碑，它標誌著一個以弘法利生為己任的曼殊大師從此誕生了」[22]。在陳氏筆下，曼殊即使稱不上高僧大德，亦堪稱大師之名。

　　以上不同的說法差異實在太大，難以加深吾人對於曼殊的認識。在閱畢種種資料之後，反而令人覺得越來越混亂。對於到底

---

19 柳無忌，《蘇曼殊傳》，（北京：三聯書店，1992），頁 32。
20 柳無忌，《蘇曼殊傳》，（北京：三聯書店，1992），頁 158。
21 陳星，《多情乃佛心 —— 曼殊大師傳》，（高雄：佛光文化，1995），頁 43。
22 陳星，《多情乃佛心 —— 曼殊大師傳》，（高雄：佛光文化，1995），頁 46。

蘇曼殊是什麼人？他有著怎樣的性格？他的為人及品格如何？等等的問題根本仍毫無頭緒。蘇曼殊僅為一個人，當然不可能同時是一位不諳佛法的人，又是一位發願利樂有情和立志弘法利生的大師；不可能又是因仇恨而對傳統社會生起破壞心的人，又是融合儒佛思想而熱忱拯時救世的革命家。上述種種的爭議，其實衍生自對曼殊沒有比較一致性的認識，因而對於曼殊文學作品之理解亦同樣是千差萬別的。

第二節　有關曼殊作品的研究

由以上的討論可見，對於曼殊與佛法之關係可謂眾說紛紜。因此，有關他的作品中是否透顯出佛理之討論亦是各執一辭。林律光在分析曼殊的小說時，指出了在曼殊的小說中，對情的渴求與對佛的皈依形成了激烈的矛盾。由於曼殊本人並不是真心徹悟佛法的，他並未有達到心無塵埃的境地。因此在小說之中，當愛情與成佛兩種理想發生衝突時，曼殊內心的矛盾體現在故事情節之中，就表現出「只有一方遭受了痛苦或毀滅而釀成悲劇」[23]的情節。

吳正榮所持的則是另一種的觀點。在他的《佛教文學概論》之中，在〈第七章 20 世紀的中國佛教文學〉就寫有「蘇曼殊詩歌的心性透視」一條目分析曼殊。吳氏並不如林氏般認為「曼殊對佛法沒有任何的理解」，而是指曼殊只是沒有因佛法而得解脫而已。他寫道：「近代文人中，再沒有誰比他更能體現生命的『苦諦』

---

23 林律光，《蘇曼殊之文藝特色研究》，（台北：花木蘭文化出版社，2010），頁79-80。

了。蘇曼殊是個僧人，但佛法並沒有成為令他解脫的良藥，他因佛法而認識到生活的『苦諦』，卻也因此建立了解脫和俗世生活之間的距離，自身於其中痛苦掙扎。於是其詩作中，隨手拈來都是些枯瘦苦澀的意象」[24]。在他的觀點之下，曼殊是一名僧人，懂人事，知佛法，只是仍未因佛法而得自在解脫。

施春艷在其〈蘇曼殊情愛小說的獨特風格〉一文中又有完全另一種的說法。她在分析曼殊小說人物的遭遇時寫道：「無論是從佛門還俗到塵世，還是選擇常伴青燈古佛。蘇曼殊小說中主人公們都難逃這種宿命。情滅而佛生，而蘇曼殊小說中則是情生則佛生，以佛絕情。……在這種情佛之間的流連中，讓他的小說比同時代的作品多了一份神秘的色彩」。她又謂：「蘇曼殊是一個把愛寫到極致的作家，在情佛之間的不斷掙扎和徘徊中終於選擇了皈依佛」[25]。曼殊所創作的故事人物的確不是出家，就是死亡。可是，貿然將之評為痛苦、悲劇，實在是世俗人的看法。在佛教文化裡出家和死並不是一種痛苦，反而是一種解脫之途。施氏認為：「小說裡出現的大量出家的現象，也是作者希望通過宗教讓自己筆下的人物能夠得到解脫，希望他們能在這裡找到人生的出路」[26]。按施氏的說法，曼殊是明佛法，知解脫的，而且他的小說作品中正反映了佛教對解脫的看法。

由上文所引述的研究可見，有關曼殊文學作品的解讀同樣是差異甚大的。這並不是一個百花齊放，研究豐碩的局面，而是一個混亂的狀況。主要的問題是在於論者根本就沒有一個準則、一

---

24 吳正榮，《佛教文學概論》，（昆明：雲南大學，2010），頁 272。
25 施春艷，〈蘇曼殊情愛小說的獨特風格〉，《青年文學家》，2009 年第 19 期，頁 14-16。
26 施春艷，〈蘇曼殊情愛小說的獨特風格〉，《青年文學家》，2009 年第 19 期，頁 14-16。

個參考點去判定哪個結論屬於有效的論述，而是各自各地進入文本（不論是詩歌、小說或是其他作品）去詮釋，當中不乏論者主觀的看法。對於曼殊的研究，數量上也許是很多的。可是，若然說到對其人及其作品的認識，這就連一個大概的共識也沒有；這樣又何以能如林律光所說，謂曼殊研究已達到了高峰呢？以上種種的分歧之所以會出現，在於學界仍未能對曼殊的人格特質及其心理轉變有透徹的把握。筆者認為文藝心理學的進路可以為吾人解開這個困局。如果吾人能運用文藝心理學的研究方法，對曼殊的成長過程、心理發展，以及其人格特質有一定掌握的話，研究者就可以以之為準繩去判定什麼的結論屬於較有效的、符合曼殊人格特質的論述。這樣不單對於研究曼殊本人，乃至對於了解其作品亦可以有莫大裨益。

　　有見以上種種的問題，本研究的目標十分簡單，就是回答以下兩組問題：

　（一）曼殊是誰？
吾人能否對此人有真徹的了解？他有著怎樣的個性？他一生中有沒有發生什麼重要的事，影響了他和他的創作？

　（二）曼殊的作品如何解讀？
他的作品有什麼獨特之處？他的個性與他的創作有什麼關係？在他作品之中，一些澀晦難解的情節，能否因對他個人身世有更多理解而讀得懂呢？

　　是以，本論文以文學心理傳記為基本取向，運用心理學理論，解釋蘇曼殊生平的心理刺激，以及其所帶來的思想性格及在文學創作兩方面的影響。同時，又在此一新的心理傳記詮釋的基礎上，重新解讀蘇曼殊的作品。最後，筆者在這些研究積儲上，嘗試重

新評價蘇曼殊其人及其文，以便為學界清理多年的迷霧，並提出個人的看法。

第三節　研究各章之簡介

為能達到以上的目標，筆者將會按研究需要劃分為九個部份。研究各部份又大致上可分為兩個主要面向：（一）了解曼殊其人、（二）解讀曼殊作品。

第一章主要是指出現有曼殊研究之主要問題。現有的研究對於曼殊其人及其作品沒有一致性的理解，甚至出現了極為混亂的狀況。讀畢現存有關曼殊的研究之後，讀者不只是對曼殊沒有深切的了解，反而是不知曼殊是誰。比如杜甫，吾人讀畢現有研究後，如果說把他理解為一位愛國的詩人，作品呈現儒家憂國憂民的情懷，那大體上是沒有問題的。可是，在曼殊研究上則不一樣了。讀畢現有研究後，對於他的個性、他佛教的修持程度等議題都不大清楚。在解讀曼殊作品方面的亦出現了類似情況。本章開宗明義，指出本研究會就回答兩個問題而作出探討：「曼殊是誰？」及「曼殊的作品如何解讀？」。

第二章旨在闡明本文的研究方法。筆者認為當前曼殊研究的一大問題，就是在了解曼殊其人及解讀曼殊作品時，無有效準繩可依照。因此，這才出現了各研究者彷如自說自話的混亂情況。筆者希望借鑒心理學的理論去對曼殊其人其作品進行分析。心理學的研究重視證據和可檢驗性，研究所得又必須符合最佳說明推理的標準，筆者認為可解決現有曼殊研究的問題。人的心理特質、個性的形成、人格的特徵等是可以由分析對象的人生經歷作出推

測的，是講求證據的。人格或個性甫一形成，它們就有著跨時間、跨情景的相對一致性。因而在了解作家個性之後，是可以作為解讀作品之準繩。既然筆者借用心理學去多了解曼殊及其作品，故特寫此章以交代研究方法的一些背景和運用的必要性。

　　第三、四章屬於本研究的第一個面向之探討：了解曼殊其人。曼殊半生都悲鳴著一件事，就是其「身世有難言之恫」。這七個字也許是論者最常提及的。不論是曼殊的生平研究，還是文學研究的範疇，這七個字是不少論者的討論根據。因此，筆者亦由此入手，探討其「身世有難言之恫」對於曼殊個性形成及對其寫作有什麼的影響。第三章屬探討其「身世有難言之恫」的前提，透過先了解曼殊的身世，從而進一步探討此「恫」是如何「難言」。筆者在此章中，反思了學界討論曼殊身世的狀況，然後指出現存的說法之中，何者比較合理。最後，筆者是支持曼殊母親為「河合仙胞妹說」之說法。第四章先陳述了現存「身世有難言之恫」的爭議之各種說法，再指出現存的眾多說法仍有待商榷。經考察各項的證據，如曼殊的作品繫年、寫作風格的轉變、曼殊年譜、曼殊的病態飲食習慣等，筆者有理由相信曼殊之謂其「身世的難言之恫」乃是由他長大後省母之事所引發的。筆者更進一步推論出：曼殊之謂其「身世有難言之恫」應是指他在重遇河合仙時，得悉一直視為生母的河合仙實乃其姨母，而真正的生母卻是一直稱呼為姨母的河合若之事。

　　第五至七章同時觸及本研究兩個面向的探討：了解曼殊其人及解讀曼殊作品。在上兩章，筆者由客觀事實層面出發，理解了曼殊的身世及其所謂「身世有難言之恫」。之後，筆者轉為由心理事實的層面出發，了解曼殊是如何看待他的身世，和他的「難言之恫」在他心目中的意義。《斷鴻零雁記》和〈《潮音》跋〉曾被

稱之為曼殊的自傳，後來此說又被推翻了。自此，再無人認真地處理當中所載的訊息。第五章屬第六章的前提，筆者先指出了《斷鴻零雁記》和〈《潮音》跋〉性質的爭議所在，及一直以來有什麼說法；然後，借菲力浦・勒熱訥《自傳契約》一書之中的說法，力排眾議，再一次指出《斷鴻零雁記》和〈《潮音》跋〉性質上均為曼殊自傳。然而，筆者之所以判定它們為自傳並非指它們具有客觀歷史之真實，而是曼殊的「心理事實」之真實。有了這項結論之後，吾人以後可以安心地視當中資料為真確無誤的事實看待。

　　第六章是《斷鴻零雁記》的心理分析，目標是希望如實地揭露曼殊意欲在其自傳中表達什麼訊息。筆者在閱讀《斷鴻零雁記》時，留意到不少地方都反映了曼殊心理上的情結。有見及此，筆者在第六章的前半部份，先以佛洛伊德的理論分析曼殊的童年，及其所形成的人格特質，從而得出曼殊屬於口欲含合型的人格。筆者在第六章的後半部份再按此結論對《斷鴻零雁記》作出分析，解釋了為什麼三郎的省母之行會以離家出走作結。歸納起來，筆者大致將他的省母之行分為三個階段：一、「自悲・幻想」階段，二、「遇上・失望」階段，三、「消退・破滅」階段，去反映曼殊意欲表達的訊息。《斷鴻零雁記》又以悲傷的格調聞名，筆者亦在此部份指出了《斷鴻零雁記》作為一部自傳，它反映了傳主曼殊的轉變。那是一種思緒上越趨悲傷，鬱結越趨難解，最重要的是其「難言之慟」的個性形成史。歸納之後，筆者將分析曼殊個性越趨悲傷的因由為「三苦」：身世苦、無常苦及情困苦。

　　第七章主要是對六記作出文藝的分析，並指出其背後的創作心理。筆者主要以貝爾納・瓦萊特《小說：文學分析的現代方法與技巧》一書中的分析技巧作框架，重點由章節劃分、時間性、

外部空間的描寫、人物及肖像的描寫、作者論述、敘事研究、修辭研究各方面，對曼殊的六記作出分析。在第七章較後的部份，筆者再指出了六記之中同樣呈現了《斷鴻零雁記》中的「三苦」。筆者進一步推論六記中的悲苦，是受著曼殊的人格及精神病所影響。經過分析，筆者指出曼殊極有可能患上了重度憂鬱症，而在他的作品之中處處呈現出與重度憂鬱症的病徵非常一致的情節。筆者認為在曼殊身上體現了一種現象，就是精神病與創作之間有著高度關聯性（co-relational）的關係。

　　第八章將會重評蘇曼殊及其作品。筆者會以上述各章的研究所得，由思想、文學，和曼殊本人三方面入手，重新評價蘇曼殊。思想方面，筆者認為曼殊雖則未成一家之言，可是在他的身上絕對可以見到知識份子的批評力和對社會時局之關懷。文學方面，筆者認為周作人將曼殊定性為鴛鴦蝴蝶派之說法是不對的。觀曼殊的作品，蘊含了他對社會的強烈關懷和當中對時局的論述。他並不屬於以消閑、趣味為創作宗旨的鴛鴦蝴蝶派。至於有關曼殊其人的評價，個人生活方面，他是一個悲情的人物；個性方面，曼殊不只屬口欲含合形態的人格，他的行為亦表現了性器期的固著形態，只是出現了反向作用，因此影響了他在情愛事上表現出清教徒式的態度；信仰方面，筆者不同意一直以來的二元式之判斷，曼殊要麼是一位弘法利生的高僧，要麼對佛法沒有任何的理解。筆者對曼殊的評價是，他是修行修得不太好，但對佛教有認識的一個和尚吧！

　　第九章是本書研究之總結

第二章　方法論

　　選擇以文藝心理學的方法作為研究蘇曼殊的進路，乃是有鑒於在各曼殊研究之中的問題。筆者認為癥結所在是出於研究員對作家其人、其人格（personality），及其心路歷程等並不了解。至於有關作品的分析、論述、及評價的分歧，其實亦是源於此一問題。心理學家相信人們都有著其獨特的人格，而由於個體的人格是獨特的，因此它決定了個體行為與他人之差異性。個體的人格則使得人的行為有著比較穩定的、相對持久的特質、傾向或特性模式。所謂「比較穩定」、「相對持久」意思是指個體的行為有跨時間和跨情境的一致性[1]。就跨情境的一致性而言，文藝心理學家更相信作家的人格、生命體驗、精神狀況、情感等是會激發他的創作，令他的所思所想再現在他的作品之中。這就是所謂的跡化過程[2]。作為一個獨立的個體，蘇曼殊同樣有著他獨特的人格。在曼殊的人生路上，因不同的因素而形成其與眾不同的個性，或因天賦的氣質（temperament）、或因家庭的背景、或因早歲的經驗、或因人際間的社會化（socialization）等。有見於現存的研究之中，缺乏了有關曼殊人格較有系統的探討。更遑論探討其人格、生命

---

1 Jess Feist & Gregory J. Feist 著，李茹、傅文青等譯，《人格理論》，（北京：人民衛生出版社，2008），頁 4。
2 童慶炳、程正民主編，《文藝心理學教程》，（北京：高等教育出版社，2011），頁 9。

體驗、精神狀況、情感等如何跡化在他作品中的研究可以有怎樣
好的成果。故此，筆者將會以文藝心理學的方法作為研究的進路，
先清楚地描述及分析曼殊的人格特質，進而以之為基礎分析他的
作品。以下筆者將會先交代如何運用文藝心理學的方法，以及用
以分析曼殊的相關理論，為研究較後的部份作出前提性的準備。

第一節　文藝心理學簡述

　　文藝心理學作為一門專業的學科，在中國的發展甚為曲折。
古代中國雖然一直有文藝心理的討論，如《尚書・虞書》：「詩言
志，歌永言，聲依永，律和聲」[3]、《詩經・大序》：「詩者，志之
所之也。在心為志，發言為詩；情動于中而形於言……」[4]、劉勰
《文心雕龍・明詩》：「人稟七情，應物斯感，感物吟志，莫非自
然」[5]等。可是，對於寫作過程、作家及讀者的心理探討終究沒有
發展成為一專門的學科或知識。當然，其中一個原因是中國古代
並沒有心理學或相關的學科。另外，就是在中國古代文論中，「詩
由情生」、「辭由情發」、「為情造文」、「至文生於至情」的「情感
中心說」是從先秦到晚清貫穿始終的一條主線[6]。貫徹性的文論思
想並沒有為相關的議題發展帶來衝擊，促進學科的建立。直到二

3　李學勤主編，《十三經注疏》整理委員會整理，《十三經注疏・尚書正義》，（北
　　京：北京大學出版社，1999），頁 79。
4　[宋]朱熹集傳，[清]方玉潤評，朱杰人導讀，《詩經》，（上海：上海古籍出版
　　社，2009），頁 1。
5　[南梁]劉勰著，王運熙、周鋒譯注，《文心雕龍譯注》，（上海：上海古籍出版
　　社，2010），頁 23。
6　錢谷融、魯樞元，《文學心理學》，（上海：華東師範大學出版社，2003），頁 9。

十世紀的二、三十年代，中國才有一些文藝心理學的專門性著作出現，如國學大師王國維先生的《紅樓夢評論》、魯迅先生翻譯了廚川白村的《苦悶的象徵》，朱光潛先生發表了《文藝心理學》及《悲劇心理學》兩本大作等。文藝心理學在中國始成為一專門學科[7]。然而，我國自 1936 年朱光潛著《文藝心理學》問世後，歷抗日戰爭、國內的混亂和極左思潮的影響，文藝心理學的發展變得停滯不前接近半個世紀[8]。

後來心理學的研究重新被重視，大量西方的心理學思想得以流入中國，文藝心理學開始進入繁榮時期[9]。文藝心理學至今的發展蓬勃，各方面的著作及研究（如創作論、審美心理、藝術交往心理等）均得到發展。不少學者在八十年代至九十年代初期躊躇滿志地踏入文藝心理學的領域，並要為學界作出貢獻。然而，踏

---

7 筆者曾在 2019 年 5 月 31 日於靜宜大學中國文學系主辦的第四屆明清文學學術研討會中發表〈文藝心理學的傳承和創新〉一文。在該文之中，經廣泛的文獻回顧後，筆者發現中國最早使用了現代意義的心理學於文學析論的學者乃梁啟超。在〈論小說與群治之關系〉一文內，梁氏就明確地指出小說容易讓讀者將自己代入角色之中，又容易感動人心，「此殆心理學自然之作用」，其意思明顯是現代意義的 Psychology。細讀梁啟超其他的論著，吾人可見他對心理學有深入的了解。例如，他在〈中國韻文裡頭所表現的情感〉的講義中就以「催眠術」去說明作品中的情感表達；他在〈陶淵明之文藝及其品格〉就指陶淵明在〈讀《山海經》〉中不知不覺地把他的「潛在意識」寫了出來。如果考慮梁啟超文學以外的研究，他曾為心理學會以〈佛教心理學淺測〉為題作出演講，當中可見他對當時西方心理學有不淺的認識。

8 劉兆吉，〈七十年來文藝心理學與美育心理學創建與發展概況〉，《西南師範大學學報（人文社會科學版）》，2000 年 11 月，第 26 卷第 6 期，頁 93。

9 如 1980 年金開誠先生在北京大學中文系開設了《文藝心理學》的選修課，並在 1982 年出版了《文藝心理學論稿》、1983 年張少康出版了《中國古代文學創作論》、1985 年滕守堯出版了《審美心理描述》、陸一帆出版了《文藝心理學》、魯樞元出版了《創作心理研究》、1986 年錢谷融出版了《文學的魅力》、1987 年呂俊華出版了《藝術創作與變態心理》、黃鳴奮出版了《藝術交往心理學》、孫紹振出版了《文學創作論》等。

入世紀之交，學者對文藝心理學的發展起了變化。在九十年代中期，學者對於文藝心理學學科的發展不再如之前一樣樂觀。不單指出現有發展不甚理想，甚至對於將來的發展去向和可達到的成就抱持懷疑態度。以下將列舉四位學者的評論，他們的評論屬於一些對此學科發展較典型的質疑，可以讓吾人了解近年來學界的發展。

　　李珺平在 1999 年撰文〈世界之交：文藝心理學的窘境與前瞻〉，文中回顧了文藝心理學多年來的學科發展，並指出了這門學科的不足之處有三：一、研究目的尚不明確、二，研究性質尚未界定，因而研究對象方法仍顯混亂、三，研究人員單一化[10]。

　　賀國光在 2002 年曾撰〈新時期文藝心理學簡評〉一文，指出文藝心理學的研究熱潮在九十年代後出現漸趨回落的跡象，箇中原因是學者們在於科學定位上出了疑問：究竟研究的根應該扎於「文藝」心理學上，還是扎在文藝「心理學」的科學性上[11]？

　　張佐邦在 2003 年撰寫了〈文藝心理學體系的完善及其對文藝學科建設的貢獻〉一文。當中指出文藝心理學至今仍未有一個較為理想的完整體系，不具現代科學形態，學科體系有待完善[12]。

　　在 2010 年，著名的文藝心理學學者，王先霈先生[13]，更撰了

10　李珺平，〈世界之交：文藝心理學的窘境與前瞻〉，《北京社會科學》，1999年 01 期，頁 58-65

11　賀國光，〈新時期文藝心理學簡評〉，《文藝爭鳴》，2002 年 04 期，頁 76-77。

12　張佐邦，〈文藝心理學體系的完善及其對文藝學科建設的貢獻〉，《學術探索》，2003 年 8 期，頁 92-93。

13　王先霈，華中師範大學教授，文藝心理學的專書著有：《文藝心理學概論》、《中國文化與中國藝術心理思想》等；文藝心理學的論文有：〈由忘到適──道家藝術心理思想的基調〉、〈古代境論、味論中的移情和聯覺理論〉、〈「吾省吾」與「吾喪我」── 兩種藝術心理活動路徑〉、〈文藝心理學學科反思〉、〈中西移情理論之異同〉、〈從壓抑與釋放看文藝的功能〉、〈自性、

〈文藝心理學學科反思〉一文。他指出文藝心理學的研究不大可能建立宏大嚴密的學說系統，而是應採用現象學的方式，圍繞人們文藝活動的心理中的重要現象，從心理學角度進行解釋[14]。

筆者認為以上的反思及批評均有其合理之處，然而筆者對於文藝心理學的發展仍抱持樂觀的態度。筆者認為中國的文藝心理學並非不能發展出較完整的體系，而是在學科最根本之基礎上仍要多下點工夫。其實，文藝心理學並不需要建立一套大統一的理論或框架，統攝一切現有理論。反觀心理學學科本身，它只是一個討論人的心理及行為的場域。在這學術場域之中，心理學家們使用科學方法作為共同的研究方法。要知道，在心理學學科之中亦有不同的學派，例如行為學派、精神分析學派、人本主義心理學、格式塔學派、認知行為心理學、超個人心理學等。除了學派的分野之外，心理學研究又涵蓋各項專題，如情緒、壓力、老年學、社會心理學等。可是，現今幾乎沒有人會質疑心理學作為一門學科的發展前景。筆者認為是由於其學科的基礎明確，即學科目標、研究方法及標準是很清晰的。文藝心理學亦應該回到此一起點，紮實地在根基上下點工夫。這樣能為研究者提供清晰的研究方向，構築一個學術平台讓不同的理論可以在一有效的範圍內發展。

佛性與藝術心理〉等。

14　王先霈，〈文藝心理學學科反思〉，《雲夢學刊》，2010 年 02 期，頁 10-13。

第二節　現有研究的反思[15]

　　縱觀以上的爭議，文藝心理學的方法是否不可取呢？筆者以之作為這項研究的主要方法是否要冒上很大的風險呢？筆者的答案是肯定的：文藝心理學的方法是很有用的。尤其在它為了研究文學作品提出了一個重要的準繩，以免不同的論者自說自話。那就是對有關作家其人、其人格，及其心路歷程等能有確切的掌握。筆者認為文藝心理學既負起心理學之名，其研究方向、目標以至研究方法是可以被定義得更清楚的，只是有不少的研究者仍未有充份的把握而已。

　　心理學家從事基礎研究的目的是描述、解釋、預測和控制行為。應用心理學家還有第五個目的 —— 提高人類生活的質量。這些目標構成了心理學事業的基礎[16]。這幾項的目標是環環緊扣，首尾相連的。倘若沒有準確的描述，往後一切的分析都不會有效。只有建基於準確的描述，學者才有可賴以分析的素材。要了解被分析的對象，學者就必須多方面作出思考，或選取合適的理論對之進行分析，或由現象中檢視出一些潛在的模式，並提出假設建立新的理論解釋該現象。前者為科學思維的演繹邏輯，後者為歸

---

15 有關筆者近年來對於文藝心理學的反思，詳細可以參考：潘啟聰：《當文學遇上心理學 —— 文藝心理學概論》（香港：中華書局， 2019 年）；潘啟聰：〈回到心理學去：文藝心理學發展反思〉《思與言》（已通過審查，待刊登）；潘啟聰：〈試論文藝心理學研究之科學性〉《人文社會學報》，2017 年第 13 卷 第 2 期；潘啟聰：〈略論文藝心理學本土化的發展〉《鵝湖月刊》，2014 年 12 月號。

16 格里格、津巴多著，王壘、王甦等譯，《心理學與生活》，（北京：人民郵電出版社，2005），頁 4。

納邏輯。這兩大目標極為重要。因為預測一目標之達成，實有賴於解釋後所得的知識。預測是指以理論來作出推測，當相關類似的情況出現，同樣的現象會否發生。又惟有在有關現象背後的原理被發現後，心理學家才能知道在往後情況中改動何種條件，就可以控制現象發生或不發生，進而改善特定個體的生活質量。例如，精神分析學的研究方法就側重先達成童年經歷準確描述之目標，再對比現有行為，由潛意識、欲望、壓抑等概念嘗試解釋現有行為的動機，以期進一步預測、控制及改善人的生活質量。筆者認為文藝心理學要稱之為心理學，就必須同樣地以此五項研究目標作為從事基礎，絕不可以偏離。否則，就不如乾脆脫離心理學好了。反思現有的文藝心理學研究，筆者認為不少現有的研究還未有達成上述的目標，實有待改善。以下將枚舉兩項研究以示問題所在。

　　閆加磊在其<論余華作品中的俄狄浦斯情結>[17]一文中，明確地寫道：「他（余華）更像在（小說中）演示『勝過父法』的寫作。余華作品殘酷、冷靜的描敘性很好地展現了俄狄浦斯情結『殺父弒母』的精華」。閆氏由傳統文化開始講起，指中國自古就是父親為主要權威的封建社會。文中又引先秦文學中后稷的故事和儒家文化（如孔子與後世對《周易》的詮釋）等作據，指出儒家文化強調父尊子卑令中華民族具有一種原罪感。閆氏之後進一步論述，謂五四是對以往文化的反抗，並認為五四中出現了新思想的提倡者，如陳獨秀、魯迅等倡導了「自主自由之人格」，對「父親」文化宣戰及作出反抗。按閆氏的說法，余華正是這精神的繼承者，並體現在他的作品之中。閆氏用的是佛洛伊德的概念，然而整個

---

17 閆加磊，〈論余華作品中的俄狄浦斯情結〉，《語文學刊》，2010 年 01 期，頁80-84。

的推論卻與佛洛伊德的理論毫無關係。佛洛伊德的俄狄浦斯情結來自他的人格發展理論。佛洛伊德的人格發展理論強調早期經驗對人格發展有奠基性的作用。俄狄浦斯情結一概念乃出自於性器期（Phallic Stage）的階段。在這一時期（約三至五歲之間），男孩有戀母情結（此處按所引用之文所寫，此即俄狄浦斯情結），企圖殺父娶母，產生閹割焦慮。這種焦慮使他放棄對母親的性渴求，並通過對父親的認同作用，產生了超我（superego），從而使戀母情結消失[18]。因此，運用佛洛伊德的理論時，學者尤其留意研究對象的童年經驗、與父母之間的關係、早歲心理創傷等資料。考閆氏文章，未見他曾翻查余華之生平資料、家庭背景、早歲經歷等。他運用佛洛伊德的理論去分析余華及其作品之準確性是成疑的。閆氏雖以文化背景作據嘗試去推論出余華具有俄狄浦斯情結，但是通篇文章卻未有再以任何心理學的概念連接和解釋社會與余華之關係，例如：社會化（socialization）、從眾（conformity）、服從（obedience）等。僅僅指出文壇背景是怎樣，實在是不足以推論至身處其中的個體會必然承傳上一代的精神。再者，俄狄浦斯情結是小孩子與父母的個人關係，不能是透過社會文化傳遞至個體。可見，閆氏的研究並未有達到「描述」這一項關鍵的、第一個的研究目標。更遑論如何能有效地以文藝心理學的進路加深吾人對余華其人及其作品的認識。這並不是文藝心理學的問題，而是研究本身仍未有清楚掌握心理學的研究目標。

　　張學君在其〈《孔雀東南飛》的心理學解讀〉[19]一文中，嘗試以精神分析的理論對故事進行分析。當中有一段寫道：「但若從戀

---

18 黃希庭，《人格心理學》，（杭州：浙江教育出版社，2002），頁103。
19 張學君，〈《孔雀東南飛》的心理學解讀〉，北京教育學院學報，2008年6月第22卷第2期，頁31-34。

母情結的結構關係來看，無疑還有另一種可能性，那就是『戀子情結』」。其後又謂：「讀這首詩的人多有一個誤解，以為焦母是劉蘭芝和焦仲卿的共同敵人，沒有注意到她其實是深深愛著自己的兒子的」。首先，經筆者作出資料搜集後，未曾見過佛洛伊德曾有提及所謂「戀子情結」（張氏在文中只曾提及過佛洛伊德一位心理學家）。瑞士的心理學家索緒爾（Raymond de Saussure）的確曾提及「戀子情結」（Jocasta complex）一詞，可是並未有為現代的心理學研究帶來很大影響。現代的心理學中的確有一些父母情感上依戀子女的研究。研究指當孩子長大且不住在家裡時，對父母有一定的心理影響，而有空巢期一說。那是指大抵在中年後期，成人面臨已長大的子女離家，可能因為尚未有足夠的心理準備而無法適應，而產生負面的情緒。這現象即所謂的「空巢期症候群」（Empty Nest Syndrome）。根據此說法，這不單是就母子關係而言，而是論述總體的父母與子女之關係[20]。再者，此說不專屬精神分析學派的說法，亦不衍生自「戀母情結」一概念。不管「戀子情結」的概念是否成立，張氏一文亦未有用上精神分析學派的研究方法。精神分析學重視早歲經驗的考究，以推知成年的人格、行為、動機、情結、神經病等與其潛意識之間的關係。張氏用的是精神分析的概念，欲未有真正使用其研究方法。他對焦母之過往經驗沒有深入考究，實無證據有力地推論出焦母具有「戀子情結」。與上文引述閭氏的問題一樣，張氏的解釋實難說具有效的根據。

---

20 詳細可參考：Weiten, W. (2001), *Psychology: themes and variations*, 5th ed, U.S.: Wadsworth, p.465-466. 原文為：When parents have launched all their children into the adult world, they find themselves faced with an "empty nest". This was formly thought ot be a difficult period of transition for many parents, especially mothers familiar only with the maternal role.

第三節　典型的研究方法
佛洛伊德的《格拉迪瓦》

　　其實，心理學的大師佛洛伊德本人亦曾撰文討論文學作品中某角色的心理。在〈詹森的《格拉迪瓦》中的幻覺與夢〉一文中，佛洛伊德就分析了《格拉迪瓦》中的諾伯特‧漢諾德一角。文中佛氏嘗試解釋漢諾德迷戀一浮雕上所刻的女孩及其步姿之原因。在整個的分析過程，佛洛伊德提出了一個假設，就是：「年輕的考古學家對格拉迪瓦的幻覺也許是他所遺忘的童年記憶的一個反映」[21]。因此，佛氏對漢諾德的童年經驗作出極力的搜證，尤其是漢諾德與兒時的女性友人若漪‧博特剛的關係。最後，佛洛伊德認為漢諾德其實對於博特剛是充滿渴望和熱情的。只是他卻一直以壓抑的方式處理他的情感，逃往了冷冰冰的考古學研究之中。不論是浮雕的步姿，還是漢諾德的幻覺與夢，都是喚起漢諾德的潛意識中對博特剛的記憶之鑰匙。在該文之中，佛洛伊德的研究目標是清晰的。他希望以精神分析的方法，嘗試解釋清楚故事中一些令人費解的情節，例如：對活生生的女性沒有興趣的男主角為什麼會對一座浮雕如此著迷；整座浮雕為何男主角只著重它的步姿；男主角的幻覺與夢到底是什麼意思等。為求能對男主角的心理作出有效的解釋，他對漢諾德其人、其心路歷程，及其童年等加以詳細描述。然後，以之作為基礎一步步地剖析漢諾德現有的行為與他潛意識之間的關係。

---

21 佛洛伊德著，常宏、徐偉譯，〈詹森的《格拉迪瓦》中的幻覺與夢〉，《論文學與藝術》，（北京：國際文化出版公司，2007），頁28。

　　精神分析學應用在文藝分析的時候，特重描述和解釋首兩項目標之達成。綜觀以上所舉的兩項研究，前者閭氏之文分析的是作家，後者張氏之文分析的是作品中的角色。兩者均屬學界常見的典型研究。兩者在文中所犯的毛病亦極為常見。當中最主要的問題在於研究未有緊守心理學學科的目標。正因如此，研究的成果未明。即使不討論上述學者的推論是否成立，即使確知了余華實具有戀母情結以及而在寫作之中有「勝過父法」，吾人獲得此知識的目的為何？即使知道了焦母有所謂的「戀子情結」，吾人對《孔雀東南飛》有沒有加深了認識呢？上述兩份文章，研究者並非面對著一些晦澀難懂的故事情節，要以心理學理論打通一條理解作品的道路。另外，亦不是旨在由某位作家或某部作品的研究作起步，去探討作家在某種心理狀態或情結的影響下，會在創作的過程或作品之中有怎樣的表現。上述的研究只是在那些作品已存的多種理解方法之上再添一種而已。這類型的研究在研究目標及探討性質上均不明確。

第四節　本研究運用文藝
心理學的方法[22]

　　扣緊心理學的學科研究目標，本研究將會先嘗試準確的描述曼殊的生平，然後再選取適當的理論以解釋曼殊這個人、他的人格，及他的心路歷程等。有鑒於研究曼殊的論述分歧太大，而且各家的論述仿如自說自話，莫衷一是，所以難有一個公認的準則，甚至是一個參考點去判定哪個結論屬於有效的論述。因此，筆者建議以文藝心理學的角度，去了解曼殊其人及其作品。如上所述，

---

22 筆者近年有另外一些運用文藝心理學方法對作家、作品和讀者反應進行析論的著作，有興趣可參考：

i. 潘啟聰：〈論勒熱訥的《自傳契約》對自傳研究的啟發〉《人文社會學報》2019 年第 15 卷第 2 期；

ii. 潘啟聰：〈從心理治療角度檢視〈斷鴻零雁記〉的寫作〉，黃湘陽主編：《第三屆中華文化人文發展國際學術研討會論文集》（香港：珠海學院中國文學及歷史研究所，2019 年）；

iii.潘啟聰：〈恐懼蔓延－香港鬼故事的格式塔心理學分析〉《高雄師大學報：人文與藝術類》2019 年第 46 期；

iv.潘啟聰：〈第九章 從馬斯洛需求層次 論分析烏托邦文學創作〉，吳有能、陳登武主編：《誰的烏托邦—500 年來的反思與辯證》（臺北：師大出版中心，2017 年）；

v. 潘啟聰：〈恐懼在生活中蔓延 ── 鬼故事的讀者心理研究〉，黃湘陽主編：《第二屆中華文化人文發展國際學術研討會論文集》（香港：珠海學院中國文學及歷史研究所，2017 年）；

vi.潘啟聰：〈習得無助感對蘇曼殊及其寫作風格之影響〉《彰化師大國文學誌》，2016 年第 32 期；

vii.潘啟聰：〈杜甫秦州詠物詩的心理探析－用本土化應文藝心理學理論的嘗試〉《鵝湖月刊》，2015 年 2 月號；

viii.潘啟聰：〈寶玉性格形成分析 ── 以拉康精神分析理論為進路〉《鵝湖月刊》，2014 年 6 月號。

文藝心理學家相信作家的人格、生命體驗、精神狀況、情感等是會激發他的創作，令他的所思所想再現在他的作品之中。比方說，一位家庭破碎、性格桀驁不馴、生活坎坷的作家比起一位家庭和樂、性格溫純、生活一帆風順的作家，更有機會寫下一些內容憤世嫉俗的作品。曼殊亦有他獨特的氣質、經驗，和性格，也常常表現在他的作品之中，當然有一定的特性可尋。本研究運用文藝心理學旨在對曼殊的成長過程、心理發展，以及其人格特質等首先有一定的掌握。然後，依此對其人及其作品作出更具準繩的分析、論述、及評價。

就筆者曾回顧的資料而言，現有的曼殊文學研究有欠合理的評斷準則。觀乎現存的研究，論者多指出曼殊的文學創作與其心理狀況和生活經驗有關；是以，筆者認為，研究者有必要在剖析曼殊的心理方面多下一點工夫。以下就以曼殊小說的分析為例，指出以文藝心理學的方法研究曼殊有其必要性所在。

包華在〈戀母仇父情結下的蘇曼殊〉一文中[23]，就以戀母仇父情結對《斷鴻零雁記》中三郎應母親要求與靜子交往之事，和《絳紗記》中為何以「如嬰兒念其母」描寫五姑如何思念曇鸞作出解釋。包氏認為在曼殊的小說《斷鴻零雁記》之中，故事主題為三郎與靜子、雪梅的愛情悲劇，但三郎與母親的親情描寫卻喧賓奪主。作為愛情小說，曼殊在文中極力刻畫主人翁對身世的困惑、對母親的思念。又例如，在三郎母親表示其希望他娶靜子的一幕，三郎第一個反應是怕母親知道自己是出了家的僧人而傷母心。包氏由此推論出，曼殊實具戀母情結之傾向，並在《斷》一小說之中投射在主人翁三郎的身上。文中其後又謂曼殊因受情結

---

23 包華，〈戀母仇父情結下的蘇曼殊〉，《現當代作家作品研究．作家雜誌》，2009年 08 期，頁 25-26。

影響，導致有強烈的攻擊衝動，並以此理解為什麼《焚劍記》會有以人為食的情節，又由此解釋胡適為什麼會批評「《絳紗記》所記全是獸性的肉欲」[24]。

　　陳亞平在〈從蘇曼殊到郁達夫的現代感傷〉[25]之中則認為：「蘇曼殊的小說大都與其身世的飄零、悲涼的體驗密不可分，三郎（《斷鴻零雁記》）、薛夢珠（《絳紗記》）、莊湜（《碎簪記》）等人物無不映射其身世遭際」。在他另一份文章〈中國現代知識份子的邊緣心態與感傷體驗〉[26]：「他（蘇曼殊）結合身世之怨、家國之痛，將一己之悲歡上升到人生體味的層面，在感傷的描繪中提示個體存在的孤獨與迷惘。其小說的主人公都是失去父母庇護孤苦無依的飄零者……」。總括而言，陳氏認為曼殊小說中常呈現悲傷的格調，是與他飄零悲涼的人生經歷有關。加上他身處時代更替的峰谷之間，知識份子間感傷的潮流更激發他抒寫出自己的感受。

　　吳近在〈斷鴻零雁的愛中涅槃──論蘇曼殊小說的悲劇性〉[27]中則以時代轉型入手，解釋曼殊的小說作品為何經常出現悲慘色彩。吳氏認為近代向現代的轉型令先進的知識份子開始睜開眼睛看世界，曼殊作為當中一員其個體生命意識開始覺醒。這使得他的小說如《斷鴻零雁記》、《碎簪記》和《非夢記》的主人翁「大都有同作者類似的痛苦的身世，憂鬱的氣質，軟弱的性格，和充滿悲劇色彩的多舛命途」。以吳氏之說，曼殊的作品之所以呈現出

---

24 胡適，〈答錢玄同書〉，《文學改良芻議》，（台北：遠流出版，1994），頁43。

25 陳亞平，〈從蘇曼殊到郁達夫的現代感傷〉，《中國現代文學研究叢刊》，2006年第6期，頁167-178。

26 陳亞平，〈中國現代知識分子的邊緣心態與感傷體驗〉，《南京師大學報（社會科學版）》，2009年第3期，頁150-155。

27 吳近，〈斷鴻零雁的愛中涅槃──論蘇曼殊小說的悲劇性〉，《安徽文學》，2010年第8期，頁35-36。

悲慘色彩，原因是他受社會文化、時局的影響所致。

　　從以上枚舉的三項研究，已經見到有關曼殊作品的解讀存有不少的分歧。譬如，有學者以情結解釋曼殊的小說情節，有學者以生活體驗作據進行解釋，更有學者以社會文化、時局的影響作解說。類似的詮釋分歧或差異，在論述中比比皆是。甚或不同的解讀方法之間是一些絕對不能調和的觀點，例如：林律光指曼殊的小說人物為何多為悲劇收場，乃是由於曼殊本人並不是真心徹悟佛法的，當感情的渴求與對佛法的皈依形成了激烈的矛盾時，往往出現小說人物以遭受痛苦或毀滅作結之悲劇[28]；然而亦有學者如施春艷，她認為曼殊小說的人物雖有反映情佛之間的掙扎，但曼殊是「終於選擇了皈依佛」[29]。驟眼看來，各人都有其論據及其合理之處，一時難以判斷其優劣。可是，這種局面對曼殊研究的益處實在不大。這不是一個百花齊放，研究成果豐碩的局面，卻是一個混亂的狀況。以上的局面並不是為吾人了解曼殊其人其作品提供了多面向的認識，而是讓吾人越來越離開曼殊。閱畢有關曼殊林林總總的研究之後，讀者也許會發覺他們根本不認識誰是蘇曼殊、他的人格如何、他的寫作有著怎樣的風格、他的寫作動機是什麼等。

　　文藝心理學正可以為研究曼殊的學人解開這個困局。若吾人可以對曼殊的成長過程、心理發展，以及其人格特質有一定掌握的話，不單對研究曼殊本人，乃至對於了解其作品都有莫大的裨益。如前所述，文藝心理學指出作家所思所想會跡化在他們的作

28　林律光，《蘇曼殊之文特色研究》，（台北：花木蘭文化出版社，2010），頁79-80。

29　施春艷，〈蘇曼殊情愛小說的獨特風格〉，《青年文學家》，2009 年第 19 期，頁 14-16。

品之中，意即作者的人格、生命體驗、精神狀況、情感等是會激發他的創作。有鑒於文藝心理學的優點，對曼殊其人其心理作出研究，以之作為準繩，用以分析及解讀曼殊的文學作品是本研究計劃嘗試的進路。當對曼殊其人其心理有一定的掌握之後，吾人就可以對不少曼殊的研究提出判斷其優劣的標準。例如，由曼殊生平的資料所示，他的母親大概在他三個月大時離他而去（曼殊在 1884 年 9 月 28 日出生，其生母在 12 月與曼殊父斷絕關係）[30]；在他出生之後，直至 1889 年，他並不是居於蘇宅之中，絕大部份時間是與外祖父母和姨母河合仙同住的[31]；而在他六歲時（西方曆法為 5 歲），他就被父親帶回蘇宅，又旋即回粵，一直充當母親職責的姨母河合仙沒有隨行[32]。由以上資料所示，再按佛洛伊德理論之說法，他在口腔期時間（大約生命的頭 18 個月[33]）有一極大的童年創傷，而他在生殖器期（大約 3 至 6 歲[34]）期間並不如一般的家庭狀況，他並不生活在父親身旁，並在六歲（洋曆 5 歲）時離開充當母親的姨母旁。如果像包華簡單地判定曼殊具有戀母仇父情結，則是漠視了曼殊在口腔期時間應該出現大量力必多（Libido）的停滯（fixation），生殖器期時依戀的對象是姨母而非生母，以及在生殖器期中段的時間離開可能的依戀對象（姨母河合仙）等多種情況。筆者認為包氏對曼殊的分析是不準確的。由是觀之，他對曼殊作品的分析亦欠理據的支持。由以上的展示可

---

30 馬以君，〈蘇曼殊年譜 一〉，《佛山師專學報》，1985 年 02 期，頁 144-146。
31 馬以君，〈蘇曼殊年譜 一〉，《佛山師專學報》，1985 年 02 期，頁 146-148。
32 馬以君，〈蘇曼殊年譜 一〉，《佛山師專學報》，1985 年 02 期，頁 148。
33 Jerry M. Burger 著，陳會昌等譯，《人格心理學》，（北京：中國輕工業出版社，2000），頁 39。
34 Jerry M. Burger 著，陳會昌等譯，《人格心理學》，（北京：中國輕工業出版社，2000），頁 40。

見，如果吾人可以對曼殊的心理有充分的掌握，這樣就可以為學界提供分析及解讀曼殊其人其作品的準繩，並能為未來的研究提供基礎。

由於本文運用文藝心理學的進路，筆者在研究時亦會以社會科會的研究模式為標準。筆者使用的是「假說－理論」的研究模式。那是一種「調查課題－理論假設－資料收集（檢驗假說）－解釋性理論」的邏輯[35]。筆者會先就曼殊的生平資料作出初步的考查。然後，就考查所得選適合的心理學理論提出理論假設。在檢驗假說的階段，筆者會詳細考查曼殊生平資料，以歷史性的證據檢驗上一步設立的假說。在檢驗當中，假說必須符合最佳說明推理的要求，即最能解釋現存各項有關曼殊的生平現象。否則，假說將會被推翻。若假說成立，筆者就會嘗試運用此項假說去分析曼殊其人及其作品。最後，筆者希望由此可以對蘇曼殊及他的作品有一個較全面和有系統地的理解。

35　李莉、黃振輝編著，《實用社會調查方法》，（廣州：暨南大學出版社，2010），頁30。

第三章　曼殊身世

　　承上文所指出，筆者會先對曼殊的生平作出準確的描述，然後再選取適當的理論對其人、其人格，及其心路歷程等作出解釋。對於曼殊生平的準確描述亦將會是其後作品分析的基礎。曼殊的身世一直以來都是研究曼殊的學者熱門討論議題之一，因為這個議題是一把能理解曼殊之謂「身世有難言之恫」的鑰匙。有不少的學者均指出曼殊的身世難言之恫，對他本人和對他的寫作都有舉足輕重的影響。例如，王文娟認為「身世之謎對蘇曼殊本人是非常重要的」，又道「從『為問生身親父母，賣兒還剩幾多錢』，以及《本事詩》中『生身阿母無情甚，為向摩耶問夙緣』中可以看出，迷離的身世使他的精神世界經受極大的煎熬」[1]；羅曉靜指「《斷鴻零雁記》實為一部自敘傳小說，三郎即作者自況，三郎的性格、身世、遭遇都與作者極為相似」[2]，並認為《斷鴻零雁記》的創作與作者本人飄零的身世有莫大的關係；劉茉琳更道「他一生『大慟』的身世傳奇就是其文學生命的根基」[3]；林進桃亦以曼殊「這種『自幼失怙』的『落葉哀蟬』般的畸零身世」[4]解釋他性

---

[1] 王文娟，〈論蘇曼殊的“自戕”〉，《語言文學研究・文教資料》，2010 年 8 月號下旬刊，頁 20。

[2] 羅曉靜，〈“我”之語：清末民初小說個人化呈現方式的初顯〉，《教研天地・新銳學者論壇》，2010.08，頁 77。

[3] 劉茉琳，〈戴著鐐銬跳舞的蘇曼殊〉，《名作欣賞・學苑擷英》，2010.04，頁 127。

[4] 林進桃，〈論蘇曼殊性格的複雜性與矛盾性〉，《赤峰學院學報（漢文哲學社會

格複雜性與矛盾性。以上的論說在學界之中比比皆是。上文所引述的研究，筆者並沒有刻意的選取，只隨意地選了 2010 年一年，然後隨機抽幾份文章而已。可見，曼殊的身世在曼殊研究之中有著十分重要的地位。

　　有趣的是，曼殊又不是遠古的人物，又或者是隱世之士，可是他的身世至此竟然仍未有一個一致性的結論。有鑒於他身世對了解他有其不可忽視的重要性，而學界對於他的身世仍然是眾說紛紜，筆者認為有必要在進一步分析曼殊其人其作品之先，交代本研究所持的觀點及理據。

第一節　曼殊身世爭議的兩大時期

　　有關曼殊身世的爭議，經筆者的歸納後，認為大抵上可以分為兩個時期：第一個階段為父親／血統的爭議時期，而第二個階段為母親的爭議時期。

一、第一個階段：父親／血統爭議期

　　在第一個階段，討論主要落在曼殊到底是祖籍香山瀝溪縣蘇家傑生之子，還是蘇傑生旅日經商時所娶日妾河合仙的「拖油瓶」。這階段的爭議始於 1926 年 9 月柳亞子在其北新版《蘇曼殊全集》發表了〈蘇玄瑛新傳〉（以下簡稱〈新傳〉）之後。

　　柳氏本來早已發表過〈蘇玄瑛傳〉一文，簡述了曼殊的生平，

但是後來再發表了〈新傳〉改變先前的觀點。有關曼殊的身世，他在〈蘇玄瑛傳〉寫道：「蘇玄瑛，字子谷，號曼殊，廣東香山人。父某，商於倭，因贅焉。生玄瑛，挈之返國」[5]。然而，後來柳氏重新檢視〈《潮音》跋〉一文，認為當中資料可取（柳氏在〈新傳〉開首寫道：「跋為玄瑛手書見畀者，宜無刺謬」[6]），又按此跋及《斷鴻零雁記》之內容寫成〈蘇玄瑛新傳〉。〈新傳〉之中，有關曼殊身世一節改寫成：「蘇玄瑛，字子谷，小字三郎，始名宗之助，其先日本人也。王父忠郎，父宗郎，不詳其姓。母河合氏，以中華民國紀元前二十八年甲申，生玄瑛于江戶。玄瑛生數月而父歿，母子煢煢靡所依。會粵人香山蘇某商於日本，因歸焉」[7]。其後，柳氏更撰〈蘇玄瑛新傳考證〉一文以證其說。柳氏子無忌同年所作的〈蘇曼殊年譜〉在撰曼殊身世部份亦寫道：「生於日本江戶。始名宗之助。祖忠郎。父宗郎，早卒。母河合氏」[8]。柳氏父子曾多番撰文欲證其說法，例如：在柳亞子寫的〈對於飛錫潮音跋的意見〉中明確寫道：「所以照我的理想講起來，曼殊的生父，確是一個日本人」[9]；柳無忌在其〈日本僧飛錫潮音跋及其考證〉中，認為〈潮音跋〉中所道的曼殊身世，恰是自傳，柳無忌寫道：「跋中所述曼殊事跡，除『五歲別太夫人』一語……至於其他一切，

---

5 柳亞子，〈蘇玄瑛傳〉，柳亞子編，《蘇曼殊全集 三》，（北京：當代中國出版社，2007），頁101。

6 柳亞子，〈蘇玄瑛新傳〉，柳亞子編，《蘇曼殊全集 三》，（北京：當代中國出版社，2007），頁174。

7 柳亞子，〈蘇玄瑛新傳〉，柳亞子編，《蘇曼殊全集 三》，（北京：當代中國出版社，2007），頁174。

8 柳無忌，〈蘇曼殊年譜〉，柳亞子編，《蘇曼殊全集 三》，（北京：當代中國出版社，2007），頁192。

9 柳亞子，〈對於飛錫潮音跋的意見〉，柳亞子、柳無忌編，《蘇曼殊年譜及其他》，（上海：北新書局，1928），頁253。

我認為都是事實，無甚虛偽的地方」[10]。

　　除文章上的論述以外，柳亞子與曼殊友人談論曼殊身世時，亦甚為堅持己見。在《蘇曼殊年譜及其他》一書的附錄之中，就載有不少上述的書信。例如，在陳去病〈與柳亞子論曼殊身世函〉的信末就寫有柳氏的點評。柳氏認為陳去病之所以在信中會堅決地說曼殊確係蘇姓之子，原因是柳氏寫信的時候（陳去病此函為回信）沒有提起〈潮音跋〉內種種詳細情形，更沒有提及陳君（此陳君指來函者陳去病本人。柳亞子指陳去病把一段舊事忘了，才會指曼殊是蘇姓之子[11]。該段往事可參考柳亞子〈對於飛錫潮音跋的意見〉一文[12]。）1912 年在上海太平洋報館和他所講的油瓶問題[13]；又如周作人曾致函柳亞子，指出曼殊未必為「油瓶」[14]，而柳氏則以《斷鴻零雁記》的內容反駁周說[15]。

　　由上述資料可見，柳亞子謂曼殊為日本血統之說法引起了極大的迴響。不只是書信上的查詢及討論，柳氏之說亦引起了涉及相關問題的研究。羅建業的〈蘇曼殊研究草稿〉就對時人以〈《潮音》跋〉及《斷鴻零雁記》作為確鑿的曼殊史料提出質疑。羅氏

---

10 柳無忌，〈日本僧飛錫潮音跋及其考證〉，柳亞子、柳無忌編，《蘇曼殊年譜及其他》，（上海：北新書局，1928），頁 242。

11 陳去病，〈與柳亞子論曼殊身世函〉，柳亞子、柳無忌編，《蘇曼殊年譜及其他》，（上海：北新書局，1928），附錄頁 3。

12 柳亞子，〈對於飛錫潮音跋的意見〉，柳無忌編，《柳亞子文集・蘇曼殊研究》，（吳縣：上海人民出版社，1987），頁 371-372。

13 陳去病，〈與柳亞子論曼殊身世函〉，柳亞子、柳無忌編，《蘇曼殊年譜及其他》，（上海：北新書局，1928），附錄頁 3。

14 周作人，〈關於曼殊大師〉，柳亞子、柳無忌編，《蘇曼殊年譜及其他》，（上海：北新書局，1928），附錄頁 73。

15 柳亞子，〈答周作人先生〉，柳亞子、柳無忌編，《蘇曼殊年譜及其他》，（上海：北新書局，1928），附錄頁 75。

指出「〈潮音跋〉的來歷詭異，……此跋可疑的地方還很多」[16]，又謂其不贊同有論者把《斷鴻零雁記》「看得此書太於實鑿，竟至據為史實」[17]。這兩部作品正正是柳亞子據之撰寫〈新傳〉的主要材料。羅氏亦有直接指出他質疑柳氏說法的地方，如他認為柳氏以曼殊擁有日本血統來解釋章炳麟〈曼殊遺畫弁言〉中一句「廣中重宗法，族人以子谷異類，群擯斥之」[18]不妥。羅氏以其目擊的見聞反對柳氏以「異姓亂宗」解釋為何曼殊會因鄉人重宗法而被排斥。他指出廣東（尤其台山、香山等幾處）買子之風很盛行，所謂「異姓亂宗」是指不生買子的問題。他進一步指出曼殊庶出且為混血的「番鬼仔」，亦可以解釋到為什麼鄉人因重宗法而排斥他[19]。總括而言，柳氏的曼殊為日本血統的說法，反對的多，支持的少，而且主力支持這個說法的亦只有他們父子二人。

　　這個階段的討論終於 1932 年，柳亞子撰寫並發表了〈蘇曼殊傳略〉一文，以新說推翻舊說。文中首句即寫道：「廣東中山縣恭常都瀝溪鄉人，一八八四年舊曆八月十日生於日本橫濱，一九一八年陽歷五月二日（舊歷三月二十二日）歿於上海金神父路廣慈醫院，年三十五歲」[20]。柳氏將曼殊的身份再一次確定為中國籍瀝溪蘇家的人。柳氏撰寫此文推翻舊說的主因，是由於柳氏獲

16　羅建業，〈蘇曼殊研究草稿〉，柳亞子編，《蘇曼殊全集　三》，（北京：當代中國出版社，2007），頁 223。

17　羅建業，〈蘇曼殊研究草稿〉，柳亞子編，《蘇曼殊全集　三》，（北京：當代中國出版社，2007），頁 226。

18　章炳麟，〈曼殊遺畫弁言〉，柳亞子編，《蘇曼殊全集　三》，（北京：當代中國出版社，2007），頁 50。

19　羅建業，〈蘇曼殊研究草稿〉，柳亞子編，《蘇曼殊全集　三》，（北京：當代中國出版社，2007），頁 228。

20　柳亞子，〈蘇曼殊傳略〉，柳亞子編，《蘇曼殊全集　普及版》，（上海：開華書局，1933），附錄頁 1。

曼殊的家屬親證曼殊並非日本血統。柳氏曾與曼殊從弟蘇維騄就曼殊血統之事通訊。蘇維騄向曼殊庶母、蘇傑生第二妾大陳氏查詢此事，得其親證曼殊確實並非「拖油瓶」[21]。與此同時，有關曼殊身世之討論亦越來越多第一手資料出現。例如，曼殊在日本橫濱大同學校的同窗馮自由就撰寫了〈蘇曼殊之真面目〉，當中記曼殊上課時舉手應老師的提問，直認自己為一中日混血兒（相子Ainoko）[22]。按馬以君編的年譜資料所示，「自認是中日混血兒」的事發生在 1899 年曼殊十六歲（西曆 15 歲）的時侯[23]，而非少不更事之孩童時代。可見，曼殊是清楚自己父親一方之血統的。此文柳氏亦有為之作牋註，載於正風書店出版的《曼殊大師紀念集》之中[24]。在種種新的證據出現的情況下，柳亞子不得不放棄曼殊為日本血統的說法，並撰寫〈蘇曼殊傳略〉一文以彌補先前的錯誤。

曼殊大師其大父及其大

21 柳亞子，〈蘇曼殊傳略〉，柳亞子編，《蘇曼殊全集 普及版》，（上海：開華書局，1933），附錄頁 2。

22 馮自由，〈蘇曼殊之真面目〉，《革命逸史》初集，（北京：中華書局，1981），頁 166。

23 馬以君，〈蘇曼殊年譜 二〉，《佛山師專學報》，1986 年 01 期，頁 92。

24 馮自由著，柳亞子牋註，〈馮自由「蘇曼殊之真面目」牋註〉，柳無忌編，《曼殊大師紀念集》，（香港：正風書店，1943），頁 497-517。

二、第二個階段：母親爭議期

有關曼殊的父親／血統問題雖然在此告一段落，可是卻同時開展了另一個階段的身世爭議。那就是曼殊母親為誰的問題，而至今仍未有一個統一的結論。

以柳亞子〈蘇曼殊傳略〉作為一個分水嶺，他在澄清曼殊的血統的同時，卻又引發起曼殊母親為誰的討論。在〈蘇曼殊傳略〉以前，蘇傑生日妾是曼殊的生母之說法幾無異議。章炳麟在〈曼殊遺畫弁言〉中道：「父廣州產，商於日本，娶日女而得子谷」[1]；淚紅生在〈記曼殊上人〉寫道：「上人蘇姓，名玄英，道號曼殊，粵之中山縣人也。父經商櫻島，娶日婦，因生君……」[2]；梁社乾在他的〈曼殊大師傳略〉中就寫道：「His father（Mandju's father，Mandju 是曼殊英文名）, a Cantonese, went to Japan, where he settled as a merchant and married a Japanese woman. Not long after his birth, Mandju was brought to China……」[3]；第一階期身世爭議的始作俑者柳亞子在他的〈蘇玄瑛傳〉及〈蘇玄瑛新傳〉的描述分別為：「……父某，商於倭，因贅焉。生玄瑛……」[4]及「……母河合氏，以中華民國紀元前二十八年甲申，生玄瑛於江戶……」

---

1 章炳麟，〈曼殊遺畫弁言〉，柳亞子編，《蘇曼殊全集 三》，（北京：當代中國出版社，2007），頁 50。
2 淚紅生，〈記曼殊上人〉，柳亞子編，《蘇曼殊全集 三》，（北京：當代中國出版社，2007），頁 92。
3 梁社乾，〈曼殊大師傳略〉，柳亞子編，《蘇曼殊全集 三》，（北京：當代中國出版社，2007），頁 142。
4 柳亞子，〈蘇玄瑛傳〉，柳亞子編，《蘇曼殊全集 三》，（北京：當代中國出版社，2007），頁 101。

5。一直以來的說法，論者皆以曼殊父所娶的日婦為曼殊生母。由於蘇傑生旅日經商時就僅娶了河合仙一人為妾，因此眾人皆以河合仙為曼殊生母無疑。可是，當柳亞子在〈蘇曼殊傳略〉轉述蘇維翹所述蘇傑生第二妾大陳氏之說法時，卻又指出了曼殊非河合仙所生。〈蘇曼殊傳略〉中所載的是：「現在，由我和曼殊從弟蘇維翹的通信，他問過了目擊當時情形的傑生第二妾大陳氏，知道曼殊並不是河合仙的親生兒子，更自然談不到油瓶問題了」6。曼殊的血統問題在此告一段落的同時，旋即引發起另一波的爭議：曼殊的親生母親為誰？

第二節　現存的三種觀點

蘇家下女說、河合仙胞妹說，和河合仙侄女說

　　身世的爭論之焦點由父親轉向母親，這就是筆者所謂的曼殊身世爭論之第二個階段。有關此議題，迄今未有一個為學界所一致認同的結論。綜觀現有之說法，經筆者歸納後，主要的論述有三，以下將簡明地一一闡述。

　　第一種說法指曼殊母為蘇家在日本時所僱用的下女（即女傭）名「賀哈家」又即「若子樣」。持此說的論者有：柳亞子〈蘇曼殊傳略〉7、萍水和文公直編的〈曼殊大師年譜〉8、劉心皇《蘇曼

---

5 柳亞子，〈蘇玄瑛新傳〉，柳亞子編，《蘇曼殊全集 三》，（北京：當代中國出版社，2007），頁174。

6 柳亞子，〈蘇曼殊傳略〉，柳亞子編，《蘇曼殊全集 普及版》，（上海：開華書局，1933），附錄頁2。

7 柳亞子，〈蘇曼殊傳略〉，柳亞子編，《蘇曼殊全集 普及版》，（上海：開華書局，1933），附錄頁2。

殊大師新傳》[9]等。

指曼殊母為蘇家在日本時所僱用的下女的剪報

談蘇曼殊之死因

1918年5月2日，一代詩僧蘇曼殊以三十五齡華年而病逝。關于他逝世的病因，柳亞子《重訂蘇曼殊年表》、文公直《曼殊大師年譜》及近人劉斯奇《曼殊年表簡編》都未提及或語不甚詳。只有馬以君《蘇曼殊年譜》敘述較細：「1917年6月，腸胃病大發，……秋，腸胃病復發」不久又「加深」并引「痔瘡病大發」，次年2月「病情惡化，'不能起立，日瀉五、六次'。」5月2日去世。鄭逸梅《南社叢談》《蘇曼殊傳》中曾云：「他的死實由伏食無節所致。」蘇曼殊喜歡吳江的土特產麥芽塌餅，此物極不易消化，常人食三四枚已稱健胃，他卻一次能吃二十枚。他還愛暴食冰塊，在日本時一次竟飲冰五六斤之多，臥榻一夜，人以為死，所幸復活，但仍剿飲如故。他又好食糖炒栗子，此亦為不易消化之物，他因病住院后，院長每日由其枕畔搜得糖栗三四包，他死后枕下還藏搜許多糖栗。但這只是其一，他之患病，与其身世經歷有絕大原因。他因是日本下女所生，自幼便受家族「摈斥」。15歲時東渡日本留學，生活困苦，「所食白飯和以石灰」，有時竟三日粒米未進。出家后更是「馬骨師當，經林飄零」。辛亥革命后他憤于國事蜩螗，每每感优，遂以此「抗浮云」求解脫。這自然不能苛求于他。

（《華聲報》5月22日　朱小平文　春　摘）

　　第二種說法指曼殊母實為河合仙胞妹名「河合若／河合若子」。持此說者有：李蔚《蘇曼殊評傳》[10]、陳星《曼殊大師傳》[11]、馬以君〈蘇曼殊年譜 一〉[12]、王元長《沉淪的菩提 蘇曼殊全傳》[13]、邵盈午《蘇曼殊新傳》[14]、柳無忌和殷安如編《南社人物

---

8 萍水、文公直，〈曼殊大師年譜〉，《曼殊大師全集》最完備本，（台北：武陵出版社，1983），年譜頁1。
9 劉心皇，《蘇曼殊大師新傳》，（台北：東大圖書公司，1992），頁3。
10 李蔚著，珠海市政協編，〈二、河合氏姊妹〉及〈八十七、揭開身世之迷〉，《蘇曼殊評傳》，（北京：社會科學文獻出版社，1990），頁3-5及298-302。
11 陳星，《曼殊大師傳》，（高雄：佛光文化事業有限公司，2009），頁3-4。
12 馬以君，〈蘇曼殊年譜 一〉，《佛山師專學報》，1985年02期，頁138。
13 王元長，〈一、淒苦的孽緣〉，《沉淪的菩提 蘇曼殊全傳》，（吉林：長春出版社，1996），頁1-6。
14 邵盈午，〈第一章 難言之恫話童年：一「他不該在這個時候降生！」〉及〈蘇

傳》中馬以君所撰〈蘇玄瑛〉一條目[15]、林律光《蘇曼殊之文特色研究》[16]、中山市地方志編纂委員會編《中山市志〔下〕》[17]、朱少璋《燕子山僧傳》[18]等。在這種說法之中，對於曼殊母親的確實名字亦有分歧，有些論者認為曼殊母的名字應為「河合若／河合若子」，如陳星、馬以君等，有些則認為是「河合葉子」，如李蔚、王元長等。由於這議題並非此處討論的重點所在，此不贅述。

第三種的說法指曼殊母為河合仙侄女。持此說者的人不多。就筆者曾查找的資料而言，僅柳無忌在其《蘇曼殊傳》中提及此說，並言其比較合理。他在書中明確寫道：「這種說法（曼殊母為河合仙侄女之說）倒解釋了河合氏所意識到的對曼殊的親緣關係和她對他的親切感情」[19]。雖暫只見柳無忌一人持此說，然而由於柳氏父子對曼殊曾作出全面和多番的研究，亦屬於適當權威，故特此載錄於此以備一說。

其實，在眾多現存說法之中，仍有論者以為河合仙乃曼殊親生母親，如宋益喬在《蘇曼殊傳 —— 情會長恨》[20]及黃鳴岐在《蘇曼殊評傳》[21]就持此說。然而，考二人的說法，他們是以〈《潮音》

曼殊年譜〉，《蘇曼殊新傳》，（北京：東方出版社，2012），頁 1-15 及 頁 214。

15 馬以君撰，〈蘇玄瑛〉，柳無忌、殷安如編，《南社人物傳》，（北京：社會科學文獻出版社，2002），頁 171。

16 林律光，《蘇曼殊之文特色研究》，（台北：花木蘭文化出版社，2010），頁 8。

17 中山市地方志編纂委員會編，《中山市志〔下〕》，（廣州：廣東人民出版社，1997），頁 1456。

18 朱少璋，〈第一章：傳奇身世即文章〉，《燕子山僧傳》，（香港：獲益出版事業有限公司，2002），頁 14-19。

19 柳無忌，《蘇曼殊傳》，（北京：三聯書店，1992），頁 4。

20 宋益喬，〈第三章〉，《蘇曼殊傳 —— 情會長恨》，（太原：北岳文藝出版社，1996），頁 21-26。

21 黃鳴岐，《蘇曼殊評傳》，（上海：百新書店股份有限公司，1949），頁 8-9。

跋〉及《斷鴻零雁記》為據寫傳。首先，關於這兩部作品，已有不少的研究指出當中所載與史實並不相符。另外，黃鳴岐之說法是有謬誤的。他在其書中寫：「不過〈潮音跋〉和《斷鴻零雁記》，我也不能盡信，但我總覺得比柳亞子第三次所撰的〈蘇曼殊傳略〉來得靠得住……」[22]，如何在兩部「不能盡信」的作品之中，分辨出哪些部份是可信的，哪些不可信的呢？何以有關曼殊身世的部份在這兩部「不能盡信」的作品中屬可信之列？什麼原因令這兩部「不能盡信」的作品有關曼殊身世之部份，比起柳亞子轉述蘇傑生第二妾大陳氏之說法更可信？黃氏均無言明。他只是按個人的想法，推敲大陳氏有可能因妒嫉心而造謠，就指柳氏〈傳略〉不可信而已。至於宋益喬的作品，則比較似以蘇曼殊為題材寫的小說，此處就不作評論了。持此說者還有曾德珪。曾氏在其《蘇曼殊詩文選注》的〈前言〉中寫有曼殊的傳。可是他在傳中的寫法極為含糊：「他（蘇傑生）有一妻三妾，其中一妾為河合仙，日本人，傳說她就是曼殊的母親」[23]。總的來言，持此說者並無實質證據支持他們的說法，而且他們的說法亦與學界最新的研究不符。因此，筆者不以「河合仙乃曼殊親生母親」為一說。

第三節　「蘇家下女說」欠證據

時至今日，學界仍未有一個一致性的結論。然而，就以上三種說法的討論及各方面的證據，筆者認為第一種說法並不成立。首先，有關第一種說法。若曼殊母僅為蘇家在日所僱下女，吾人

---

22 黃鳴岐，《蘇曼殊評傳》，（上海：百新書店股份有限公司，1949），頁 8-9。
23 曾德珪，《蘇曼殊詩文選注》，（禮泉：陝西人民出版社，1986），頁 2。

實在難以理解為何河合仙與曼殊一生都保持著緊密的關係及親切的感情。另外，還有一個佐證可以否證第一種的說法，而為河合仙與曼殊有血緣關係的後兩種說法提供支持。柳亞子在〈記陳仲甫[24]先生關於蘇曼殊的談話〉中記錄了一段陳獨秀在日本的見聞：「我和曼殊在日本的時候，有一次曾見過他的母親，而曼殊卻對我講是他的親戚。但我看他們倆的面貌，非常相像；尤其是兩人間相處的情況，隨地可以表示出母子間親愛的關係，決計不會是親戚，顯然是曼殊在打誑話罷了」[25]。如果能證明陳獨秀所見為河合氏（或河合仙、或河合若、或河合仙侄女），則可以否證第一種的說法。

　　查陳獨秀此番說話的上文下理，他並無指出確實的時期。然而，考陳獨秀與曼殊的行跡吾人大概可以推知他描述之事的時間。考《陳獨秀年譜》和〈重訂蘇曼殊年譜〉兩部資料，陳獨秀與曼殊同在日本的時間不多，大概在 1906-1909 年間有三段的時間。第一段時間在 1906 年，〈重訂蘇曼殊年譜〉之中，柳亞子記：「偕陳仲甫返日本，省河合氏不遇」[26]；《陳獨秀年譜》中載：「暑期，陳獨秀與蘇曼殊東遊日本。假滿，二人一起回國」[27]。第二段時間在 1907-1908 年，〈重訂蘇曼殊年譜〉記曼殊在舊曆元旦偕劉師培夫婦東渡，至翌年 8 月歸上海，至 12 月 11 日再東渡日本；《陳獨秀年譜》中記陳獨秀春天離皖赴日，並與曼殊、鄧仲純同住一間小房，1908 年秋回國待至年底重返日本。1908 年底至 1909 年

24　陳仲甫，即陳獨秀。

25　柳亞子，〈記陳仲甫先生關於蘇曼殊的談話〉，柳亞子、柳無忌編，《蘇曼殊年譜及其他》，（上海：北新書局，1928），頁 280。

26　柳亞子，〈重訂蘇曼殊年譜〉，柳亞子編，《蘇曼殊全集 普及版》，（上海：開華書局，1933），附錄頁 16。

27　唐寶林、林茂生，《陳獨秀年譜》，（上海：上海人民出版社，1988），頁 41-42。

夏季末，按兩部年譜所載二人同時在日本，《陳獨秀年譜》更寫道：「蘇（曼殊）1 月初與陳（獨秀）同居於東京清壽館，3 月同遷江戶，5 月又返東京……」[28]，直至 8 月，曼殊返上海，而陳獨秀 9-10 月間去瀋陽處理病逝兄長的身後事。此後，二人再沒有機緣同在日本了。

　　由以上資料所示，柳氏在〈記陳仲甫先生關於蘇曼殊的談話〉所記的事只可能發生在上述第二、三段時間期間。剛巧，曼殊亦在 1907 年夏重遇河合仙。據柳無忌《蘇曼殊傳》所載：「母子二人（河合仙和曼殊）在東京和橫濱之間蒲田大森鎮的一個飯館裡見了面……這次會面的日期是 1907 年夏天」[29]。他們的會面是有見證人的，礙於曼殊的日語口語荒廢已久，在他晤河合仙之時邀請了友人陳國權充當傳譯。而自他們重遇後，按柳氏的說法，雖然曼殊「在日本逗留期間總是和朋友住在一起，而沒有與河合仙同住」，但是「他經常去看望河合氏，並陪她一起到海濱去旅行」[30]。柳氏這裡指的旅行應是指〈重訂蘇曼殊年譜〉中所記的 1909 年「待河合氏旅次逗子海邊」[31]一行。然則，在上述第二、三段時間期間，曼殊與河合仙是保持著緊密連繫的。在曼殊致劉三的書函中，亦有記他與河合仙來往甚密。在〈與劉三書〉（丁未七月日本）中，曼殊寫道：「吾大父大母棄余數年，今惟吾母吾姊，與曼三人形影相依而已」[32]。計算起來，陳獨秀與曼殊同在日本的

28 唐寶林、林茂生，《陳獨秀年譜》，（上海：上海人民出版社，1988），頁 48。

29 柳無忌，《蘇曼殊傳》，（北京：三聯書店，1992），頁 42。

30 柳無忌，《蘇曼殊傳》，（北京：三聯書店，1992），頁 43-44。

31 柳亞子，〈重訂蘇曼殊年譜〉，柳亞子編，《蘇曼殊全集 普及版》，（上海：開華書局，1933），附錄頁 18。

32 蘇曼殊，〈與劉三書〉，柳亞子編，《蘇曼殊全集 一》，（北京：當代中國出版社，2007），頁 119-120。

大部份時間，曼殊都經常與河合仙待在一起。因此，他所見極有可能為河合氏（筆者這裡用「河合氏」而非「河合仙」，原因是筆者推測那位女士乃曼殊生母「河合若」，下文自有交代）。馬以君更進一步推斷陳獨秀遇見曼殊母子是在 1907 年秋季時間，但他未有交代判定此時間的理據[33]。既未有確實的證據，筆者認為應暫時懸擱此問題。大體上吾人知道兩件事已經足夠了：一、陳獨秀遇見曼殊母子可能發生在 1907 年夏至 1908 年 8 月及 1908 年底至 1909 年 8 月之間；二、那一位疑為曼殊母的女士乃河合氏之機會極大。

　　行文至此，吾人似乎有足夠的理由否定「蘇家下女說」。首先，由眾多曼殊的生平資料所示，曼殊 1906 年及 1907 年的省母之旅中，找的都是河合氏。而且，在 1907 年的重遇之後，於曼殊以後 11 年的生活中，他們之間一直保持著密切關係[34]。反之，所謂的「下女」是從未在任何的曼殊生平資料中出現的。其次，由以上的陳獨秀的見聞可知，曼殊與河合氏相貌極為相似，加上河合仙與曼殊一生的關係極佳，由此推論出河合仙與曼殊二人具有血緣關係亦屬合情合理。

---

33 馬以君，〈蘇曼殊年譜 四〉，《佛山師專學報》，1987 年 01 期，頁 105。
34 柳無忌，《蘇曼殊傳》，（北京：三聯書店，1992），頁 5。

第四節　曼殊沒有打誑話

曼殊與生母確有重遇

在〈記陳仲甫先生關於蘇曼殊的談話〉所記的一段文字之中，尤以「尤其是兩人間相處的情況，隨地可以表示出母子間親愛的關係，決計不會是親戚，顯然是曼殊在打誑話罷了」一句最能吸引筆者的注意。就筆者考查過的論述而言，似乎還未有論者十分認真地處理陳獨秀這段說話，並細心考慮當中有沒有其他的可能結論能由此引申出來。例如，馬以君在其〈蘇曼殊年譜　四〉之中，就簡單地接受了陳獨秀的說法，而以〈記陳仲甫先生關於蘇曼殊的談話〉一文之所記判斷道：「在此期間，陳仲甫嘗晤見河合仙」[35]。如果曼殊沒有打誑話呢？如果他是有難言之隱呢？筆者在此提出一個大膽的假設：曼殊沒有打誑話，與陳獨秀相遇的女士是河合若，而且曼殊在那時或已知、或猜出河合若乃其生母。

考曼殊當時的處境，筆者比較傾向相信曼殊並沒有向陳獨秀說謊。按陳獨秀之言，他應該是不認得河合仙的。不然的話，他即可辨認出該女士為誰。然則，那一位女士可以是河合仙本人，亦可以不是。這並不是一個定案。其實，若考慮曼殊當時的處境及他在日本時的生活，謂他向一位如陳獨秀這樣緊密連繫著的友人說謊，殊不合理。第一，曼殊省母在友人之間並不是一個秘密，尤其是對於曼殊與陳獨秀間而言，原因是陳獨秀正是曼殊 1906 年省母之旅的陪伴者。第二，在 1907 年夏，曼殊因為日語荒廢已

35　馬以君，〈蘇曼殊年譜　四〉，《佛山師專學報》，1987 年 01 期，頁 105。

久，因此見河合仙時請了一位友人充當翻譯。如此說來，即已有曼殊的朋友已認得河合仙的樣貌了，謂他在不久之後就向另一位友人說謊，指河合仙只為親戚，實在不是明智之舉。第三，考曼殊與陳獨秀間非一般的「緊密連繫」而是同寓的關係。按《陳獨秀年譜》中所記陳獨秀是在 1907 年「春天離皖赴日，並與曼殊、鄧仲純同住一間小房……」，1909 年 1 月初與曼殊「同居於東京清壽館，3 月同遷江戶，5 月又返東京……」。自 1907 年曼殊重遇河合仙後，他經常去看望河合氏，甚至陪她一起到海濱去旅行。曼殊要向陳獨秀說謊，委實不易瞞騙過去。就以上三點而言，筆者反而相信曼殊並沒有打誑話，向陳獨秀說謊。

　　如此說來，吾人應該怎樣理解陳獨秀所描述的事件呢？筆者有理由推斷陳獨秀遇上的是曼殊與其生母河合若！首先，筆者有確實證據指出在 1910 年以前已經遇上河合若。在《逸經》第十三期載有唐蘊玉〈喏班時代之蘇曼殊及其他〉一文，文中寫曼殊與友人（又可稱為義兄）黃水淇關係極佳。文中舉證道：「他（黃氏）曾得曼殊贈詩一首，曼殊手簽英文姓名絕版《潮音》一冊，西裝相片一幀，以及曼殊於 1910 年在日本同他老母和姨母的合照」[36]。唐氏一文附上了該相片（見下圖）。曼殊站在照片中間，唐氏所標示的「曼殊老母」應為河合仙，而「曼殊姨母」則為河合若。查曼殊的行蹤，唐氏有關相片合照的時間有誤。根據柳亞子〈重訂蘇曼殊年譜〉的資料，1910 年曼殊整年在喏班中華會館，而早在 1909 年的 8 月，他已經離開了日本，一直至 1911 年舊曆 4 月才由爪哇返日本。由此可見，拍攝此相片的時間應不晚於 1909 年的 8 月。由此可見，在 1907 年夏季後至 1909 年的 8 月前，曼殊與河合若已曾相見。他們相聚的時間與上述陳獨秀遇見曼殊及其「親

---

36 唐蘊玉，〈喏班時代之蘇曼殊及其他〉，謝興堯編，《逸經》第十三期，頁 14。

「戚」的可能時間完全吻合。

圖為唐蘊玉〈喏班時代之蘇曼殊及其他〉中所載相片

左起曼殊母親、曼殊、曼殊姨母

　　以上指出了曼殊不太可能向陳獨秀謊稱河合仙為其親戚，和陳氏遇上的極有可能為河合若。這為吾人理解陳獨秀之見聞帶出了什麼的啟示呢？那末，當時的實際情況為何？筆者進一步推測曼殊在重遇河合仙前是不知道河合仙非其生母。當陳獨秀遇見曼

殊與河合若那時，曼殊或已知、或猜出其生母乃河合若。這項推
測亦為吾人帶來了一把理解曼殊之謂「身世有難言之恫」的鑰匙。

　　查曼殊所有的作品之中，謂其有「身世有難言之恫」有三處：
一、1909 年下半年在新加坡撰，1910 年 12 月發表於《南社》第
三集上的〈題拜倫集〉[37]，二、早在 1910 年左右隨撰隨刊載於南
洋群島某日報上的《斷鴻零雁記》[38]，三、1912 年 6 月 9 日至 13
日刊於上海《太平洋日報》的〈《潮音》跋〉[39]。值得留意的是，
曼殊不是自小已經嚷著身世有難言之恫。他算得上一位較早熟的
作家。他最早的作品發表在 1903 年他 20 歲的時候，如〈以詩並
畫留別湯國頓二首〉、〈女杰郭耳縵〉、〈嗚呼廣東人〉等。不論他
童年至青少年的生活過得如何艱苦，他在早期的作品中仍是不哼
一聲。例如，童年在鄉間遭鄉人排擠[40]、青少年時在日本生活拮
据[41]、童年至青少年間生活飄泊，常常寄人籬下[42]等，都未曾在他
早期的作品被提及過。反之，他早期作品的風格更是慷慨激昂的，
如《以詩並畫留別湯國頓二首》；他在作品中表現出對社會時事的
關心，如《女杰郭耳縵》、《嗚呼廣東人》。直到 1909 年左右，「身
世有難言之恫」之悲鳴才開始出現，而他作品的風格亦轉趨悲傷。
剛巧於 1907 年夏季至 1909 年 8 月期間，正是曼殊成年後重遇河

37 柳亞子，〈曼殊詩年月考〉，柳亞子編，《蘇曼殊全集　一》，（北京：當代中國
　　出版社，2007），頁 19。
38 何宏玲，〈蘇曼殊《斷鴻零雁記》新論〉，《南京師範大學文學院學報》，2009
　　年第 4 期，頁 78。
39 柳無忌，〈日本僧飛錫潮音跋及其考證〉，柳亞子、柳無忌編，《蘇曼殊年譜
　　及其他》，（上海：北新書局，1928），頁 240。
40 蘇惠珊，〈亡兄蘇曼殊的身世〉，柳無忌編，《柳亞子文集‧蘇曼殊研究》，（吳
　　縣：上海人民出版社，1987），頁 505。
41 馮自由，《革命逸史》初集，（北京：中華書局，1981），頁 167。
42 柳亞子，〈曼殊之血統問題及其少年時代〉，柳無忌編，《柳亞子文集：蘇曼
　　殊研究》，（吳縣：上海人民出版社，1987），頁 169-170。

合仙和河合若，並保持著緊密聯繫的時期。1909 年的下半年，「身世有難言之恫」就出現在曼殊的作品之中。由於時間上的吻合，因此筆者推測曼殊在幼年離開日本之前，不知道河合仙非其生母。直至 1907 年夏季至 1909 年的 8 月的相遇，他才得悉一直視為生母的河合仙實乃其姨母，而真正的生母卻是一直稱呼為姨母的河合若。

　　陳獨秀所見的情景，應為曼殊與生母河合若相處的情況。首先，按陳獨秀的說法：「但我看他們倆的面貌，非常相像」[43]。河合仙終非曼殊生母，若謂陳獨秀所見之二人面貌非常相像，捨生母河合若其誰？另外，如前所述，若謂曼殊的回答是「顯然是曼殊在打誑話罷了」[44]並不合理。反之，若認真對待曼殊之言，吾人可作如是的理解。第一，在曼殊心目中，一直視之為親戚的人突然被說成為自己的生母。先不考慮曼殊本身是否已接受了這件事。朋友詢問時一時間反應不及，仍舊向友人道「姨母」為親戚並不足為奇。第二，曼殊才不久之前向其中一位友人（早前充當翻譯的陳國權）介紹了河合仙，向友人說其為自己母親。曼殊又怎可能在短時間內，向另一位同在日本的朋友介紹「另一位母親」呢？第三，曼殊亦需要顧及二老的面子和感受。在河合仙與曼殊相遇後，曼殊曾假河合仙之名撰〈曼殊畫譜序〉一文[45]。後來周作人替其翻譯此文。在〈譯河合氏曼殊畫譜序〉文中寫道：「彈指

---

43 柳亞子，〈記陳仲甫先生關於蘇曼殊的談話〉，柳亞子、柳無忌編，《蘇曼殊年譜及其他》，（上海：北新書局，1928），頁 280。

44 柳亞子，〈記陳仲甫先生關於蘇曼殊的談話〉，柳亞子、柳無忌編，《蘇曼殊年譜及其他》，（上海：北新書局，1928），頁 280。

45 此文日文原文刊載於：柳亞子編，《蘇曼殊全集 三》，（北京：當代中國出版社，2007），頁 11。馬以君在其〈蘇曼殊年譜 四〉（頁 107）中指出此序是曼殊托河合仙之名所撰的。據他所考，周作人、柳亞子、柳無忌等均持此說，筆者以為可信。

吾兒年二十四矣。去夏始得卷單來東省余，適余居鄉，緣慳不遇。今夏重來，余白髮垂垂老矣」[46]。文中河合仙以吾兒稱呼曼殊，可見二人重聚後仍以母子相稱。未知是否因河合若終歸是在無名份之下，與當時實為她姐夫的蘇傑生私通而生曼殊。曼殊、河合仙，和河合若的真正關係終歸是沒有正式曝光的。因此，即使曼殊已接受了這件事，為顧全長輩的面子，亦只好向陳獨秀謂河合若乃其親戚。至於，按陳獨秀之謂「兩人間相處的情況，隨地可以表示出母子間親愛的關係，決計不會是親戚」[47]，加上曼殊在1909 年下半年的作品中開始出現「身世有難言之恫」之語，筆者由此推測曼殊或已知、或猜出這位「親戚」就是他的生母。行文至此，這裡為吾人提出了探討曼殊研究另一熱門議題的一條重要線索。那就是如何解讀曼殊之謂「身世有難言之恫」。這個議題將會在本研究較後的章節作詳細的討論。

第五節　「河合仙胞妹說」比較合理

　　上文已曾指出有關曼殊母親為誰共有三種說法。當中，第一種的說法「蘇家下女說」並沒有實質的證據支持。按現有資料比較餘下的兩種說法後，筆者認為第二種「河合仙胞妹說」比第三種「河合仙侄女說」較合理。首先，第三種「河合仙侄女說」的證據十分單薄。以筆者曾回顧的文獻而言，就僅柳無忌在其《蘇

---

46 周作人，〈譯河合氏曼殊畫譜序〉，柳亞子編，《蘇曼殊全集 三》，（北京：當代中國出版社，2007），頁 13。

47 柳亞子，〈記陳仲甫先生關於蘇曼殊的談話〉，柳亞子、柳無忌編，《蘇曼殊年譜及其他》，（上海：北新書局，1928），頁 280。

曼殊傳》提出。而且，<u>柳氏</u>的資料來源是<u>羅孝明</u>所轉述<u>曼殊</u>大同學校同學<u>陳國權</u>的言論，已非第一手資料，可靠性大減。另外，在<u>曼殊</u>生平的種種資料之中，並無任何有關「<u>河合仙</u>侄女」的資料。反之，吾人確知「<u>河合仙</u>胞妹」真有其人，並見於照片之上。憑現存的種種證據來看，暫以「<u>河合仙</u>胞妹說」最為合理。在未有任何相關的新證據出現之前，筆者認為第二個階段 —— 母親爭議期 —— 的討論應暫告一段落，並以「<u>河合仙</u>胞妹說」為準。

第六節　結　語

　　總結有關<u>曼殊</u>身世的討論，筆者在研究的過程中發現值得留意的地方有三點。第一，學界有關<u>曼殊</u>身世的爭議可以分為兩個時期，一為父親／血統爭議時期、二為母親爭議時期。父親爭議時期始於<u>柳亞子</u>〈<u>蘇玄瑛新傳</u>〉的發表，終於〈<u>蘇曼殊傳略</u>〉的發表；可是〈<u>蘇曼殊傳略</u>〉同時開啟了新階段的爭議，即母親為誰的爭議。而有關<u>曼殊</u>母親為誰的爭議，至今未有一統一性的說法。第二，有關<u>曼殊</u>母親為誰的問題，雖然學界至今未有一致性的說法，然而查各家之說，仍有以下數點幾無異議：<u>曼殊</u>生母乃一日本女子、<u>曼殊</u>生母在他三個月大的時候就離他而去、<u>曼殊</u>在六歲（西曆 5 歲）回<u>瀝溪縣</u>鄉下之前，由<u>河合仙</u>撫養、由於<u>蘇傑生</u>與<u>河合仙</u>離異，<u>曼殊</u>在回鄉後，未有再與<u>河合</u>家有任何接觸，直至長大後主動赴日省母才重新聯繫、自<u>曼殊</u>與<u>河合仙</u>重新聯繫之後，他們一直都保持緊密的關係。第三，考林林總總有關<u>曼殊</u>母親身份之論述，主要有三種說法：一「<u>蘇</u>家下女說」、二「<u>河合仙</u>胞妹說」、三「<u>河合仙</u>侄女說」。查現有的<u>曼殊</u>研究及生平資料，

筆者認為現存的證據傾向支持「河合仙胞妹說」。筆者學識淺薄，不敢斷言有關母親的爭議應就此結束。但是，筆者認為在未有任何相關的新證據出現之前，暫應以「河合仙胞妹說」為準。在探討曼殊母親的身份是誰的問題其間，筆者觸及了曼殊研究的另一熱門議題：就是曼殊之謂「身世有難言之恫」的問題。筆者大膽地推測，曼殊在 1907 年夏季至 1909 年 8 月與河合仙相遇的期間，得悉一直視為生母的河合仙實乃其姨母，而真正的生母卻是一直稱呼為姨母的河合若。由此開始了曼殊半生的悲鳴：「身世有難言之恫」。這正是筆者下一章將會開展的討論。

第四章　身世有難言之恫

　　上一章探討了<u>曼殊</u>的身世，吾人可知他的身世非如一般人一樣，實在複雜異常。這異常於人的身世對<u>曼殊</u>的心理到底有著怎樣的影響呢？這一直都是研究者極有興趣的議題。在<u>曼殊</u>研究之中，有七個字也許是論者最常提及的，就是「身世有難言之恫」。不論是<u>曼殊</u>的生平研究，還是文學研究的範疇，這七個字是不少論者的討論根據。因此，理解<u>曼殊</u>何以謂其「身世有難言之恫」，在學界有著舉足輕重的地位。這句話的本身，多年來都是<u>曼殊</u>研究者的熱門討論對象。查<u>曼殊</u>所有的作品之中，謂其有「身世有難言之恫」有三處：一、1909 年下半年在新加坡撰，1910 年 12月發表於《南社》第三集上的〈題<u>拜倫</u>集〉[1]。當中寫道：「嗟夫，予早歲披剃，學道無成，思維身世，有難言之恫」[2]。二、早在1911 年左右隨撰隨刊載於南洋泗水〈漢文新報〉之上的《斷鴻零雁記》[3]。在《斷鴻零雁記》的第一章末段，描寫了主人翁<u>三郎</u>出家後的環境：「夾道枯柯，已無宿葉；悲涼境地，唯見樵夫出沒，

1　柳亞子，〈曼殊詩年月考〉，柳亞子編，《蘇曼殊全集　一》，（北京：當代中國出版社，2007），頁 19。

2　蘇曼殊，〈題拜倫集〉，柳亞子編，《蘇曼殊全集　一》，（北京：當代中國出版社，2007），頁 32。

3　馬以君，〈蘇曼殊年譜　八〉，《佛山大學佛山師專學報》，1988 年 06 卷 05 期，頁 71。

然彼焉知方外之人，亦有難言之恫」[4]，另外又在三郎給靜子的信之中寫：「然余固是水曜離胎，遭世有難言之恫，又胡忍以飄搖危苦之軀，擾吾姊此生哀樂耶？」[5]。三、1912 年 6 月 9 日至 13 日刊於上海《太平洋日報》的〈《潮音》跋〉[6]。跋中寫曼殊身世時有以下的描述：「稍長，不事生產，奢豪愛客，肝膽照人；而遭逢身世，有難言之恫」[7]。單單就這幾句加起來只有約一百二十字的話，它們所引發的爭議，絕不亞於曼殊的血統及身世之爭論。由於這個議題對於了解曼殊其人其作品極為重要，對此議題有充份的掌握有助本研究較後部份的討論。因此，筆者不得不對於這議題作出探討，並交代筆者的觀點及立場。

第一節　解讀「身世有難言之恫」的爭議

有關曼殊之謂「身世有難言之恫」的解讀方法，其差異之大甚至無法將各種的說法加以分類。以下只能列舉幾個較有代表性的說法以示其差異：

（一）柳亞子〈蘇玄瑛新傳考證〉中引章炳麟〈曼殊遺畫弁言〉之說法，指「身世有難言之恫」可由兩方面作解釋：一、曼

---

4 蘇曼殊，〈斷鴻零雁記〉，柳亞子編，《蘇曼殊全集　二》，（北京：當代中國出版社，2007），頁 154。

5 蘇曼殊，〈斷鴻零雁記〉，柳亞子編，《蘇曼殊全集　二》，（北京：當代中國出版社，2007），頁 195。

6 柳無忌，〈日本僧飛錫潮音跋及其考證〉，柳亞子、柳無忌編，《蘇曼殊年譜及其他》，（上海：北新書局，1928），頁 240。

7 飛錫，〈潮音跋〉，柳亞子編，《蘇曼殊全集　三》，（北京：當代中國出版社，2007），頁 25。

殊為日本血統之拖油瓶；二、回廣州後遭族人視為異類並排斥之。[8]

（二）文公直、萍水所撰的〈曼殊大師傳〉中，謂「生世有難言之恫」（曼殊原文是用「身世」二字，文氏卻用「生世」二字）主要乃來自曼殊心中疑竇之宣泄。按文氏所說，曼殊嘗自疑己身即河合夫人前夫之子，故屢在作品中宣泄胸臆[9]。

（三）朱少璋在其《燕子山僧傳》中的說法與文公直的相似，而他的解釋更詳。他指出：「曼殊的外祖父母為他取了一個日本名字，名『宗之助』」，加上「河合仙是改嫁蘇朝英（即蘇傑生，曼殊父）的」[10]。因此，曼殊誤以為自己是河合仙與日本人所生之子，並且是河合仙帶入蘇家的「拖油瓶」。

（四）柳無忌《蘇曼殊傳》中在記載 1907 年河合仙與曼殊相遇之事時，指出曼殊在與友人的書信中，並沒有提到當時正同河合仙一起生活的第二個日本丈夫。在註釋此事時，柳氏謂：「這可能就是曼殊時常提到的他一生中的『難言之恫』。」[11]

（五）劉心皇在《蘇曼殊大師新傳》認為曼殊的難言之恫出於他性無能的問題。按他的說法：「曼殊既然患了性無能的疾病，所以才有『難言之恫』，（他是說『身世有難言之恫』，其實應換成『身體有難言之恫』。）所以才有『同牀共枕而不起性慾』」[12]。

（六）邵盈午在其《蘇曼殊新傳》中謂身世有難言之恫乃指曼殊回香山瀝溪故鄉後如夢魘般的童年生活。邵氏指：「在故鄉這

8 柳亞子，〈蘇玄瑛新傳考證〉，柳亞子編，《蘇曼殊全集 三》，（北京：當代中國出版社，2007），頁 181。

9 萍水、文公直，〈曼殊大師傳〉，《曼殊大師全集》最完備本，（台北：武陵出版社，1983），傳頁 5。

10 朱少璋，〈第一章：傳奇身世即文章〉，《燕子山僧傳》，（香港：獲益出版事業有限公司，2002），頁 21。

11 柳無忌，《蘇曼殊傳》，（北京：三聯書店，1992），頁 43。

12 劉心皇，《蘇曼殊大師新傳》，（台北：東大圖書公司，1992），頁 135。

夢魘般的童年生活，雖然僅 6 年，但對缺乏溫情愛撫的曼殊來說，
卻不啻是漫長的苦刑。命運對他是夠殘酷的，在他剛剛邁開步子
走路時，已不勝負累了！曼殊嘗謂：『思維身世，有難言之恫。』
洵非虛言」[13]。

　　（七）李蔚在《蘇曼殊評傳》中指曼殊少年時的朋友飛錫（查
李氏書中的觀點，他認為飛錫真有其人，此說為筆者所不取）為
曼殊作傳寫了〈《潮音》跋〉，當中有三點值得注意的：一、李氏
認為〈《潮音》跋〉中寫曼殊「自幼失怙，多病寡言，依太夫人河
合氏生長江戶」是暗示在江戶的河合葉子而非橫濱的河合仙乃其
生母；二、他認為寫曼殊「自幼失怙」應該有一定含意。《詩‧小
雅‧蓼莪》中有一語：「無父何怙，無母何恃！」按李氏說法，他
似乎認為此處飛錫是暗指蘇傑生非其生父；三、他指出曼殊十分
珍愛此跋，曾親自謄抄，而「遭逢身世有難言之恫」原稿始抄為
「痛」，後改為「恫」。李氏由此推論出：「這說明曼殊是在恐懼的
意義上使用『恫』字的」[14]。按以上李氏對〈《潮音》跋〉一文的
理解，他進一步推論出：「公開這篇跋本身，說明曼殊已經猜出自
己是河合葉子的私生子，並且盼望別人最終也能了解這一點」[15]。

第二節　現存的説法仍有待商榷

　　以上所列舉的說法，論者雖有其所持的理據，但是他們的說

---

13 邵盈午，《蘇曼殊新傳》，（北京：東方出版社，2012），頁 1-15。

14 李蔚著，珠海市政協編，〈八十七、揭開身世之迷〉，《蘇曼殊評傳》，（北京：
　　社會科學文獻出版社，1990），頁 301-302。

15 李蔚著，珠海市政協編，〈八十七、揭開身世之迷〉，《蘇曼殊評傳》，（北京：
　　社會科學文獻出版社，1990），頁 302。

法仍有待商榷。主要的問題在於，以上的說法均未能解釋到曼殊的生活和創作如何受此「難言之恫」的影響。筆者認為其癥結所在，乃出於論者未有全盤地理解此「身世難言之恫」對曼殊的心理影響。在本文以下的篇幅，筆者先會在眾多的說法中排除一些不合理的論述。然後，再綜合本文早前有關曼殊身世的討論，探討比較合理的理解方法。

　　在眾多的說法之中，筆者認為劉心皇的說法比較弱。劉氏雖有獨到之處，可是他的論述比較多臆測的成份，難以找到實質證據的支持。況且，劉氏亦無任何佐證為他的臆測提供支援，例如作品中的暗示、友人憶述、信函書柬等。最後，亦是筆者認為最難說得通的地方，就是性能力實與身世一詞的意思無關。由於劉氏有此推論，他甚至謂「身世有難言之恫」應換為「身體有難言之恫」。那麼，難道在〈題拜倫集〉中的「學道無成，思維身世，有難言之恫」要改為「學道無成，思維身體，有難言之恫」？又或是《斷鴻零雁記》寫三郎出家後的部份：「夾道枯柯，已無宿葉；悲涼境地，唯見樵夫出沒，然彼焉知方外之人，亦有難言之恫」，也要理解為「樵夫不知此已為方外之人的三郎，亦有因性無能而構成之痛」？劉氏之說法實難自圓其說。

　　另外，李蔚的說法亦不甚合理。筆者引述李氏著作的主要原因，是由於《中山市志》錄曼殊生平過簡。有見及李氏著作的主編單位為珠海市政協，故視之為一適當的權威性文獻，欲作進一步參考。然而，李氏的考據工作實在令人感到失望。李氏此著作出版於 1990 年，而他仍將日本金閣寺飛錫視之為真有其人，並且是「曼殊少年時的朋友」[16]。其實，早於 1933 年出版柳亞子主編

16 李蔚著，珠海市政協編，〈八十七、揭開身世之迷〉，《蘇曼殊評傳》，（北京：

的開華本《曼殊全集》[17]中，已刊有日人米澤秀夫的〈蘇曼殊之
生涯與作品〉一文。當中就有關於飛錫之考證，而金閣寺已回覆
並無飛錫其人。米澤秀夫在文中寫道：「關於此點，筆者最近去問
過金閣寺事務所的。『明治初年本寺並沒有叫飛錫的人來住過，亦
不見於記錄。飛錫亦無旅行之意義』，是接到這樣的回答」[18]。先
暫且不管飛錫是否曼殊本人。至少學界中有人早已查證實無「金
閣寺僧飛錫」其人。而且，經過柳亞子向曼殊家人求證，以及由
曼殊友人和同學等多番親證。有關曼殊是否香山瀝溪縣人士蘇家
傑生之子的爭議，亦大抵上在 1933 年柳亞子發表〈蘇曼殊傳略〉
時已塵埃落定。按柳亞子的考證及不少曼殊親友所述，曼殊父確
為蘇傑生無疑。李氏之說亦不可取。

　　根據現存有關曼殊生平的資料，柳亞子的〈蘇玄瑛新傳考證〉
及文公直與萍水所撰的〈曼殊大師傳〉的說法亦有可疑之地方。
柳亞子在〈蘇玄瑛新傳考證〉的說法不合乎他後期自己找回來的
資料。〈新傳〉之說不符史實，這是不待言的。另外，有關文氏的
說法，亦有可商榷的空間。第一，按曼殊大同學校的同窗馮自由
之憶述，曼殊上課時自認為一中日混血兒[19]。在大同學校之時，
曼殊已抵青少年的年紀，並非無知的小孩。他是自知並自認其血
統為中日混血兒的。第二，吾人還可以由曼殊的作品中看出一點

社會科學文獻出版社，1990），頁 301。

17 學界多以北新本與開華本指稱北新書局印行的《蘇曼殊全集》及開華書局印
　　行的《曼殊全集》，分別在於北新本中載有柳氏指曼殊父為日本血統的〈蘇
　　玄瑛新傳〉，開華本載有柳氏澄清曼殊確為蘇傑生子的〈蘇曼殊傳略〉。筆者
　　在本文中常用的當代中國出版社的《蘇曼殊全集》乃北新本的重印。

18 米澤秀夫著，徐蔚南譯，〈蘇曼殊之生涯與作品〉，柳亞子編，《蘇曼殊全集 普
　　及版》，（上海：開華書局，1933），附錄頁 23。

19 馮自由，〈蘇曼殊之真面目〉，《革命逸史》初集，（北京：中華書局，1981），
　　頁 166。

端倪。文公直以《斷鴻零雁記》乃小說為由，謂曼殊可以在當中直宣胸中臆測。這個說法筆者認為不當。如果說《斷鴻零雁記》是小說，曼殊就可以在當中直宣胸臆。那末，其他的小說亦應否有同等的考慮呢？同為曼殊六記[20]之一的《絳紗記》在 1915 年 7 月上海出版的《甲寅雜誌》第一卷第七號上發表[21]，比《斷鴻零雁記》的刊行為晚。當中有一人物名夢珠，與曼殊之名僅一音之轉。夢珠的見聞又和曼殊本人之經歷極為相近，如愛好糖果、出家為僧、曾遊東南亞各地等。然而，關於夢珠身世，曼殊是這樣寫的：「夢珠名瑛，姓薛氏，嶺南人也」[22]。文氏是以《斷鴻零雁記》乃小說為由，謂作家在其創作中宣泄心中疑竇並無不可。那麼宣泄在沒有背負母姓及兒時小名，卻又有暗指是曼殊自己的薛夢珠豈非比宣泄在河合三郎上少一些心理的包袱嗎？既同為小說，《斷鴻零雁記》的河合三郎與《絳紗記》的薛夢珠兩位均為映射曼殊的主人翁，兩者身世卻又具有不一致之處，那又應以哪部小說為準呢？文氏的說法實難以解答這關鍵性的問題，故難成一可靠的解說方法。

至於有關柳無忌在《蘇曼殊傳》的說法，筆者認為亦較牽強。「身世」一詞意指一個人的出身、家庭背景，及生活遭遇等事。若謂河合仙之再婚會引來曼殊半生的、有關身世的愁緒及悲鳴，此說實在甚為牽強。另外，柳氏此說並未有什麼佐證支持。不論在曼殊的書信、隨筆或雜文中，還是可讓其恣意發揮的詩文之中，

---

20 曼殊創作的小說共有 6 部：《斷鴻零雁記》、《絳紗記》、《焚劍記》、《碎簪記》、《非夢記》、《天涯紅淚記》。學界統稱為「六記」。
21 柳亞子，〈蘇曼殊年表〉，柳亞子編，《蘇曼殊全集　一》，（北京：當代中國出版社，2007），頁 9。
22 蘇曼殊，〈絳紗記〉，柳亞子編，《蘇曼殊全集　二》，（北京：當代中國出版社，2007），頁 222。

均未見任何相關的宣洩或映射。

最後，是朱少璋在其《燕子山僧傳》及邵盈午在其《蘇曼殊新傳》的說法。雖然二人的說法不一，但是兩者論述的共通之處為：曼殊的身世難言之恫發生在他早年的時間。前者指外祖父母為他取了一個日本名字而生的疑竇，後者乃為如夢魘般的童年生活。筆者認為他們的說法雖然合理，然而時間上卻與作品的寫作並不吻合。吾人必須留意，考曼殊的作品內容及其繫年，曼殊謂其身世有難言之恫出於三處：一、〈題拜倫集〉，二、《斷鴻零雁記》，三、〈《潮音》跋〉。當中最早寫成的是 1909 年下半年在新加坡撰，1910 年 12 月發表於《南社》第三集上的〈題拜倫集〉[23]。在此之前，其實在曼殊的作品之中並未見什麼感懷身世、悲鳴遭遇的內容。曼殊算得上一位較早熟的作家，他最早的作品發表在 1903 年他 20 歲的時候。可是，他卻不是早已嚷著身世有難言之恫，如雜文〈梵文典自序〉、〈文學因緣自序〉、〈拜倫詩選自序〉等、詩歌〈住西湖白雲禪院作此〉等。若是早歲已產生的疑竇或童年的坎坷經歷令他感到其身世有難言之恫，何以要直待至二十六至二十八歲（洋曆 25-27 歲）期間才陸陸續續寫出來呢？反之而言，在曼殊的早期作品之中，甚至寫有不少慷慨激昂的詩歌和散文，例如詩作〈以詩並畫留別湯國頓二首〉、散文〈女杰郭耳縵〉及〈嗚呼廣東人〉等、半譯半寫的《慘社會》等。在書禮集中，不要說有言及身世之書信，較仔細提及家人的書信更是首見於丁未（1907年）七月〈與劉三書〉，時間為與河合仙重逢之後，當中只是言及外公外婆已去世數年，並常與母親和姊姊待在一起而已。曼殊信中寫道：「吾大父大母棄余數年，令惟吾母吾姊，與曼三人形影相

---

23 柳亞子，〈曼殊詩年月考〉，柳亞子編，《蘇曼殊全集 一》，（北京：當代中國出版社，2007），頁 19。

依而已」[24]。在丁未七月之前，在柳亞子搜羅了共 11 封的書信之中（此處以開華本作準），僅一封信件 —— 丙午（1906 年）九月〈與劉三書〉—— 言及其表兄，內容更只是提及：「欲航海東遊，奈吾表兄尚無回信」[25]而已。全都未有提及有關其身世的話題，更遑論有什麼悲鳴身世之言。朱氏與及邵氏之說比較其他的說法合理，可是仍似有商榷的空間。他們的解釋未必為曼殊之謂「身世有難言之恫」的核心或全部。

正如以上資料所示，曼殊謂其身世有難言之恫最早出於他二十六歲，在 1909 年之時。而在曼殊二十六至二十八歲，即 1909 至 1911 年期間，此難言之恫亦陸陸續續在不同類型的作品出現。因此，筆者比傾向相信曼殊這身世之悲鳴，乃是源於約 1909 年左右所發生的事件而觸發的。

第三節　理解曼殊的「身世有難言之恫」

曼殊之謂「身世有難言之恫」的而且確是理解曼殊內心世界及文學寫作的鑰匙。可是，礙於對此「難言之恫」沒有真確的理解，這把鑰匙沒有被好好的使用過。本文較早的部份曾引述了數份文章，指出「身世有難言之恫」七字是不少論者用以研究曼殊作品的進路，如王文娟的〈論蘇曼殊的"自戕"〉、羅曉靜，〈"我"之語：清末民初小說個人化呈現方式的初顯〉、劉茉琳，〈戴著鐐

---

24 蘇曼殊，〈與劉三書〉，柳亞子編，《蘇曼殊全集 一》，（北京：當代中國出版社，2007），頁 119-120。
25 蘇曼殊，〈與劉三書〉，柳亞子編，《蘇曼殊全集 普及版》，（上海：開華書局，1933），書札集頁 4。

銬跳舞的蘇曼殊〉等。可是，就筆者曾回顧的資料而言，論者的分析往往只留於表面。綜合各家的研究，論者的邏輯大多只有一種，就是：「身世有難言之恫」是因，某寫作的風格（如悲傷、心理矛盾、破壞性等）是果。筆者認為各家之說都或有其可取之處，但是當中的推理實在有過份簡化之嫌。

學界至今對於「身世有難言之恫」的性質是未有詳加考慮的。「身世有難言之恫」本身的性質不同，估計對於曼殊的影響亦會有分別。如果「身世有難言之恫」來自是某一件特定的事件，那末曼殊在事件的前後有沒有任何轉變呢？但是，若然「身世有難言之恫」來自是早歲一段長時間的經歷，那麼其影響理應是穩固地表現在曼殊之中，而在成年後不會因此有什麼突變。另外，「難言之恫」的真正意思是什麼呢？「難言之恫」可以是指「傷痛之大，難以言喻」，也可以是「身世有隱情，心感傷痛但難以言明」，當然亦可以是曼殊有意使用此一言多義之辭，兩者皆是。這幾乎沒有論者仔細考查過。最後，就是此「難言之恫」與曼殊個性形成之關係，亦似乎較少人考慮過。何以有「身世有難言之恫」為因，就立即可以推論至有某寫作的風格的果呢？面對傷痛，不同的人格一定會有不同的反應，比如樂觀悲觀、外向內向、情緒商數高低等。曼殊其人其人格如何？他喜歡外遊，成年後幾乎沒有什麼年頭是待在一處的；他是一名佛教的僧人，儘管他破戒食肉，然而觀其書柬及文章，他對佛理是有認識的；他喜歡旅遊，亦喜歡交朋結友，數清末民初的名士，幾乎都與曼殊互相認識的⋯⋯凡此等等，對他面對身世的傷痛一定有所影響。由以上所示，曼殊與「身世有難言之恫」的關係絕不是一因一果的邏輯可以理解。

有關「身世有難言之恫」的議題爭議極大。可是，當中涉及曼殊心理上一個重大的鬱結。若能有效解讀其「難言之恫」，實對

吾人了解其人其作品有很大的幫助。因此，筆者不得不對此議題嘗試作出探討及提出自己的看法。筆者在此提出一項假設：曼殊之謂其「身世有難言之恫」應是指他在重遇河合仙時，得悉一直視為生母的河合仙實乃其姨母，而真正的生母卻是一直稱呼為姨母的河合若之事。以下將會以曼殊作品繫年作據，指出他寫作風格曾有所轉變；又以生平資料方面入手，考查他寫作風格轉變最有可能受到他什麼生活經歷所影響。最後，筆者亦會考查曼殊在實際生活上有沒有出現什麼問題，而問題出現的時間是否與寫作風格的轉變吻合。

一、寫作風格的轉變

　　為指出曼殊的寫作風格曾出現轉變，筆者必須將他作品的寫作時間整理好，以便成為下文繼續推論的理據。以下繫年（表 4.1：詩歌繫年、表 4.2：小說繫年、表 4.3：雜文繫年）是筆者參考了馬以君箋注的《燕子龕詩箋注》[26] 與其編寫〈蘇曼殊年譜〉一至十[27]及柳亞子撰寫的〈曼殊現存書目索引〉、〈曼殊詩年月考〉和〈曼殊詩年月考〉[28] 編寫而成。另外，由於本章的討論是以「身世有難言之恫」作為中心，故在表中會特別作出標示。考曼殊作品繫年，寫有「身世有難言之恫」的作品最早撰於 1909 年下半年

26　蘇曼殊詩，馬以君箋注，《燕子龕詩箋注》，（成都：四川人民出版社，1983）。

27　馬以君的〈蘇曼殊年譜〉一至十是在 1985 年至 1991 年其間，在《佛山大學佛山師專學報》發表的十份論文。

28　柳亞子撰寫的〈曼殊現存書目索引〉、〈曼殊詩年月考〉和〈曼殊詩年月考〉是錄於柳無忌編，《柳亞子文集・蘇曼殊研究》，（吳縣：上海人民出版社，1987）之中。當中的內容與北新本的《蘇曼殊全集》並不相同，較為詳盡和準確。

刊於 1910 年，而最晚的作品出版於 1912 年 6 月。在以下的表格中會特別以灰色將相關作品標示出來。

詩歌方面

表 4.1：詩歌繫年

詩　作	寫作時間	刊登時間	刊物／出處
《以詩並畫留別湯國頓二首》	1903 年約 9 月	1903.10.07	《國民日日報》的附張《黑暗世界》
《住西湖白雲禪院作此》	1905 年冬	1912.05.01 1914.05 1915.05.15	《太平洋報》的附張《太平洋文藝集》《南社》第九集上海《正誼》雜誌第一卷第八號
斷句	1907 年	——	輯自〈文學因緣・自序〉
《題畫》	1907 年夏	1907 年 1917.12	《文學因緣》第一卷《非夢記》
《憶劉三、天梅》	1907 年夏末秋初	——	從劉三所藏曼殊手札抄出
《莫愁湖寓望》	疑為 1908 年深秋	——	錄自霍潔塵編《蘇曼殊詩酬韻集》
《失題》	1909 年 2 月底 3 月初	1912.04.19	《太平洋報》的附張《太平洋文藝集》中的高鈍劍《願無盡廬詩話》

《失題》	1909 年 2 月底 3 月初	1912.04.19	《太平洋報》的附張《太平洋文藝集》中的高鈍劍《願無盡廬詩話》
《寄廣州晦公》	1909 年 2 月底 3 月初	1910.12 1912.04.19 1915.5	《南社》第三集 《太平洋報》的附張《太平洋文藝集》所載高鈍劍的《願無盡廬詩話》 東京《甲寅》雜誌第五期
《謁平戶延平誕生處》	1909 年 2 月底 3 月初	1909.12 1914.05	《南社》第一集 《民國》第一號
《寄調箏人》三首	1909 年 2 月底 3 月初	1910.12 1912.04.19	《南社》第三集 《太平洋報》的附張《太平洋文藝集》中的高鈍劍《願無盡廬詩話》
《久欲南歸羅浮不果，因望不二山有感，聊書所懷， 寄二兄廣州，兼呈晦聞、哲夫、秋枚三滬上》	1909 年初春	——	輯自《藝林從錄》第五編文芷的《曼殊上人詩冊》
《題《靜女調箏圖》》	1909 年春	——	將詩寫在百助照片上，分寄包天笑、蔡哲夫、諸貞壯、鄧秋枚、黃晦聞。

《本事詩》十首	1909 年春	1910.12	《南社》第三集
《次韻奉答懷寧鄧公》	1909 年春	——	凌挹秀抄寄給柳無忌
《調箏人將行，屬繪《金粉江山圖》，題贈二絕》	1909 年春	1911.06	《南社》第四集
《櫻花落》	1909 年春	——	錄自霍潔塵編《蘇曼殊詩酬韻集》
《澱江道中口占》	1909 年春末	1910.12 1914.05	《南社》第三集 《民國》第一號
《代柯子柬少侯》	1909 年春末	1910.12	《南社》第三集
《題《師梨集》》	1909 年春末	1910.12 1914.07 1912.04.19	《南社》第三集 《民國》第三號 《太平洋報》的附張《太平洋文藝集》中的高鈍劍《願無盡廬詩話》
《有懷》二首	1909 年春末夏初	1909.12 1913.11 1915.01 1914.05	《南社》第一集 《生活日報》的附張《生活藝府》 《民國》第一號《燕子龕隨筆》
《過蒲田》	1909 年春末夏初	1909.12 1919.05	《南社》第一集 《民國》第一號
《為調箏人繪像》二首	1909 年約春末夏初	1910.12	《南社》第三集
《集義山句懷金鳳》	1909 年春夏之間	——	錄自劉三所藏曼殊墨跡

《過若松町有感》	1909 年春夏之交	1909.12 1914.07	《南社》第一集 《民國》第三號
《過若松町有感示仲兄》	1909 年春夏之交	1911.06	《南社》第四集
《遊不忍池示仲兄》	1909 年夏	——	自蔡哲夫所藏曼殊墨跡錄出
《落日》	1909 年約 6 月，陪河合仙旅行時所作	1910.12 1912.04.19	《南社》第三集 《太平洋報》的附張《太平洋文藝集》所載高鈍劍的《願無盡廬詩話》
《西湖韜光庵夜聞鵑聲簡劉三》	1909 年 9 月中下旬在杭州的作品	1910.06	《南社》第二集
《題蔡哲夫藏擔當《山水冊》》	疑為 1909 年 9、10 月間	——	錄自玉谷《擔當山水畫冊》，據說從《茶丘契闊集》（抄本）中收得
《題拜倫集》	1909 年深秋	1910.12	《南社》第三集
《耶婆提病中，末公見示新作，伏枕奉答，兼呈曠處士》	1910 年 6 月在爪哇作	1910.12	《南社》第三集
《步韻答雲上人》三首	1910 年 4 月間	——	錄自張烈所藏曼殊墨跡
斷句	1912 年 1 月 2 日	——	曼殊自爪哇給柳亞子的信
《別雲上人》	1912 年初春	1912.04.09 1912.10	《太平洋報》的附張《太平洋文藝集》

		1914.05	《南社》第六集 《民國》第一號
《柬法忍》	1912 年春	1912.06.09 1912.10.01 1913.11.03 1914.05 1917	《太平洋報》的附張 《太平洋文藝集》 《南社》第六集 《生活日報》的附張 《生活藝府》 《民國》第一號 收入廣州的《天荒畫集》
《以胭脂為某君題扇》	疑為 1912 年 6月中旬	——	錄自《蘇曼殊全集》（開華本）
《柬居雜詩十九首》	1912 年夏秋之間	1915.03 1914.07 ——	《南社》第十三集 《民國》第三號（前十五首） 又刊於廣州《無荒畫集》
《為玉鸞女弟繪扇》	1913 年春	1913.11.3. 1913.11 1914.05 1914.07	《生活日報》的附張 《生活藝府》 上海《華僑雜誌》第一期 《民國》第一號 《南社》第十集
《春日》	1913 年 3 月下旬安慶作	——	從沈燕謀所藏曼殊墨跡中錄出，後收入《蘇曼殊全集》（開華本）
《遲友》	1913 年 3 月下旬	——	錄自沈燕謀所藏曼殊墨跡，後收入《蘇曼殊全集》（開華本）

《花朝》	1913 年 3 月 19 日	——	從沈燕謀所藏曼殊墨跡中錄出，後收入《蘇曼殊全集》（開華本）
《晨起口占》	1913 年 3 月下旬或 4 月初	——	錄自沈燕謀所藏曼殊墨跡，後收入《蘇曼殊全集》（開華本）
《吳門依易生韻十一首》	1913 年約 6 月前後	1914.05	《南社》第九集
《何處》	1913 年約 8 月	——	鄭桐蓀寄給柳亞子、柳無忌
《南樓寺懷法忍、葉葉》	1913 年秋	1913.11.30	《生活日報》的附張《生活藝府》
《飲席贈歌者賈翰卿》	1913 年 10 月	1913.11.30 1914.05 1915.03	《生活日報》的附張《生活藝府》 《民國》第一號 《南社》第十三集
《東行別仲兄》	1913 年約 12 月中旬	1914.05 1915.03 1917	《民國》第一號 《南社》第十三集 收入廣州的《天荒畫集》
《無題》八首	1913 年前後	1914.05 1914.05 1915.05	《南社》第九集 《民國》第一號（第一至五首） 《甲寅》第五號（第五首）
《芳草》	疑為 1914 年春	1916.09	《名家小說》內寂寞程生《西冷異簡記》第十一章上
斷句	1914 年 3 月 14 日	——	曼殊自日本給柳亞子的信

《偶成》	1914 年 3 月上、中旬之間	1914.07 1915.03 1917	《民國》第三號 《南社》第十三集 收入廣州的《天荒畫集》
《憩平原別邸贈玄玄》	1914 年 3 月中旬	1914.05 1915.03 1917	《民國》第一號 《南社》第十三集 收入廣州的《天荒畫集》
《佳人》	1914 年約 3 月	──	錄自鄧以蟄所藏曼殊墨跡，是寫在一幅日本女子照片背面的
《碧欄杆》	疑為 1914 年	──	錄自文公直《曼殊大師全集》 柳亞子《蘇曼殊全集》（開華本）亦有載錄
未編年			
斷句	──	──	錄自鄭逸枚《南社叢談》
斷句	──	──	錄自鄭逸枚《南社叢談》
斷句	──	──	錄自鄭逸枚《南社叢談》
游同泰寺與伍仲文聯句	──	──	──
代河合母氏題《曼殊畫譜》	──	──	──

小說方面

表 4.2：小說繫年

小　說	寫作時間	刊登時間	刊物／出處
斷鴻零雁記	小說的醞釀和創作，始於 1911 年在爪哇中華會館學校任教時，到 1912 年上半年在上海完成上半部份 這期間，曼殊曾於 1911 年暑期取道廣州東渡日本，說不定舊地重遊，觸景生情，於秋天把青少年時期的生活敷衍成書	1911 年秋冬之間 1912.05~08.07 1919.04 1924 年秋 1925 年 1938 年 ——	南洋泗水《漢文新報》重刊並續載於上海《太平洋報》第 42 至 129 號 上海廣益書局以單行本出版 梁社乾著手譯為英文，1925 年由上海商務印書館印出 黃嘉謨、鄭江濤編為《斷鴻零雁記劇本》，由思明報社出版，1928 年改編後由上海市第一綫裝書店出版，題名《斷鴻零雁記》，1939 年香港改編成電影，在利舞台獻影 日本飯塚朗譯成日文，收入「改造文庫」，1922 年修訂後，與其他小說、詩歌合本由平凡社出版，書名《斷鴻零雁記》 蘇聯亦有本小說譯文
天涯紅淚記	疑作於 1914 年 1 月	1914.05.10	發表在日本東京《民國》雜誌第一號《小說》欄（為未完之作）

絳紗記	疑為 1914 年底至 1915 年初所作	1915.07.10 1916.09 初 1938 年	發表於日本東京《甲寅》雜誌第一卷第七號 《甲寅》雜誌社把它與《焚劍記》輯為一冊，名為《〈絳紗記〉、〈焚劍記〉合本》，列入章行嚴選定的《名家小說》叢書，由亞東圖書館發行 日人飯塚朗譯成日文，收入「改造文庫」；1922年修訂後，與其他小說、詩歌編入題為《斷鴻零雁記》的集子，由東京平凡書社出版
焚劍記	疑作於 1915 年夏末	1915.08.10 1916.09 初 1938 年	發表於日本東京《甲寅》雜誌第一卷第八號 《甲寅》雜誌社把它與《焚劍記》輯為一冊，名為《〈絳紗記〉、〈焚劍記〉合本》，列入章行嚴選定的《名家小說》叢書，由亞東圖書館發行 日人飯塚朗譯成日文，收入「改造文庫」；1922年修訂後，與其他小說、詩歌編入題為《斷鴻零雁記》的集子，由東京平凡書社出版

| 碎簪記 | 全篇作品當在1916年10月份脫稿 | 1916.11.01、1916.12.1 | 連載於上海《新青年》雜誌第二卷第三、四期 |
| 非夢記 | 成於1917年6、7月間重返上海之後 | 1917年12月 | 發表於上海《小說大觀》第12集 |

雜文方面

表4.3：雜文繫年

雜　　文	寫作時間	刊登時間	刊物／出處
女杰郭耳縵	1903年9、10月間	1903年10月7、8、12日	連載於《國民日日報》
嗚呼廣東人	1903年10月	1903年10月24日	發表於《國民日日報》
《秋瑾遺詩》序	1907年7月下旬	1907年8月10日	刊於《天義》第五卷《附錄》欄
《梵文典》自序	1907年約7、8月間	1907年9月1日	刊於《天義》第六卷
初步《梵文典》啟事	1907年約7、8月間	1907年7月5日	發表在日本東京《民報》第十五期上
《梵文典》啟事	1907年約7、8月間	1907年9月1日	刊於《天義》第六卷
《畫譜》自序	1907年夏秋之間	1907年8月10日	刊於《天義》第五卷《附錄》欄
托名河合仙撰《曼殊畫譜序》	1907年夏秋之間	1907年8月10日	刊於《天義》第五卷《附錄》欄

《文學因緣》第一卷	1907 年 9 月前後成稿	1908.01 1908.01.15 日	第一卷出版，日本東京博文館印刷，齊民社發行 刊於《天義》第十五卷末頁廣告，已載有該書二卷的目次
露伊斯美索爾遺像贊	1907 年秋冬間	1907.10.30	刊於日本東京《天義》第八、九、十卷合冊《圖畫》欄側
《文學因緣》序	1908 年春末夏初	1908 年上半年	刊於《文學因緣》上
儆告十方佛弟子啟	1908 年上半年	1908 年上半年	刊於《文學因緣》上
告宰官白衣啟	1908 年上半年	1908 年上半年	刊於《文學因緣》上
嶺海幽光錄	非一時所寫成，大概由在上海居國學保存會藏書樓已有搜集資料，1908 年寫成於日本	1908.04.25	刊於日本東京《民報》第二十號《談叢》欄

娑羅海濱遁跡記	1908 年寫於日本	1908.07.10 1908.08.10	刊於《民報》第二十二號的《小說》欄 刊於《民報》第二十三號的《小說》欄
題百助眉史小影片寄天笑	1909 年歲首	1923.08	發表於《燕子龕殘稿》上
《潮音》自序	1909 年 8 月下旬	1911 年 1914.08.17	刊於日本東京神田印刷所的《潮音》 刊於日本東京三秀舍出版的《拜輪詩選》
英文《潮音》自序	1909 年 10 月	1911 年	刊於日本東京神田印刷所的《潮音》
潮音	1909 年	1911 年	由日本東京神田印刷所印刷
答瑪德利莊湘處士書	1911 年 7 月18 日	1912.10.27	刊於上海《南社叢刻》第六集
南洋話	1912 年 4 月	1912.04	刊於上海《太平洋報》副刊《太平洋文藝集》
馮春航談	1912 年 4 月18 日	1912.04.20	刊於上海《太平洋報》副刊《太平洋文藝集》

題《師梨詩選》	1912 年 5 月	——	寫入英文《師梨詩選》原本上面，柳亞子是從黃季剛處借來拍照而得
華洋義賑會觀	1912 年 5 月 28 日	1912.05.28	刊於上海《太平洋報》副刊《太平洋文藝集》
《潮音》跋	馬以君只引述柳亞子的說法，沒有作判斷。柳氏說法〈《潮音》跋〉的寫作時間是 1911 年另外，馬氏有引述柳氏〈對於飛錫〈《潮音》跋〉的意見〉之文，當中寫道：「第一個時期是要發表的（初屬稿時），第二個時期是不要發表（《潮音》出版時），但第三個時期終於親手交給人家，任人家去發表了。」	1912.06.09 至 06.13	連載於上海《太平洋文藝集》

燕子龕隨筆	1913 年	——	發表在《生活日報》副刊《生活藝府》第一九期至五二號 發表在《華僑雜誌》第二、三期 發表在《民國雜誌》第一期 發表在《文藝珊瑚網》第一集 發表在《民權素》第十二集
討袁宣言	1913 年在上海的作品（約 1 月至 4 月）	1913.07.21	發表在上海出版的《民立報》上
燕影劇談	1913 年在上海的作品（約 1 月至 4 月）	1913.11.17.	發表在上海出版的《生活日報》副刊《生活藝府》上
梵書摩多體文	——	擬出版，未果	——
題熱海風景片寄明珠眉史	1914 年 1 月 23 日	1914.01.23	曼殊將陳封可所贈的熱海風景片題上識，轉寄給何震生的女友明珠
漢英三昧集	——	1914.08 1923 年	日本東京三秀舍印刷 上海泰東圖書局翻印
雙枰記·序	1914 年 8 月 27 日	1914.11.10	刊於東京《甲寅》雜誌第一卷第四號

三次革命軍・題辭	疑為 1915 年 5 月間	1915 年	刊於東京出版的《三次革命軍》一書
碧迦女郎傳	1916 年	──	從楊滄白處所藏墨跡抄來
送鄧邵二君序	1917 年 2 月 11 日	1928 年 1 月 1 日	收入上海北新書局《曼殊全集》第一卷
未編年			
畫跋二十七首	1903 年至 1909 年	──	散見在《文學因緣》、《天義報》、《真光畫報》，及蔡哲夫所輯的《曼殊上人妙墨冊子》等處
畫跋補遺	1905 年至 1914 年	──	收編在《曼殊餘集》中間
自題造像	1909 年至 1915 年	──	──

　　查以上的作品繫年，吾人可以留意到，寫有「身世有難言之恫」的作品全都出於曼殊東渡日本省母之後。在詩歌方面，1907年夏末秋初所作的〈憶劉三、天梅〉當中寫有：「東來與慈親相會……」[29]，標示了曼殊與河合仙的重遇；而 1909 年深秋所撰的〈題拜倫集〉就寫有悲嘆身世之辭：「予早歲披剃，學道無成，思維身世，有難言之恫」[30]。在雜文方面，1907 年夏秋之間所作的〈《畫譜》自序〉之中，曼殊就寫下了他省母的事：「衲三至扶桑，

29 蘇曼殊詩，馬以君箋注，〈憶劉三、天梅〉，《燕子龕詩箋注》，（成都：四川人民出版社，1983），頁 15。
30 蘇曼殊詩，馬以君箋注，〈題拜輪集〉，《燕子龕詩箋注》，（成都：四川人民出版社，1983），頁 66。

一省慈母，山河秀麗，寂相盈眸」[31]；而寫於 1911 年的〈《潮音》跋〉則載有：「稍長，不事生產，奢豪愛客，肝膽照人；而遭逢身世，有難言之恫」[32]一語。在小說方面，由於曼殊寫作小說的日子比較晚一點，他首部小說已為寫有：「……然彼焉知方外之人，亦有難言之恫」[33]的、於 1911 年開始撰寫的《斷鴻零雁記》。繫年之中較值得注意的是，曼殊並非一早就有「身世有難言之恫」的悲嘆。如果說他的「難言之恫」是來自童年的悲慘生活、或自小對自己為拖油瓶的疑竇，那末為什麼要待至 1909 年才寫出來？在他省母之前，他的作品合共有 4 首詩歌，1 首斷句，和 6 篇雜文，但是都沒有言及其家庭、身世，更不要說談及什麼難言之恫。筆者可以合理地推知，曼殊應該是在 1909 年的不久之前經歷了某件特別的事件，導致他有「身世有難言之恫」之感，而在作品之中抒發出來。也許，吾人不能排除他早歲悲苦的生活亦構成他「身世有難言之恫」的一部份。可是，由繫年資料所示，似乎約在 1909年前有某（些）事件觸發了他的寫作動機，而令他對於其身世之苦不吐不快。若要數算在 1909 年前發生了什麼大事是與曼殊的「身世」有關的，就要算是他重遇河合仙一事了。

　　如上文所述，筆者認為不少論者將曼殊的寫作風格簡單地劃分為悲傷、心理矛盾、具破壞性等是太過簡化的。曼殊的寫作風格是有不只一次的轉變，而其癥結所在正是其省母之行及其「難言之恫」。由於本研究較後的部份將會仔細分析曼殊的文學作品，

---

31 蘇曼殊，〈畫譜自序〉，柳亞子編，《蘇曼殊全集　一》，（北京：當代中國出版社，2007），頁 88。

32 飛錫，〈潮音跋〉，柳亞子編，《蘇曼殊全集　三》，（北京：當代中國出版社，2007），頁 25。

33 蘇曼殊，〈斷鴻零雁記〉，柳亞子編，《蘇曼殊全集　二》，（北京：當代中國出版社，2007），頁 154。

現只就量化的統計及簡單的分析作論據以指出他寫作風格的轉變。

在詩歌方面，若以〈憶劉三、天梅〉與〈題拜倫集〉作為分水嶺，則會把曼殊的詩歌分成為三組：一、東渡省母之前，二、東渡省母後至自道其身世有難言之恫，三、自道有難言之恫後至他最後的作品。在這個分類之下，筆者發現曼殊的寫作風格並不是一直都屬悲傷的格調，而是經歷了兩次的轉變。在上述的分水嶺之下，筆者嘗試統計曼殊運用悲傷格調的字眼，結果得出以下的數據

表 4.4 曼殊在詩歌中運用悲傷字眼的統計（以東渡省母作劃分）

詩 字	〈以詩並畫留別湯國頓二首〉至〈題畫〉	〈憶劉三、天梅〉至〈題拜倫集〉	〈耶婆提病中，末公見示新作，伏枕奉答，兼呈曠處士〉至〈碧欄杆〉
淚	1	9	9
愁	0	10	9
恨	0	5	1
哀	0	3	3
傷心	0	1	5
涕	0	1	0
哭	0	1	0
惆悵	0	0	2
悲	0	1	2
憔悴	0	0	1

無那	0	2	0
憐／可憐	0	1	3
憂	0	0	1
斷腸	0	0	1
總數	1 字／5 首	34 字／40 首[34]	37 字／61 首
平均	每一首詩有 0.2 個傷悲的字眼	每一首詩有 0.85 個傷悲的字眼	每一首詩有 0.607 個傷悲的字眼

　　由以上的統計所示，曼殊的詩歌風格不是一直都屬悲傷的格調。在省母之前，曼殊的詩作有 4 首詩歌及 1 首斷句，只是在〈以詩並畫留別湯國頓二首〉之一中運用了 1 個悲傷格調的字眼，就是「淚」字。然而，此詩全句寫的是「國民孤憤英雄淚」，實際上是激昂悲憤多於悲傷。以平均數值來計算，是每 5 首詩才出現 1 個悲傷的字眼。在省母之後至曼殊在詩歌中寫下「難言之恫」的時期，曼殊的詩作共有詩歌 40 首[35]，當中共有 34 個悲傷格調的字眼。以平均數值來計算，是大約每 1.1 首詩就出現 1 個悲傷的字眼。在寫下「難言之恫」之後至最後一首作品的時期，曼殊的詩作共有 59 首詩歌及 2 首斷句，當中共有 37 個悲傷格調的字眼。以平均數值來計算，是大約每 1.8 首詩就出現 1 個悲傷的字眼。如果以年份去統計，則能更清楚地見到曼殊在用字方面的轉變。就揭示此轉變，筆者編寫了以下的表 4.5。曼殊在詩歌上悲傷字

---

34 由於 1909 年 2 月底 3 月初其中一首《失題》在各家詩集未見，因此這裡不計算在內。

35 按馬以君的〈蘇曼殊年譜　六〉（頁 71），曼殊有 1909 年有〈無題〉詩兩首，可是其中一首各家詩集未見，因此不計算在內。

眼的使用之上，以 1909 年及 1912 年用得最多，而在 1913 年已有回落的現象。比較起 1903 年至 1907 年夏末秋初之前那段幾乎沒有用上悲傷字眼的時期，在 1913 年及以後曼殊仍然有選用悲傷字眼，只是用得比較少一點。

表 4.5 曼殊在詩歌中運用悲傷字眼的統計（加入各年份作考慮）

字 年 分	淚	愁	恨	哀	傷心	涕	哭	惆悵	悲	憔悴	無那	可憐	憂	斷腸	總數	平均
一九〇三	1	0	0	0	0	0	0	0	0	0	0	0	0	0	1字／2首	0.5
一九〇四	-	-	-	-	-	-	-	-	-	-	-	-	-	-	沒有作品	'
一九〇五	0	0	0	0	0	0	0	0	0	0	0	0	0	0	0字／1首	0
一九〇六	-	-	-	-	-	-	-	-	-	-	-	-	-	-	沒有作品	'
一九〇七	1	1	0	0	0	1	0	0	0	0	0	0	0	0	3字／3首	1

一九〇八	0	0	0	0	0	0	0	0	0	0	0	0	0	0	0字／1首	0
一九〇九	8	9	5	3	1	0	1	0	1	0	2	1	0	0	31字／38首[36]	0.816
一九一〇	0	0	0	0	0	0	0	0	1	1	0	0	0	0	2字／4首	0.5
一九一一	-	-	-	-	-	-	-	-	-	-	-	-	-	-	沒有作品	-
一九一二	6	4	1	2	2	0	0	1	1	0	0	0	1	1	19字／23首	0.826
一九一三	2	4	0	1	2	0	0	0	0	0	0	2	0	0	11字／28首	0.393
一九一四	1	1	0	0	1	0	0	1	0	0	0	1	0	0	5字／6首	0.833

36 由於 1909 年 2 月底 3 月初其中一首《失題》在各家詩集未見，因此這裡不計算在內。

　　由以上的數據可以見到，曼殊的詩歌風格是有轉變的。他比較早期的作品有關心政治、慷慨激昂的作品，如〈以詩並畫留別湯國頓二首〉；也有寫景寫得清麗如畫的作品，如〈題畫〉》、〈莫愁湖寓望〉。1909 年是曼殊以悲傷風格寫詩的高峰期，他最有名的詩歌都是這個時候的作品。如〈題《靜女調箏圖》〉的「無量春愁無量恨，一時都向指間鳴。我已袈裟全濕透，那堪重聽割雞箏」[37]、〈本事詩〉中的：「還卿一缽無情淚，恨不相逢未剃時」[38]、〈櫻花落〉的：「多情漫作他年憶，一寸春心早已灰」[39]、〈過若松町有感示仲兄〉的：「契闊死生君莫問，行雲流水一孤僧。無端狂笑無端哭，縱有歡腸已似冰」[40]等，都是當時文壇傳誦的名句。1912年仍然是曼殊使用傷感字眼的另一高峰期，而在 1913 年及以後就有回落的現象。無獨有偶，有曼殊的雜文之中，出現了同一現象。就揭示此現象，筆者編寫了以下的圖表（表 4.6）對曼殊雜文作簡單的鳥瞰。

---

37 蘇曼殊詩，馬以君箋注，〈題《靜女調箏圖》〉，《燕子龕詩箋注》，（成都：四川人民出版社，1983），頁 30。
38 蘇曼殊詩，馬以君箋注，〈本事詩〉，《燕子龕詩箋注》，（成都：四川人民出版社，1983），頁 39。
39 蘇曼殊詩，馬以君箋注，〈櫻花落〉，《燕子龕詩箋注》，（成都：四川人民出版社，1983），頁 60-61。
40 蘇曼殊詩，馬以君箋注，〈過若松町有感示仲兄〉，《燕子龕詩箋注》，（成都：四川人民出版社，1983），頁 59。

表 4.6 雜文繫年及內容鳥瞰

雜　文	寫作時間	內　　容
女杰郭耳縵	1903 年 9、10 月間	主要寫一個有關郭耳縵（EMMA GOLDMAN）近期發生（文章寫於 1903 年，裏高士的暗殺事件發生在 1901 年）的事件。由文章中可見，曼殊借郭耳縵之口講述了無政府主義者的觀點，及表示對王侯貴族、統領者和資本家的厭惡，而對廣大勞動人民的關懷。文末亦有交代各地的無政府黨之活動。筆者認為由曼殊文章的語調和引述郭耳縵的語句看來，也許是受了郭耳縵 'THE TRAGEDY AT BUFFALO' 一文所影響。
嗚呼廣東人	1903 年 10 月	文章表達了曼殊作為廣東人反思廣東開放媚外風氣的深切悲痛。文章風格在悲痛中帶有憤怒，例如：「我今有一正言正告我廣東人曰：『中國不亡則已，一亡必先我廣東；我廣東不亡則已，一亡必亡在這班入歸化籍的賤人手裡。』」然而，曼殊的憤怒實是來對自己家鄉的情感，文末他表現得甚為傷心：「你看我中國尚可為嗎？你看我廣東人的罪尚可逭嗎？吾思及此，吾悲來而血滿襟，吾幾握管而不能下矣！」

《秋瑾遺詩》序	1907 年 7 月下旬	此文表示了曼殊對秋瑾的讚許。另又引明末一女子所作的《絕命詩》，指亡國時多有才之士，認為秋瑾與此明末女子正是好例子。 值得注意的，文中寫有：「悲憤纏綿，不忍卒讀⋯⋯視死如歸，唏噓盛哉」一句，可見曼殊寫序時的心情；另外，曼殊寫的時候有病在身，文末署名時他寫：「香山蘇子谷扶病云爾」。
《梵文典》自序	1907 年約7、8 月間	表達出作此書的因由：一、漢土沒有關於梵文的專書；二、欲成鞠窣磨長老之志。
初步《梵文典》啟事	1907 年約7、8 月間	如同〈《梵文典》自序〉一樣，表達出作此書的因由。另有《梵文典》的目錄刊登。
《梵文典》啟事	1907 年約7、8 月間	即同上。
《畫譜》自序	1907 年夏秋之間	文中對國畫的宗派作出簡明的鳥瞰，並交代了出版因由，乃因何震搜曼殊畫欲付印刷。文中曼殊道出他訪日本的原因：「衲三至扶桑，一省慈母，山河秀麗，寂相盈眸」。而文末時，曼殊表現出他並不快樂，有因為自己「經缽飄零」而不快，有因為「漢畫久衰」而不快，又有因「亡國」而感不快。可是，他文中之讚「別有懷抱」則沒有明言了。

托名河合仙撰 《曼殊畫譜序》	1907 年 夏秋之間	文中以母親看兒子的角度撰寫。寫有幾件事：一、曼殊性格，如愛畫、好遠遊；二、母子重遇的事及經過；三、曼殊將謁梵土，求梵學；四、何震籌謀《畫譜》之事。 由格調上來說，此文的情感傾向傷感。文中描寫了曼殊體弱多病、河合仙見曼殊時「白髮垂垂老矣」、河合仙知曼殊思念她及曼殊姊時「下淚語之曰：『吾兒情根未斷也。』」等。
露伊斯美索爾 遺像贊	1907 年 秋冬間	文中寫曼殊在故紙堆中偶得法國無政府主義者露伊斯美索爾（LOUISE MICHEL）遺像，見其英姿活現，生仰慕心而撰此文。此文的格調傾向傷感。文末寫道：「嗟嗟，極目塵球，四生慘苦，誰能復起作大船師如美氏者耶？友人詩云：『眾生一日不成佛，我夢中宵有淚痕。』」
《文學因緣》自序	1908 年 春末夏初	文中有記此書刊行的緣起：「比隨慈母至逗子海濱，山容幽寂，時見殘英辭樹。偶錄是編，閩江諸友，願為之刊行……」 主要鳥瞰當時翻譯界的狀況。 值得注意的，文中寫有：「而今極目五天，荒坵殘照，憶昔舟經錫蘭，憑弔斷塔頹垣，淒然淚下，有『恒河落門千山碧，王舍號風萬木煙』句，不亦重可哀耶！」一句。

徹告十方佛弟子啟	1908 年上半年	文章的格調激昂，可以感受到作者對佛教發展的熱切關懷。作者認為當今佛教的問題是來自佛教內部的。文中關注的事情有三件：一、現在的僧人重禮懺，不重講經，更大問題是，他們舉行禮懺不是「法佈施」而是「販賣」的；二、由於佛教傳承自六祖後已無傳衣鉢之事，佛教之中竟出現了爭端之事；三、佛教界在現今世代越趨媚俗，例如出現隆拜帝之儀。作者文章後半部份提出了解決的建議，並對戒律作出了討論。
告宰官白衣啟	1908 年上半年	此文旨在回應當時社會上對佛教的負面看法。作者回應的說法有三種，大意為：一、宗教當廢，禪修梵行無益民生；今之僧眾半起白徒，無學行者；三、佛法無用，語不經邦。文章的語調堅定，理性地反駁上述三種說法。
嶺海幽光錄	非一時所寫成，大概由在上海居國學保存會藏書樓已有搜集資料，1908 年寫成於日本	此文輯錄了粵人忠義貞烈之士的事跡，一共十六人。十六人之中，有十人為忠烈女性之事跡，而當中又有四人為鬼。在六位烈士之中，有義僧與曾為僧者二人，其餘多為明季清初的官員。

娑羅海濱遁跡記	1908 年寫於日本	此文疑為曼殊自撰，而非翻譯而得。故事源於主人翁因久處憂患故而自殺，後被救起遇上娑羅鄉人。故事大致上由娑羅鄉人介紹自己開始，當中認識了娑羅鄉人的歷史及仇恨，至反攻賊軍失敗而終。文章之中表達了作者對耶教及西方文化的反感，和對女性的厭惡。總的來言，故事雖講娑羅鄉人反攻賊軍之歷程，當中有不少慷慨激昂之言，但內容及結局悲慘多於激昂。例如：主人翁欲自殺、娑羅鄉人國破家亡、喪邦時家人被凌辱、反攻失敗、牧童亦以刀自剖等。
題百助眉史小影片寄天笑	1909 年歲首	此文是曼殊想念故人時，把過往的作品重抄一遍寄予包天笑。他抄寫了的作品有《題《靜女調箏圖》》，當中寫：「無量春愁無量恨」、「我已袈裟全濕透」是較悲傷的作品。另一段文字出自元代詩人倪瓚《柳梢青贈妓小瓊英》，亦屬格調傷感的作品。
《潮音》自序（亦為《拜倫詩選》自序）	1909年8月下旬	柳亞子在其〈曼殊文年月考〉中指曼殊此序一文兩用，本為〈《潮音》自序〉，後大弄玄虛，寫作日期由紀年戊申改為光緒三十二年，而為〈《拜倫詩選》自序〉。[41] 文章主要的重點有二：一、翻譯事之難，二、讚美拜倫其人其詩。

---

41 柳亞子，〈曼殊文年月考〉，柳無忌編，《柳亞子文集・蘇曼殊研究》，（吳縣：上海人民出版社，1987），頁 97。

英文《潮音》自序	1909 年 10 月	文章簡述了拜倫和師梨其人，並讚美他們的詩歌。
潮音	1909 年	──
答瑪德利莊湘處士書	1911 年 7 月 18 日	此文為曼殊與其師莊湘處士的書信。書信之中主要論及曼殊對於一些佛教現況和議題的想法，包括：佛教在中土發展歷史之鳥瞰、指法佈施不應收費、崇拜神像的問題、文字書寫發展等。
南洋話	1912 年 4 月	文中記曼殊由目擊華人在爪哇被荷蘭人欺壓，而反思華胄、中華民國被欺壓的國仇家恨。
馮春航談	1912 年 4 月 18 日	此文記柳亞子緻曼殊看戲《血淚碑》一事，曼殊借機讚嘆劇界發展竿頭日進。文末寫有：「憶曩日觀《九襲衣》一劇，衲始而歔欷，繼則淚潸潸下透羅巾矣。人謂衲天生情種，實則別有傷心之處耳。」可見曼殊撰文時是傷心的，只是所謂「別有傷心之處」並沒有明言。
題《師梨詩選》	1912 年 5 月	此文記《師梨詩選》轉歸於季剛之事，並讚嘆師梨詩之芬艷。
華洋義賑會觀	1912 年 5 月 28 日	此文似是表達了曼殊對於民眾盛情參與華洋義賑會的快慰。可是，文中卻寫下了曼殊對於女國民穿洋裝、效洋人「高乳細腰之俗」的反感，而這項的評語佔了此文多於一半的字數。

《潮音》跋	馬以君只引述柳亞子的說法，沒有作判斷。柳氏說法《潮音》跋〉的寫作時間是 1911 年另外，馬氏有引述柳氏〈對於飛錫〈《潮音》跋〉的意見〉之文，當中寫道：「第一個時期是要發表的（初屬稿時），第二個時期是不要發表（《潮音》出版時），但第三個時期終於親手交給人家，任人家去發表了。」	此文為曼殊假飛錫之名而撰的「曼殊傳記」，所以實為曼殊的自傳。文中固然有記曼殊生活的二三事，如成長、受戒、學業、工作事、著作等，又記有曼殊與其託名的烏有先生飛錫之關係。除此以外，特別值得注意的地方有幾處：一、曼殊自言身世為純日本血統；二、文中常載他身體不佳，如「多病寡言」、「以是羸病幾殆」、「竟犯唾血」等；三、文中寫有曼殊被「疑其為精神病作也」之事；四、曼殊歐文之師欲以其女妻之的事；五、此文是曼殊言其「身世有難言之恫」的作品之一。按烏有先生飛錫的說法，他與曼殊最後中次相聚時，曼殊表現傷感：「會闍黎新自梵土歸來，詣其王父墓所，道過山齋，握手欷歔，淚隨聲下。」

燕子龕隨筆	1913 年	隨筆之中所記的事有很多，有各式各樣的主題。例如：有與佛教相關的、有與情事有關的、有與友人相關的、有與文學翻譯有關的等。當中提及最多的主題是詩歌及歌謠，共有 24 節提及或引述；第二是有關佛教的主題，共有 23 節提及，當中或引述佛經，或提及僧侶事，或言及旅行中有關佛教景物之見聞等。
討袁宣言	1913 年在上海的作品（約 1 月至 4 月）	此文格調上慷慨激昂，力陳袁世凱之罪行，及討伐他的國民責任。曼殊指出即使如他一樣為世外之人，亦有責任討伐袁氏。在文中他寫道：「衲等雖托身世外，然宗國興亡，豈無責耶？」又謂：「……衲等雖以言善習靜為懷，亦將起而褫爾（袁氏）之魄！」
燕影劇談	1913 年在上海的作品（約 1 月至 4 月）	文中寫了曼殊看劇的經驗，及他對於新劇發展的看法。文中可以見到他經常患病，如：「……余昨夕病稍脫體，姑往觀之」，又：「……余病未能往觀」；以及他一貧如洗的狀況：「燕影自惜貧如潦水之蛙……」。
梵書摩多體文	——	擬出版，未果
題熱海風景片寄明珠眉史	1914 年 1 月 23 日	此文記這熱海風景片由阿可寄曼殊，再轉給明珠眉史之因緣。

雙枅記·序	1914 年 8 月 27 日	此文是曼殊替爛柯山人著的《雙枅記》撰寫的序。此文概述回顧了《雙枅記》的一些內容，如紀作者亡友何靡施。文末，曼殊表達了他近來的心情並不愉快：「燕子菴中，淚眼更誰愁似我？小勇山下。手持寒錫弔才人。欲結同心，天涯何許？不獨秋風鳴鳥，聞者生哀也已。」
三次革命軍·題辭	疑為 1915 年 5 月間	此文乃為馮懋龍（即馮自由）在海上偶遇曼殊，請他為其撰序而成的作品。文中寫了此文撰寫之緣起、曼殊對馮氏的印象，及亦有寫曼殊自己的現況：「久病之人，終日解衣覓蝨而外……」
碧迦女郎傳	1916 年	文中記德人碧迦女郎之事。讚許其人多才多藝，並以比干比之。然而，碧迦女郎的遭遇多有不幸，如避亂逃出、多才卻早夭。
送鄧邵二君序	1917 年 2 月 11 日	此文記曼殊與鄧孟碩、邵中子相遇並與之遊的事。文中曼殊表示了他計劃遠遊意大利的意圖，並對國家的關懷及帶消極的看法：「即他日以臥雪之身，歸來鄉國，復見二君含飴弄孫於桃花雞犬之間，不為亡國之人，未可知也。」
未編年		

畫跋二十七首	1903 年 至 1909 年	這二十七則的畫跋之中，只有 14 則紀有年份。 其中較值得留意的有：甲辰（1904 年）的其中一則載有曼殊情事：「余以繫身情網，殊悔蹉跎。」 （未紀有年份，編於 1906 年的畫跋之後）記有曼殊與母親及其姊相處之事：「今奉慈母移居村舍，殘冬短晷，朔風號林，吾姊榎本榮子囑畫，泚筆成此。」
畫跋補遺	1905 年 至 1914 年	——
自題造像	1909 年 至 1915 年	——

　　在雜文方面，大概亦可以如詩歌般找出兩處分水嶺，而將他的雜文分為 3 組：一、〈女杰郭耳縵〉至〈《梵文典》啟事〉，二、〈《畫譜》自序〉至〈《潮音》跋〉，三、〈燕子龕隨筆〉至〈送鄧邵二君序〉。在〈女杰郭耳縵〉至〈《梵文典》啟事〉共 6 篇作品之中，雖有 2 篇寫有傷心之語，包括了〈嗚呼廣東人〉和〈《秋瑾遺詩》序〉，但兩者都不是為己而悲。在〈嗚呼廣東人〉之中，讓他感到「悲來而血滿襟」的其實是來自對家鄉的親切情感；而〈《秋瑾遺詩》序〉之中，令他「悲憤纏綿」的是秋瑾及明末女子「視死如歸」的氣慨。在〈《畫譜》自序〉至〈《潮音》跋〉之間共有 17 篇文章，當中有 8 篇寫有傷心之語或是哀傷的格調，包括了〈《畫譜》自序〉、〈《曼殊畫譜》序〉、〈露伊斯美索爾遺像贊〉、〈《文學

因緣》自序〉、〈娑羅海濱遁跡記〉、〈題百助眉史小影片寄天笑〉、
〈馮春航談〉和《潮音》跋〉，而比較多的是寫自己的事。有哀
自己事的，如：〈《畫譜》自序〉中寫自己「經缽飄零」、托名河合
仙撰〈《曼殊畫譜》序〉謂河合仙淚下言：「吾兒情根未斷也」、〈題
百助眉史小影片寄天笑〉抄錄〈題《靜女調箏圖》〉自謂哭至「我
已袈裟全濕透」、〈馮春航談〉自道：「人謂衲天生情種，實則別有
傷心之處耳」，及《潮音》跋〉中寫自己與烏有先生飛錫相聚時
「握手欷歔，淚隨聲下」；有遇景色而哀的，如：〈《文學因緣》自
序〉中寫：「而今極目五天，荒坵殘照，憶昔舟經錫蘭，憑弔斷塔
頹垣，淒然淚下」；有因關心政事而哀的，如：〈露伊斯美索爾遺
像贊〉中寫道：「嗟嗟，極目塵球，四生慘苦……」而憶友人詩云：
「眾生一日不成佛，我夢中宵有淚痕」；也有以悲傷的格調撰寫故
事，如：〈娑羅海濱遁跡記〉的內容及結局悲慘，主人翁欲自殺、
娑羅鄉人國破家亡、喪邦時家人被凌辱、娑羅鄉人反攻失敗、娑
羅鄉牧童以刀自剖等。猶如在詩歌中出現的情況一樣，若以言及
「身世有難言之恫」的作品為一分水嶺，〈《潮音》跋〉之後的作
品出現傷心之語或以悲傷的格調明顯有回落的趨勢。在〈燕子龕
隨筆〉至〈送鄧邵二君序〉之間合共有 8 篇作品[42]，只 1 篇文章
寫他悲傷的心情，就是在〈《雙枰記》‧序〉中言：「燕子菴中，淚
眼更誰愁似我？」。

　　至於小說方面，由於曼殊的第一部小說已經是他訴說其「身
世有難言之恫」的作品，難以作出以上的比較。（在關《斷鴻零雁
記》的性質，後文有詳細論述。此處先依最慣常的說法，將它分
類為小說作計算。）因此，筆者僅以詩歌和雜文兩類作品作出論述。

---

42 8 篇作品並不包括〈梵書摩多體文〉。此文撰成後曾擬出版，但未果，各家
　　文集未見。

　　綜合以上的資料，吾人不難見到曼殊的寫作風格是有著兩次
轉變的。在省母之後，曼殊的寫作風格明顯轉趨悲傷，在詩歌的
用字上和雜文的內容上可見一斑。晃如一個爆發點，曼殊在 1909
年末至 1911 年間，前後在不同的作品中忍不住向大家苦訴他的身
世有著「難言之恫」。在這個爆發點以後，曼殊的寫作風格雖然漸
漸地沒有較早的時間般那麼悲傷，但亦沒有回復至省母之前一樣。
這個趨勢在他的詩歌及雜文的寫作之中是一致的。可見這個轉變
並不是偶然出現的。筆者認為這個轉變為吾人理解曼殊之謂「身
世有難言之恫」提供了一重要的線索。以下將加入他的生平資料
作進一步的論述。

二、曼殊的生平資料與作品繫年的比較

　　若承以上的討論，以上述作品風格轉變的兩大分水嶺，去考
察曼殊在那段時間的生平資料，吾人可以有什麼發現呢？由詩歌
方面的用字看來，1909 年及 1912 年是曼殊運用悲傷字眼的高峰
期，這些時間曼殊又在經歷什麼事呢？筆者以下將由曼殊的生平
資料入手，對他這寫作的現象嘗試作出探討。之後，再由探討的
所得，繼續試窺探曼殊謂其「身世有難言之恫」的議題。以筆者
的視野所及，有關曼殊生平的研究，以馬以君和劉心皇的著作最
為詳盡。然而，二人的研究各自都有少許不足之處。劉心皇的《蘇
曼殊大師新傳》當中所載的資料雖然十分詳盡，有很高的參考價
值，但他並沒有全部標明他的根據或資料來源。另外，在他的資
料來源大多是文公直和柳亞子所編的年表資料，而不是來源自一
手的資料。馬以君寫有〈蘇曼殊年譜〉十份論文，寫於 1985 年至
1991 年其間，在《佛山師專學報》和後來易名為《佛山大學佛山

師專學報》的學刊上發表的。他這十份論文的參考價值比劉氏的
《新傳》要高一點。因為在每一條年譜資料之後馬氏均有引述他
的資料來源，並解釋他一些的猜測或推論。可是，馬氏的問題在
於，他有某些推論是純然由曼殊的文學作品內容推敲而得。例如，
〈蘇曼殊年譜　二〉之中，記:「犯戒被逐，轉至蒲間寺」[43]一條
目之下，他所引述的資料主要是《絳紗記》、《燕子龕隨筆》和〈《潮
音》跋〉;〈蘇曼殊年譜　三〉[44]之中，記:「在錫蘭，應聘於菩提
寺」一條目之下，他所引述的資料就只有〈《潮音》跋〉;〈蘇曼殊
年譜　五〉[45]之中，記:「以出家為由推却百助欲以身相許的要求」
一條目之下，他所引述的資料就只有〈次韻奉答並簡繩侯〉、〈本
事詩〉、《斷鴻零雁記》、〈《潮音跋》〉，和《絳紗記》。筆者認為，
若非確實無誤的資料實不應寫在年譜之中。由曼殊文學作品內容
推敲的所得，作為輔助性的資料是可以的。但是，將之作為撰寫
年譜的理據，筆者則以為不妥。

　　為建立出較準確的曼殊生平資料，筆者以馬氏十份的〈蘇曼
殊年譜〉論文作骨幹，並參考了北新版的柳亞子〈蘇玄瑛新傳〉
和柳無忌〈蘇曼殊年譜〉、開華版的柳亞子〈蘇曼殊傳略〉和〈重
訂蘇曼殊年表〉、文公直的〈曼殊大師年譜〉、正風書店版的柳亞
子〈蘇曼殊年譜〉和劉心皇的《蘇曼殊大師新傳》編寫以下的年
表（表4.7）。以下的年表以曼殊本人的行踪為主，主要保留了馬
氏有詳細資料支持的條目，刪除一些只以曼殊的文學作品內容推
敲而得的條目，如果在其他年譜有資料支援馬氏的說法，該條目
則會予以保留。

43　馬以君，〈蘇曼殊年譜　二〉，《佛山師專學報》，1986年 01期，頁95。
44　馬以君，〈蘇曼殊年譜　三〉，《佛山師專學報》，1986年 03期，頁94。
45　馬以君，〈蘇曼殊年譜　五〉，《佛山師專學報》，1987年 03期，頁94。

表 4.7 曼殊年表

年　份	生　平　資　料
1884 一歲	9 月 28 日生於日本橫濱雲緒町一丁目五二番地 12 月生母河合若返回鄉下，曼殊轉由河合仙撫養
1885 兩歲	於日本橫濱雲緒町一丁目五二番地，隨河合仙生活 外祖父母來橫濱與曼殊同住
1886 三歲	於日本橫濱雲緒町一丁目五二番地，隨河合仙及其外祖父母生活
1887 四歲	於日本橫濱雲緒町一丁目五二番地，隨河合仙及其外祖父母生活
1888 五歲	於日本橫濱雲緒町一丁目五二番地，隨河合仙及其外祖父母生活
1889 六歲	是年較早時期仍在日本橫濱雲緒町一丁目五二番地，隨河合仙及其外祖父母生活 父蘇傑生將曼殊帶回日本蘇宅 與蘇惠齡隨嫡母黃氏及舅舅黃玉章離橫濱回廣東 回至瀝溪，與其祖父母、兄姐、叔嬸、堂兄弟姐妹生活
1890 七歲	在瀝溪，隨祖父母、嫡母等生活 入簡氏大宗祠私塾從蘇若泉讀書
1891 八歲	在瀝溪鄉塾就讀
1892 九歲	在瀝溪鄉塾就讀 12 月 8 日，蘇傑生因萬隆茶行生意不景，營業失敗，偕大陳氏、小陳氏，及惠芳、惠芬離橫濱回瀝溪

1893 十歲	在瀝溪鄉塾就讀 備受家人的歧視
1894 十一歲	在瀝溪鄉塾就讀
1895 十二歲	在瀝溪鄉塾就讀 蘇傑生帶同大陳氏及其所生女兒惠齡、惠芳、惠芬往上海； 蘇煦亭至橫濱
1896 十三歲	在瀝溪鄉塾就讀 患大病，得嫂嫂照顧，遭嬸嬸虐待 3 月，隨二姑母蘇彩屏、二姑丈陳獻墀赴上海，與蘇傑生、大陳氏，及惠齡、惠芳、惠芬生活 受大陳氏刻薄 從西班牙牧師羅弼・莊湘博士學習中英文
1897 十四歲	在上海，從羅弼・莊湘習英文 4 月，祖父蘇瑞文患病，蘇傑生回瀝溪照料 11 月上中旬，大陳氏接家信，知蘇瑞文病重，即攜女兒惠齡、惠芳、惠芬回瀝溪 曼殊獨留上海，食宿在蘇彩屏家 繼續求學，費用由父親好友資助 11 月 14 日，蘇瑞文病終 生活艱苦，大陳氏返瀝溪時，僅留棉胎作被；12 月上旬，堂大兄蘇維春返鄉經上海，憐曼殊過冬只得棉胎作被，即購毯被給曼殊
1898 十五歲	初春，隨表兄林紫垣自上海東渡日本橫濱。生活在林紫垣家，經濟主要由林紫垣供給 2、3 月間，入大同學校，在乙級學習中文

1899 十六歲	在橫濱大同學校乙級就讀 自認是中日混血兒
1900 十七歲	春，在橫濱大同學校就讀，升入甲級，學習中英文 疑自橫濱回廣東，在廣州出家後重返橫濱
1901 十八歲	重入大同學校就讀，學習中英文 在大同學校兼教美術（中國畫）科，並為教科書繪插畫 秋，被選入梁啟超舉辦的夜間中文專業特別班學習 蘇煦亭回瀝溪
1902 十九歲	自橫濱至東京，與蘇維翰籌議升學 費用由林紫垣供給，與張文渭同住牛込區榎本町某旅館，曾生活十分艱苦，仍刻苦攻讀 秋冬之間，入「青年會」，交遊始廣，為從事革命活動的開端 參加興中會活動
1903 二十歲	春，改入成城學校，費用仍由林紫垣供給 4月下旬，參加「拒俄義勇隊」 5月11日，參加由「拒俄義勇隊」改名的「軍國民教育會」 林紫垣干預其參加革命組織。經濟轉由汪大燮資助。 求馮自由寫一介紹信往香港訪陳少白 秋，與吳袟書、吳縊章兄弟，並偕一小男孩乘日輪「博愛丸」西行 抵上海，旋轉蘇州，在吳中公學社任英文教員 中秋，自蘇州至上海，任《國民日日報》英文翻譯 12月1日，《國民日日報》被查封，與陳獨秀、章士釗、何梅士在上海賃屋同住 12月上旬，借陳獨秀、章士釗不在時，騙開何梅士去看戲，竊走章士釗三十元留言離上海而去 12月中旬，抵香港，訪陳少白，往中國日報社 12月底，回廣州尋師不遇，旋流浪至惠州某破廟，拜一老僧為師，再度披剃

1904 二十一 歲	2 月中旬，在惠州破廟，不堪僧家生活之苦，竊取其已故師兄遺凡，在廣州府雷峰海雲寺的戒牒，及其師銀洋二角逃走 自惠州步行至廣州，轉乘輪船到香港，重返中國日報社 欲槍殺康有為，為陳少白力阻而止 3 月中旬，在香港新福利源棧，遇同鄉簡世錩。簡回瀝溪後受蘇傑生之託重赴香港勸曼殊返鄉。曼殊托故不返。3 月 15 日，蘇傑生病故 仲春，離香港至上海，到國學社 春末，自上海啟程到暹羅，其間識喬悉磨長老，傳跟他習梵文；又從暹羅赴錫蘭，體察僧侶生活，並第三次受戒 夏末，回至廣州 7 月，至長沙，應聘任湖南實業學堂圖畫教員 至衡山，夜宿兩華庵 冬，華興會在湖南的計劃失敗，秦毓鎏等出走。曼殊繼續留在實業學堂任教
1905 二十二 歲	上半年，在長沙實業學堂任教，除圖畫外，兼教英語 暑假，離長沙去上海，訪秦毓鎏，嬉遊玩樂（吃花酒），任意揮霍 夏天，疑自上海至杭州 旋與劉三自杭州至南京，在陸軍小學任英文教員 參與籌辦江南書報社，居該社北屋 與伍仲文遊同泰寺 結識秦淮歌伎金鳳 秋後，至杭州
1906 二十三 歲	初春，至長沙，任明德學堂教員。居開福寺 夏，應劉師培邀請，至蕪湖赭山皖江中學任教 暑假，至上海，會晤劉三，識柳亞子 夏，與陳獨秀東渡日本尋河合仙，不遇

	在東京，識<u>章炳麟</u> 初秋，在須磨海岸送<u>水野</u>氏南歸 8月下旬，與<u>陳獨秀</u>自日本回上海 再至皖江中學堂，因學校鬧風潮，未有上課 中秋前後，與<u>鄧繩侯</u>、<u>江彤侯</u>同遊南京 10月4日，自南京返蕪湖。與<u>陶成章</u>、<u>龔寶銓</u>離蕪湖往上海 10月21日，自上海至杭州，往白話報館 10月26日，離杭州去上海，住美租界新衙門北首和康里第四街，即愛國女學校，識<u>徐紫虬</u> 11月底12月初，遷往八仙橋鼎吉里四號夏寓，即中國同盟會駐滬機關總部，自學梵文 12月中下旬，離上海，旋即返
1907 二十四 歲	1月6日，自上海赴溫州 1月中下旬，自溫州返上海 經濟拮据，需向友人借款度歲 2月13日，與<u>劉師培</u>、<u>何震</u>夫婦東渡日本東京，住牛込區新小川町二丁目八番地民報社 4、5月間，與<u>章炳麟</u>等人室東京發起並成立國際性組織「亞洲和親會」 春末，與<u>章炳麟</u>送<u>波邏罕西</u>歸印度 夏，參與《新生》雜誌的籌措工作 初秋，在東京大森某料亭（餐廳）與<u>河合仙</u>會晤，<u>陳國權</u>應邀赴席為傳譯。時<u>河合仙</u>已改嫁一日本商人，住橫濱南太町 在此期間，<u>陳獨秀</u>嘗晤見<u>河合若</u> 時往橫濱探望<u>河合仙</u>及<u>榎本榮子</u> 7、8月間遷往小石川區久堅町二十七番瑜伽師地天義報社 9月中旬，「家姐」給款九十元。自東京啟程回國，於長崎旅館染寒疾，臥病八日 9月26日，抵達上海，住鐵馬路愛而近路國學保存會藏書樓；經濟拮据，向<u>劉三</u>借款

	約 10 月，與<u>陳去病</u>同宿 飲食不加節制，時患腸胃病 積極為藏書樓捐款 10 月 20 日，<u>陳去病</u>邀飲，在筵席上唔梨花館 結識妓女<u>花雪南</u> 嘗赴杭州，於雷峰塔下拾得唐人寫經殘片。旋回上海，將殘片贈<u>鄧秋馬</u> 送<u>諸貞壯</u>赴南冒，護<u>花雪南</u>歸
1908 二十五 歲	1 月 2 日，自東京轉長崎 2 月，自長崎返東京，寓神田猿樂町一丁目二番地清壽館 訪<u>河合仙</u>及<u>榎本榮子</u> 嘗培<u>河合仙</u>至逗子海濱 約 2 月，患肝跳症，入橫濱病院靜養 3 月，遷往東京鞠町區飯田六丁目二十一番地天義報社與<u>劉師培</u>、<u>何震</u>夫婦同住 擬入真宗大學修梵文，未果 4 月中旬，<u>章炳麟</u>與<u>劉師培</u>重生矛盾。遭<u>劉師培</u>夫婦遷怒，即遷往友人家 肩下生瘡，時臥病在床 8、9 月間，自東京返上海，住虹口西華德路田中旅館六號 9 月上旬，自上海至杭州，住白雲庵 9 月中旬，移至韜光庵 9 月下旬，離杭州返上海 10 月 7 日，應<u>楊文會</u>函召南京祇垣精舍任金陵梵文學堂英文教師，住延齡卷楊公館 11 月 12 日，自南京赴上海，即返南京 12 月 10 日，患腦病，在祇垣精舍靜養 12 月下旬，自南京抵上海
1909 二十六 歲	1 月上旬，離上海赴日本東京。與<u>張卓身</u>等人同寓小石川「智度寺」 轉與<u>章炳麟</u>、<u>黃侃</u>同居

	到九州北部長崎縣
	到肥田國千里濱兒誕石前憑吊鄭成功
	約3、4月間，赴本州近畿淀江訪河合仙
	6月上旬，陪河合仙旅居逗子海濱
	8月下旬，離東京返上海
	9月，在上海約9月，赴杭州探望劉三，住西湖白雲庵
	時值劉師培夫婦公開投靠兩江總督端方，有人懷疑其與之同流合污，同寓之雷昭性投函恐嚇。為表清白，即離杭州返上海
	約10月，經介紹前往爪哇任教；途經香港、星加坡
	約秋冬之間，抵爪哇任喏班中華學校英文講師
1910 二十七 歲	在爪哇喏班中華學校任教
	常患病，身體十分孱弱
	咯血症復發
	常與許紹南、黃水淇在夢蘭達河划船
1911 二十八 歲	夏，自喏班東渡日本，途經廣州
	8月28日，抵橫濱
	8月31日，到東京
	至京都，疾已癒
	暑假結束，返喏班，仍在中華學校任教
1912 二十九 歲	2月上旬，離喏班返國
	途經蘇門答臘（泗水）
	至香港，認識平智礎
	繞道廣州訪黃晦聞，再返香港，逗留兩天，即赴上海
	4月4日，抵上海
	4月5日，經柳亞子介紹參加南社
	應《太平洋報》聘，主筆政，與柳亞子等同事
	4月上旬，遷往太平洋報社編輯部居住

	4 月中旬，自上海赴杭州，與張繼訪陳去病於西湖秋社 4 月 18 日，離杭州返上海 4 月 30 日，乘築前丸東渡日本省河合仙，與孫伯純等同行 5 月 27 日，自日本還至上海 6 月 19 日，離上海東渡日本，與孫伯純等同行 10 月 30 日，自日本啟程回國，住大馬路第一行台 時與柳亞子、鄭之蕃、張卓身等征色逐歌 12 月 13 日，抵安慶任安徽高等學校教員，與沈燕謀等同事 12 月中下旬，患「洞泄之疾」
1913 三十歲	1 月初，在安徽安慶高等學校堂任教 1 月下旬，應柳亞子約到盛澤鄭之蕃家 2 月上旬，與沈燕謀等至上海，住南京路第一行台旅館 與李一民夜赴蘇州 3 月下旬，自上海至安慶 4 月上旬，自安慶至上海，與沈燕謀住第一行台 4 月 17 日，與鄭之蕃等遊蘇州 在上海，飲食無度，征歌逐妓 春，與張卓身、李一民赴杭州，住西湖圖書館 約 5 月，獨居上海，自覺無聊 5 月下旬，到安慶 6 月 4 日，自安慶至上海 6 月 6 日，與沈燕謀到盛澤鄭之蕃家，籌措編寫《英漢》、《漢英》詞典 12 月 20 日，至西京，遊琵琶湖，腸病復發
1914 三十一 歲	1 月，自西京至大久保訪孫伯純。患痢疾 帶病赴牛込 經早稻田、追分町，轉至大森、熱海

	1月，回東京，腸病發作三次，時到順天堂診治
	約2月，與陳封可、國香外出遊玩
	2月上中旬，與陳封可、國香等至國律府
	重遊熱海
	同陳封可登江中孤島嶼
	3月上中旬，至橫濱、羽田、妙見島、千葉海邊、梅屋等地
	3月16日，至東京，專攻「三論宗」
	參觀上野大正博覽會
	4月上旬，往西京
	8月18日，患痢疾
	11月下旬，遷至居正家
1915 三十二 歲	2月中旬，遊兵庫、和歌丿浦等地
	4月上中旬，遊塔丿澤、環翠樓、強羅、小涌谷、熱海等地
	約4月，經宮下返湯本，寓福住旅館
	4月，患肺炎
	5月4日，到東京，寄食城外小廟
	約5月，患哆扶斯病
	與陳樹人同住
	8月25日，患腸疾，入聖路加醫院
	10月中旬，病將癒，然借貸困難
	10月下旬，離聖路加醫院
1916 三十三 歲	2月15日，接孫伯純自北京來信
	2月16日，托香谷典當衣物
	2月23日，赴追分町
	2月24日，赴青山

	春末，自東京回上海
	5 月，聞居正在山東組成中華革命軍護國討袁，即赴青島拜訪
	與周然、劉白等遊嶗山
	10 月，自青島回至上海，寓環龍路四十四號孫文寓所
	約 10 月，赴杭州，住新新旅館
	往清泰第二旅館訪宮崎寅藏，遇李一民
	與楊滄白父楊太公先後住秋社、陶社，並獨居巢居閣
	常與友人遊西湖
	約 12 月，患流腦病，終日靜臥
1917 三十四 歲	1 月 2 日，在陶社
	1 月中下旬，自杭州返上海度春節
	2 月，自上海至杭州
	3 月，自杭州返上海
	4 月，自上海至杭州
	4 月下旬，自杭州回上海，旋東渡日本，途經長崎、馬關、神戶
	5 月 4 日，抵東京住河合仙之家；不久，陪河合仙遊箱根
	6 月中旬，自日本返上海，住霞飛路寶康里，與柳亞子晤面
	時與名伶小楊月樓、小如意等交遊
	夏末，遷往盧家灣程演生家
	患痢疾
	初秋，腸胃病復發，入霞飛路醫院，蔣中正托陳果夫送醫藥費去
	應蔣中正之邀，移居白爾部路新民里 11 號其家

	冬，腸胃病加深，瘡痔大發，入海寧醫院
	乘程演生赴北京，托帶信與陳獨秀暨蔡子民，欲求公費留學
	意大利學習繪畫
	私食禁忌糖栗
1918 三十五 歲	3月，病情惡化，轉入金神父路廣慈醫院
	與居正互為鄰室
	4月29日，囑高劍父致書黃晦聞，謂勢將不起
	5月2日下午4時病逝。彌留時僅云：「但念東島老母，一切
	有情，都無罣礙。」
	5月3日，下午3時，入殮

在比較曼殊的年表與他的作品繫年之後，筆者發現了一個有趣的現象。那就是曼殊大部份以悲傷格調寫下的作品，都是在他在日本的時候寫下的。

在詩歌方面，1907年夏末秋初寫的〈憶劉三、天梅〉；1909年2月底3月初寫的〈寄廣州晦公〉、〈謁平戶延平誕生處〉、〈寄調箏人〉三首中的第一首和第三首；1909年初春寫的〈久欲南歸羅浮不果，因望不二山有感，聊書所懷，寄二兄廣州，兼呈晦聞、哲夫、秋枚三滬上〉、〈題《靜女調箏圖》〉、〈本事詩〉十首之中的一、二、五、六、七和八、〈櫻花落〉、〈澱江道中口占〉、〈題《師梨集》〉；1909年春夏之交寫的〈有懷〉二首、〈為調箏人繪像〉二首、〈集義山句懷金鳳〉、〈過若松町有感示仲兄〉；1909年夏寫的〈遊不忍池示仲兄〉和〈落日〉；1912年6月中旬寫的〈以胭脂為某君題扇〉；1912年夏秋之間寫的〈東居雜詩十九首〉之二、四、八、九、十二、十三、十四、十六、十七、十八、十九；1913年約12月中旬寫的〈東行別仲兄〉；1914年春寫的〈芳草〉；1914

年 3 月上、中旬之間寫的〈偶成〉、〈憩平原別邸贈玄玄〉和〈佳
人〉；這些都是曼殊在日本時的作品，而當中都運用了一些屬於悲
傷格調的字眼。(下表是筆者統計後而整理出的資料)

表 4.8 詩歌中的悲傷用字

寫作時間	詩　作	用　字	字　數
1907 年夏末秋初	《憶劉三、天梅》	涕泗、淚眼、愁	3
1909 年 2 月底 3 月初	《寄廣州晦公》	愁	1
1909 年 2 月底 3 月初	《謁平戶延平誕生處》	淚	1
1909 年 2 月底 3 月初	《寄調箏人》三首之一	怨	1
	《寄調箏人》三首之三	淚痕、無那	2
1909 年初春	《久欲南歸羅浮不果，因望不二山有感，聊書所懷，寄二兄廣州，兼呈晦聞、哲夫、秋枚三濾上》	愁顏	1
1909 年春	《題《靜女調箏圖》》	春愁、恨	2
1909 年春	《本事詩》十首之一	春愁、恨	2
	《本事詩》十首之二	涕	1

	《本事詩》十首之五	舊恨	1
	《本事詩》十首之六	恨	1
	《本事詩》十首之七	憐	1
	《本事詩》十首之八	莫愁、淚痕	2
1909 年春	《櫻花落》	哀、清淚	2
1909 年春末	《澱江道中口占》	愁	1
1909 年春末	《題《師梨集》》	可憐	1
1909 年春末夏初	《有懷》二首之一	淚眼、莫愁	2
	《有懷》二首之二	恨	1
1909 年約春末夏初	《為調箏人繪像》二首之一	沉哀、胭脂淚	2
	《為調箏人繪像》二首之二	雙淚	1
1909 年春夏之間	《集義山句懷金鳳》	傷心、莫愁、有愁時。	3
1909 年春夏之交	《過若松町有感示仲兄》	無端哭	1
1909 年約 6 月	《落日》	悲笳、傷神	2
疑為 1912 年6 月中旬	《以胭脂為某君題扇》	傷心、淚	2

	《東居雜詩十九首》之二	傷心、淚流	2
	《東居雜詩十九首》之四	惆悵、愁	2
	《東居雜詩十九首》之八	可憐、莫愁	2
	《東居雜詩十九首》之九	哀怨句	1
	《東居雜詩十九首》之十二	紅淚	1
1912 年夏秋之間	《東居雜詩十九首》之十三	斷腸	1
	《東居雜詩十九首》之十四	怨詞	1
	《東居雜詩十九首》之十六	紅淚	1
	《東居雜詩十九首》之十七	結離憂、淒絕、生愁	3
	《東居雜詩十九首》之十八	淚滿樽	1
	《東居雜詩十九首》之十九	有恨、可悲	2
1913 年約12 月中旬	《東行別仲兄》	倍可哀	1
疑為 1914 年春	《芳草》	可憐	1

1914 年 3 月上、中旬之間	《偶成》	憐、惆悵	2
1914 年 3 月中旬	《憩平原別邸贈玄玄》	傷心	1
1914 年約 3 月	《佳人》	翻瀉淚、自生愁	2

　　根據以上各項的統計，曼殊在日本寫作時，運用悲傷格調的
字眼佔了所有作品的大多數。由表 4.4 可見，曼殊在詩歌上運用
悲傷字眼的總數為 72 個字。而據表 4.8 所示，曼殊在日本寫的詩
運用悲傷字眼的總數為 59 個字，是總數之中的 82%。可見，日
本似乎是一個對曼殊來說有較特殊意義的地方。曼殊在日時引發
他一些悲傷的情感，進而表現在他的詩歌作品之上。由表 4.8 所
示，1907 年夏末秋初、1909 年的上半年，和 1913 年年尾至 1914
年年頭是曼殊在詩歌上運用悲傷字眼更多的時間。三者又以 1909
年的上半年是運用悲傷字眼最多的時期。進一步細考曼殊的生平
資料（據表 4.7），1907 年秋初是曼殊在成年後初會河合仙的時期；
1909 年約 3、4 月間赴日訪河合仙，而 6 月上旬陪河合仙旅行；
而 1913 年 12 月至 1914 年 1 月間，曼殊則腸病不斷發作並患痢疾。
由以上的資料所得，吾人實有理由相信，曼殊傷感的情緒不只和
日本此地有關，更與他和河合仙的相處大有關係。另外，在書信
之中，筆者發現在丁未年（1907 年）十月〈與劉三書〉之中，曼
殊曾寫道：「家庭之事雖不足為兄道，每一念及，傷心無極矣。嗟
夫劉三，曼誠不願棲遲於此五濁惡世也」[46]，亦可以作為一項證

---

46 柳亞子編，〈五　書札〉，《蘇曼殊全集　普及版》，（上海：開華書局，1933），
　　頁 12。

據指出令他感到「傷心無極」是與家事有關的。

　　以上由詩歌所發現的現象，筆者在曼殊的雜文寫作上有同樣的發現。如前所述，曼殊在雜文寫作之中，共有 11 篇的作品表現了傷感的情緒，包括了：〈嗚呼廣東人〉、〈《秋瑾遺詩》序〉、〈《畫譜》自序〉、〈《曼殊畫譜》序〉、〈露伊斯美索爾遺像贊〉、〈《文學因緣》自序〉、〈娑羅海濱遁跡記〉、〈題百助眉史小影片寄天笑〉、〈馮春航談〉、〈《潮音》跋〉及〈《雙枰記》•序〉。在這 11 篇作品之中，共有 6 篇是在日本時候創作的，包括了：〈《畫譜》自序〉（1907 年）、〈《曼殊畫譜》序〉（1907 年）、〈《文學因緣》自序〉（1908 年）、〈題百助眉史小影片寄天笑〉（1909 年）、〈《潮音》跋〉（1911 年）和〈《雙枰記》•序〉（1914 年），而還有 1 篇〈馮春航談〉（1912 年）吾人確知它是在曼殊臨行至日本前寫的。如是者，11 篇表現了傷感情緒的作品之中，共有 7 篇的作品是在日本或去日本稍前的時間寫作的。進一步細察當中的作品，在 1907 年夏秋之間所作的〈《畫譜》自序〉和〈《曼殊畫譜》序〉、在 1908 年春末夏初所作的〈《文學因緣》自序〉，其寫作時間是曼殊與河合仙時有相聚的期間；而寫於 1909 年歲首的〈題百助眉史小影片寄天笑〉及寫於 1912 年 4 月 18 日的〈馮春航談〉都是曼殊在訪河合仙之前的作品，在 1909 年曼殊約 3、4 月間訪河合仙並在 6 月陪伴好旅遊，而按年譜所記，在 1912 年 4 月 30 日曼殊乘築前丸東渡日本訪河合仙。以上所述的情況與在詩歌中所發現的現象是一致的。

　　「哀情小說」四個字，一直以來都是各家對於曼殊小說的統稱。袁行霈就以「落葉哀蟬的格調」評論曼殊的小說[47]，游國恩

---

47 袁行霈，《中國文學史（第二版）》，（北京：高等教育出版社，2010），第四

等亦以「他的小說帶有比較濃厚的悲觀厭世色彩……」來評價曼殊的小說[48]。在他六部的小說（又稱六記）之中，僅《碎簪記》一部與日本扯不上關係。在創作《天涯紅淚記》、《絳紗記》和《焚劍記》時，曼殊正身處日本；曼殊在撰《斷鴻零雁記》前曾遊日本，馬以君認為：「這期間，曼殊曾於 1911 年暑期取道廣州東渡日本，說不定舊地重遊，觸景生情，於秋天把青少年時期的生活敷衍成書」[49]，而他在年譜之中小謂曼殊在 1911 年 8 月 28 日抵橫濱時，疑訪河合仙[50]；《非夢記》成於 1917 年 6、7 月間重返上海之後，而曼殊 4 至 6 月間仍在日本。由以上可見，曼殊的小說創作亦出現了與雜文和詩歌一樣的現象。

　　在曼殊的寫作之中，不論是詩歌、雜文還是小說，引發他寫下哀傷格調的作品之原因，很一致地都與他在日本此地有關。當中更多半是在與河合仙相處前後寫下。筆者推測曼殊的傷感情緒多為在日本時的見聞和經歷所引起。在仔細比較年表及繫年後，筆者更有理由進一步推論曼殊的哀傷多半是與河合仙相關的。

三、曼殊的病態飲食習慣

　　在文字作品之上，曼殊表達了他所謂的「身世有難言之慟」。那麼，在曼殊的現實生活之中，又是否可以見到「難言之慟」對

卷頁 429。

48　游國恩、王起等，《中國文學史》，（香港：中國圖書刊行社，1986），第四冊頁 379。

49　馬以君，〈蘇曼殊年譜　八〉，《佛山大學佛山師專學報》，1988 年第 6 卷第 5 期，頁 72。

50　馬以君，〈蘇曼殊年譜　七〉，《佛山大學佛山師專學報》，1988 年第 6 卷第 3 期，頁 76。

他的影響呢？筆者認為曼殊謂他有「難言之恫」並非說謊，更沒有誇大。他心裡實在是處理不了此「難言之恫」，令他的出現病態的行為，甚至與他英年早逝相關。

　　曼殊的貪吃是眾所周知的。胡韞玉在〈曼殊文選序〉中載曼殊：「性善啖，得錢即治食，錢盡則堅臥不起。嘗以所鑲金牙敲下，易糖食之，號曰糖僧」[51]；費公直在〈題曼殊大師譯蘇格蘭人炯炯赤薔靡詩直幅〉中記曼殊：「大師欲得生鰒，遣下女出市。大師啖之不足，更市之再，盡三器，余大恐禁弗與。急煮咖啡，多入糖飲之，促完書幅」[52]；柳亞子在〈蘇和尚雜談〉中記友人騙曼殊繪畫之事，謂：「此房間內，糖及雪茄或牛肉是不能不預備的」[53]；周然在〈綺蘭精舍筆記〉寫曼殊：「然好啖，不能茹素。尤好食蘇州酥糖，一日盡數十包」[54]。亦有友人留意到曼殊的飲食習慣已近病態之傾向。馬仲殊在〈曼殊大師軼事〉中寫曼殊在滬時食點心的情形：「……而曼殊已買得一籠，食其大半，腹漲難受，則又三日不能起床矣」[55]；周瘦鵑在〈紫蘭花片〉中記曼殊：「嘗在日本，一日飲冰五六斤，比晚不能動，人以為死，視之猶有氣。明日復飲冰如故」[56]，章炳麟的〈曼殊遺畫弁言〉亦載

51　胡韞玉，〈曼殊文選序〉，柳亞子編，《蘇曼殊全集 三》，（北京：當代中國出版社，2007），頁51。

52　費公直，〈題曼殊大師譯蘇格蘭人炯炯赤薔靡詩直幅〉，柳亞子編，《蘇曼殊全集 三》，（北京：當代中國出版社，2007），頁87。

53　柳亞子，〈蘇和尚雜談〉，柳亞子編，《蘇曼殊全集 四》，（北京：當代中國出版社，2007），頁107。

54　周然，〈綺蘭精舍筆記〉，柳亞子編，《蘇曼殊全集 四》，（北京：當代中國出版社，2007），頁138。

55　馬仲殊，〈曼殊大師軼事〉，柳亞子編，《蘇曼殊全集 三》，（北京：當代中國出版社，2007），頁94。

56　周瘦鵑，〈紫蘭花片〉，柳亞子編，《蘇曼殊全集 四》，（北京：當代中國出版社，2007），頁145。

有此事；何世玲在〈關於曼殊大師的幾句話〉中寫：「他飲食極無節制，所嗜食的食品，每食必過飽以至脹悶；甚且得病。最後，竟以胃病斷送了他的天年」[57]。當中更有友人認為曼殊這個做法是故意的自殺策略，陳獨秀在其與柳亞子的對話中曾經提及：「曼殊的貪吃，人家也都引為笑柄，其實正是他的自殺政策。他眼見舉世污濁，厭世的心腸很熱烈，但又找不到其他出路，於是便亂吃亂喝起來，以求速死。到底由亂吃亂喝的結果，成功了不可救藥的腸胃病而死去」[58]。

曼殊為人古道熱腸，自青少年時期已熱忱革命。在他的一生之中，他對國家前景的關懷是熱切的。陳獨秀之說不無道理。但是，人的壓力往往不只有單一的壓力來源。譬如曼殊，除了對國家憂傷關懷之外，令曼殊感壓力的不可排除的，還有他的身世、他欲愛又拒愛的男女關係、拮据的生活、佛教僧團出現媚俗的傾向等。筆者不能說陳獨秀之說是錯的。然而，筆者有理由相信，曼殊是因為有感「身世有難言之恫」，而為他帶來無比的壓力。這才是令他亂吃亂喝的主要原因。

首先，吾人必須意識到曼殊的貪吃並不是自小已然的。其病態的飲食習慣是形成於二十多歲的時候。由於記載曼殊貪吃的文字多屬於軼事記錄之類，沒有標明事件發生的時間。因此，筆者考查了曼殊自己的文字，由他的書信之中大概推知他病態的飲食習慣形成於何時。以下表 4.9 就是筆者在整理曼殊書信後所得的資料。

---

57 何世玲，〈關於曼殊大師的幾句話〉，柳亞子編，《蘇曼殊全集　四》，（北京：當代中國出版社，2007），頁 52。

58 柳亞子，〈記陳仲甫先生關於蘇曼殊的談話〉，柳亞子、柳無忌編，《蘇曼殊年譜及其他》，（上海：北新書局，1928），頁 285。

表 4.9 曼殊書信中有關病與飲食的資料

年份	身體／精神狀況	飲食相關資料
1906 二十 三歲	《與劉三書》（丙午七月蕪湖） 過滬時因小疾未盡脫體，不克趨叩高齋，細談離緒，不能使人無怫郁也。 《與盧仲農 X 謙之書》（丙午八月上海） 曼前於蕪得疾，至今尚未脫體，蕪約有難踐，公等慈悲，哀愍此病頭陀否，皖江風潮，一至於此，夫復奚言！	《與盧仲農 X 謙之書》（丙午八月上海） 曼日來食不下咽，寢不交睫，靜坐思維，覓得一些消息。
1907 二十 四歲	《與劉三書》（丁未七月日本） 曼現在東，無一事堪告故人，但多疢病，靜居終日。 《與劉三書》（丁未八月上海） 友人均勸曼勿行，蓋曼歸時在長崎旅館沾寒疾，臥床八日，回惟有一身瘦骨而已。……在家姊處籌得九十元，今以一病用罄。	《與劉三書》（丁未十月上海） 比來愁居，朗生千里晦枚連日邀飲，堅辭不得，兄聞之，得毋謂曼忘却兄言乎？

1908 二十 五歲	《與<u>劉三書</u>》（戊申正月日本） <u>曼</u>現暫寓神田猿樂町一丁日二番地清壽館，日間須住橫濱病院靜養，蓋得肝跳症也。……<u>申叔</u>下月遷居，<u>曼</u>病癒後亦同住。……<u>曼</u>貧病交加，返國之期未有定。 《與<u>劉三書</u>》（戊申二月日本） <u>曼</u>近日肩下生瘡甚痛，痊癒時當勉應命，一面代請三聲聞為公題字。 《與<u>劉三書</u>》（戊申三月日本） <u>伯齡</u>已過余兩次，因病臥未與之暢談。<u>曼</u>現移寓友人處，日間或入病院。 《與<u>劉三書</u>》（戊申八月上海） 舟經滬上，忽得痢疾，南行終未果。	——
1909 二十 六歲	《與<u>劉三書</u>》（己酉四月日本） <u>雪</u>近為腦病所苦，每日午前赴梵學會，為印度婆羅門僧傳譯二時半，醫者勸午後工夫僅以一小時為限。 《與<u>劉三書</u>》（己酉四月日本） <u>雪</u>近為腦痛所苦，未知何日得西歸相見？ 《與<u>劉三書</u>》（己酉四月日本） 弟腦痛如故，醫者謂是病無甚要緊，但須靜養，故弟近日心緒至無聊賴。	——
1910	《與<u>高天梅</u>書》（庚戌五月爪哇）	——

二十七歲	衲行腳南荒，藥壚為伍，不覺逾歲。舊病新瘥，於田畝間盡日與田夫閑話，或寂處斗室，哦詩排悶。「比來一病輕於燕，扶上雕鞍馬不知」，惟有長嗟而已。《與高天梅柳亞子書》（庚戌五月爪哇）瑛比來咯血之症復發，羈旅六月，已費去七百餘金，故未能買舟赴印。……遙念諸公文酒風流，而我飄流絕島，嗟夫病骨，還剩幾朝，尚不可知，焉問歸期！	
1911二十八歲	《與費公直書》（辛亥四月日本）別後京都小住，頑軀已健全。……病後不敢多進，每次僅一碟，當無害耶？《與柳亞子馬君武書》（辛亥十月爪哇）不慧又病月餘，支離病骨，誰憐季子！《與柳亞子書》（辛亥十一月爪哇）如臘月病不為累，當檢燕尾烏衣典去，北旋漢土，……痛飲十日；……	《與費公直書》（辛亥四月日本）生鮑魚加糖酢拌食，味究不惡。病後不敢多進，每次僅一碟，當無害耶？君見字，定要說和尚貪嘴，一笑。《與柳亞子書》（辛亥十一月爪哇）昨夕夢君，見滕上蔣虹字腿，嘉興大頭菜，棗泥月餅，黃壚糟蛋各事，喜不自勝；比醒則又萬緒悲涼，倍增歸思。
1912二十九歲	《與葉楚傖柳亞子朱少屏書》（壬子三月日本）近日腹中寒泗，生洞泄之疾，久未修箋道念，恕之。	《與葉楚傖柳亞子朱少屏書》（壬子三月日本）曼殊書於紅燒牛肉，雞片，黃魚之畔。

	《與某君書》（壬子七月日本） 十一日小病，逆旅主人伺余甚殷 渥，似憐余蹭蹬也者。 《與馬小進書》（壬子十月上海） 小病逆旅，舊友都疎，惟女校書 數輩過存。……今擬病癒赴皖 江，小住龍山。 《與柳亞子書》（壬子十一月安 慶） 連日生洞泄之疾，心緒無俚之 至，幸得桐兄朝夕對談，堪自慰 耳。 《與鄧以蟄書》（壬子十一月安 慶） 足痛，迎江寺未能趕齋…… 《與鄧慶初書》（壬子十一月安 慶） 抵皖不覺三週，一切甚適，惟腹 內常痛。 《與柳亞子書》（壬子十一月安 慶） 桐兄為況如昨，弟病亦已脫體， 無足念也。	《與某君書》（壬子七月日 本） 日食摩爾登糖三袋，此茶花 女酷嗜之物也。 《與鄧以蟄書》（壬子十一 月安慶） 足痛，迎江寺未能趕齋，今 夕料理，幸分一碟。 《與鄧慶初書》（壬子十一 月安慶） 又謂素君能製絲裹，真欲弔 人胃口耶？……千層酥實 不如楓山甚遠，追懷千葉之 遊，不可復得，但有惆悵 耳。 《與柳亞子書》（壬子十一 月安慶） ……未知彼時兄能來申同 傾柏葉酒否？……連日吃 八寶飯甚多，然非吾之所謂 八寶耳。 《與柳亞子書》（壬子十二 月安慶） 未知盛地可得塔餅否？ 《與柳亞子書》（壬子十二 月上海） 昨夕抵滬冷甚，悔未能長隨 左右，同傾柏葉酒也。

| 1913
三十
歲 | 《與劉三書》（癸丑五月盛澤）
英連日生洞泄之疾，已覺弱不勝衣矣。
《與某公書》（癸丑五月盛澤）
未生養痾日本，圖書館事無從而知；……
《與劉三書》（癸丑六月蘇州）
明日趁早車赴滬就醫，四五日仍須返蘇。……岱岳之遊，病癒後當可定奪，然衲已奄奄欲盡矣。
《與鄭桐蓀書》（癸丑十月上海）
英病況較前略癒，然居中國，所食多油膩之品，殊非所宜；醫者亦囑英早日東歸調養，益令人歸心如箭耳。
《與沈燕謀書》（癸丑十一月上海）
瑛連日閉門不出，舊病還未脫體，東歸尚不審何日，歲月蹉跎，令人鬱結耳。
《與何震生書》（癸丑十一月日本）
昨日至西京琵琶湖遊次，病復大作。
《與柳亞子書》（癸丑十一月日本）
行時未及一面，吾愁可知也。至西京，病復發。自分有愁無命之人，又安能逆料後此與吾亞子重有握手之歡否耶？
《與葉楚傖書》（癸丑十一月日本） | 《與柳亞子書》（癸丑二月安慶）
抵皖百無聊賴，無書可讀，無花可觀，日與桐兄劇談斗室之中，或至小蓬萊吃燒賣三四隻，然總不如小花園之「飯寶八」也。
《與某公書》（癸丑五月盛澤）
去歲自南東渡，勞公遠送於野；今得廣州書，復承頒水晶糖女兒香各兩盒，以公拳摯之情，尤令山僧感懷欲泣。
《與鄭桐蓀書》（癸丑十月上海）
英病況較前略癒，然居中國，所食多油膩之品，殊非所宜；……
《與何震生書》（癸丑十二月日本）
東來病發三次，名產物不能多喫，只有 bread and milk，雞子吾即不忍食之。……病脫即歸海上，放曠杯酒間，吾猶負豪氣如昔也。
《與何震生書》（癸丑十二月日本）
今日能食粥三碗，牛乳牛 |

至西京琵琶湖遊次，病復大作。《與劉三書》（癸丑十一月日本） 至西京琵琶湖遊次，病復大作。《與葉楚傖書》（癸丑十二月日本） 曼連日病臥，一時地址未定；醫者云余病頗重，余固司空見慣，可勿念也。《與柳亞子書》（癸丑十二月日本） 昨犯風雨至大久保孫郎處，後日赴熱海治病。《與何震生書》（癸丑十二月日本） 燕昨至大久保，復得瘧疾，少試西藥。……吾猶負意氣如昔，病魔其如予何？病不為累，即由熱海起程歸國，與吾子明珠暢舒懷想，道一地址吾不知，乃無由達余數語，吾愁可知。《與平智礎書》（癸丑十二月日本） 昨至大久保，又得瘧疾。《與劉三書》（癸丑十二月日本） 前日至大久保，復得瘧疾，少試西藥。《與柳亞子書》（癸丑十二月日本） 至大久保，復得瘧疾。頃至牛込，少試西藥。……吾結習未忘，猶負氣如昔，病魔其如予何？《與何震生書》（癸丑十二月日本）	肉雞子及奈良漬物甚多，然則吾病或能癒耳。《與何震生書》（癸丑十二月日本） 英今晨尚覺清爽，能食麵包牛乳。……但得時往親友家大喫年糕，醫者不知之也。《與柳亞子書》（癸丑十二月日本） 瑛前日略清爽，因背醫生大吃年糕，故連日病勢，又屬不佳；每日服藥三劑，牛乳少許，足下試思之，藥豈得如八寶飯之容易入口耶？《與陳陶怡書》（癸丑十二月日本） 連日背醫生往親友家大喫年糕，病復大作，每日服藥三次。足下試思之，藥安得如八寶飯之容易入口耶？……瑛今晨僅能食麵包少許，及飲牛乳可可，雞子則不忍啖之。……醫者甚嚴厲，不許吸雪茄，喫糖果。飲牛乳哥哥，糖亦不准多放。《與陳陶怡書》（癸丑十二月日本）

東來病發三次，名產物不能多喫，只有 bread and milk，雞子吾即不忍食之。……病脫即歸海上，放曠杯酒間，吾猶負豪氣如昔也。

《與何震生書》（癸丑十二月日本）

今日能食粥三碗，牛乳牛肉雞子及奈良漬物甚多，然則吾病或能癒耳。

《與柳亞子書》
（癸丑十二月日本）

庸僧無狀，病骨支離，學道無成，思之欲泣。

《與何震生書》（癸丑十二月日本）

病勢不佳，須赴千葉縣療治。

《與平智礎書》（癸丑十二月日本）

病勢不佳，須赴千葉縣療治。

《與柳亞子書》（癸丑十二月日本）

須往千葉就醫，歲內不能內渡，恨何如也！

《與劉三書》（癸丑十二月日本）

燕日來病勢不佳，須赴千葉縣療治，歲末弗能西歸，但有惆恨耳。

《與柳亞子書》（癸丑十二月日本）

日來病狀不佳，須赴千葉就醫，

病榻之側，余每面向之，猶憶念與道兄居新小川町烘麵包塗八達之時樂也。……何時可至上海食年糕八寶飯？

《與劉三書》（癸丑十二月日本）

昨宵發熱一次，今晨僅能食麵包少許。

歲內不能西歸。

《與柳亞子書》（癸丑十二月日本）

病骨支離，異域飄寄，舊遊如夢，能不悲哉！瑛前日略清爽，因背醫生大吃年糕，故連日病勢，又屬不佳；每日服藥三劑，牛乳少許，足下試思之，藥豈得如八寶飯之容易入口耶？……今晨天氣和朗，醫者誡勿出外，欲一探兒時巷陌，不可得也。盡日靜臥，四顧悄然，但有梅影，猶令孤山鄧尉，入吾魂夢。

……大久保箋今晨方得拜誦，今日愈覺不佳，醫云無礙。

《與陳陶怡書》（癸丑十二月日本）

英東渡，居西京，大久保，早稻田，追分町各地，將赴大森，意由熱海歸國，誰知舊疾纏緜，異域飄寄。……連日背醫生往親友家大喫年糕，病復大作，每日服藥三次。……醫者囑靜臥，四顧悄然，但有梅影。……醫者甚嚴屬，不許吸雪茄，喫糖果。

《與陳陶怡書》（癸丑十二月日本）

至東不樂交遊，故來看余病者，日僅二三人。盡日靜臥，醫師誡勿外出，欲一至兒時巷陌，亦不

	可得，思之黯然。……余屢問醫生！吾病何日可癒？……今日病癒不佳，靜臥病室，無人來訪。 《與劉三書》（癸丑十二月日本） 手示敬悉，瑛病仍未癒。……盡日靜臥，醫者誠勿勞思，未知何日能西歸。 《與劉三書》（癸丑十二月日本） 今日嚴寒，病愈不佳，四顧悄然，但有梅影。醫師云：腸病最難療治。……昨宵發熱一次，今晨僅能食麵包少許。	
1914 三十一歲	《與何震生書》（甲寅正月日本） 今日為元旦，腸疾纏綿，凡百俱廢矣。 《與陳陶怡書》（甲寅正月日本） 山僧腸病，稍覺清爽，無足念也。醫者戒勿遨遊。 《與何震生書》（甲寅正月日本） 燕腸疾漸就痊可，唯醫者屢次吊人胃口，余甚思至滬吃八寶飯也。……醫者謂余病約三四月方可復原，足下能與明珠君東來最妙。 《與劉三書》（甲寅正月日本） 淚香腸疾漸就痊可，但弱不勝衣耳。	《與何震生書》（甲寅正月日本） 除夕夢至海上，喫年糕及八寶飯。惠生之弟來書，謂今日午後可抵江戶，或有年糕帶來耳。 《與何震生書》（甲寅正月日本） 燕腸疾漸就痊可，唯醫者屢次吊人胃口，余甚思至滬吃八寶飯也。 《與邵元沖書》（甲寅七月日本） 午後試新衣，並赴源順，食生姜炒雞三大碟，蝦仁

	《與劉三書》（甲寅正月日本） 玄瑛腸疾略癒，日仍服藥三次。 《與柳亞子書》（甲寅正月日本） 玄瑛腸疾略癒，明後日偕阿可國 香赴國府津一遊，然後重往熱 海；…… 《與平智礎書》（甲寅正月日本） 燕比日腸病略癒，唯弱不勝衣 耳。醫者云須靜養三四月，未識 橫塘柳綠時，可有吳波容與之盛 否？ 《與劉三書》（甲寅正月日本） 賤恙漸瘥，日編英文書籍十數頁。 《與劉三書》（甲寅二月日本） 昨日舊病復發，幸得良醫。 《與柳亞子書》（甲寅二月日本） 昨日舊病復發，幸得良醫。 《與何震生書》（甲寅二月日本） 舊病復發，幸得良醫。 《與劉三書》（甲寅二月日本） 頃至東京，專攻三論宗，以一向 隨順，住心觀淨，是病非禪；所 謂心如虛空，亦無虛空之量。 《與沈燕謀書》（甲寅三月日本） 瑛去冬以腸病纏綿，匆促東來，致 未克與吾兄話別，只得託花卿老九	麵一小碗，蘋果五個。明 日肚子洞泄否，一任天命 耳。某君勸昌勿歸，然則 中秋月餅，且無福消受， 遑論其他？ 《與邵元沖書》（甲寅七月 日本） 今日幸有新銀圃加入，不 致經果子店窗前，望望然 去之。 《與邵元沖書》（甲寅八月 日本） 昨日友人招飲源順，歸時 已十二句鐘矣。……後園 柿子，已垂垂作金魚黃色 矣。近日曾一到荔香園醉 漚齋否？ 《與鄧孟碩書》（甲寅十一 月日本） 吾聞新大陸米珠薪桂，大 不易居，望君早日赴法蘭 西。往昔吾在滬，見各麵 包遠不及法蘭西人所制 者；惟牛肉牛乳，勸君不 宜多食。不觀近日少年之

| | 輩，為和尚致意。……瑛東渡以來，病骨支離，幸得良醫，近日稍能赴各地遊玩。
《與沈燕謀書》（甲寅五月日本）
衲東居百病叢生，無復昔時鬥雞走馬之豪氣。
《與徐忍茹書》（甲寅六月日本）
僕昨得痢疾，今晨略癒。
《與邵元沖書》（甲寅七月日本）
吾公行後，諸人仍在內務府行走，余即靜坐終日，心知是病非禪。
《與邵元沖書》（甲寅七月日本）
午後試新衣，並赴源順，食生姜炒雞三大碟，蝦仁麵一小碗，蘋果五個。明日肚子洞泄否，一任天命耳。
《與鄧孟碩書》（甲寅八月日本）
賤恙較前為佳，然日本雖有名醫，又何能起余幽憂之疾？
《與鄧孟碩書》（甲寅十一月日本）
胃疾已平，深感天心仁愛，復謝君天涯相問之殷也。 | 人，多喜牛肉牛乳，故其情性類牛，不可不慎也。如君謂不食牛肉牛乳，則麵包不肯下咽；可赴中土人所開之雜貨店，購頂上腐乳，紅色者購十元，白色者購十元，塗麵包之上，徐徐嚼之，必得佳朕。如君之逆旅主人，詢君是何物，君則曰紅者為赤玫瑰 Cheese；彼復詢白者，君則曰白玫瑰 Cheese。此時逆旅主人，豈不搖頭不置，嘆為絕品耶？……遲二日為西曆度歲之時，念君遠適異國，豬油年糕，必不可得，為淒然久之。 |
| 1915
三十二歲 | 《與鄭桐蓀柳亞子書》（乙卯三月日本）
吾患肺炎幾一月，昨日始來東 | 《與鄭桐蓀柳亞子書》（乙卯三月日本）
近發明一事，以中華腐乳 |

	京，寄食城外小廟。……吾病癒歸廣東。 《與柳亞子書》（乙卯三月日本） 吾日吸鴉片少許，病亦略減，醫者默許余將此法治病矣。 《與邵元沖書》（乙卯四月日本） 吾右手已癒多時，能登箱根山，唯下山坐皮蓬馬車，遠不如龍飛。 《與邵元沖書》（乙卯四月日本） 吾病兩日一小便，五日一大便，醫者謂散里哆扶斯病，勸余每日吸鴉片三分；他日君來，索我於枯魚之肆矣！ 《與邵元沖書》（乙卯四月日本） 不慧患腦流之疾，何日可癒，不能知也。 《與柳亞子書》（乙卯五月日本） 蠻以匈疾未癒，還國之期，仍未定也。……吾近為人譯書二種，如病不為累，秋候過已，常赴瑞士作酒徒耳。 《與徐忍茹書》（乙卯七月日本） 余入聖路加已三日，行時太迫，故未往尊處一言之。 《與徐忍茹書》（乙卯八月日本）	塗麵包，又何讓外洋痴司牛油哉！牛乳不可多飲，西人性類牛，即此故。 《與柳亞子書》（乙卯三月日本） 此處亦有蓮子羹八寶飯，唯往返須數小時，坐汽車又大不上算，打牌九又恐紅頭阿三來討厭。……歐洲大亂，呂宋烟餅干都貴，摩爾登糖果自不待言。 《與柳亞子書》（乙卯三月日本） 計余在此，尚有兩月返粵；又恐不能騎驢子過蘇州觀前食紫芝齋粽子糖，思之愁嘆。 《與邵元沖書》（乙卯四月日本） 老大房之酥糖，蘇州觀前紫芝齋粽子糖，君所知也。 《與邵元沖書》（乙卯四月日本） 君便中購摩爾登糖四瓶，外國火腿一隻，為我代送

賤恙將平,當卜居今川胡同為酒徒。

《與徐忍茹書》(乙卯九月日本)

賤恙已癒七八分,唯五國銀團未來談判,是以仍守院中。

至小花園,可否?

《與邵元沖書》(乙卯四月日本)

摩爾登糖二百三十七粒,夾沙酥糖十盒,紅豆酥糖十盒,敬領拜謝。

《與柳亞子書》(乙卯五月日本)

吾近為人譯書二種,如病不為累,秋候過已,常赴瑞士作酒徒耳。

《與徐忍茹書》(乙卯八月日本)

月餅甚好,但分啖之,譬如老虎食蚊子,先生豈欲弔人胃口耶?此來幸多拿七八隻。……黃老先生何以不送西陽點心來也?……總而言之,神田東西,茶果均便也。……香港之行,當在歲末耳,阿看不準余外出,余但靜臥,以待先生將月餅來也。……望帶蓮子蓉月餅四隻,豆沙餅六隻。

1916 三十 三歲	《與楊滄白書》（丙辰十一月杭州） 賤恙已平，或盪槳，或垂釣，歸期還未決也。 《與劉半農書》（丙辰十一月杭州） 近日病少除，書《人鬼記》已得千餘字；…… 《與劉半農書》（丙辰十一月杭州） 不慧比來胸膈時昑作痛，神經紛亂，只好垂綸湖畔；甚望吾公能早來也。 《與劉半農書》（丙辰十一月杭州） 日來湖上頗暖，不慧忽患腦流之疾，日唯靜臥。 《與邵元沖書》（丙辰十一月杭州） 不慧患腦流之疾，何日可癒，不能知也。	《與邵元沖書》（丙辰十一月杭州） 摩爾登糖二百三十七粒，夾沙酥糖十合，紅豆酥糖十合，敬領拜謝。
1917 三十 四歲	《與蔡哲夫書》（丁巳十月上海） 瑛自今夏患痢，已閱四月，仍未痊可，擬一返粵，不可得也。	《與丁景梁書》（丁巳十 X 月上海） 現日食不多，胃亦漸強矣。

	《與蕭紉秋書》（丁巳十月上海） 賤恙迄未告痊，而平生故人，相去萬里，日臥病榻，思之欲泣。 《與蕭紉秋書》（丁巳十 X 月上海） 瑛痢疾已除，而痔疾大作，日臥海寧醫院，而諸故人都成勞燕。 《與丁景梁書》（丁巳十 X 月上海） 連日氣候不佳，賤恙亦隨之轉變，惟元氣則覺前進步。然夜間尚疴三四次，或一二次，視空中之溫寒以為向背，此見前此受寒過重也。自覺腸中比前時堅固，但仍未可起立，使過於搖動，則難癒矣。……今晨醫者謂吾病必癒，且能體強於前，吾但聽之天命耳。	
1918 三十 五歲	《與柳亞子書》（戊午二月上海廣慈醫院） 病臥半載，未克修候，歉仄何似？至今仍不能起立，日瀉六七次，醫者謂今夏可望痊可，此疾蓋受寒過重耳。聞足下見賜醫費三十金，寄交楚傖，但至今日，仍未	——

見交來，不知何故也。 《與柳亞子書》（戊午二月上海廣 慈醫院） 賤恙仍日臥呻吟，不能起立，日 瀉五六次，醫者謂須待夏日方能 癒，亦只好托之天命。如果有痊 可之一日者，必踐尊約，赴紅梨 一探勝跡耳。	

　　根據柳亞子的開華本，柳氏書中最早所收錄的信件是在 1906
年 7 月寫的《與劉三書》[59]，最晚的一封書信是 1918 年 2 月寫的
《與柳亞子書》[60]。總計共收錄了 172 封書信。由 1906 年至 1910
年之間的 39 封書信之中，並無任何的書信的內容反映出曼殊的貪
吃情況。惟在 1911 年 4 月開始，在《與費公直書》[61]之中，曼殊
開始了他首次在信中談及飲食之事，更自嘲貪嘴。而曼殊最後一
封論及飲食的書信是 1916 年 11 月的《與邵元沖書》[62]。在這 5
年間的 122 封書信之中，合共有 34 封論及飲食的書信。在曼殊生
命最後的兩年，他只寫了 9 封書信，當中沒有再論及什麼食物了。
由以上所搜羅的資料所示，吾人絕有理由相信曼殊的貪吃並不是
自小已然的。下一個問題是，如果 1911 年 4 月的《與費公直書》

59 蘇曼殊，〈與劉三書〉，柳亞子編，《蘇曼殊全集 普及版》，（上海：開華書局，
　　1933），書札集・頁 1。
60 蘇曼殊，〈與柳亞子書〉，柳亞子編，《蘇曼殊全集 普及版》，（上海：開華書
　　局，1933），書札集・頁 92。
61 蘇曼殊，〈與費公直書〉，柳亞子編，《蘇曼殊全集 普及版》，（上海：開華書
　　局，1933），書札集・頁 28。
62 蘇曼殊，〈與邵元沖書〉，柳亞子編，《蘇曼殊全集 普及版》，（上海：開華書
　　局，1933），書札集・頁 87-88。

標示了曼殊貪吃的開始，那末在 1911 年約 4 月份的時間有什麼特別的事情發生過呢？根據表 4.2 及表 4.7 的資料，1911 年夏曼殊啟程到日本，而在訪日過後，正是小說《斷鴻零雁記》的醞釀和創作的時間！據表 4.2 所示，《斷鴻零雁記》的醞釀和創作，始於 1911 年在爪哇中華會館學校任教時，而小說最早是發表在 1911 年秋冬之間的南洋泗水《漢文新報》之上。加上表 4.7 所記的曼殊行踪，曼殊在夏天自喏班東渡日本，至暑假結束才返喏班，仍在中華學校任教。馬以君更謂：「說不定是曼殊舊地重遊時，觸景生情，於秋天把青少年時期的生活敷衍成書」[63]。《與費公直書》是書於辛亥四月的時間，而曼殊當時已經身處日本，正是馬氏所謂「觸景生情」之時！

　　由上述的資料所示，筆者有理由相信，日本之行令曼殊憶起了他內心的傷痛，進而引發了《斷鴻零雁記》的寫作。曼殊的傷痛是因省母之旅而起。省母之旅令他得悉身世之事，而有感「身世有難言之恫」。可是，他並未有因《斷鴻零雁記》的寫作治癒了他的痛苦。他的心裡仍是處理不了他心中的悲哀。在極大的精神壓力之下，曼殊的飲食習慣越趨病態。其實，現代的心理學家及藝術治療師相信藝術創作對於人的心理壓力具有治癒性的功能。藝術治療師凱斯和達利指出：「藝術創造過程使人們可以表達模糊的感受和內在衝突，也可以通過釋放無意識消解心理的壓抑或阻礙」[64]。可惜的是，曼殊明顯沒有受益於他的創作之中。根據曾文星的說法，自我申述是判斷心理治療效果的基本指針。譬如，

63　馬以君，〈蘇曼殊年譜　八〉，《佛山大學佛山師專學報》，1988 年第 6 卷第 5 期，頁 72。

64　凱斯、達利著，黃水嬰譯，《藝術治療手冊》，（南京：南京出版社，2006），頁 244。

本來是很著急、不安、緊張或憂鬱的，但是其症狀減輕了，顯然是病情改善的結果[65]。可是，一如曼殊他自己所述，他的「恫」是難言的。他根本沒有辦法，透過寫作去表達他內心中的感受和衝突，從而釋放及消解心理的壓抑或阻礙。在他的自我申述之中——在《斷鴻零雁記》的結尾，他的心情仍是「彌天幽恨，正未有艾」的。在現實生活中，曼殊更是出現了病態的飲食習慣。正如著名的心理分析大師羅洛·梅所言，精神官能症患者和藝術家都活現出人類的潛意識[66]，不同的是藝術家能找到正面的管道，將他的生命經驗傳達給他的同胞們[67]；而精神官能症患者則同樣感到生命經驗的衝突，然而卻沒有能力為這些經驗賦予意義的形式[68]。精神官能症患者之所以出現，在羅洛·梅的眼中有兩個彼此相關的因素：一、患者在生活中可能曾經遭遇某種創傷或不幸事件，令他們比一般人更敏感、更無法忍受和處理他的焦慮；二、這些人原本擁有高出常人的創意和潛力亟待發揮，但是若這些創意和潛力的出路被堵死，便極易造成心理症狀的病發[69]。由此可見，吾人極有理由相信正是因為曼殊身世之恫難言，堵死了他以寫作抒發心中鬱結的機會。這使他無法處理他的焦慮，故令他走上了病態的飲食及至早夭之路。

　　進一步說，《斷鴻零雁記》是一部標誌著曼殊身世有難言之恫的作品。但是，當中並沒有為革命事業而悲傷的文字，也沒有什麼因母親再婚而感不快的內容，亦沒有什麼「身體有難言之恫」的悲鳴。故事中有為自己被謂「無母」身世而感悲涼的情節，有

---

65 曾文星，《心理分析與治療》，（香港：中文大學出版社，2002），頁 243-244。
66 羅洛·梅著，彭仁郁譯，《愛與意志》，（台北：立緒文化，2001），頁 16。
67 羅洛·梅著，彭仁郁譯，《愛與意志》，（台北：立緒文化，2001），頁 12。
68 羅洛·梅著，彭仁郁譯，《愛與意志》，（台北：立緒文化，2001），頁 16。
69 羅洛·梅著，彭仁郁譯，《愛與意志》，（台北：立緒文化，2001），頁 12。

離別靜子的掙扎和傷感，有因得悉乳媼死而產生的哀慟，有因尋雪梅墓不果而生的彌天幽恨。當中以「身世」一事作為整部小說的主軸，首章已謂「然彼焉知方外之人，亦有難言之痛？」[70]；又以「三郎省母」一事佔最大的篇幅。因此，吾人絕對有理由相信，曼殊之謂其「身世有難言之恫」應是與他省母一事並與其當中經歷有關的。

第四節　結　語

上文指出，吾人有理由相信曼殊之謂其身世的難言之恫，乃是由他長大後省母之事所引發的。筆者提供了三大理由以支持以上的論述：一、以曼殊作品繫年作據，指出他寫作風格曾有所轉變；二、以生平資料方面入手，指出他寫作風格轉變最有可能受到他省母之旅；三、筆者亦考查了曼殊在實際生活上飲食失衡的問題，而問題出現的時間又與寫作風格轉變的時期吻合。

第一，曼殊在作品之中，悲鳴其「身世有難言之恫」全出於他省母之後。曼殊早在二十歲（洋曆 19 歲）時已有詩文作品。如果說他的難言之恫是來源於自小對血統的疑竇，或是童年時如夢魘般的生活，實在難以解釋他何以在二十四歲（洋曆 23 歲）省母之後才嘆息其「身世有難言之恫」。

第二，當吾人仔細考查曼殊詩歌的用字和雜文的內容時，當中不難發現省母之行彷如一個分水嶺。曼殊在省母之後，其寫作風格明顯轉趨悲傷。而且，在 1909 年末至 1911 年期間，曼殊更

---

70 蘇曼殊，〈斷鴻零雁記〉，柳亞子編，《蘇曼殊全集　二》，（北京：當代中國出版社，2007），頁 154。

是先後在不同的作品中，忍不住向大家苦訴他的身世有著「難言之恫」。

　　第三，合曼殊的生平資料和作品繫年來看，筆者發現曼殊寫下哀傷格調的作品之時間，很一致地都與日本此地有關。當中，多數更是在與河合仙相處前後之時間寫下的。不論是詩歌、雜文還是小說，都出現此現象。筆者認為曼殊的傷感情緒，是由在日本時的見聞和經歷所引起。按資料所示，吾人更有理由進一步推測，曼殊的哀傷多半是與河合仙相關的。另外，若考慮曼殊寫下「身世有難言之恫」的最後兩部作品——《斷鴻零雁記》及〈《潮音》跋〉——的寫作時間，正是曼殊病態飲食之始！

　　由以上種種的證據看來，筆者認為若謂曼殊之謂其身世的難言之恫乃是由他長大後省母之事所引發的，是遠較其他說法合理的。綜合本研究第三、四章的結論所示，筆者更進一步推論出：曼殊之謂其「身世有難言之恫」應是指他在重遇河合仙時，得悉一直視為生母的河合仙實乃其姨母，而真正的生母卻是一直稱呼為姨母的河合若之事。

　　至於在曼殊自己的文字之中，有沒有什麼蛛絲馬跡支持筆者這個說法呢？筆者認為《斷鴻零雁記》及〈《潮音》跋〉的內容之中可見一斑。在上文所引述的資料之中，由量化的證據來看，吾人可以在他的作品之中見到因「身世有難言之恫」而出現的轉變。筆者相信世稱曼殊自傳的《斷鴻零雁記》及〈《潮音》跋〉之內，將會有更多的資料值得探討。可是，此兩部作品一直都沒有得到學界正面的重視。主要的原因是，由於研究者對它們的性質並未有一致性的定位。以下的部份會將對《斷鴻零雁記》及〈《潮音》跋〉二文進行有關其性質的專題討論。

第五章　〈《潮音》跋〉與《斷鴻零雁記》性質研究

在曼殊所寫下的文字中，謂其有「身世有難言之恫」有〈題拜倫集〉、《斷鴻零雁記》及〈《潮音》跋〉三處。由於在〈題拜倫集〉中的相關文字，就只是寫詩前的寥寥數語。因此，有志研究曼殊之謂「身世有難言之恫」的論者，多埋首於《斷鴻零雁記》及〈《潮音》跋〉兩部作品之中。對於這兩部作品的研究和定位，有著一些有趣的故事。

有關〈《潮音》跋〉，在柳亞子的〈對飛錫潮音跋的意見〉之中，他有著如此的記述：「(〈《潮音》跋〉)發表了以後，就有劉三來質問曼殊，大概的意思，是說：『我們向來知道你是半個中國人，半個日本人；但照飛錫的文章講起來，你變了一個完全的日本人了，究竟是怎麼樣一回事呢？你須宣佈真相才好。』曼殊回答他：『這不成什麼問題，馬馬虎虎就算了。』劉三又說：『這是你的終身大事，如何可以馬馬虎虎？』曼殊不則聲，自吸著他的雪茄煙」[1]。在後來柳亞子就將〈《潮音》跋〉視為重要的史料來編寫曼殊的傳記，並以十分認真的態度考據跋中的資料。在柳氏寫的〈蘇玄瑛新傳考證〉、〈日本飛錫潮音跋及其考證〉、〈對飛錫潮音跋的意見〉

---

1 柳亞子，〈對飛錫潮音跋的意見〉，柳亞子、柳亞子編，《蘇曼殊年譜及其他》，（上海：北新書局，1928），頁250。

當中，就曾對〈《潮音》跋〉的內容作出研究和考證。柳氏對於〈《潮音》跋〉的真實性極為堅持。例如，羅建業曾撰〈曼殊研究草稿〉質疑〈《潮音》跋〉內容不盡不實[2]，柳亞子則撰〈對於曼殊研究草稿的我見〉回應其說[3]。另外，在柳氏的書信之中亦可以見到他對〈《潮音》跋〉看法，如陳去病的〈與柳亞子論曼殊身世函〉[4]。

　　至於《斷鴻零雁記》方面，在曼殊投稿刊行這部作品之後，在文壇引起極大的反應。在當時的上海，尤其是青年人，如果沒有讀過《斷鴻零雁記》便算不上是現代青年[5]。《斷鴻零雁記》原本是在 1912 年連載於《太平洋報》之上的。在 1919 年，已有單行本的《斷鴻零雁記》印行。在 1924 年更是發行了《斷鴻零雁記》的英譯本。在柳亞子編輯的北新本《蘇曼殊全集》之中，就已收有 4 篇〈斷鴻零雁記劇本序〉。可見，當時的人對於《斷鴻零雁記》極為喜愛，甚至將之編為戲劇。這部作品不只是流行於社會大眾的讀者之間。它更曾被當時有意研究曼殊者視之為曼殊自傳，並將當中的資料視之為史實看待，例如楊鴻烈、柳亞子、熊潤桐等都持此看法。

　　在曼殊生平的研究之中，論者如何使用〈《潮音》跋〉和《斷鴻零雁記》當中資料，又有一段特別的歷史。把〈《潮音》跋〉和《斷鴻零雁記》當作為確鑿無誤的史料運用之佼佼者，可算是柳亞子父子了。柳亞子原本已寫有〈蘇玄瑛傳〉一文。後來，柳氏

2　羅建業，〈曼殊研究草稿〉，柳亞子編，《蘇曼殊全集 三》，（北京：當代中國出版社，2007），頁 223。

3　柳亞子，〈對於曼殊研究草稿的我見〉，柳亞子編，《蘇曼殊全集 三》，（北京：當代中國出版社，2007），頁 242-255。

4　陳去病，〈與柳亞子論曼殊身世函〉，柳亞子、柳無忌編，《蘇曼殊年譜及其他》，（上海：北新書局，1928），附錄頁 1-5。

5　邵盈午，《蘇曼殊新傳》，（北京：東方出版社，2012），頁 164。

又據〈《潮音》跋〉和《斷鴻零雁記》的資料重新寫了〈蘇玄瑛新傳〉並撰〈蘇玄瑛新傳考證〉以證其說。柳氏子無忌則以之編寫了〈蘇曼殊年譜〉。直至越來越多認識曼殊的人提供了不少一手資料，指出〈《潮音》跋〉和《斷鴻零雁記》當中的資料有誤。柳氏父子才放棄一直堅持的說法。柳亞子在 1932 年發表了〈蘇曼殊傳略〉推翻舊說。以筆者曾考查的資料而言，柳氏父子舊說的影響力至今猶在。例如，李蔚寫《蘇曼殊評傳》、王長元寫《蘇曼殊全傳》等仍把〈《潮音》跋〉和《斷鴻零雁記》當作歷史資料看待。可見，現在學界之所以對於此二文的性質未有一致性的定位，那是由於一段特別的歷史。

　　承較早部份之所說，由於本研究在較後的篇章會用上〈《潮音》跋〉和《斷鴻零雁記》兩篇文章的資料，再以之探討曼殊所謂身世有難言之恫、其心理發展，和與他寫作之關係。因此，有必要在運用之先，談及筆者對兩篇文章的看法、定位、視當中資料為何種性質等問題。上述的種種問題，在本篇章以下的部份筆者將會逐一交代。

第一節　「而遭逢身世，有難言之恫」
的出處——〈《潮音》跋〉

　　〈《潮音》跋〉是研究曼殊的學者一直都十分重視的材料。然而，它是一份奇特的文章。有關此文章的作者和寫作年份，以及內容之真偽都曾出現爭議。為有效地分析此文，並為能運用文中資料好好瞭解曼殊，筆者在此嘗試將一些關於〈《潮音》跋〉的爭議稍作討論。

一、〈《潮音》跋〉的來源

　　〈《潮音》跋〉一文曾刊於上海〈太平洋日報〉之上。其刊載日期為 1912 年 6 月 9 日至 13 日。原稿為柳亞子所收。此文雖然為跋，可是並未有刊於《潮音》內。反之，曼殊將此文親手交給當時正擔任〈太平洋文藝集〉編輯的柳亞子手上，讓他登載於報[6]。有關〈《潮音》跋〉的來源與付印狀況不無爭議。例如，劉心皇謂柳氏父子在編輯《曼殊全集》時「發現了一篇曼殊從沒有發表過的〈潮音跋〉」[7]。但是，在多眾說法之中，筆者以為柳亞子父子之說法為可信的。原因是柳亞子為當時〈太平洋報〉附刊〈太平洋文藝集〉的編輯，他的憶述為第一手的資料。再者，他的說法亦有其他曼殊朋友為人證。據他在〈對飛錫潮音跋的意見〉一文中所述：「這一篇日本僧飛錫潮音跋的原稿，是（1912 年）六月初旬曼殊親手交給我的。我正在需要文藝集的稿子，所以六月九號的報上，就把牠來發表，到六月十三號登完，共登了五天」[8]。他刊文之後，曼殊的友人與曼殊本人曾談論文中內容。按柳氏的憶述，當時就有劉三與陳去病二人[9]。由上述資料可見，柳氏之說可信。

6　柳無忌，〈日本僧飛錫潮音跋及其考證〉，柳亞子、柳亞子編，《蘇曼殊年譜及其他》，（上海：北新書局，1928），頁 240。

7　劉心皇，《蘇曼殊大師新傳》，（臺北：東大，1992），頁 5。

8　柳亞子，〈對飛錫潮音跋的意見〉，柳亞子、柳亞子編，《蘇曼殊年譜及其他》，（上海：北新書局，1928），頁 249-250。

9　柳亞子，〈對飛錫潮音跋的意見〉，柳亞子、柳亞子編，《蘇曼殊年譜及其他》，（上海：北新書局，1928），頁 249-250。

二、〈《潮音》跋〉的作者

　　時至今日，有關〈《潮音》跋〉的作者之問題確實有足夠資料下一定論：事實上，寫〈《潮音》跋〉之飛錫並不存在，而吾人有理由相信此文為曼殊自撰的。在近代有關曼殊生平的著作中，仍不乏相信日本金閣寺僧飛錫真有其人，而他就是〈《潮音》跋〉之作者。例如，李蔚在《蘇曼殊評傳》中就寫道：「掃完祖父之墓。曼殊返回途中，特意去飛錫在山中的寓所看望。飛錫是曼殊的一位遠親，略長於他，是他童年極要好的朋友……」[10]，甚至將二人重逢的情節寫得繪形繪聲：「曼殊見到飛錫，緊拉著飛錫的手，不禁淚隨聲下……曼殊和飛錫，這一對相親相愛的朋友，回憶了童年生活中的種種往事……」[11]。按李氏之說法，〈《潮音》跋〉出於飛錫之手：「一年以前（指 1911 年），曼殊少年時的朋友飛錫，曾根據自己所瞭解的有關曼殊的生平和著作，在東京的著名古剎金閣寺[12]，為曼殊的《潮音》一書寫了一篇跋」[13]。無獨有偶，王長元在其《蘇曼殊全傳》亦認為飛錫真有其人，在他的《全傳》中，飛錫並非曼殊的一位遠親或童年的友人，而是：「東京的西南

10　李蔚，《蘇曼殊評傳》，珠海市政協編，（北京：社會科學文獻出版社，1990），頁 272。

11　李蔚，《蘇曼殊評傳》，珠海市政協編，（北京：社會科學文獻出版社，1990），頁 273。

12　此處李氏有誤。據日人米澤秀夫所考，〈《潮音》跋〉作者在文末署名「學人飛錫拜跋於金閣寺」的「金閣寺」是「京都金閣寺」，而不是在東京。詳情可參：米澤秀夫著，徐蔚南譯，〈蘇曼殊之生涯與作品〉，柳亞子編，《蘇曼殊全集》，（上海：開華書局，1933），附錄頁 23。

13　李蔚，《蘇曼殊評傳》，珠海市政協編，（北京：社會科學文獻出版社，1990），頁 301。

有一古寺[14]，名叫金閣寺，寺內有一高僧，法名喚飛錫，該僧可稱得上日本佛門中的一位高人。曼殊對這位高僧非常欽佩，常常去那裡和他討教和交流」[15]。其實，兩者的說法均不正確。他們的說法一則沒有實質的證據支持，二則與現有學界的共識不符。李氏之書出版於 1990 年，而王氏的作品初版刊於 1995 年。早於1933 年，柳亞子的開華版《蘇曼殊全集》已收錄了日人米澤秀夫〈蘇曼殊之生涯與作品〉一文。文中記錄了米澤秀夫曾去問過金閣寺事務所，查詢到底該寺有沒有名叫飛錫之僧人。他得到的回覆是：「明治初年本寺並沒有叫飛錫的人來住過，亦不見於記錄。飛錫亦無旅行之意義」[16]。米澤秀夫親自向金閣寺求證，因此其資料可靠性高。筆者認為今人日後再處理有關飛錫的議題時，應以飛錫為一位「曼殊所造的懸空人物」之說為準。

有關飛錫為一虛構人物之事，應已成定案。至於〈《潮音》跋〉作者為誰的問題，筆者認為吾人可以合理地推斷此文為曼殊自撰的。以下筆者將列舉四點對此作出說明。

第一，現存的〈《潮音》跋〉原稿，就僅只有柳氏父子所持的所謂曼殊「謄寫」之文稿，並無任何更早的稿件。飛錫的原來稿件是從來未有出現過的。

第二，在曼殊一生之中，他對友誼甚為重視。他不只與朋友交往甚密，而且亦與他的好友常有書信往來。查現存的曼殊書禮集，全都找不到飛錫之名。考曼殊的生平行蹤，皆不見飛錫的蹤

---

14 所謂「東京金閣寺」是王氏之誤。詳細見：米澤秀夫著，徐蔚南譯，〈蘇曼殊之生涯與作品〉，柳亞子編，《蘇曼殊全集》，（上海：開華書局，1933），附錄頁 23。

15 王長元，《沈淪的菩提：蘇曼殊全傳》，（吉林：長春出版社，1996），頁 229。

16 米澤秀夫著，徐蔚南譯，〈蘇曼殊之生涯與作品〉，柳亞子編，《蘇曼殊全集》，（上海：開華書局，1933），附錄頁 23。

影。前已指出飛錫為虛構之人，這裡再提此問題，目的是指出即使飛錫是存在的，又何能有那種緊密的關係可以鉅細靡遺地將曼殊的生平寫下來呢？若說是假名劉三、章炳麟、柳亞子、劉師培等還可能有較大的說服力，但從未見於曼殊生活中的飛錫則不能。細看〈《潮音》跋〉中所載曼殊之事，有一些可能就連與曼殊最親近的友人都不會知道。例如，童年時有相士過門撫曼殊曰：「是兒高抗，當逃禪，否則非壽徵也」；曼殊垂淚拒雪鴻之婚事；一夜於舟上歌拜倫詩而哭等。除卻以上所列與曼殊親密之好友外，能將曼殊生平之事寫得如數家珍般的人，捨曼殊本人其誰？

　　第三，〈《潮音》跋〉中的某些內容，除在《斷鴻零雁記》中出現過之外，並無任何地方可以找到一樣甚或相似的資料。〈《潮音》跋〉中，「飛錫」寫曼殊的身世如下：「曼殊闍黎，始名宗之助，自幼失怙，多病寡言，依太夫人河合氏生長江戶」[17]，而《斷鴻零雁記》中亦謂主人翁三郎「呱呱墜地，無幾月，即生父見背」[18]。三郎童年亦在江戶成長，後才移居中國，《斷鴻零雁記》文中寫道：「爾（三郎）生父宗郎，舊為江戶名族……後此夫人綜覽季世，漸入澆漓，思攜爾托根上國；故挈爾身於父執為義子，使爾離絕島民根性……」[19]，而〈《潮音》跋〉中亦有記載曼殊離日到中國之事：「五歲，別太夫人，隨遠親西行支那，經商南海，易名蘇三郎，又號子穀」[20]。比較兩篇文章，僅「五歲，別太夫人」一處

---

17 飛錫，〈潮音跋〉，柳亞子編，《蘇曼殊全集　三》，（北京：當代中國出版社，2007），頁 25。

18 蘇曼殊，〈斷鴻零雁記〉，柳亞子編，《蘇曼殊全集　二》，（北京：當代中國出版社，2007），頁 157。

19 蘇曼殊，〈斷鴻零雁記〉，柳亞子編，《蘇曼殊全集　二》，（北京：當代中國出版社，2007），頁 157。

20 飛錫，〈潮音跋〉，柳亞子編，《蘇曼殊全集　三》，（北京：當代中國出版社，

有異。總的來言，兩篇文章所提供的資料互相呼應。當中所涉的內容僅見於此兩篇文章，並無其他人所撰之文談及一樣甚或相似的資料。

第四，柳無忌在其〈日本僧飛錫潮音跋及其考證〉一文中，提出了〈《潮音》跋〉為曼殊自撰之假設。柳氏在文中以比較曼殊其他作品的用詞及風格為據，以證其說。他枚舉了十四個例子指出〈《潮音》跋〉和曼殊自己作品的風格完全一致。筆者認為柳說有力，可備一說。

由以上四點看來，〈《潮音》跋〉為曼殊自撰之說，除非出現有力的反證（如飛錫真有其人、發現飛錫手稿等），否則應為合理可信。

三、〈《潮音》跋〉的寫作時間

如前所述，〈《潮音》跋〉在 1912 年 6 月 9 日至 13 日刊於《太平洋日報》之上。因此，這篇文章的寫作時間不可能晚於 1912 年 6 月。有關它的寫作時間，由於此跋不署年份，吾人無從得知實際的寫作時間。經推算後，曼殊有可能在 1909 年開始寫作，初稿約定於 1911 年。在 1911 年至 1912 年 6 月其間，曼殊或曾新增當中資料和加以潤色。柳亞子在其〈對飛錫潮音跋的意見〉中謂：「由此觀之，他（曼殊）對於〈潮音跋〉，第一個時期是要發表的，（初屬稿時）第二個時期是不要發表，（《潮音》出版時）但第三個時期終於親手交給人家，任人家去發表了」[21]。筆者大致上是同意的。

2007），頁 25。

21 柳亞子，〈對飛錫潮音跋的意見〉，柳亞子、柳亞子編，《蘇曼殊年譜及其他》，（上海：北新書局，1928），頁 258。

　　〈《潮音》跋〉寫於 1909 年至 1911 年的推算，主要是以《潮音》的脫稿時間作根據的。在曼殊現存的文稿中，有一篇以英文寫作的〈《潮音》自序〉。文章末有曼殊的英文名及寫作年份——Mandju MCMIX，即此自序成於 1909 年。「序跋」是一種文體，即凡讀古人的著作，能抉其精意的所在，列之卷首或卷後者[22]。其實，「序跋」除指出著作精意之所在，作者亦能用來說明寫作宗旨、編次體例、作者情況，以及作品評價等，兼有議論、敘事的特點[23]。更具體的來說，「序」「跋」有別，分別在於序前而跋後，序詳而跋簡[24]。如此說來，在原則上，吾人不應排除曼殊在 1909 年的《潮音》脫稿時，已計劃寫成〈《潮音》跋〉並付之印行。以上的說法，柳無忌在他的〈日本僧飛錫潮音跋及其考證〉一文中亦有指出，他以他藏有一冊 1911 年冬曼殊寄贈的原版《潮音》推斷出作為該書跋的〈《潮音》跋〉亦應已脫稿，加上文中「飛錫」寫跋時謂曼殊已 28 歲，他從而下結論〈《潮音》跋〉也是在 1911 年寫成的。

　　雖然筆者並不認同把〈《潮音》跋〉資料視之為客觀史實的看法，但是筆者是認同〈《潮音》跋〉的初稿應是成於 1911 年約 7 月的時間。以下筆者主要會以文章的內容進行論述。

　　考曼殊當時的人物傳記之作品，不少均以傳主的作品清單作文章尾聲部份甚或結束。例如，在胡韞玉的〈曼殊文選序〉之中，作者以「蘇玄瑛，字子谷……」作文章開首，而以「所著有《燕

---

22 薛鳳昌，《文體論》，（上海：商務印書館，1947），頁 54。
23 廖仲安、劉國盈主編，《中國古典文學大辭典》，（台北：旺文社，1997），頁 568。
24 薛鳳昌，《文體論》，（上海：商務印書館，1947），頁 58。

子龕遺集》，今錄文七首」為結尾[25]；涙紅生的〈記曼殊上人〉就是以「上人蘇姓……」為首，以「並著有《燕子庵殘稿》、《斷鴻零雁記》、《絳紗記》、《焚劍記》等」為尾聲，在寫曼殊卒於海上某醫院前，仍在寫曼殊英譯詩之事[26]；柳亞子的〈蘇玄瑛傳〉以「蘇玄瑛，字子穀……」開首，以「著有《梵文典》八卷、《潮音》一卷……玄瑛囑人焚其稿（《荒城飲馬圖》）墓（趙聲墓）上，自是遂絕筆弗復作」結束[27]；柳氏的〈蘇玄瑛新傳〉亦有相同的文章結構，以「蘇玄瑛，字子穀……」作開首，而以遺著之可考見其篇目者，有《梵文典》八卷、《梵書摩多體文》……《蘇曼殊全集》，今並行於世」[28]。與上述例子相同的實在多不勝數。不只有關於曼殊之文章或傳略如是，當時的傳記類作品大都出現上述的文章結構。例如，梁啟超的《飲冰室文集》中的〈楊銳傳〉、〈林旭傳〉、〈劉光第傳〉（劉氏據梁啟超之言並沒有存世著作或文稿，文章是以「詩文甚豐，就義後，未知其稿所在」[29]作結束）、〈譚嗣同傳〉等。同樣的情況亦見於地方誌的列傳之中，有著作存世的人士皆以這種手法作傳。例如，在《香山縣志・卷十四・列傳上》之中記何鞏道[30]、楊思誠[31]、李龍翔、麥天縱[32]、高斆[33]等。若

---

25 胡韞玉，〈曼殊文選序〉，柳亞子編，《蘇曼殊全集 三》，（北京：當代中國出版社，2007），頁 51。

26 涙紅生，〈記曼殊上人〉，柳亞子編，《蘇曼殊全集 三》，（北京：當代中國出版社，2007），頁 92-93。

27 柳亞子，〈蘇玄瑛傳〉，柳亞子編，《蘇曼殊全集 三》，（北京：當代中國出版社，2007），頁 101-102。

28 柳亞子，〈蘇玄瑛新傳〉，柳亞子編，《蘇曼殊全集 三》，（北京：當代中國出版社，2007），頁 174-179。

29 梁啟超，〈劉光第傳〉，《飲冰室文集》，（香港：香港天行出版社，1974），頁 480。

30 [清] 陳澧纂，田明曜修，〈卷十四・列傳上〉，《[光緒] 香山縣志》，頁 321。

31 [清] 陳澧纂，田明曜修，〈卷十四・列傳上〉，《[光緒] 香山縣志》，頁 322。

將以上的文章結構套在〈《潮音》跋〉之上，如是者吾人可以見到「闍黎雜著亦多，如《沙昆多邏》、《文學因緣》……謀刊行於歐土」應是屬於文章尾聲的部份，而當中所紀之事正是 1911 年 7 月發生的事情。根據馬以君的〈蘇曼殊年譜 七〉，英譯的《燕子箋》脫稿並由羅弼·莊湘之女雪鴻攜往歐土謀出版之事大概發生在 1911 年 7 月份的時間[34]。加上〈《潮音》跋〉刊行時間的考慮因素，按馬氏的年譜所示，曼殊是1911年暑假中曾由喏班返日本，秋涼再赴喏班。《潮音》是曼殊在日本時所印的。印行時間與曼殊遇上雪鴻的時間極為吻合。在〈《潮音》跋〉餘下的部份之中，再無更後期的事被記錄。查〈《潮音》跋〉在數算曼殊著作前記的最後一事為：「後為梵學會譯師，交遊婆羅門憂國之士，捐其所有舊藏梵本，與桂伯華，陳仲甫，章枚叔諸居士議建梵文書藏，人無應者，卒未成」[35]。此事按柳亞子開華版《蘇曼殊全集》中的〈重訂蘇曼殊年表〉所載發生於 1909 年 4 月間：「四月……任梵學會婆羅門僧譯師」[36]。由以上的種種所顯示，〈《潮音》跋〉的初稿應是成於 1911 年約 7 月的時間。

問題是在〈《潮音》跋〉之中，有一段文字：「今與蓮華寺主重印流通，仍曰《潮音》」，既然〈《潮音》跋〉是意欲刊於「重印流通」的《潮音》之中，然則它不一定是在 1911 年的原版中的內容。若要支持〈《潮音》跋〉的初稿大約定於 1911 年，吾人則需

32 [清] 陳澧纂，田明曜修，〈卷十四·列傳上〉，《[光緒] 香山縣志》，頁 324。

33 [清] 陳澧纂，田明曜修，〈卷十四·列傳上〉，《[光緒] 香山縣志》，頁 326。

34 馬以君，〈蘇曼殊年譜 七〉，《佛山大學 佛山師專學報》，1988 年第 6 卷第 3 期，頁 76。

35 飛錫，〈潮音跋〉，柳亞子編，《蘇曼殊全集 三》，（北京：當代中國出版社，2007），頁 26。

36 柳亞子，〈重訂蘇曼殊年表〉，柳亞子編，《蘇曼殊全集 普及版》，（上海：開華書局，1933），附錄頁 18。

要處理這段文字。首先，筆者要指出曼殊在世時，流通的《潮音》並無所謂初印還是重印的。《潮音》就僅有 1911 年由日本東京神田印刷所印刷的一版本。《潮音》是有版重印的，但已是曼殊身故以後之事。1925 年 11 月重印的《潮音》是由上海湖畔詩社重印發行的[37]。第二，反之而言，「今與蓮華寺主重印流通」一句，更是成為了支援〈《潮音》跋〉原是計劃印在 1911 年神田印刷所印刷的版本之中的說法。原因是愛故弄玄虛的曼殊正正在這冊《潮音》——這第一次印行的書籍——之次頁印上了「羯磨阿闍黎飛錫校錄，澱江蓮花寺主重刊流通，東京神田印刷所印刷」的字樣[38]，似乎是為了使之符合〈《潮音》跋〉內容而刻意加上的資料。

　　總括而言，筆者認為〈《潮音》跋〉的寫作時間有可能為 1909 年至 1911 年期間。其初稿應成於 1911 年 7 月左右。當然，吾人不能排除 1911 年 7 月至 1912 年 6 月間刊於上海〈太平洋日報〉之前，曼殊曾對此文稿有增補或潤色之可能。然而，由以上的各項理據看來，謂其初稿成於 1911 年遇莊湘之女雪鴻的不久之後，在暑假結束自日本返喏班之前，應無可疑之處。

第二節　「然彼焉知方外之人，亦有難言之恫」的出處——《斷鴻零雁記》

　　有關《斷鴻零雁記》在曼殊研究的狀況，並沒有如〈《潮音》

37　馬以君，〈蘇曼殊年譜 七〉，《佛山大學 佛山師專學報》，1988 年第 6 卷第 3
　　期，頁 79。
38　馬以君，〈蘇曼殊年譜 七〉，《佛山大學 佛山師專學報》，1988 年第 6 卷第 3
　　期，頁 80。

跋〉般複雜。《斷鴻零雁記》這篇小說現今多見於曼殊的作品選集或全集之中作一篇章刊行。可是，原本它是刊行在報章之上的。據胡寄塵〈記斷鴻零雁〉一文中寫道：「按《斷鴻零雁記》，於民國元年（或前清末年）曼殊所撰，隨撰隨刊載於南洋群島某日報上」[39]。這篇小說前部份最初發表於 1911 年秋冬之間南洋泗水《漢文新報》，後重刊並續載於 1912 年 5 月 12 日至 8 月 7 日上海《太平洋報》第 42 至 129 號[40]。後來這部小說又以單行本發行，1919 年胡寄塵囑上海廣益書局刊印。1926 年 6 月段庵旋將其輯入《燕子山僧集》。1927 年柳亞子據廣益本及《太平洋報》所刊，編入北新本的《蘇曼殊全集》中[41]。

至於有關《斷鴻零雁記》的寫作時間，現有的說法大致上指曼殊約在 1910 年至 1911 年期間開始醞釀這部小說的創作。據馬以君的說法，小說的醞釀始於 1911 年暑假東渡日本後因舊地重遊，觸境生情，在秋天回爪哇後把青少年時期的生活敷衍成書[42]。學者何宏玲更是引述了胡寄塵〈記斷鴻零雁〉的資料為理據作出推敲，將《斷鴻零雁記》的寫作時間推前至 1910 年左右[43]。簡而言之，現有對於《斷鴻零雁記》寫作及刊行的說法，一致地認為這部作品約寫於 1910 年至 1911 年間，而最初是隨撰隨刊地發表於

---

39 胡寄塵，〈記斷鴻零雁〉，柳亞子編，《蘇曼殊全集 三》，（北京：當代中國出版社，2007），頁 46。

40 馬以君，〈蘇曼殊年譜 八〉，《佛山大學 佛山師專學報》，1988 年第 6 卷第 5 期，頁 71。

41 蘇曼殊，〈斷鴻零雁記〉，柳亞子編，《蘇曼殊全集 二》，（北京：當代中國出版社，2007），頁 214。

42 馬以君，〈蘇曼殊年譜 八〉，《佛山大學 佛山師專學報》，1988 年第 6 卷第 5 期，頁 72。

43 何宏玲，〈蘇曼殊《斷鴻零雁記》新論〉，《南京師範大學文學院學報》，2009 年 12 月，頁 78。

南洋泗水《漢文新報》之上。這部作品真正引起中國文壇注意的，是 1912 年 5 月 12 日至 8 月 7 日重刊，並續載於上海《太平洋報》的版本。

一、《斷鴻零雁記》所產生的影響

邵盈午在其《蘇曼殊新傳》中曾談及《斷鴻零雁記》在刊行後所產生的反應，他寫道：「《斷鴻零雁記》在當時的上海，成為熱門話題；尤其是青年人，如果沒讀過《斷鴻零雁記》，似乎便算不上是現代青年。不僅如此，就連當時的海外華僑，也紛紛來信，要求配齊《斷鴻零雁記》，並希望將作者的照片公諸報端，與之神交」[44]。邵氏所言非虛。當《斷鴻零雁記》刊行後，大受歡迎。按魏秉恩在〈斷鴻零雁記序〉中所載，「甲子秋，商務印書館特向本局商借版權，譯成英文，以餉海外」[45]。最後，《斷鴻零雁記》果真英譯完成。英文本由梁社乾譯成，名為 THE LONE SWAN，1924 年由上海商務印書館出版[46]。譯者自為序並收於柳亞子編的《斷鴻零雁記》中。在柳氏的《全集》之中，亦見收錄了毛常、飄零生、鄭江濤及黃嘉謨所撰，合共四篇的〈斷鴻零雁記劇本序〉。由以上種種資料看來，曼殊這部小說在當時極受歡迎。時至今日，吾人仍可以在市場上見到將《斷鴻零雁記》編成歌曲及劇目的作品。例如，鍾雲山（1993）唱〈斷鴻零雁〉由樂韻唱片公司發行；龍貫天、甄秀儀（2004）合唱〈斷鴻零雁〉由風行唱片有限公司

---

44 邵盈午，《蘇曼殊新傳》，（北京：東方出版社，2012），頁 164。
45 魏秉恩，〈斷鴻零雁記序〉，柳亞子編，《蘇曼殊全集 三》，（北京：當代中國出版社，2007），頁 34。
46 蘇曼殊，〈斷鴻零雁記〉，柳亞子編，《蘇曼殊全集 二》，（北京：當代中國出版社，2007），頁 214。

出品；唐健垣、譚笑梅（2012）合唱〈南音彈唱　蘇曼殊〉由唐藝軒出品。三者均由《斷鴻零雁記》改編而成，而龍貫天的〈斷鴻零雁〉一劇更是續《斷鴻零雁記》的故事。龍氏劇寫三郎回國後貧病交迫，靜子聞訊追尋。在三郎彌留時靜子陪伴左右，而故事終於三郎死在靜子懷抱之中。

　　以下的圖片《斷鴻零雁記》編成為電影、粵劇與歌曲的例子。圖片來源為：香港影庫、國際電影畫報巡禮、南音欣賞網網頁以及筆者個人收藏。

在東京，櫻花盛開的季節，是最富詩情畫意的。這是蘇曼殊
和他的愛人正在欣賞櫻花美景時的一個鏡頭

　　要談到《斷鴻零雁記》在學術界的影響，首要就是關係到曼殊生平的研究了。柳氏父子率先地以〈《潮音》跋〉及《斷鴻零雁記》的資料，撰寫了〈蘇玄瑛新傳〉、〈蘇玄瑛新傳考證〉（柳亞子）及〈蘇曼殊年譜〉（柳無忌），並刊於其編輯的北新本《蘇曼殊全集》中。柳亞子在〈蘇玄瑛新傳〉就明確地寫道：「又有部說《斷鴻零雁記》，世稱玄瑛自傳，雖寓言十儿，亦頗資節取」[47]。在另一份文章〈蘇曼殊斷鴻零雁記之研究〉中，柳氏更是明確指出所謂「頗資節取」是什麼。柳氏在文中寫道：「斷鴻的敘事中最有歷史價值的，我以為有兩節。第一節是敘述曼殊的身世。……第二節是講河合氏同曼殊到廣東的事情……」[48]。在一段短時間之後，由於不少曼殊的親友力證曼殊為蘇傑生親兒，〈新傳〉中的曼殊為日產說之講法不獲支持。柳氏又撰文〈蘇曼殊傳略〉以修正前說。在文中柳氏卻反怪起曼殊來：「從前我們寫〈蘇玄瑛新傳〉時，上了〈潮音跋〉和〈斷鴻零雁記〉的當」[49]。在自認「上當」後，柳氏就一改之前的說法，將《斷鴻零雁記》由自傳看成為小說了。他在文中寫道：「至於《斷鴻零雁記》那是小說，自然便無所顧忌地發表了」[50]。至今，《斷鴻零雁記》大體上被認定為小說的性質了。

47　柳亞子，〈蘇玄瑛新傳〉，《蘇曼殊全集　三》，（北京：當代中國出版社，2007），頁 174。
48　柳亞子，〈蘇曼殊斷鴻零雁記之研究〉，柳亞子、柳無忌編，《蘇曼殊年譜及其他》，（上海：北新書局，1928），頁 206。
49　柳亞子，〈蘇曼殊傳略〉，《蘇曼殊全集》，（上海：開華書局，1933），九‧附錄頁 2。
50　柳亞子，〈蘇曼殊傳略〉，《蘇曼殊全集》，（上海：開華書局，1933），九‧附錄頁 2。

第三節　爲〈《潮音》跋〉及《斷鴻零雁記》重新定位

　　如前所述，由於本研究在較後的篇章會用上〈《潮音》跋〉和《斷鴻零雁記》兩篇文章的資料，因此有必要在此談及筆者對兩篇文章的看法、定位、視當中資料爲何種性質等問題。由於〈《潮音》跋〉涉及使用假名的情況，筆者會先討論《斷鴻零雁記》的性質，再行討論〈《潮音》跋〉。筆者的主張是〈《潮音》跋〉和《斷鴻零雁記》均爲<u>曼殊</u>自傳，而非小說或普通的雜文。可是，吾人務必注意，即使視這兩篇文章爲<u>曼殊</u>的自傳，並不等於當中的資料就被定性爲確鑿無誤的客觀史實。以下的部份將會以著名學者<u>菲力浦・勒熱訥</u>有關自傳的理論作據進行論證。

一、有關《斷鴻零雁記》性質的爭議

　　有關《斷鴻零雁記》的性質，在<u>曼殊</u>研究剛開展的時期具有很大的爭議。早期的分歧在於它是一部小說還是一部自傳。然而，在爭議過後，現在主要認爲它是一部小說而非自傳。對於《斷鴻零雁記》的性質爲何，經筆者歸納後主要的說法有三，以下將一一闡述之。

　　第一種的說法認爲《斷鴻零雁記》是自傳。早期持這種看法的前輩學人視當中所載爲確鑿無誤之史實。例如，<u>柳亞子</u>寫〈蘇

玄瑛新傳〉[1]、〈蘇玄瑛新傳考證〉[2]，柳無忌寫〈蘇曼殊年譜〉[3]，
熊潤桐寫〈蘇曼殊及其燕子龕詩〉[4]，楊鴻烈寫〈蘇曼殊傳〉[5]，
魏秉恩寫〈斷鴻零雁記序〉[6]，梁社乾撰〈英譯斷鴻零雁記序〉[7]，
鄭江濤撰〈斷鴻零雁記劇本序〉[8]等均持此說。（雖然柳亞子在〈蘇
曼殊斷鴻零雁記之研究〉一文之中，又曾指《斷鴻零雁記》是「小
說體自傳」。可是，他這樣說的原因並不嚴謹。他只是認為《斷鴻
零雁記》終和正式自傳有別。《斷鴻零雁記》一方面不全然是小說
創作，在另一方面又自有一部份可信。故此，他把「小說體自傳」
一名冠在《斷鴻零雁記》之上。然而，他終歸是認為《斷鴻零雁
記》是有歷史價值的，尤其是身世與到廣東的事情。因此，他又
用上「非正式的自傳」一詞描述《斷鴻零雁記》[9]。綜合柳氏所有
在開華本刊行前的說法，將他歸納為第一種說法是最為恰當的。
直至他後期推翻舊說，他這個時期可稱為北新本時期。）

---

1 柳亞子，〈蘇玄瑛新傳〉，柳亞子編，《蘇曼殊全集 三》，（北京：當代中國出
　版社，2007），頁174-179。

2 柳亞子，〈蘇玄瑛新傳考證〉，柳亞子編，《蘇曼殊全集 三》，（北京：當代中
　國出版社，2007），頁180-191。

3 柳無忌，〈蘇曼殊年譜〉，柳亞子編，《蘇曼殊全集 三》，（北京：當代中國出
　版社，2007），頁192-219。

4 熊潤桐，〈蘇曼殊及其燕子龕詩〉，柳亞子編，《蘇曼殊全集 三》，（北京：當
　代中國出版社，2007），頁152-165。

5 楊鴻烈，〈蘇曼殊傳〉，柳亞子編，《蘇曼殊全集 三》，（北京：當代中國出版
　社，2007），頁103-141。

6 魏秉恩，〈斷鴻零雁記序〉，柳亞子編，《蘇曼殊全集 三》，（北京：當代中國
　出版社，2007），頁34。

7 梁社乾，〈英譯斷鴻零雁記序〉，柳亞子編，《蘇曼殊全集 三》，（北京：當代
　中國出版社，2007），頁35-39。

8 鄭江濤，〈斷鴻零雁記劇本序〉，柳亞子編，《蘇曼殊全集 三》，（北京：當代
　中國出版社，2007），頁43。

9 柳亞子，〈蘇曼殊斷鴻零雁記之研究〉，柳無忌編，《柳亞子文集・蘇曼殊研究》，
　（吳縣：上海人民出版社，1987），頁384。

　　第二種的說法認為《斷鴻零雁記》乃一部小說。在第一種說法提出之後，學界中出現了不少反對的聲音。譬如，羅建業在其〈蘇曼殊研究草稿〉中就批評了楊鴻烈（〈蘇曼殊傳〉一文）的觀點。羅氏寫道：「可惜他（楊氏）看得此書（《斷鴻零雁記》）太於實鑿，竟至據為史實，那我可不敢贊同了」[10]。後來，又有曼殊親友和同窗陸續否證《斷鴻零雁記》中的資料為史實。例如，馮自由的〈蘇曼殊之真面目〉[11]、曼殊從弟蘇維騤與柳亞子的書信、蘇傑生妾大陳氏之親證[12]等。一直力主《斷鴻零雁記》為史實的柳亞子終於放棄了自己在北新本的觀點。柳氏在開華本的〈蘇曼殊傳略〉[13]及〈重訂蘇曼殊年表〉[14]中，放棄了使用〈《潮音》跋〉及《斷鴻零雁記》的資料，並由此衍生的曼殊為日產血統之說法。在〈蘇曼殊傳略〉之中，他明確地將《斷鴻零雁記》定性為小說。柳氏寫道：「從前我們寫〈蘇曼殊新傳〉和〈蘇曼殊年譜〉時，上了〈潮音跋〉和《斷鴻零雁記》的當，以曼殊為日本人宗郎的血胤。……至於《斷鴻零雁記》，那是小說，自然便無所顧忌地發表了」[15]。可見，他轉變其看法的因由乃是基於《斷鴻零雁記》不

---

10 羅建業，〈蘇曼殊研究草稿〉，柳亞子編，《蘇曼殊全集 三》，（北京：當代中國出版社，2007），頁 226。

11 馮自由，〈蘇曼殊之真面目〉《革命逸史》初集，（北京：中華書局，1981），頁 164-170。

12 有關柳亞子與曼殊家人的書信，詳情可參考：柳亞子，〈曼殊之血統問題及其少年時代〉，柳無忌編，《柳亞子文集‧蘇曼殊研究》，（吳縣：上海人民出版社，1987），頁 128-250。

13 柳亞子，〈蘇曼殊傳略〉，柳亞子編，《蘇曼殊全集 普及版》，（上海：開華書局，1933），九‧附錄 頁 1-10。

14 柳亞子，〈重訂蘇曼殊年表〉，柳亞子編，《蘇曼殊全集 普及版》，（上海：開華書局，1933），九‧附錄 頁 10-21。

15 柳亞子，〈蘇曼殊傳略〉，柳亞子編，《蘇曼殊全集 普及版》，（上海：開華書局，1933），九‧附錄頁 2。

符史實，故不能視之為自傳。這一個觀點自此成為了主流的看法。時至現在，不少研究曼殊的學者持此說，如文公直、曾德珪、劉心皇等。

　　第三種的說法同樣認為《斷鴻零雁記》是小說，但更具體地說，這種說法進一步標示其為自傳小說。郁達夫在〈雜評曼殊的作品〉一文明確指出：「這一篇（《斷鴻零雁記》）是用第一人稱的自傳小說」[16]。米澤秀夫在〈蘇曼殊之生涯與作品〉一文中同樣持此說[17]。林律光在《蘇曼殊之文藝特色研究》對於曼殊的小說創作及《斷鴻零雁記》的評價就能反映此觀點的想法：「（曼殊的）自敘傳的創作方法。可以說第一人稱自敘傳的創作方法在中國現代小說史上是前無古人的。……蘇曼殊小說往往採用第一人稱的敘述方式，其中的主人公都有他自己的影子，尤其是『以早年的生活和感受為基礎虛構』的小說《斷鴻零雁記》常常被研究者作為蘇曼殊的自傳加以引用」[18]。林氏又謂：「《斷鴻零雁記》是一部自傳體小說，故事情節以作者的經歷為基礎，其中的雪梅、靜子等也均有其人」[19]。其實，所謂自傳體小說或第一人稱小說與自傳（即使是前述柳氏所謂的小說體自傳）最大分別在於主人翁與作者不必為同一人，又或整個故事都可以為虛構的[20]。例如，

---

16 郁達夫，〈雜評曼殊的作品〉，柳亞子編，《蘇曼殊全集 四》，（北京：當代中國出版社，2007），頁66。

17 米澤秀夫著，徐蔚南譯，〈蘇曼殊之生涯與作品〉，柳亞子編，《蘇曼殊全集 普及版》，（上海：開華書局，1933），附錄頁24和頁31。

18 林律光，《蘇曼殊之文藝特色研究》，（臺北：花木蘭文化出版社，2010），頁59-60。

19 林律光，《蘇曼殊之文藝特色研究》，（臺北：花木蘭文化出版社，2010），頁61。

20 有關自傳與小說的區別，詳細可參考：菲力浦‧勒熱訥著，楊國政譯，〈第一章 定義‧四 與小說的區別〉，《自傳契約》，（北京：三聯書店，2001），頁13-20。

聖埃克蘇佩里的《小王子》（Antoine de Saint-Exupéry, *The Little Prince*）、杜斯妥也夫斯基的《地下室手記》（Fyodor Dostoyevsky, *Notes From Underground*）、卡謬的《異鄉人》（Albert Camus, *The Stranger*）、沙特的《嘔吐》（Jean-Paul Sartre, *Nausea*），甚至是曼殊的〈絳紗記〉和〈碎簪記〉均屬這一類的作品。明顯地，持「《斷鴻零雁記》是自傳小說」這一種看法的研究者，其實是未有充份掌握自傳小說與自傳的分別。他們多是鑒於曼殊的《斷鴻零雁記》中，有真實的人和事被寫在其中，算不上是全然虛構的小說；又有多處資料不符合曼殊生平史實，算不上是自傳，故而將之定性為「自傳小說」。

二、《斷鴻零雁記》再定位

有關《斷鴻零雁記》的性質，筆者認為它是自傳，不是小說，亦非所謂自傳小說。

歸納以上各種的說法，吾人可見爭議的癥結所在乃在於《斷鴻零雁記》所載的不符史實。柳亞子有這種的思路是最為明顯的。柳氏甚至責怪曼殊起來，說是上了〈《潮音》跋〉和《斷鴻零雁記》的當。以至他在北新本的〈蘇曼殊新傳〉和〈蘇曼殊年譜〉中犯了曼殊為日產說之錯誤。筆者並不同意柳氏的說法，認為錯不在曼殊本人。問題是出於柳氏以及持同一想法的研究者，他們對於自傳一類作品的定義並不瞭解。

對於《斷鴻零雁記》一文的定位，論者多集中在它的歷史真確性之上。如柳氏之前將它認定為自傳，他同時間就把它認為是可靠的歷史資料，並在〈蘇曼殊新傳〉和〈蘇曼殊年譜〉中使用。當他發現《斷鴻零雁記》的內容不太符合歷史真相時，即把它認

定為小說了。無獨有偶，另一類的學者 —— 將《斷鴻零雁記》
認定為自傳小說的論者，其實亦乃抓住《斷鴻零雁記》非真非假，
亦真亦假的內容將之定性。例如，林律光指《斷鴻零雁記》是一
部自傳體小說，原因是「故事情節以作者的經歷為基礎，其中的
雪梅、靜子等也均有其人」[21]；又如劉心皇在指出《斷鴻零雁記》
是屬於小說的文體時，他就寫道：「但究其實際，小說是小說，自
傳是自傳，因為自傳需要的是敘述事實，即使稍有誇張，也不能
太離譜……」[22]。上述的說法，以歷史真實性去定性某作品到底
是否自傳，其實並不恰當。首先，能否將某作品歸類為自傳，以
客觀歷史的真實性作為判斷的條件是成疑的。作者有沒有記錯的
可能呢？作者有沒有什麼事是不願告訴他人的呢？作者是否沒有
權為保形象或面子的原故而不說真話呢？如此說來，一部作品是
否自傳，是否不應以敘述事實作為判準呢？以下將以菲力浦‧勒
熱訥《自傳契約》中的說法作據，指出《斷鴻零雁記》的確是完
全符合了自傳的性質。

（一）《自傳契約》對自傳的定義[23]

　　「一部作品是否自傳，是否不應以敘述事實作為判準」此一
問題，其實早在上世紀 70 年代有一位法國學者菲力浦‧勒熱訥曾
對此作出探討。勒熱訥是巴黎第十三大學講授法國文學的教師，
是法國自傳研究的奠基人。從 1971 年至 1986 年，他相繼發表《法

---

21 林律光，《蘇曼殊之文藝特色研究》，（臺北：花木蘭文化出版社，2010），頁
　 61。
22 劉心皇，《蘇曼殊大師新傳》，（臺北：東大圖書，1992），頁 186。
23 有關筆者對於自傳的定義，詳細論述可參考拙作：潘啟聰，〈論勒熱訥的《自
　 傳契約》 對自傳研究的啟發〉《人文社會學報》2019 年第 15 卷第 2 期。

國的自傳》、《自傳契約》、《「我」是另一個》等著作，奠定了自傳研究的基礎[24]。近代對於自傳的研究，勒熱訥可謂一位走在學界前沿的學者。早在 1969 年勒熱訥開始研究自傳之前，當時自傳研究領域幾乎還是空白一片[25]。在勒熱訥另一部作品《法國的自傳》的〈序〉中，就這樣寫道：「這本小書寫於 1971 年，是自傳研究的投石問路之作。當時，法國尚無人對這一問題進行整體的研究」[26]。作為走在前沿的學者，勒熱訥的創見在於他深刻地揭示了自傳文體對作者的重要性：即人們如何憑借自己的真實感覺來撰寫自己的生平，並讓他人對自己的創作感興趣[27]？筆者有見勒熱訥理論的創見配合本文的研究所需。因此，特意選用此理論對〈《潮音》跋〉和《斷鴻零雁記》進行探討。

根據勒熱訥《自傳契約》一書的說法，自傳不是要揭示一種歷史的真實，而是展現一種內心的真實：人們追求的是意思和統一性，而不是資料和完整性[28]。在這種說法之下，自傳不是要有真實，而是它就是真實[29]。自傳所敘的是自傳作者本人的心路歷程[30]，是一種「生活的敘事」[31]。綜合以上種種的說法，自傳的價

---

24 楊國政，〈錯在勒熱訥〉，《讀書》，2001 年 07 期，頁 115-121。

25 楊國政，〈譯者序〉，菲力浦‧勒熱訥著，楊國政譯，《自傳契約》，（北京：三聯書店，2001），頁 4。

26 勒熱訥，〈《法國的自傳》序〉，菲力浦‧勒熱訥著，楊國政譯，《自傳契約》，（北京：三聯書店，2001），頁 10。

27 J.貝爾曼－諾埃爾著，李書紅譯，《文學文本的精神分析－佛洛伊德影響下的文學批評解析導論》，（天津：天津人民出版社，2003），頁 87-88。

28 菲力浦‧勒熱訥著，楊國政譯，《自傳契約》，（北京：三聯書店，2001），頁 81-82。

29 菲力浦‧勒熱訥著，楊國政譯，《自傳契約》，（北京：三聯書店，2001），頁 82。

30 菲力浦‧勒熱訥著，楊國政譯，《自傳契約》，（北京：三聯書店，2001），頁 38。

值不在於其客觀歷史之精確性，而是寫出作者自己才知道的事、
重視的事、他對生活的總結、他反思以往生活而得出的意義等。
自傳之中有不實之處並不是推翻它為自傳的理據。作者可以在傳
中觸及羞於啟齒之事，可以遺忘或記錯往事，也可以有著深刻而
難以言傳的經驗。這些都有機會令作者在寫作中，有意無意地把
自傳的內容寫得異於真實的歷史。更甚者，由於自傳是有讀者的，
傳主是向他人講述自己的故事。所以，礙於作者可能希望在人前
塑造某種形象，吾人不能排除傳主有機會有意識地說謊。由此可
見，之前所引述的一眾研究者（如<u>柳亞子</u>、<u>劉心皇</u>、<u>林律光</u>等），
他們的說法實不足以否證《斷鴻零雁記》是一部<u>曼殊</u>的自傳。

（二）《斷鴻零雁記》是曼殊的自傳

按<u>勒熱訥</u>的說法，自傳的定義為一個真實的人以其自身的生
活為素材用散文體寫成的回顧性敘事，它強調的是他的個人生活，
尤其是他的個性之歷史。據他所指出自傳必要的四種元素，《斷鴻
零雁記》皆完全符合。經筆者整理研究所得之後，以下運用表格
的形式比較<u>勒熱訥</u>提出的四元素及《斷鴻零雁記》的特徵：

---

31 菲力浦・勒熱訥著，楊國政譯，《自傳契約》，（北京：三聯書店，2001），頁45。

表 5.1《斷鴻零雁記》與勒熱訥說法之比較

自傳的必要元素	勒熱訥的說法	《斷鴻零雁記》
語言形式	敘事	主要記三郎省母之事； 故事始於早歲出家，終於省母後尋雪梅墓不果作結。 （本研究較後的部份將有更詳細的論述。）
	散文體	小說
探討的主題	個人生活	出家、遇乳媼、省母、逃婚、訪雪梅墓等。
	一種個性的歷史	在《斷鴻零雁記》的內容之中，吾人可以一窺三郎的個性形成史。 在文中所見，三郎的性格傾向悲觀、傷感。文中常見三郎悲傷哭泣，例如，在僅僅第一、二章約 1200 字之中，已寫有「不覺墮淚」、「淚如綆縻」、「日以淚珠拭面耳」、「悵然涕下」、「泣然淚下」合共六次的描寫。在作品一開始的時候，作者已詳細交代他的所思所想，例如：「如是思維，不覺墮淚，嘆曰：『人皆謂我無母，我豈真無母耶？否否。余自養父見背，雖煢煢一身……吾母生我，胡弗使我一見？亦知兒身世飄零，至於斯極耶？』」又例如：「悲涼境地，唯見樵夫出沒，然彼焉知方外之人，亦有難言之恫。」 文中的主線之一為三郎省母之事，這

| | | 正好與以上所引述的<u>三郎</u>心事呼應。作者交代了他心中鬱結所在及他個性如此悲觀，常有傷感的形成原因實與他的身世有關。
《斷鴻零雁記》的另一條主線：男女之情。不論是<u>雪梅</u>還是<u>靜子</u>的戀情，其實都為<u>三郎</u>帶來壓力，並最後無疾而終。
《斷鴻零雁記》的內容可謂首尾呼應。前部份以「身世」帶出悲傷愁緒，後部份亦以「心中卻是彌天幽恨」作結。然而，兩者的側重點已有所不同。
《斷鴻零雁記》開首<u>三郎</u>是在個人反思的情況下，指身世之事令他感悲傷。在文末，<u>三郎</u>已是省母完畢，心中卻仍有彌天幽恨。他的個性明顯是比文章開始時更加悲傷。他的傷痛是沒有法子再撫平的了。因此，《斷鴻零雁記》對<u>三郎</u>的心理描寫不是靜態的，而是寫出他越趨悲傷的個性形成史。
事實上，<u>雪梅</u>或<u>靜子</u>是否真有其人，省母及身世之事孰真孰假都不是問題。重點是《斷鴻零雁記》一文反映了在作者心目之中，身世與情愛事舉足輕重，並為他悲傷性格的重要構成部份。
（本研究較後的部份將有更詳細的論述。） |

作者的地位	作者與敘述者同一	作者是蘇曼殊，敘述者為河合三郎；河合乃曼殊母姓，三郎為其小名。《斷鴻零雁記》一文以三郎第一人稱角度寫作，即作者與敘述者同一。
敘述者的地位	敘述者與主人翁同一	如上所述，作者與主人翁同名，而整部《斷鴻零雁記》一直以三郎第一人稱角度寫作。 由此可見，作者曼殊，主人翁為河合三郎，敘事者為河合三郎，作者、主人翁與敘述者三者同一。 其實除名字一樣之外，主人翁絕大多數的資料與曼殊吻合。例如，出家人的身份、母為河合氏、具日本血統、曾師從羅弼牧師習英語、有僧友名法忍等。可見，作者希望刻意營造曼殊與三郎的同一性。
	敘事的回顧性視角	作者於首章末明言：「此章為吾書發凡，均紀實也」；在第五章末，作者寫道：「前書敘余在古刹中憶余生母者，蓋後此數月間事也」；在最後一章末，柳亞子謂其所輯錄的版本（廣益本）應有「吾擱筆不忍再言矣」一句，但北新本按《太平洋報》刪之[32]。可見，《斷鴻零雁記》的敘事是以回顧性視角寫成。

當論者均以歷史真確性出發，否認《斷鴻零雁記》為一部自

---

[32] 蘇曼殊，〈斷鴻零雁記〉，柳亞子編，《蘇曼殊全集 二》，（北京：當代中國出版社，2007），頁214。

傳時，筆者並不認同這種說法。如上述所示，《斷鴻零雁記》具備了勒熱訥所指的自傳必要之四種元素。更進一步說，作者在《斷鴻零雁記》之中寫下了關鍵的「自傳契約」：即作者用以確定調子，選擇說話的語氣和筆調，確定他的讀者，以及希望與他建立的關係[33]。這個關係就是向讀者表明「他要揭示的真實是關乎他個人的，甚至就是他自己」[34]。在《斷鴻零雁記》一文中，作者用上了母姓及自己的小名——「河合」其姓，「三郎」其名[35]；在首章末寫下了「此章為吾書發凡，均紀實也」[36]的自傳契約；通篇使用了三郎的第一人稱的寫作方式；最後以「吾擱筆不忍再言矣」[37]作結。以上都是曼殊用以特顯《斷鴻零雁記》乃是他本人以回顧性的視角寫成。按以上種種證據所示，曼殊是希望與讀者建立一種自傳的關係。

　　比較「六記」[38]其餘篇章，僅《斷鴻零雁記》一文表現此寫作手法，足見《斷鴻零雁記》的獨特之處。筆者曾將「六記」逐一地跟勒熱訥的說法作出比較，以下表 5.2 是比較所得的結果。

---

33 菲力浦・勒熱訥著，楊國政譯，《自傳契約》，（北京：三聯書店，2001），頁66。

34 菲力浦・勒熱訥著，楊國政譯，《自傳契約》，（北京：三聯書店，2001），頁66。

35 蘇曼殊，〈斷鴻零雁記〉，柳亞子編，《蘇曼殊全集 二》，（北京：當代中國出版社，2007），頁161。

36 蘇曼殊，〈斷鴻零雁記〉，柳亞子編，《蘇曼殊全集 二》，（北京：當代中國出版社，2007），頁154。

37 蘇曼殊，〈斷鴻零雁記〉，柳亞子編，《蘇曼殊全集 二》，（北京：當代中國出版社，2007），頁214。

38 所謂「六記」是學界對於曼殊小說之統稱，包括了：〈斷鴻零雁記〉、〈天涯紅淚記〉、〈絳紗記〉、〈焚劍記〉、〈碎簪記〉及〈非夢記〉六部小說。

表 5.2 六記與勒熱訥說法之比較

自傳必要元素	勒熱訥的說法	斷鴻零雁記	天涯紅淚記	絳紗記	焚劍記	碎簪記	非夢記
語言形式	敘事	✔	✔	✔	✔	✔	✔
	散文體	✔	✔	✔	✔	✔	✔
探討主題	個人生活	✔	✔	✔	✔	✔	✔
	一種個性的歷史	✔	✘	✘	✘	✘	✘
作者地位	作者與敘述者同一	✔	✘	✘	✘	✔	✘
敘述者地位	敘述者與主人翁同一	✔	✘	✔	✘	✘	✘
	敘事的回顧性視角	✔	✘	✔	✘	✔	✘

　　「六記」當中寫的，均是對於主人翁生活之敘述，尤以男女情愛之事出現最多。總的來說，符合了敘事及散文體的語言形式，以及探討的主題為主人翁之個人生活的條件。

　　有關「六記」的敘述者地位，〈天涯紅淚記〉、〈焚劍記〉及〈非夢記〉皆以第三人稱全知敘事方式寫成，敘述者與主人翁並非同一。再者，這三部作品敘事手法並不是由回顧性的視角寫成。至於〈絳紗記〉，它的主人翁為曇鸞，而通篇小說以曇鸞第一人稱角度寫成。小說末寫有「後五年，時移俗易，余隨曇諦法師過粵……」。文中所敘之事如曇鸞家事、情愛事以至夢珠之事屬回顧憶述之事。有關〈碎簪記〉，它的寫作手法比較有趣。〈碎簪記〉通篇小說以「余」作文章的敘述者，以第一人稱角度寫成。閱畢整部小說，當中曾指出此「余」實即曼殊：「莊湜引余至其前曰：

『阿叔，此吾友曼殊君，同吾遊武林者也。』」[39]。文章開首亦可
見「余」友人的名字與曼殊朋友相符，如法忍禪師、鄧繩侯、獨
秀山民等[40]。故事又的確以曼殊的回顧性視角敘述。然而，與勒
熱訥之說不符的是，敘述者卻不是小說的主人翁。〈碎簪記〉的主
人翁實為曼殊友人莊湜。這部小說的主軸是莊湜之生活：莊湜與
杜靈芳及燕蓮佩之間的情愛事。曼殊在故事中的角色只為一位旁
觀者。小說中所發生之事與曼殊自身並無關係。

　　至於「六記」中作者的地位，除《斷鴻零雁記》以外，僅〈碎
簪記〉中作者與敘述者同一。〈天涯紅淚記〉的主人翁為燕影生、
〈焚劍記〉為獨孤粲、〈非夢記〉為燕海琴，作者非與主人翁同一。
另外，小說的敘事者亦非主人翁，而是以第三人稱全知角度寫成。
由此可見，在上述三記之中，作者與敘述者並不同一。〈絳紗記〉
雖是以第一人稱角度寫成，但是敘事者是曇鸞而非曼殊。即使文
中有角色薛瑛，又名夢珠，其人物的描述與曼殊極為相似，如嶺
南人、出家為僧、曾南遊星洲、越南、爪哇等地、曾抵港、嗜好
糖果等。然而，整部小說的敘述終歸非作者或夢珠的第一人稱角
度寫成，乃是以曇鸞為敘事者。雖然有論者如劉心皇曾指：「小說
中的曇鸞和夢珠都是曼殊的影子」[41]。而且，曼殊亦真的曾用過
「曇鸞」作筆名（在丙辰十一月的〈致劉半農書〉中，曼殊在下
款署「曇鸞再拜」[42]）。可是，由小說情節看來，曇鸞明顯為一虛

---

39 蘇曼殊，〈碎簪記〉，柳亞子編，《蘇曼殊全集 二》，（北京：當代中國出版社，
　 2007），頁 267。
40 蘇曼殊，〈碎簪記〉，柳亞子編，《蘇曼殊全集 二》，（北京：當代中國出版社，
　 2007），頁 256。
41 劉心皇，《蘇曼殊大師新傳》，（臺北：東大圖書，1992），頁 198。
42 蘇曼殊，〈致劉半農書〉（丙辰十月杭州），柳亞子編，《蘇曼殊全集 一》，（北
　 京：當代中國出版社，2007），頁 183。

構人物。至少曇鸞的背景及遭遇，與曼殊毫無相似之處。例如，有一位在星洲為糖商並設有酒肆的舅父、曾遇海難並於荒島暫留、被設局誤藏軍火、曾坐牢並差點死去等，均未發生於曼殊身上。在〈絳紗記〉中，顯然作者與敘述者非同一。

最後，有關探討的主題方面。雖然六記中寫的都是當中角色生活事之敘述，可是亦僅《斷鴻零雁記》一文寫出三郎悲觀傷感個性之歷史。〈天涯紅淚記〉、〈焚劍記〉及〈非夢記〉與一般小說無異。敘述是主人翁的故事、經歷和遭遇為主，未有闡述其心路歷程及個性的歷史。〈絳紗記〉寫的亦以述曇鸞遭遇為主，對人物的個性及其形成沒有多大的刻畫。〈碎簪記〉的敘述者雖與作者同一，而曼殊亦參與和見證了故事所敘，但是當中所述之事與其無關。最後，加上小說是以主角莊湜身故為終結，更遑論有什麼個性的形成。數以上五記，其實不論故事中有沒有敘述了主人翁的個性形成史，其個性歷史根本與作者無關。由於主人翁與作者並非同一，這絕不符合自傳的要求。

研究的這部份開始的時候，筆者曾將勒熱訥的自傳理論應用於《斷鴻零雁記》之上。吾人可以看到兩者完全吻合。之後，筆者又將勒熱訥的理論一一套用在其餘五記之中。吾人可以發現當中沒有一部作品符合自傳的要求。由以上種種分析可見，《斷鴻零雁記》是獨特的。在六記之中，惟獨是它完全具備了勒熱訥所指自傳應具有的元素。曼殊的六記之中並不是沒有以第一人稱角度寫成之作品，甚至有作品標明敘事者即曼殊本人。可是，它們都不完整符合勒熱訥的要求。筆者認為曼殊在《斷鴻零雁記》中所顯示的寫作手法，不因寫作風格而成，不因藝術表達的需求而為之，而是他在寫作時的確視其為一部自傳去撰寫。

（三）對《斷鴻零雁記》性質的反思

　　將《斷鴻零雁記》定性為曼殊自傳，筆者在這裡還需要多討論一個問題。那是《斷鴻零雁記》是否屬於近代所指的「自我虛構」（autofiction）作品呢？「自我虛構」一詞是出於塞爾熱‧杜布羅夫斯基（Serge Doubrovsky）的論述之中。他在談及自己的小說《兒子》（Fils） 時就運用了這個新詞[43]。所謂「自我虛構」的作品，意指作者以其自身生活作為寫作的基本材料，但又不必然地忠於史實而寫就的作品[44]。如果仔細比較早前引述的勒熱訥有關界定自傳的條件，「自我虛構」的作品與勒熱訥的界定仍是有著明顯的差異。

　　考慮上述「自我虛構」的定義，在近代作品之中，魯迅的〈故鄉〉、王尚義的短編小說〈野百合花〉，甚至是曼殊的作品〈碎簪記〉都算是「自我虛構」的作品。在魯迅的〈故鄉〉之中，其主角是「迅兒」，內容是以第一身的角度寫出主角回故鄉時之見聞[45]。王尚義的〈野百合花〉通篇都用「我」的視角作敘述，寫的是主

43　原文為：Autobiographie ? Non, c'est un privilège réservé aux importants de ce monde, au soir de leur vie, et dans un beau style. Fiction, d'évènements et de faits strictement réels ; si l'on veut autofiction, d'avoir confié le langage d'une aventure à l'aventure d'un langage en liberté, hors sagesse et hors syntaxe du roman, traditionnel ou nouveau. Rencontres, fils de mots, allitérations, assonances, dissonances, écriture d'avant ou d'après littérature, concrète, comme on dit musique. 引自：Doubrovsky, S. (1977) *Fils*, Collection Folio ed., Paris: Gallimard, p.10.

44　引自： Brulotte, G. & Phillips, J. (2006), *Encyclopedia of erotic literature*, New York: Routledge, p.62. 原文為： ... ... autofiction... ..., i.e. an account that uses the author's life as basic material without necessarily sticking to the historical or prosaic facts.

45　魯迅，〈故鄉〉，《魯迅全集》，（北京：華文出版社，2009），頁 32-36。

角與妹妹之間的事[46]。文中雖然沒有出現過王尚義的名字，可是王尚勤在她的《王尚義和他所處的時代》的〈自序〉之中，親證〈野百合花〉中談及的妹妹就是她[47]。曼殊的〈碎簪記〉的主角及敘事者都是曼殊自己，故事的內容是述友人莊湜之情事[48]。然而，以上的三部作品吾人都不會被稱為是魯迅、王尚義，和蘇曼殊的自傳。當中最主要原因是主題的焦點不同。在勒熱訥的論述之中，一部作品要能被稱之為一部自傳，主題上要符合兩點：一是內容是有關作者的個人生活、二是作品之中呈現作者本人的個性形成史。不論是魯迅的〈故鄉〉、王尚義的〈野百合花〉和曼殊的〈碎簪記〉，三者明顯只是以他們自身生活之中的一小片段為寫作的基本材料，並沒有呈現作者的個性形成史。〈野百合花〉和〈碎簪記〉的敘事更是主力描寫第三者而非述敘事者之事。

　　借用魯迅的一句話：「現在的文藝，就在寫我們自己的社會，連我們自己也寫進去；在小說裡可以發見社會，也可以發見我們自己」[49]。在寫作的時候，以其自身生活作為寫作的基本材料，可以被視為一種特別的寫作手法。可是，即使作品所敘之生活事有真實的部份、敘事者與作者同一，甚至作者把自己的名字而寫進去。只要作者的寫作目的不是旨在自陳自身的個性形成史，那作品就不屬自傳之列。這也是「自我虛構」的作品與勒熱訥之所謂「自傳」其中一個最大的分別。由以上的論述可見，《斷鴻零雁記》性質上完全符合勒熱訥對自傳的要求，而不屬於「自我虛構」

---

46 王尚義，〈野百合花〉，《野百合花》，（台北：水牛，2004），頁 87-92。
47 王尚勤，〈自序〉，《王尚義和他所處的時代》，（台北：水牛，1995），頁 2。
48 蘇曼殊，〈碎簪記〉，柳亞子編，《蘇曼殊全集 二》，（北京：當代中國出版社，2007），頁 256-278。
49 魯迅，〈文藝與政治的歧途〉，《魯迅全集 第七卷》，（上海：人民文學出版社，1981），頁 118。

的作品。

　　另外，由於曼殊是中日的混血兒，加上時間上的吻合性，筆者曾思考過《斷鴻零雁記》是否屬於日本「私小說」的問題。筆者並不認為《斷鴻零雁記》屬於日本的「私小說」。「私小說」是日本一種特有的小說形式。「私」是指「我」，私小說就是作者把自己直截了當地暴露出來的小說[50]。日本的「私小說」發端於 1907 年田山花袋所發表〈棉被〉一作品[51]。「私小說」一詞正式出現於大正 9 年（1920）12 月號的《新潮》上，加能作次郎首次使用「所謂私小說」來說明自己的作品[52]。1907 年至 1917 年間，曼殊經常往來中日兩地，吾人的確不能排除曼殊受「私小說」影響的可能性。可是，要說《斷鴻零雁記》是一部「私小說」則其理據不強。《斷鴻零雁記》與「私小說」的確有相似的地方。第一，兩者都是寫作者自己的生活體驗。第二，兩者都是披瀝作者本人心境。可是，兩者有一個關鍵的不相似點，那就是有關寫生活體驗的要求。研究「私小說」的學者朱麗穎指出，就表現形式而言，「私小說」的特點是寫實與抒情相結合[53]。周硯舒亦指「私小說」是有一定的結構的，當中至少包含三個要素：「我」這一要素；「寫實」原則；「如實描寫」「我」的背景。「私小說」大致由這三條主線構成[54]。「私小說」寫作者的生活體驗時要求寫實。可是，由上

---

50 朱麗穎，〈論日本私小說的歷史淵源及成因〉，《瀋陽大學學報》，2006 年 12 月，第 18 卷第 6 期，頁 47。
51 朱麗穎，〈論日本私小說的歷史淵源及成因〉，《瀋陽大學學報》，2006 年 12 月，第 18 卷第 6 期，頁 47。
52 周硯舒，〈日本私小說概念的形成與變遷〉，《南京師範大學文學院學報》，2013 年 6 月第 2 期，頁 144。
53 朱麗穎，〈論日本私小說的歷史淵源及成因〉，《瀋陽大學學報》，2006 年 12 月，第 18 卷第 6 期，頁 47。
54 周硯舒，〈日本私小說概念的形成與變遷〉，《南京師範大學文學院學報》，2013

文的論述可知，就客觀的真實而言，《斷鴻零雁記》多有不盡不實之處。因此，在寫作結構上與「私小說」的特點不符，所以不屬「私小說」之列。一如上述推論之所得，筆者一直都在強調《斷鴻零雁記》的內容是真實無誤的，但屬心理意義上的真實，而非客觀意義上的真實。只有如是觀之，《斷鴻零雁記》的內容才能真正被正視。

由以上援引勒熱訥之自傳理論作據的分析所得可知，一直以來論者對於《斷鴻零雁記》的定位及其理據是不正確的。傳主的心路歷程、個人生活、生活的意義與總結，及個性的形成歷史等而非歷史的真確性才是理解一部自傳應該留意的地方。以勒熱訥的理論證成《斷鴻零雁記》是自傳而非小說，對曼殊研究有兩大意義：

一、吾人可以將《斷鴻零雁記》的資料安心地視為曼殊的自述來使用；

二、個性的歷史、心路歷程、生活的意義等而非歷史紀錄才是我們應該注意的，並且它們是真實的。《斷鴻零雁記》所載的是事實，是心理意義上的事實，是曼殊回顧及總結其生活的意義與視角。正如勒熱訥在《自傳契約》中明明白白地寫道：「敘述者可能會搞錯，撒謊，遺忘或歪曲，那些錯誤、謊言、遺忘或歪曲，即使可以挑出這些毛病，僅僅是屬於陳述行為方面的問題，而陳述行為仍然是真實的」[55]。

年 6 月第 2 期，頁 148。
55 菲力浦・勒熱訥著，楊國政譯，《自傳契約》，（北京：三聯書店，2001），頁 239。

三、〈《潮音》跋〉也是曼殊自傳

〈《潮音》跋〉是一篇奇特的作品，是曼殊假飛錫之名自撰的「曼殊闍黎」之傳記。此文的寫作手法完全符合當時傳記的寫法。它的性質為跋，本應刊於《潮音》之上，但未知因何原故，曼殊撤稿不刊。後來，曼殊交柳亞子刊於《太平洋報》之上，曼殊友人又因跋中內容緊張地向他查證當中真偽。柳亞子父子更是「上了當」地以當中的內容為曼殊撰寫他的傳記和年譜。由以上種種可見，它絕非一部文娛性質的作品，而是一部關於曼殊的傳記。

雖然〈《潮音》跋〉與《斷鴻零雁記》的寫作手法有不少相異之處，但無礙吾人對於它的性質作出判斷。第一，〈《潮音》跋〉的作者是飛錫，雖然吾人極有理由相信飛錫實即曼殊，但這的確不如《斷鴻零雁記》般從未出現作者為誰的問題。第二，如前所述，在寫作手法上，〈《潮音》跋〉的結構與寫作方式和時人寫傳記的手法無異，先寫姓名、祖籍，再寫生平之事，最後寫傳主所著作品。《斷鴻零雁記》的寫作手法則與當時小說的寫作手法同，重點以敘述主人翁所歷之事為主。第三，在作品性質方面，〈《潮音》跋〉是跋，相當於《潮音》一書後記，這類作品並不會被視之為文娛性質。相反，《斷鴻零雁記》長久以來一直被視為小說。第四，〈《潮音》跋〉是以飛錫第三人稱的角度寫成的。甚至在文末部份，曼殊為增強飛錫其人真實存在的可信性，更是刻意記錄飛錫與自己交往時之情況及對話。恰恰相反，《斷鴻零雁記》是以三郎第一人稱的角度寫成，為加強三郎紀事之真實性，在第一章

的開首部份就寫下了「此章為吾書發凡,均紀實也」[56]的自傳契約。凡此種種均為兩篇作品不同之處。然而,這並沒有影響〈《潮音》跋〉為曼殊自傳的性質。

縱然〈《潮音》跋〉有著奇特的背景,並與已判定為曼殊自傳的《斷鴻零雁記》有這麼多差異,這並不成為否認它是曼殊自傳的理由。有趣的是,由於它有著如此尷尬的性質:曼殊用假名、用第三者的身份寫自己的傳記,令不少論者都無法或不敢對〈《潮音》跋〉的性質及當中資料下一個判斷。就筆者曾考的資料之中,僅柳亞子在北新本的《蘇曼殊全集》中,為〈《潮音》跋〉額外套上了自傳的帽子。在其〈對於曼殊研究草稿的我見〉中,柳氏明白地寫道:「〈潮音跋〉的確是曼殊的一篇自傳……」[57]。自他在開華本澄清自己犯下的錯誤(曼殊為日產說)後,更無人再道此跋的性質以及深入探討當中資料。學界對於〈《潮音》跋〉的討論,正如劉心皇所指:「關於蘇曼殊的血統和身世問題,至此(指柳氏開華本的〈蘇曼殊傳略〉之發表)已完全告一段落,算是塵埃落定,假如有人還根據〈潮音跋〉和〈蘇玄瑛新傳〉之類的文件,再作評述,便是不知道『繫鈴人』已經根據事實『解』了『鈴』了」[58]。可是,筆者仍是要指出〈《潮音》跋〉是自傳。一如上文對於《斷鴻零雁記》的分析,筆者將以勒熱訥的自傳理論對〈《潮音》跋〉作出分析。

考〈《潮音》跋〉的內容,其實亦完全符合勒熱訥所謂自傳的必要元素。〈《潮音》跋〉在語言形式方面,所敘的為曼殊闍黎

---

56 蘇曼殊,〈斷鴻零雁記〉,柳亞子編,《蘇曼殊全集 二》,(北京:當代中國出版社,2007),頁 154。

57 柳亞子,〈對於曼殊研究草稿的我見〉,柳亞子編,《蘇曼殊全集 三》,(北京:當代中國出版社,2007),頁 242。

58 劉心皇,《蘇曼殊大師新傳》,(臺北:東大圖書,1992),頁 15。

之事，而其性質是跋。寫作手法完全符合時人所寫的傳記，屬散
文體。它探討的主題為曼殊闍黎之個人生活，如相士過門之言、
抵支那經商的事、披剃為僧的經歷、渡日訪母並留日學習之事等。
除生活事外，文中亦有交代曼殊個性形成的歷史，如謂其「自幼
失怙，多病寡言」[59]、「稍長，不事生產，奢豪愛客，肝膽照人」
[60]、「而遭逢身世，有難言之恫」[61]等。至於敘述者的地位，通篇
以回顧性視角敘述，文末寫有「彈指闍黎年二十有八，而余綜觀
世態，萬緒悲涼……」[62]，並錄有「飛錫」與曼殊之最近經歷：「會
闍黎新自梵土歸來，詣其王父墓所……」[63]。可見，「飛錫」乃以
當下「曼殊二十八歲」時間的視角，以「綜觀」手法憶述曼殊生
平之事，屬回顧性的性質。有關〈《潮音》跋〉的討論，較棘手的
問題乃作者、敘述者與主人翁是否同一。上文已對此議題進行了
分析，按現存的資料所示，吾人有理由相信飛錫即曼殊本人。在
這結論之下，作者、敘述者與主人翁同一：飛錫為曼殊，〈《潮音》
跋〉的敘述者及作者飛錫，當中所述之主人翁為曼殊，三者同一
無異。由以上的分析看來，〈《潮音》跋〉亦完全符合勒熱訥對於
自傳的界定。

---

59 飛錫，〈潮音跋〉，柳亞子編，《蘇曼殊全集　三》，（北京：當代中國出版社，
　　2007），頁 25。

60 飛錫，〈潮音跋〉，柳亞子編，《蘇曼殊全集　三》，（北京：當代中國出版社，
　　2007），頁 25。

61 飛錫，〈潮音跋〉，柳亞子編，《蘇曼殊全集　三》，（北京：當代中國出版社，
　　2007），頁 25。

62 飛錫，〈潮音跋〉，柳亞子編，《蘇曼殊全集　三》，（北京：當代中國出版社，
　　2007），頁 27。

63 飛錫，〈潮音跋〉，柳亞子編，《蘇曼殊全集　三》，（北京：當代中國出版社，
　　2007），頁 27。

第四節　結語：對〈《潮音》跋〉《斷鴻零雁記》重新定位之重要性

　　筆者花了不少的篇幅去討論〈《潮音》跋〉和《斷鴻零雁記》的性質。目的是為本文較後部份的討論，如何看待及運用兩文所載的資料奠定穩固基礎。筆者認為，由於學界對二文的性質定位含糊，因而論及曼殊及此二文內容時，往往犯下了不一致的謬誤。

　　例如：吳近的〈斷鴻零雁的愛中涅槃──論蘇曼殊小說的悲劇性〉[64]一文，作者在文中以小說界定《斷鴻零雁記》的性質。然而，在文中他又寫道：「《斷鴻零雁記》自敘性。主人公三郎的身世、經歷幾乎與作者如出一轍」。作者在他的分析之中，有關曼殊的身世與《斷鴻零雁記》創作的關係，他是這樣寫的：「蘇曼殊身世的巨大隱痛首先在於『不幸』……他從小孤苦伶仃，在複雜的家庭環境裡處境極苦，遭到排擠……《斷鴻零雁記》中三郎曾歎曰：『吾母生我，故弗使我一見？亦知兒身世飄零，至於斯極耶？』」[65]。可是，他又指出曼殊在《斷鴻零雁記》中：「為掩飾個人難以言說的出身，滿足虛榮心抑或求得心理補償，蘇曼殊編織了一個生父為日本江戶名族的謊言」[66]。筆者對於吳氏之說法有一定的保留。既為小說，何來有所謂謊言之判斷呢？難道說在

---

64 吳近，〈斷鴻零雁的愛中涅槃──論蘇曼殊小說的悲劇性〉，《安徽文學（下半月）》，2010 年 08 期，頁 35-36。

65 吳近，〈斷鴻零雁的愛中涅槃──論蘇曼殊小說的悲劇性〉，《安徽文學（下半月）》，2010 年 08 期，頁 35。

66 吳近，〈斷鴻零雁的愛中涅槃──論蘇曼殊小說的悲劇性〉，《安徽文學（下半月）》，2010 年 08 期，頁 35。

〈絳紗記〉之中，那名字與曼殊僅一音之轉的夢珠，其肉身忽化為灰又有真假可言？又或者，在〈焚劍記〉中，獨孤粲命周大焚劍，劍焚之如紙般可為真事？吳氏以《斷鴻零雁記》中三郎悲嘆身世飄零為真事，卻以江戶血統之言為謊話，實未能顧及一致性的研究標準。

又例如：何宏玲在其〈蘇曼殊斷鴻零雁記新論〉[67]一文之中，亦似乎未能處理相同的問題。此文亦明確地以小說界定《斷鴻零雁記》。然而，作者在有關《斷鴻零雁記》中述三郎身世的部份視之為：「三郎即蘇曼殊自況，小說書寫了他個人的經歷與遭遇」[68]。可是，當論述靜子之部份時，卻又視之為小說的創作了：「儘管是自敘體小說，《斷鴻零雁記》仍表現出小說的虛構和創造，如小說中靜子形象的塑造」[69]。筆者對於何氏此文的反思，與評吳近之文章同：為什麼三郎的身世有難言之恫是真的，有關情愛之事卻是假的？憑何判斷曼殊寫三郎身世的部份是其自況經歷與遭遇，而對於靜子的描寫則是小說的虛構和創造？既未有顧及一致的判斷標準之情況下，卻謂《斷鴻零雁記》某部份是真，評某部份是假的。二人的結論雖有一定的說服力，可是未能顧及一致性的問題。

其實，在學界之中仍不乏相類似的論述。對於《斷鴻零雁記》這篇不可多得的文壇瑰寶，學者們都愛不釋手。可是，礙於此文的性質終歸模糊不清，論者們在分析上多出現了不一致的謬誤。面對與曼殊自身極為相似的部份，就將其當成為自傳一樣；而當

---

67 何宏玲，〈蘇曼殊斷鴻零雁記新論〉，《南京師范大學文學院學報》，2009 年 04 期，頁 78-82。

68 何宏玲，〈蘇曼殊斷鴻零雁記新論〉，《南京師范大學文學院學報》，2009 年 04 期，頁 79。

69 何宏玲，〈蘇曼殊斷鴻零雁記新論〉，《南京師范大學文學院學報》，2009 年 04 期，頁 80。

面對與事實相差甚遠的內容，就謂其是虛構的。可惜，由於曼殊一生飄泊不定，他不少的生平事跡都難以考據。最令學者頭痛的，就是《斷鴻零雁記》中，疑似真實又難以證假的部份。例如：雪梅是否真有其人、靜子是不是百助眉史等。現今，學界運用〈《潮音》跋〉及《斷鴻零雁記》資料的最大問題是：哪裡真、哪些假，並無一貫的判定標準。學者之間以何種性質看待、分析及使用二文所載的資料，終歸無一致的看法和統一的準則。

回顧前賢諸說，各有千秋。可是，由於受限於早期的研究狀況比較混亂，這些看法似或有商榷的空間。筆者運用了法國學者菲力浦・勒熱訥《自傳契約》的說法，重新理解曼殊的著作。個人認為這不但能夠高度符合文獻，而且又能符應曼殊生平種種攸關緊要的生命成長史。是以敢在前賢珠玉之前，更進一解。筆者不自量力，欲在此為這兩部作品清晰明確地給予定位：〈《潮音》跋〉及《斷鴻零雁記》均為曼殊自傳。上文以勒熱訥的自傳理論作據分析，展示出兩文皆具有勒熱訥所標示的自傳必要元素。有了這項結論之後，吾人以後可以安心地視當中資料為真確無誤的事實看待。

然而，必須註明的是，這裡所謂「真確無誤的事實」並非指客觀歷史之真實，而是曼殊的「心理事實」。〈《潮音》跋〉與《斷鴻零雁記》之中所載的是心理意義上的事實：是曼殊的個性形成之歷史、是曼殊展示他心中最重要的事為何之紀錄、是曼殊回顧及總結其生活的意義與視角。以這項結論再進行申論，曼殊寫自己為日本產是一件真實的事，而非虛構的小說創造。這並不是說曼殊的確在客觀上、事實上擁有日本血統。吾人應留意的是，他心理上抗拒香山瀝溪縣蘇氏家族的祖籍，而這件事在心理意義上是真實的。又例如，有關靜子之事。吾人應留意的是，曼殊的確

在他的心裡面發生過僧人戒律與男女情愛之衝突，而最後是僧人的身份戰勝了。這件事的發生是真實的，而非小說的創造。但是，這不一定代表靜子真有其人，而是指曼殊內心中發生戒律與情愛掙扎之事是真實的。

第六章　六記分析 ——
《斷鴻零雁記》心理分析

　　一直以來，有關〈《潮音》跋〉和《斷鴻零雁記》的研究都爭議不斷，例如作者是誰、當中資料的真假、作者的寫作動機等的議題。對於這些的議題，學界之中亦似乎沒有達到一致性的共識。由於對於此二文的性質沒有一致性看法，當中的資料多沒有得到論者充分地正視。在上一章之中，筆者以菲力浦‧勒熱訥《自傳契約》的理論分析了〈《潮音》跋〉和《斷鴻零雁記》的內容，並指出它們同樣具有曼殊自傳的性質。筆者希望由此基礎再踏出一步，提出一個未有被充分地正視的問題。當吾人以〈《潮音》跋〉和《斷鴻零雁記》的內容為真實無誤之資料的時候，曼殊想表達些什麼呢？既知文中所載的，盡是心理意義上的事實：是曼殊的個性形成之歷史、是曼殊展示他心中最重要的事為何之紀錄、是曼殊回顧及總結其生活的意義與視角。這衍生了一些在閱讀和分析〈《潮音》跋〉和《斷鴻零雁記》時，值得吾人留意的問題：在曼殊心目中最重要的事為何呢？透過這兩部作品，曼殊對他的人生作出了一個怎樣的回顧及總結？論者都注意到曼殊的作品全都說著悲哀的故事。可是，有誰注意到在他的作品之中，有沒有交代他那憂鬱性格是如何形成的呢？下文將會嘗試解答以上的問題。

透過精神分析學（psychoanalysis）的方法，筆者將對〈《潮音》
跋〉和《斷鴻零雁記》兩文進行心理分析，了解這一代奇僧的內
心世界。由於〈《潮音》跋〉對比起《斷鴻零雁記》的心理描寫較
少，筆者將主力分析《斷鴻零雁記》一文，而以〈《潮音》跋〉的
資料為輔。

第一節　文本分析的前提 ——
曼殊人格（personality）的剖析

　　學界中有關曼殊其人、其人格、其思想的研究，一直都有著
不同的說法。各種說法差異之大，若然把研究對象的名字抹去，
實在不能相信被論述者為同一人。筆者在本研究較早的部份，已
多次枚舉不同的研究以揭示此一問題。此處不再贅述。這種學界
現況並不利於未來的研究。因為，這使得吾人即使是廣泛涉獵了
不同的曼殊研究之後，最後仍舊發現對曼殊的了解沒有寸進。筆
者認為文藝心理學可以為吾人解開這個困局。如果吾人可以對曼
殊的成長過程、心理發展，以及其人格特質有一定掌握。這樣不
單是對研究作家本人，乃至對了解其作品都有莫大神益。在以下
的部份，筆者先會對曼殊生平值得關注的地方作出描述。然後，
再以佛洛伊德的人格發展理論對之作出析論。

一、曼殊的童年

　　考曼殊生平，吾人可以留意到他的童年有一些十分值得留意
的地方。根據馬以君所編寫的〈蘇曼殊年譜　一〉[1]當中資料所示，

1　馬以君，〈蘇曼殊年譜　一〉，《佛山師專學報》，1985 年 02 期，頁 144-146。

曼殊的童年十分坎坷。他是一個因私通而誕下的兒子。正因如此，他並非在蘇家中出生。曼殊出生之處乃是其父親另外租賃的居所。原因是怕家人發現他有私通的關係。他的生母河合若一直與其父蘇傑生沒有任何正式的伴侶關係。事實上，蘇傑生更是河合若的姐夫。蘇傑生在日本經營茶葉生意時，有一日本妾名河合仙。河合若正是河合仙的胞妹，是蘇傑生的小姨。在曼殊出生約三個月左右，河合若返回鄉下，從此與蘇傑生斷絕關係。按馬氏資料所示，自此至曼殊六歲（洋曆為 5 歲）隨嫡母黃氏返回瀝溪鄉下期間。曼殊雖身在日本，可是河合若未有再與曼殊連繫了。曼殊在這段時間則交由實際為他姨母的河合仙撫養。從各方資料顯示，河合仙對他愛護有加。曼殊直至六歲時被父親接回蘇家之前，一直與外祖父母和河合仙同住。當曼殊被接回蘇家時，河合仙未有跟隨。同年，回蘇家後不久，曼殊又旋即隨嫡母黃氏回鄉。至於六歲前的生活，馬氏〈年譜〉所記只有一些瑣事，例如拍照、兩歲時外祖父母抵橫濱、孩褓時體弱多病，和繪畫方面有天份而已。

　　由現存的資料看來，曼殊的童年有兩大轉捩點：一、三個月大的時候，生母離開了他；二、六歲（洋曆為 5 歲）的時候離開河合仙，在父親又不在其身旁的情況下，抵達一個毫不認識的「故鄉」。有見於曼殊大半生悲鳴著自己身世有難言之恫，本文就由他的身世、他的童年入手，去探討他的早歲經驗對他的人格[2]有什麼影響。因此，筆者特意選取了分析早歲經驗較強的精神分析學派理論對曼殊的人格形成進行剖析。

2　在心理學意義的「人格」乃英語所謂 personality，指的是「一系列複雜的具有跨時間、跨情境特點的，對個體特徵性行為模式有影響的獨特的心理品質」（津巴多，2003：頁 386），並非中國傳統意義下指個體道德品質之意。

二、佛洛伊德的人格發展理論

　　根據佛洛伊德的理論，人格發展是沿著所有人從出生到成人所經歷的若干先後有序的階段前進的[3]。佛氏曾在他精神分析課程的演講之中，明確指出人的心理是受到他早歲經驗的影響，甚至可以是源於早至哺乳期的經驗。佛氏在課程中談及精神官能症病患者時，就有以下的講述：「分析表明，我們的每一個患者都藉由他們疾病的症狀和結果而固著於他們過去的某一特殊的時期，事實上，在絕大多數的案例中，這一過去的時期往往是他們的早期階段——如童年期，甚至是哺乳期」[4]。有關佛氏的人格發展理論，他在其課程的演講之中提出了「性本能——力必多[5]」、「性感帶」[6]；「自體性慾」性質的「前生殖器」階段：包括了「口慾期」和「肛慾階段」，及「放棄自體性慾」後「以母親為愛的對象的選擇稱為『伊底帕斯情結』」的階段[7]；以及「固著」、「停滯」及「退化」[8]等理論和概念。佛氏以上述的理論和概念為進路，對個體人格形成之過程作出了論述。由於佛氏的說法不少都是在課程的演

3　黃庭希，《人格心理學》，（杭州：浙江教育出版社，2002），頁100。

4　西格蒙德・佛洛伊德著，彭舜譯，《精神分析引論 新版》，（台北：左岸文化事業有限公司，2012），頁336。

5　在彭舜的翻譯之中，他是使用意譯的「原慾」一詞，為方便行文故，今後統一為音譯的「力必多」一詞。

6　詳情可參考：西格蒙德・佛洛伊德著，〈第二十講 人類的性生活〉，彭舜譯，《精神分析引論 新版》，（台北：左岸文化事業有限公司，2012），頁371-390。

7　詳情可參考：西格蒙德・佛洛伊德著，〈第二十一講 原慾的發展與性的組織〉，彭舜譯，《精神分析引論 新版》，（台北：左岸文化事業有限公司，2012），頁391-413。

8　詳情可參考：西格蒙德・佛洛伊德著，〈第二十二講 關於發展與退化的一些思考：病因學〉，彭舜譯，《精神分析引論 新版》，（台北：左岸文化事業有限公司，2012），頁414-435。

講（如《精神分析引論》和《精神分析引論新編》），或是一些短文（如《性學三論》、《愛情心理學》、《論藝術與文學》等著作，就是由佛氏的短文按同一主題輯錄而成），或是個案報告（如《少女朵拉的故事》）中提出。行文結構上不如專書的講解有系統。因此，在以下的部份，筆者仍主要以佛氏之原著為據，但亦特意選用了一些專門講授精神分析學理論及人格理論的心理學參考書籍作輔助資料，以圖較清晰的闡述佛氏之人格發展理論。

佛洛伊德將人的人格發展分為五個階段，分別為口腔期（oral stage，0-1 歲）、肛門期（anal stage，1-3 歲）、性器期（phallic stage，3-6歲）、潛伏期（latency stage，6-11歲），與生殖器期（genital stage，12 歲及以後）。而在各階段當中，佛氏又指出潛伏期與生殖器期對於人格基本結構的發展是無關緊要的[9]。這些階段之所以出現，佛氏指出是由於性本能——力必多（Libido）的投注之故。在這些階段之中都有一個身體的相應部位成為力必多興奮和投注的中心。這些部位稱為性感區（erogenous zone），對人格發展有獨特的意義[10]。例如，口腔期的階段，嬰兒的性感帶是在口腔之上。按佛氏的說法，他不以嬰兒的口部運動為僅由「攝取營養」所致。當中還有「肉慾的吸吮」之動機，即「享樂性吸吮這一動作本身為他帶來了滿足」[11]。其餘潛伏期以前之階段的運作機制亦大概如此。

在兒童的人格發展之中，父母的角色尤其重要。父母子女在幼年時的相處，是刺激了兒童的人格發展之主要因素。在子女成

---

9 黃庭希，《人格心理學》，（杭州：浙江教育出版社，2002），頁 104。

10 黃庭希，《人格心理學》，（杭州：浙江教育出版社，2002），頁 100。

11 西格蒙德・佛洛伊德著，彭舜譯，《精神分析引論 新版》，（台北：左岸文化事業有限公司，2012），頁 382。

長的過程之中，父母會對年幼子女的慾望作出支援或規管。因此，父母對於子女童年某發展階段的慾望，或會帶來過多的滿足或挫折。慾望過多的滿足或挫折都會導致兒童不願離開這個發展階段，出現了固著（fixation）的現象。所謂固著，是指由於在某一階段因遇創傷體驗或過度滿足，導致力必多的耗盡或大量滯留[12]。雖然佛氏曾指出「發展的每一步都可能成為固著之點」[13]，但是如果固著的情況出現在較早的階段，會令力必多大量滯留，因而使得兒童無法正常地進入心理發展的下一個階段[14]。固著的出現會使得力必多對早先的比較原始的發展階段有一種恆久性的依附[15]。佛氏指：「一個人由於遇到了足以動搖其生活基礎的創傷性事件而完全停滯不前，進而對現在和將來不再發生任何興趣，永久地沉浸在對往事的回憶之中」[16]。其影響是，那兒童在往後的日子（甚至是成年後）仍會出現固著階段特徵的行為。換言之，每個階段的固著會導致成年後不同的性格特徵[17]。佛氏對於固著的解說是負面的，他指出：「他們（精神官能症患者）都『固著』於自己過去的某個特殊的階段，彷彿無法使自己從中解脫出來似的，並因

12 伯格著，陳會昌等譯，《人格心理學》，（北京：中國輕工業出版社，2000），頁 39。
13 佛洛伊德著，林克明譯，《性學三論・愛情心理學》，（台北：志文出版社，2011），頁 155。
14 格里格、津巴多著，王壘、王甦等譯，《心理學與生活》，（北京：人民郵電出版社，2005），頁 395。
15 Jess Feist & Gregory J. Feist 著，李茹、傅文青等譯，《人格理論》，（北京：人民衛生出版社，2008），頁 32。
16 西格蒙德・佛洛伊德著，彭舜譯，《精神分析引論 新版》，（台北：左岸文化事業有限公司，2012），頁 338。
17 格里格、津巴多著，王壘、王甦等譯，《心理學與生活》，（北京：人民郵電出版社，2005），頁 395。

此與現在和將來都失去了聯繫」[18]。由此可知，在佛氏的眼中，因固著而成形的人格並不是健康的人格。在他的精神分析引論課的演講稿之中，他就明白的指出：「在其隨後的或者更高級的發展形式中遇到了強大的外部障礙，那麼這種傾向就會向後退，形成這種退化。我們可以假設固著和退化是相互依存的，該傾向在發展途徑上的固著越強，其機能也就越容易退化到固著之處」[19]。

三、曼殊人格發展的剖析

曼殊童年第一件值得注意的事，是他生母在他三個月大左右時離他而去之事。以佛洛伊德的理論看來，這是一項極大的創傷。佛氏曾在他的演講中謂：「如果嬰兒能夠說話，他無疑會說吸吮母乳的動作是其生命中最為重要的事情」[20]。若以此創傷的程度看來，這項創傷定必會使在襁褓中的曼殊出現固著的狀況，而把大量的力必多停滯於口腔期的階段。據佛氏的說法，口腔期又分初期和晚期。查此事發生於曼殊不滿八個月之時。因此，他因固著而產生的人格應為口欲含合型人格（oral-in-corporative character）。一個人固著在口腔初期，到了成人時亦會大量口腔活動如沈溺於吃、喝、抽煙與接吻，以及對愛情、知識、金錢、權力和財產的貪婪和獲取[21]，而且亦往往會傾向於依賴別人[22]。在多種口欲人格

---

18 西格蒙德・佛洛伊德著，彭舜譯，《精神分析引論 新版》，（台北：左岸文化事業有限公司，2012），頁335。
19 格蒙德・佛洛伊德著，彭舜譯，《精神分析引論 新版》，（台北：左岸文化事業有限公司，2012），頁416。
20 格蒙德・佛洛伊德著，彭舜譯，《精神分析引論 新版》，（台北：左岸文化事業有限公司，2012），頁382。
21 黃庭希，《人格心理學》，（杭州：浙江教育出版社，2002），頁101。

特徵中，被動、依賴和對自我能力的懷疑常聯繫在一起，而且這些特質通常在反覆發作性的憂鬱症患者身上出現[23]。

行文至此，本文僅只陳述了曼殊的童年事，並以佛洛伊德的人格發展理論套入曼殊的童年進行了初步的分析。筆者仍未談及過成年後的曼殊有什麼特質。然而，筆者相信，對曼殊有一定認識的讀者已經能由佛氏的論述之中看到曼殊的身影了。在以下的部份，筆者將會對曼殊成年後的人格特徵作出描述，以證成曼殊的人格為佛氏所謂口欲含合型人格之說法：

（一）曼殊的貪吃嘴饞是人所共知的事

曼殊在友人間已經是有名嘴饞的人。章炳麟的〈曼殊遺畫弁言〉[24]、胡韞玉的〈曼殊文選序〉[25]、柳亞子的〈燕子龕遺詩序〉[26]、費公直的〈題曼殊大師譯蘇格蘭人炯炯赤薔薇詩直幅〉[27]等均記有曼殊飲食趣事。這些文章實屬冰山的一角。尤其在曼殊圓寂後，不少有關他奇聞軼事的文章皆有這方面的紀錄。在曼殊自己的書信之中亦不乏相關的資料。以柳亞子開華本的《蘇曼殊全集》所收的書信為據，最早所收錄的信件是在 1906 年 7 月寫的《與劉

---

22 伯格著，陳會昌等譯，《人格心理學》，（北京：中國輕工業出版社，2000），頁 39。

23 Anthony Storr 著，尹莉譯，《佛洛伊德與精神分析》，（北京：外語教學與研究出版社，2008），頁 194。

24 章炳麟，〈曼殊遺畫弁言〉，柳亞子編，《蘇曼殊全集 三》，（北京：當代中國出版社，2007），頁 50。

25 胡韞玉，〈曼殊文選序〉，柳亞子編，《蘇曼殊全集 三》，（北京：當代中國出版社，2007），頁 51。

26 柳亞子，〈燕子龕遺詩序〉，柳亞子編，《蘇曼殊全集 三》，（北京：當代中國出版社，2007），頁 52-53。

27 費公直，〈題曼殊大師譯蘇格蘭人炯炯赤薔薇詩直幅〉，柳亞子編，《蘇曼殊全集 三》，（北京：當代中國出版社，2007），頁 87-88。

三書》，最晚的一封書信是 1918 年 2 月寫的《與柳亞子書》，總共
有 172 封書信。當中就有 34 封論及飲食的書信。若加入書信繫年
作考慮因素，由 1911 年 4 月開始，在《與費公直書》之中，曼殊
開始了他首次在信中談及飲食之事，更自嘲貪嘴。到他最後一封
論及飲食的書信《與邵元沖書》，那是 1916 年 11 月所撰的。這 5
年間曼殊共寫了 122 封書信，而該 34 封論及飲食的書信全是其間
所寫的。那是接近三成的數量！綜合種種有關曼殊飲食的資料，
他喜愛飲冰，有抽呂宋煙的習慣。在食物之中，他尤其酷愛八寶
飯及摩爾登糖果。

（二）曼殊的依賴性很強，生活上時常需要依賴朋友

他的理財能力甚差，經常需要向親友籌措生活費及旅費。柳
亞子、程演生、劉三、蘇維翰等皆曾贈金予曼殊。另外，他不少
的工作都是經友人介紹才獲聘的。例如，他到香港的中國報社工
作是馮自由介紹的、他在湖南長沙實業學堂任教是秦毓鎏介紹的
工作、他在皖江中學的教職是劉師培介紹而得來的等等。尤有甚
者，曼殊就連居住的地方都要朋友替他安排，他曾因無定居之處
先後與劉師培夫婦同寓、下榻程演生盧家灣寓樓、應蔣中正邀請
到上海新民里同住等。可見，曼殊的依賴性極強，尤以依賴朋友
為主。

（三）對於愛情和知識，曼殊有很熱忱的追求

曼殊以僧人的身份談情說愛，甚至偕友人飲花酒，都是人所
共知之事。因此，一直以來，曼殊被冠以「情僧」的稱號。例如，

宋益喬的《蘇曼殊傳》其副標題就是「情僧長恨」[28]、作家白落梅亦有兩個版本的蘇曼殊傳，分別是《恨不相逢未剃時》[29]及《愛如禪 你如佛》[30]其副標題均為「情僧蘇曼殊的紅塵遊歷」、邵盈午著的《蘇曼殊新傳》[31]其副標題亦是「情僧 詩僧 畫僧 革命僧」等。在曼殊自己的文字之中，亦有著不少談情說愛的紀錄。在〈燕子龕隨筆〉中就記錄了他十四歲的回憶。那是一樁與隔鄰女郎的情事。該女郎寫了情詩一首，以紅線繫於蜻蜓背上，使之飛入曼殊窗。曼殊亦謂自己曾於月下一握其手[32]。曼殊曾冒日本僧飛錫之名寫自己的傳記 ──〈《潮音》跋〉。當中亦寫有「曼殊闍黎」的情愛事。跋中寫道：「嘗從西班牙莊湘處士治歐洲詞學，莊公欲以第五女公子雪鴻妻之，闍黎垂淚曰：『吾證法身久，辱命奈何？』」[33]。值得注意的是，這兩篇文章的性質並非虛構性的文藝作品。前一篇為隨筆，按其文體而言：「往往是信手拈來，借題發揮，或借景抒情，或托物言志，或說明事理，或論斷是非，或有所諷喻，內容豐富，形式多樣，短小活潑。在工作、學習、生活、社會見聞中，凡有所思、所感，都可作為隨筆的寫作題材」[34]。後一篇則屬於曼殊的自傳，本文較早的部份已有詳細討論，此不再贅述。兩者均為曼殊自撰的文章，以非虛構創作的性質。兩者均記述了

28　宋益喬，《蘇曼殊傳：情僧長恨》，（太原：北岳文藝出版社，1994）
29　白落梅，《恨不相逢未剃時：情僧蘇曼殊的紅塵遊歷》，（北京：華文出版社，2011）
30　白落梅，《愛如禪，你如佛：情僧蘇曼殊的紅塵遊歷》，（北京：中國華僑出版社，2012）
31　邵盈午，《蘇曼殊新傳：情僧 詩僧 畫僧 革命僧》，（北京：東方出版社，2012）
32　蘇曼殊，〈燕子龕隨筆〉，柳亞子編，《蘇曼殊全集 二》，（北京：當代中國出版社，2007），頁 20-21。
33　飛錫，〈《潮音》跋〉，柳亞子編，《蘇曼殊全集 三》，（北京：當代中國出版社，2007），頁 25-26。
34　朱子南，《中國文體學辭典》，（長沙：湖南教育出版社，1988），頁 106。

曼殊自己的情愛之事。另外，曼殊友人亦曾記錄曼殊深愛妓女一
事。菊屏在〈說苑珍聞〉一文中記曰：「某年，曼殊有事於滬，暱
一妓，深愛之。事有暇，輒顧其家。既且寢於斯，食於斯，衣服
雜用之物，咸置其處，幾視妓家如己室；與妓之同衾共枕，更不
待言，而終不動性欲」[35]。按劉心皇的研究所示，曼殊共有三段
吃花酒的時期。若如菊屏所述，曼殊吃花酒但不為性的欲望所動，
那麼他圖的是什麼？相信他是為愛情了。菊屏在〈說苑珍聞〉中，
對於曼殊吃花酒的情況有更進一步的描述，足可證此說：「每有所
許可，輒喁喁情語，窮日夜不倦」[36]。最後，在曼殊的研究當中，
同樣有論者指出曼殊是有著情愛關係的女友人。在柳無忌所撰的
〈蘇曼殊及其友人〉中，就有一節考究了曼殊的女友人，當中以
雪梅、靜子和百助眉史與曼殊是有著情愛的關係[37]。（柳無忌認為
雪梅與靜子真有其人，劉心皇引張卓身〈曼殊上人軼事〉的說法，
同意此二女真有其人，然而不一定是真名[38]。百助則肯定真有其
人，曼殊曾為其繪像〈靜女調箏圖〉，並將之印明信片分送友人。）
由以上種種證據看來，曼殊對愛情有著很熱忱的追求。

（四）曼殊對於知識的渴求甚強

曼殊的友人馮自由在〈蘇曼殊之真面目〉之中，記錄了曼殊
少年時代求學的狀況。在辛丑年，曼殊入讀東京早稻田大學高等

---

35 菊屏，〈說苑珍聞〉，柳亞子編，《蘇曼殊全集 四》，（北京：當代中國出版社，
　　2007），頁 143。
36 菊屏，〈說苑珍聞〉，柳亞子編，《蘇曼殊全集 四》，（北京：當代中國出版社，
　　2007），頁 143。
37 詳情可參考柳無忌，〈蘇曼殊及其友人〉，柳亞子編，《蘇曼殊全集 四》，（北
　　京：當代中國出版社，2007），頁 32-36。
38 劉心皇，《蘇曼殊大師新傳》，（台北：東大圖書公司，1992），頁 126。

預科。曼殊那時生活極苦，仍刻苦地應付學業。馮氏寫道：「因林
氏只月助十元，僅敷下宿屋膳宿兩費，乃刻苦自勵，遷於最低廉
之下宿屋，所食白飯和以石灰，日本最窮苦學生始居之。曼殊竟
安之若素，不以為苦」[39]。按馮自由的說法，曼殊在大同學校以
至於東京時刻苦攻讀期間，文理欠通[40]。同樣地，陳獨秀亦有一
致的說法。陳氏謂曼殊初到上海的時候，漢文的程度不甚高明。
在連平仄和押韻都不懂得的情況下，曼殊忽然嚷著要學做詩，要
陳氏教他。在日本時，曼殊又請章炳麟教他。雖然章炳麟並沒有
好好地教，只叫曼殊自己去找他愛讀的詩自學。曼殊真的天天拿
來讀，詩境亦日益進步[41]。除漢文之外，曼殊亦懂得日文、歐文
與梵文。日文方面，曼殊書寫日文之能力是無庸置疑的。曼殊母
為日本人。他年青時大部份時間都在日本留學。而且，不少學者
（如馬以君、周作人、柳亞子、柳無忌等）相信曼殊曾假河合仙
之名撰〈曼殊畫譜序〉一文。此文原為日文，後來周作人替其翻
譯為漢文。歐文方面，曼殊在小時候曾師從莊湘治歐洲詞學。在
曼殊的作品中，他就翻譯了雨果的《慘世界》、拜倫詩，及與鄭之
蕃和沈燕謀同編《漢英辭典》等，足見他歐文的能力。至於梵文
方面，曼殊在成年以後遊經暹羅的時候（按柳亞子〈重訂蘇曼殊
年譜〉為 1904 年）[42]，跟喬悉磨長老學習的[43]。儘管曼殊的漢文、

39 馮自由，〈蘇曼殊之真面目〉，《革命逸史　初集》，（北京：中華書局，1981），
　　頁 167。
40 馮自由，〈蘇曼殊之真面目〉，《革命逸史　初集》，（北京：中華書局，1981），
　　頁 168。
41 柳亞子，〈記陳仲甫先生關於蘇曼殊的談話〉，柳亞子、柳無忌編，《蘇曼殊
　　年譜及其他》，（上海：北新書局，1928），頁 284。
42 柳亞子，〈重訂蘇曼殊年譜〉，柳亞子編，《蘇曼殊全集　普及版》，（上海：開
　　華書局，1933），附錄頁 15。
43 劉心皇，《蘇曼殊大師新傳》，（台北：東大圖書公司，1992），頁 116。

外語、翻譯及作畫的能力已經有很高的水平，他還是不斷地萌生不同的進修與學習計劃。例如：25 歲時計劃入真宗大學修習梵文[44]、即使在其瀕死的時候，仍欲向友人借貸籌措學費到意大利學習繪畫[45]。可見，曼殊對於知識的渴求、求知的欲望甚強。在他的人生之中，彷彿是每時每刻都在追求新的知識。還有一點值得注意的是，曼殊一生都十分熱愛旅遊。在他成年之後，曼殊幾乎沒有哪些年頭是待在一處的。如果吾人將旅遊的見聞當作一種新知識的獲取去看待，這亦可能解釋到曼殊熱愛旅遊的其中一個原因。

（五）有傳曼殊是患有精神病的

馮自由在其〈蘇曼殊之真面目〉一文中寫道：「曼殊之軼事 據亡友林廣塵所談，曼殊與劉申叔[46]夫婦同寓東京牛込區新小川町時，偶患精神病。有一夜忽一絲不掛，赤身闖入劉室，手指洋油燈大罵，劉氏夫婦咸莫名其妙」[47]。柳亞子和議，他在〈馮自由〈蘇曼殊之真面目〉賤註〉一文中指：「曼殊患精神病的事，我覺得是可以相信的。……好像有西洋人說過，有許多天才的人都是有精神病的，拿破崙和俾斯麥便是很好的例子，那末，曼殊本來已為舉世公認的天才，說他有精神病也不算侮辱於他吧」[48]。然

---

44 柳亞子，〈重訂蘇曼殊年譜〉，柳亞子編，《蘇曼殊全集 普及版》，（上海：開華書局，1933），附錄頁 17。

45 程演生，〈曼殊軼事〉，時希聖編，《曼殊軼事》，（上海：廣益書局，1933），頁 38。

46 劉申叔，即劉師培。

47 馮自由，〈蘇曼殊之真面目〉，《革命逸史 初集》，（北京：中華書局，1981），頁 169。

48 柳亞子，〈馮自由〈蘇曼殊之真面目〉賤註〉，柳無忌編，《曼殊大師紀念集》，（香港：正風書店，1943），頁 516-517。

而,這項資料卻非毫無疑竇。首先,此事為馮自由轉述,而其資料來源又非劉師培夫婦本身。考曼殊生平資料,他在這段時間與劉師培關係不太好。章炳麟與劉師培夫婦因革命問題發生了衝突,劉氏夫婦竟遷怒於曼殊。結果,曼殊與劉氏夫婦的同寓關係,乃結束於曼殊為避免無謂的糾紛而遷出。因此,馮氏所述之事的真實性成疑。至於柳亞子和議的主要原因,筆者猜想是因為他在研究曼殊的時候犯了大錯、吃了虧。柳氏把責任推在曼殊身上,認為自己只是上了他的當。柳氏在〈賤註〉中寫道:「例如,《斷鴻零雁記》和〈《潮音跋》〉的日本血統說,就害我上過大當」[49]。其實,有關曼殊在劉氏夫婦面前「發瘋」之事,陳獨秀曾親證背後發生了什麼事。陳說與前述的說法可謂完全相反。由於是知情人士的親證,屬一手資料,筆者以為比較可信。陳獨秀在和柳亞子面談期間,曾指他知道曼殊在劉氏夫婦面前「發瘋」之事的實情。他謂曼殊在章劉交惡之事中間,「只裝點做癲癲瘋瘋的樣兒,以佯狂免禍」,又言事後曼殊往往「偷偷地跑來告訴我(陳獨秀)」[50]。關於此事,筆者認為什麼「赤身大罵洋油燈」之事並不可信。

然而,考曼殊的生平資料,筆者仍相信曼殊是有情緒及精神問題的,只是不同於上述先賢的描述。首先,在曼殊冒日本僧飛錫之名所撰的〈《潮音》跋〉中,就有以下的一段敘述:「一時夜月照積雪,泛舟中禪寺湖,歌已哭,哭復歌,抗音與湖水相應。舟子惶然,疑其為精神病作也」[51]。上文曾指出〈《潮音》跋〉的

49 柳亞子,〈馮自由〈蘇曼殊之真面目〉賤註〉,柳無忌編,《曼殊大師紀念集》,(香港:正風書店,1943),頁517。
50 柳亞子,〈記陳仲甫先生關於蘇曼殊的談話〉,柳亞子、柳無忌編,《蘇曼殊年譜及其他》,(上海:北新書局,1928),頁284-285。
51 飛錫,〈《潮音》跋〉,柳亞子編,《蘇曼殊全集 三》,(北京:當代中國出版社,2007),頁26。

性質為曼殊的自傳。由以上的文字看來，似乎曼殊是意識到他憂鬱的情緒已達甚為嚴重的程度。另外，筆者在較早的部份曾指出，曼殊的貪吃嘴饞是人所共知的事。如果再仔細考察他的生平資料，他不是一般的貪吃嘴饞，而是病態的暴飲暴食。他飲食失衡，經常暴飲暴食之事亦不乏文獻的紀錄。例如，周然在〈綺蘭精舍筆記〉中道：「（曼殊）然好啖，不能茹素。尤好食蘇州酥糖，一日盡數十包」[52]、葛克信於其〈波曇筆記〉中寫道：「居恒伏案大嚼，必至腹痛，繼而呻吟床第而後已」[53]、周瘦鵑〈紫蘭花片〉中謂：「啗飯輒四五盂，亦不知為稻也。數以貧困，從人乞貸，得銀數版即治食，食已銀亦盡。嘗在日本，一日飲冰五六斤，比晚不能動，人以為死，視之猶有氣。明日復飲冰如故」[54]。有關曼殊飲食之習慣，實非與常人同。有紀錄指曼殊在錢盡時曾敲下金牙易糖而食[55]、日食二十枚芋頭餅令翌日腹痛弗能起[56]、因食鮑魚過多而腹泄休二日始能行[57]、晨起食點心無節制以致腹漲三日不能起[58]等。每一筆關於曼殊貪吃嘴饞的紀錄都以他吃到生病為止，無怪陳獨秀會這樣解釋曼殊的貪吃：「其實正是他的自殺政策。他眼見

52 周然，〈綺蘭精舍筆記〉，柳亞子編，《蘇曼殊全集 四》，（北京：當代中國出版社，2007），頁138。

53 葛克信，〈波曇筆記〉，柳亞子編，《蘇曼殊全集 四》，（北京：當代中國出版社，2007），頁140。

54 周瘦鵑，〈紫蘭花片〉，柳亞子編，《蘇曼殊全集 四》，（北京：當代中國出版社，2007），頁145。

55 胡韞玉，〈曼殊文選序〉，柳亞子編，《蘇曼殊全集 三》，（北京：當代中國出版社，2007），頁51。

56 柳亞子，〈燕子龕遺詩序〉，柳亞子編，《蘇曼殊全集 三》，（北京：當代中國出版社，2007），頁52-53。

57 費公直，〈題曼殊大師譯蘇格蘭人炯炯赤薔薇詩直幅〉，柳亞子編，《蘇曼殊全集 三》，（北京：當代中國出版社，2007），頁87。

58 馬仲殊，〈曼殊大師軼事〉，柳亞子編，《蘇曼殊全集 三》，（北京：當代中國出版社，2007），頁94。

舉世污濁，厭世的心腸很熱烈，但又找不到其他的出路，於是使
亂吃亂喝起來，以求速死」[59]。不論曼殊是否如陳獨秀所講以食
自戕，他飲食習慣失常是不爭的事實。其失常程度絕非簡單的貪
吃可解，更是明顯地達到了病態的地步。綜合以上資料而言，筆
者推測曼殊應該是有情緒及精神上的問題。他是受著悲傷的情緒
所困擾，而行為上出現了暴飲暴食的症狀（研究較後的部份將有
詳細論述）。

　　為清楚比較曼殊的人格特質與佛洛伊德的（口腔初期）口欲
含合型人格之吻合性，筆者以下用表格方式作展示：

表 6.1 曼殊與佛洛伊德理論的比較

口欲含合型人格	曼殊的人格特質
從事大量的口腔活動，如沈溺於吃、喝、抽煙與接吻	曼殊貪吃，尤其喜愛飲冰、八寶飯及摩爾登糖果。另外，他亦有抽呂宋煙的習慣。
對愛情、知識、金錢、權力和財產的貪婪和獲取	愛情方面，曼殊有很熱忱的追求。由他的生平資料所示，即使他沒有表現出對性方面的要求，但他仍喜歡待在妓女旁喁喁情語而不厭。知識方面，曼殊的求知欲很強。他一生之中求學不斷。他學習了中、歐、日和梵文四種文字，學寫詩、學翻譯，以及至死都計劃到外國學繪畫。
被動和依賴	曼殊的依賴性十分強，他時常需要依賴朋友才能過活。他因居無定處，而常寄居報社和友人

---

59 柳亞子，〈記陳仲甫先生關於蘇曼殊的談話〉，柳亞子、柳無忌編，《蘇曼殊
　年譜及其他》，（上海：北新書局，1928），頁 285。

	寓所。他不少的工作均由友人介紹才獲聘請。他常因經濟拮据而須友人接濟。
反覆性發作的憂鬱症	由現有的資料看來，曼殊常受到哀傷的情緒困擾，而且在飲食上表現出病態的暴飲暴食行為。

　　上文由曼殊童年的考據出發，筆者大膽地估計，他的不幸童年應該會對他成年的人格有深遠的影響。由於精神分析學派的強處，在於分析早歲經歷對個體人格形成的影響。故此，筆者選用了佛洛伊德的人格發展理論，嘗試對曼殊作出分析。在運用佛氏理論對曼殊的童年作出分析之後，初步得出曼殊的人格應屬於口欲含合的形態之假說。之後，筆者對曼殊生平資料進行了研究。筆者仔細地搜集他成年後可以顯示他人格特質的資料。然後，再一一與佛氏的理論作出比較。吾人可以發現曼殊成年後的行為與佛氏理論中所述的吻合。如此說來，在分析曼殊童年後，筆者所得之假說是成立的。以推論的性質看來，這種推論的方式是一種假說形成的邏輯方法：從觀察現象（曼殊的創傷性身世）到初步假定的提出（曼殊的人格應屬於口欲含合的形態），再從形成的假說能夠導出可經驗檢驗的若干事實（曼殊成年後的人格特質與生平資料），判定此項假說能解釋曼殊的人格特質[60]。由此可見，佛洛伊德的理論能為吾人研究曼殊打開一條新的進路。不少曼殊令人摸不著頭腦的行為，乃至在文學作品中具有爭議之處，大可以此新進路為分析的準繩，對之進行更有效的解釋。

---

60 有關假說的邏輯方法，可參考：何向東主編，《邏輯學教程》，（北京：高等教育出版社，1999），頁 204-205。

第二節　《斷鴻零雁記》的心理學解讀

一、心理學對作品解讀的幫助

　　以上文之結論為根據，吾人在曼殊作品的解讀上不至於毫無標準可言。譬如，在文章較早的部份筆者曾經引述包華〈戀母仇父情結下的蘇曼殊〉一文。包氏認為曼殊寫三郎面對母親向他表示希望他娶靜子時，三郎第一個反應是生怕自己的回答傷慈母心。這種母子情壓倒愛情乃戀母情結之表現[61]。武潤婷明確地指出：「曼殊的言情小說中，戀母情結表現得最鮮明的是他所作的第一部小說──《斷鴻零雁記》」[62]。筆者認為此說不當。其實，《斷鴻零雁記》最終並不以母子團聚作結，而且是三郎主動的離開。根據佛洛伊德的理論，文學作品可被視為作家的內心宣泄。佛洛伊德在其〈作家與白日夢〉之中就指出：「通常心理小說的特性無疑在於現代作家通過自我觀察而將他的自我分裂為許多部份自我的傾向，結果就將他自己精神生活的衝突趨勢表現在幾個主角上」[63]，又謂作家在作品中通過改變和偽裝表達自己的幻想[64]。若曼殊果真具有強烈的戀母情結，則在小說中應該不會以離開母親作結。反之，更有可能是以團聚及一起生活為故事的結局。至此，吾人可以對包華及武潤婷的解釋提出合理的懷疑。

61　包華，〈戀母仇父情結下的蘇曼殊〉，《現當代作家作品研究 . 作家雜誌》，2009年 08 期，頁 26。

62　武潤婷，〈論蘇曼殊的哀情小說〉，《河北師範大學學報（哲學社會科學版）》，2000 年第 2 期，頁 75。

63　佛洛伊德，〈作家與白日夢〉，《論文學與藝術》，（北京：國際文化出版公司，2007），頁 105。

64　佛洛伊德，〈作家與白日夢〉，《論文學與藝術》，（北京：國際文化出版公司，2007），頁 108。

　　由上文的論述可知,曼殊的人格固著於口腔期初期,屬口欲含合型的人格。根據佛洛伊德的說法,固著的情況出現會導致力必多的耗盡或大量滯留,令兒童無法正常地進入心理發展的下一階段。按此說而言,曼殊在進入性器期之時,力必多的能量應該比正常人較弱。假設他在4至6歲間的成長又出現了挫折或障礙,足以使他有戀母仇父情結,其影響力並不會很大。這樣能夠解釋何以三郎於尋母後,在既得到母親愛護又得姨母關懷下,卻仍無聲地離開的情節。這比包氏之說更為合理。文藝的賞析很多時候都被質疑沒有客觀或明晰的標準。筆者認為心理學理論的運用有助解決這問題。筆者在批評包氏論述的推理之中,正展示了心理學的分析可以作為一種的準繩,去評定某說法的對錯或其恰當性。筆者並非自詡自己的說法是必然沒有錯的。所有的研究人員都只是按有限的材料,儘可能作出最佳的解釋。筆者亦不例外。然而,筆者希望強調的是解釋文本應具一定的準繩。心理學的研究重視可驗證性,若證筆者對於曼殊童年的把握有誤,或未來有新的資料出現,令吾人更多地了解曼殊時,筆者不排除上文所指「曼殊為口欲含合型的人格」的假設可能會被推翻。然則,按此說而建立的文藝分析就有再商榷的地方。可是,推翻此說的新假設,按心理學的學科思維,亦必須要符合最佳說明推論的條件。這種思維的強調有助減輕文藝作品的析論之主觀性,避免各研究人員的分析無可據的準繩。每當有新說推翻舊說時,就代表了學界對於作者及其作品有更深入的掌握。總而言之,由以上的分析可見,在準確地描述並解釋曼殊人格以後,吾人更能把握其作品的意涵,以及更有力地解釋作者寫作的動機和其真正想表達的是什麼。

二、《斷鴻零雁記》的內容

　　本研究較早的章節曾用勒熱訥的理論對《斷鴻零雁記》進行分析。現再借其框架分析當中的內容。筆者以下將由其敘事及個性的形成歷史入手，去探討作者在《斷鴻零雁記》真正想表達的是什麼。筆者有必要再在此強調，以下的部份，筆者是以《斷鴻零雁記》為曼殊的自傳的視角作分析。筆者視《斷鴻零雁記》中所載的為真實無誤的事實，但是這不是指當中資料為客觀真實之史實，而是心理意思上的真實。即是當中所載是曼殊自己的所思所想，是他對自己的生命作出的回顧性總結，是他個性形成的歷史，是他向讀者交代重視的往事。

　　如果以將整部作品視為曼殊的自傳，筆者認為《斷鴻零雁記》的骨幹是曼殊以一種回顧性的視角去反思他的「身世有難言之恫」。在敘事方面，《斷鴻零雁記》所述之事始於三郎自悲身世而出家的情節，終於欲吊雪梅墓不果而決意歸其師靜室，當中有兩大主題：第一，是敘三郎省母之事；第二，是敘情愛之事。以下的部份將對以上的說法作出詳述。

（一）敘事的骨幹：「身世有難言之恫」

　　《斷鴻零雁記》的敘事骨幹，是由三郎在第一章之中自悲身世開始的。第一章寫三郎三戒俱足之日，在披剃前三郎自悲身世道：「人皆謂我無母，我豈真無母耶？」[65]，又歎曰：「吾母生我，胡弗使我一見？亦知兒身世飄零，至於斯極耶？」[66]，而章末更

65　蘇曼殊，〈斷鴻零雁記〉，柳亞子編，《蘇曼殊全集　二》，（北京：當代中國出版社，2007），頁153。

66　蘇曼殊，〈斷鴻零雁記〉，柳亞子編，《蘇曼殊全集　二》，（北京：當代中國出

是寫道：「然彼焉知方外之人，亦有難言之恫」[67]。此章明確向讀者指出了「身世」之事在三郎心目中的重要性，而當中又以「母親」之問題為「難言之恫」之核心部份。據此章的描寫，作者之所謂「難言之恫」是指其「身世飄零至極」，而令得他有如斯苦況，又主要是就其「母親」的問題而言。當中包括了其母生下他之後未有再見他、別人揶揄他沒有母親，以及因其母不在，其養父過身後他再無依靠等事。《斷鴻零雁記》其後開展的「三郎省母」情節，可謂因「身世有難言之恫」而引發的。

1.《斷鴻零雁記》中「然彼焉知方外之人，亦有難言之痛」的解讀

以三郎自悲的思考內容作參考，吾人大既可以對曼殊之謂「身世有難言之恫」有多一點的理解。按本研究較早部份的論述，曼殊在 1907 年重遇河合仙之後一段短時間內，得悉一直視為生母的河合仙實乃其姨母，而真正的生母卻是一直稱呼為姨母的河合若。查《斷鴻零雁記》最初發表於 1911 年秋冬之間，曼殊是應該經已知道自己的身世。故此處的「吾母生我，胡弗使我一見？」，應是暗指「生我之母」河合若在曼殊三月大時棄他而去的一事。考曼殊生平的資料，河合仙在曼殊六歲（洋曆 5 歲）前一直在旁照料。因而，此「胡弗使我一見？」的「吾母」，不可能是指河合仙而言。即使是按《斷鴻零雁記》的內容而言，河合夫人亦不是生下三郎之後即離他而去。在第三章之中，乳媼與三郎講及她初遇河合夫人之事時，就言：「使爾（三郎）離絕島民根性，冀爾長進為人中龍也……乃親自抱爾潛行來遊吾國，僑居三年」[68]。所

版社，2007），頁 154。

67 蘇曼殊，〈斷鴻零雁記〉，柳亞子編，《蘇曼殊全集 二》，（北京：當代中國出版社，2007），頁 154。

68 蘇曼殊，〈斷鴻零雁記〉，柳亞子編，《蘇曼殊全集 二》，（北京：當代中國出版社，2007），頁 157。

以，此處悲嘆「吾母生我，胡弗使我一見？」，可視之為曼殊心中鬱結的抒發，不應僵化地視之為河合夫人與三郎之實際狀況。

　　另外，三郎所思的「人皆謂我無母，我豈真無母耶？」乃合「余自養父見背，雖煢煢一身……」而言。此處所敘述的心情，其實就是曼殊對童年處境的悲嘆。曼殊真正的生母河合若在他三月大時離去。他視之為母的河合仙不在旁照料。在曼殊回蘇家後，他又因母親一方的日本血統而遭歧視。更甚者，父親又常不在曼殊身旁，令他孤苦無依。首先，「人皆謂我無母，我豈真無母耶？」的悲鳴是很切合曼殊童年狀況的。事實上，如前所述，曼殊生母在很早的時間離他而去。雖則有姨母河合仙的照顧，可是河合仙本身在蘇家卻是無能自顧。她自己都一直被蘇家排斥在外。據蘇惠珊所言，在曼殊的二叔抵橫濱後，「依照家鄉法例，歧視日女，不容為家婦。於是二叔將河合仙姊妹逐出家外」[69]。在六歲（洋曆為 5 歲）時曼殊被接回蘇家之後，更無河合仙陪伴左右。回鄉後，曼殊每每因母親一方的日本血統而遭歧視，章炳麟〈曼殊遺畫弁言〉中就道：「廣中重宗法，族人以子谷異類，群擯斥之」[70]，蘇惠珊〈亡兄蘇曼殊的身世 —— 致羅孝明先生長函〉中就記道：「（家族及鄉中）有些邈視異國人所生之子女」[71]，又謂「時或嬸嬸輩言語不檢，有重此輕彼之分，使三兄（曼殊）感懷身世……嬸嬸及附居之親戚等或有輕視他……」[72]。因此，筆者有理由相

---

69 蘇惠珊，〈亡兄蘇曼殊的身世 —— 致羅孝明先生長函〉，柳無忌編，《柳亞子文集：蘇曼殊研究》，（吳縣：上海人民出版社，1987），頁 502。

70 章炳麟，〈曼殊遺畫弁言〉，柳亞子編，《蘇曼殊全集　三》，（北京：當代中國出版社，2007），頁 50。

71 蘇惠珊，〈亡兄蘇曼殊的身世 —— 致羅孝明先生長函〉，柳無忌編，《柳亞子文集：蘇曼殊研究》，（吳縣：上海人民出版社，1987），頁 506。

72 蘇惠珊，〈亡兄蘇曼殊的身世 —— 致羅孝明先生長函〉，柳無忌編，《柳亞子

信，類似《斷鴻零雁記》中三郎養父婦「詭言夫人已葬魚腹，故親友鄰舍，咸目爾為無母之兒，弗之聞問」[73]的情況，確實曾發生在曼殊身上。蘇惠珊有一段文字可以印證筆者的推論，她寫道：「有些邈視異國人所生之子女，以致純潔無邪的小孩子當作陌路人，甚至以為自己是無人所認的日本人，誤將自己高貴之身世，作為流浪客，故有說『難言之恫』」[74]。總的而言，曼殊寫三郎自悲：「人皆謂我無母，我豈真無母耶？」，可視為夫子自道。三郎之反思「人皆謂我無母」，是指曼殊在鄉間中所受的、有關他母裔日本血統之歧視。而「我豈真無母耶？」之問，則是自悲有母親儼如沒有母親的狀況。生母在他曼殊三月大時離去，河合仙雖對他寵愛有加，可是終究只是姨母。況且，河合仙受蘇家排斥，自曼殊六歲後未曾陪伴在側。曼殊一直有如沒有母親的孤兒一樣。以上處理了三郎「無母」之言的反思，但按《斷鴻零雁記》所寫，三郎的苦況不止於「無母」的問題。他的生活處境更由於「養父見背」，而令其「煢煢一身」，孤苦無依。

其次，考慮曼殊與其父的真實關係，筆者有理由相信「養父」是暗指蘇傑生。這裡指曼殊以「三郎的養父」暗指他的生父蘇傑生，並不是指曼殊實際以為蘇傑生是他的養父。筆者認為曼殊想表達的，是他和他的父親之間隔膜極大，儼如養父養子之間的關係。細察曼殊的童年，在生母河合若離他而去後，曼殊一直隨河合仙生活。父親蘇傑生並不同居於河合仙家。在他六歲（洋曆 5 歲）的時候，其父蘇傑生才將他帶回日本蘇宅，而河合仙並沒有

文集：蘇曼殊研究》，（吳縣：上海人民出版社，1987），頁 505。

73 蘇曼殊，〈斷鴻零雁記〉，柳亞子編，《蘇曼殊全集 二》，（北京：當代中國出版社，2007），頁 158。

74 蘇曼殊，〈斷鴻零雁記〉，柳亞子編，《蘇曼殊全集 二》，（北京：當代中國出版社，2007），頁 506。

同行。曼殊要直待至 1907 年二十四歲（洋曆 23 歲）時，才能夠再見河合仙。曼殊不只在六歲後沒有河合仙在旁照顧，即使是其父蘇傑生也只有很少的時間陪伴曼殊。回蘇家後，曼殊又旋即與蘇惠齡隨嫡母黃氏及舅舅黃玉章離橫濱回廣東。回鄉後與其祖父母、兄姐、叔嬸、堂兄弟姐妹等生活，父親並沒有隨行。1892 年 12 月，父親因在日的茶行生意失敗，才離橫濱回瀝溪。彼此相處還不到三年。1895 年，蘇傑生帶同大陳氏及其所生女兒到了上海，而曼殊則留在鄉間。直至次年 3 月，才隨二姑母姑丈赴上海，再與父親生活。可是，又僅一年的時間，1897 年 4 月，祖父蘇瑞文患病，蘇傑生回瀝溪照料，父子再次分隔兩地。自此，至 1904 年 3 月 15 日，蘇傑生病故，父子二人再沒有共同生活過。計算起來，曼殊一生之中，父子二人同住的時間還不到 5 年[75]。

　　至於養父養子在曼殊眼中是一種怎樣的關係呢？曼殊在《斷鴻零雁記》第二十二章就有描述。那一章之中，曼殊刻意插入了少年比丘法忍的故事，而當中有情節是影射曼殊自己的。在曼殊的〈燕子龕隨筆〉之中，曾有一段紀錄寫自己十四歲時，「隔鄰女郎手書丹霞詩箋，以紅線繫蜻蜓背上，使徐徐飛入余窗」[76]。這段紀錄與法忍所述「忽一日，女繕一小小蠻箋，以紅綫輕繫於蜻蜓身上，令徐徐飛入余窗」[77]的故事幾近相同。當中所描寫的義父義子之關係，是一種淡薄而可隨時斷絕的情感。在法忍的故事

75　筆者還翻查了〈蘇傑生年表〉，資料吻合；詳細可參考：柳亞子，〈蘇傑生年表〉，柳無忌編，《柳亞子文集：蘇曼殊研究》，（吳縣：上海人民出版社，1987），頁 2-7。

76　蘇曼殊，〈燕子龕隨筆〉，柳亞子編，《蘇曼殊全集 二》，（北京：當代中國出版社，2007），頁 20；吾人有理由相信〈燕子龕隨筆〉所載此事屬虛構之事，但有見於是曼殊意圖希望

77　蘇曼殊，〈斷鴻零雁記〉，柳亞子編，《蘇曼殊全集 二》，（北京：當代中國出版社，2007），頁 202。

之中，他的義父為求子嗣，而向法忍的舅父買了他。後來，他為僕人所出賣。僕人向法忍義父告密，謂法忍向他借款。其義父口雖言「素愛汝」，卻是連了解事情始末的工夫都沒有下，就將法忍趕走了。總的而言，這種關係，在義父一方而言是一種只盼有人繼承後嗣的欲望，在義子一方而言是一種有之則生活就會好一點的關係。這種情況多少能反映曼殊與其父之間的關係。查〈珠海瀝溪蘇氏家族表〉[78]，蘇傑生一生共有三子六女，而曼殊是三子中的孻子。在曼殊出生前的一年，二兄蘇焜剛歿。在封建時代的家庭，僅一子繼後香燈實在是人丁單薄。甚至，有傳蘇傑生是為求貴子才與河合若發生關係的。在柳亞子〈重訂蘇曼殊年表〉中，他寫道：「（曼殊母）胸有紅痣，傑生以為當生貴子。既有孕，別居於外……」[79]。蘇惠珊在致羅孝明的信函中，記下了曼殊之所以可返回蘇家的原因。她寫道：「到這時嫡母及三庶母俱見連年生女，未得男孩，深為感嘆。先父因見狀，趁此機緣揭曉已有親生子藏於外室。家人聞之大喜，即著帶子回家」[80]。這和法忍養父求嗣之事不無相似之動機。曼殊正是在家庭缺乏子嗣之背景下出世的。加上父子二人相處的時間極少，隔膜極大。曼殊以「養父」暗指蘇傑生是可以理解的。

另外，《斷鴻零雁記》首章寫：「余自養父見背，雖煢煢一身……」，指在養父不在時三郎頓變無依。在第三章乳媼所述的資

---

78 刊載於馬以君，〈蘇曼殊的籍貫和家族 ── 〈瀝溪蘇氏族譜〉簡介〉，柳無忌編，《柳亞子文集：蘇曼殊研究》，（吳縣：上海人民出版社，1987），514-515頁之間，該頁本身並無頁碼。

79 柳亞子，〈重訂蘇曼殊年表〉，柳亞子編，《蘇曼殊全集　普及版》，（上海：開華書局，1933），附錄頁 10-11。

80 蘇惠珊，〈亡兄蘇曼殊的身世 ── 致羅孝明先生長函〉，柳無忌編，《柳亞子文集：蘇曼殊研究》，（吳縣：上海人民出版社，1987），頁 502。

料中，更有一致而較詳細的說法：「迨爾父執去世之時，吾中心戚戚，方謂三郎孤寒無依……」[81]。當中又以父執之婦最為惡毒，甚至三郎最介懷的「無母之言」都是由此婦人傳出的。文中寫道：「即詭言夫人已葬魚腹，故親友鄰舍，咸目爾為無母之兒，弗之聞問」[82]。查曼殊童年生活，似乎有著差不多的遭遇。吾人有理由推斷，曼殊寫此「養父見背後，三郎遭遇悲苦」的情節，是暗指當蘇傑生不在旁時自己所受的淒苦。按蘇惠珊所言，蘇傑生之所以與河合若相好，原因是他認為此女產子必貴，故此不難理解曼殊必為蘇傑生心中所愛[83]。可是，如前所述，蘇傑生與曼殊的相處時間極少，因而曼殊就常受到家人的冷落、排擠，甚至虐待。在蘇維騄與柳亞子的書信之中，他就曾提及「光緒十五年（即1889年），黃氏攜曼殊返香山，居瀝溪。黃氏對曼，如己所出。黃氏性善，唯大女燕家姐品性頗劣，其中以惡言待付不等」[84]，又言「今據家屬言，薄待曼殊，乃庶伯母（指蘇傑生妾大陳氏）所為」[85]。有關大陳氏苛待曼殊，蘇維騄就在信中記有一事為例。1897年曼殊本與蘇傑生及庶母大陳氏同居上海。4月祖父蘇瑞文患病，蘇傑生回瀝溪照料。後來，約11月上中旬，大陳氏亦接家書，得知蘇瑞文病重，即攜女回瀝溪。蘇維騄胞兄在大陳氏回鄉不足一月

81　蘇曼殊，〈斷鴻零雁記〉，柳亞子編，《蘇曼殊全集　二》，（北京：當代中國出版社，2007），頁156。

82　蘇曼殊，〈斷鴻零雁記〉，柳亞子編，《蘇曼殊全集　二》，（北京：當代中國出版社，2007），頁158。

83　蘇惠珊，〈亡兄蘇曼殊的身世 —— 致羅孝明先生長函〉，柳無忌編，《柳亞子文集：蘇曼殊研究》，（吳縣：上海人民出版社，1987），頁507。

84　此書信收錄於：柳亞子，〈曼殊之血統問題及其少年時代〉，柳無忌編，《柳亞子文集：蘇曼殊研究》，（吳縣：上海人民出版社，1987），頁171。

85　此書信收錄於：柳亞子，〈曼殊之血統問題及其少年時代〉，柳無忌編，《柳亞子文集：蘇曼殊研究》，（吳縣：上海人民出版社，1987），頁171。

後，由日本回國抵上海，與曼殊會面。蘇維騤寫下當時曼殊情況：「言陳氏刻薄事，只留棉胎與曼殊作被，棉套褲被取去之說。靜波大兄聞之不忍，逐與曼另置氈被等」[86]。在蘇惠珊的〈亡兄蘇曼殊的身世 —— 致羅孝明先生長函〉中，亦記下了曼殊幼時在鄉苦況：「聞他十三歲（即 1896 年）在鄉居，偶患疾病……但有嬸嬸輩，預定其病不能治，將其置之柴房以待斃」[87]。以上的情況均是發生在蘇傑生不在曼殊旁的時候。可見，曼殊與父親之間就有如三郎與其養父的關係。曼殊與父親雖有隔膜，但畢竟曼殊為其父心中所愛，料蘇傑生在曼殊身旁時，其家庭成員及親戚鄉人不敢虐待曼殊的。當父親不在時，曼殊則飽受欺凌，無怪曼殊要以三郎「養父見背」即變得「煢煢一身」、「孤寒無依」的情節去力陳其苦況了。

2.母親的問題為癥結所在

　　如果把三郎在《斷鴻零雁記》之中的悲嘆，視之為曼殊「身世有難言之恫」的自白書，則吾人可對曼殊了解多一點。綜合以上所述，曼殊的「難言之恫」可以由兩個面向去理解：第一，是就由母親所衍生的問題而言、第二，是由童年的飄零無依而言。歸根究底，其「身世有難言之恫」，癥結所在為母親方面的問題。順三郎的自悲次序而言：

　　(1)三郎之所以心冷空門，原因是「人皆謂我無母，我豈真無母耶？」之思。

　　(2)此處是以「人皆謂……」作開端，固然是就家庭、家族及

---

86 此書信收錄於：柳亞子，〈曼殊之血統問題及其少年時代〉，柳無忌編，《柳亞子文集：蘇曼殊研究》，（吳縣：上海人民出版社，1987），頁 169-170。

87 蘇惠珊，〈亡兄蘇曼殊的身世 —— 致羅孝明先生長函〉，柳無忌編，《柳亞子文集：蘇曼殊研究》，（吳縣：上海人民出版社，1987），頁 505。

鄉人之歧視而言。如前所述，曼殊在鄉時族人邈視異國人所生之子女，以其異類，群擯斥之。他之所以受排斥，是由於他母系一方為日本血統。筆者曾引其妹蘇惠珊的文字，指《斷鴻零雁記》三郎的遭遇：「受親友鄰舍，咸目爾為無母之兒」的確曾在曼殊身上發生過。

(3)加上父親蘇傑生常常不在旁，只能偶在祖母、嫡母、長嫂，及堂兄身上得照顧，就令曼殊童年更難過。故此，曼殊借著三郎自悲「自養父見背」而令其「煢煢一身」之言。慨嘆當父親不在身旁時，他自己是感到如何的飄零無依。

(4)在曼殊心中，在他感到「煢煢一身」、「飄零無依」的時候，他是懷念河合仙的。畢竟河合仙在他人生的首六年（洋曆 5 年），對他照顧有加。與河合仙及其外祖父母一起生活的時間，令曼殊感到溫暖。因而，於三郎自悲其「雖煢煢一身」又謂「然常於風動樹梢，零雨連綿，百靜之中，隱約微聞慈母喚我之聲」。可是，一想到「慈母」時，曼殊又不禁想起他複雜的身世，故此又有「吾母生我，胡弗使我一見？」一語。那是對「慈母」的控訴，一方面暗指「生我之母」河合若在曼殊三月大時棄他而去的一事；而另一方面，曼殊不少童年時的問題都因「母親」的問題所引起，例如血統問題、歧視問題、缺乏愛護的問題等。故此，三郎在心中責問母親，謂「亦知兒身世飄零，至於斯極耶？」。

由以上的討論可見，曼殊由於其身世飄零至極，故有「身世有難言之恫」的感受，而曼殊之所以有此飄零身世，歸根究底，母親方面所衍生的問題乃癥結所在。

（二）「三郎省母」主題的分析

一直以來，不少學者都對「三郎省母」之情節有濃厚的興趣。

有學者認為在《斷鴻零雁記》中，母子親情壓倒愛情，謂曼殊有戀母情結[88]。有學者指出《斷鴻零雁記》力陳三郎飄零者的形象，如母去、養父死、養母虐待、雪梅父悔婚，以至省母後離家以逃離靜子的愛等。作品中營造了一種孤獨飄零、感傷懷舊的情調。其實乃出於曼殊作為五四青年的一種「斷零體驗」之經歷感受，進而在作品中反映了其孤苦彷徨、無所皈依的心靈[89]。有學者將「省母」情節解讀為那個時代覺醒者的形象代表：把三郎的出家視為重視獨立的人格；把遠渡日本、追尋慈愛的親情，視為人道主義的覺醒；把失去母愛後的憂傷、孤單，視為走在時代前列者孤獨和脆弱心理的映射；拒靜子之愛而回到國內，憑弔雪梅墓不果之事，視為主人公追求的幻滅與迷茫之顯示[90]。以上僅為筆者在蘇曼殊研究之中，2009 年所抽的三份論文。有關三郎省母情節的討論，學界中實多不勝數。在各種的論述之中，暫亦未見有哪一種的說法比較被廣泛接受。筆者在以下的部份將會對此議題加以詳論。

1.有關「三郎省母」

　　在第一章之中，雖然在三郎自悲身世時已有思及母親，但嚴格來說，「省母」之事實始於第三章，由三郎遇乳媼之情節所觸發的。第一章主要寫三郎自悲身世及其披剃出家之事；第二章寫三郎出外化緣迷路，巧遇潮兒，其實主要是為引出遇乳媼的情節；第三章主要由乳媼與三郎的對話之中，道出三郎的身世。在二人

---

88 包華，〈戀母仇父情結下的蘇曼殊〉，《現當代作家作品研究. 作家雜誌》，2009年 08 期，頁 26。

89 李金鳳，〈《斷鴻零雁記》與五四浪漫小說 —— 以「飄零者」形象為例〉，《漢陽職業技術學院學報》，2009 年 04 期，頁 80-81。

90 何宏玲，〈蘇曼殊《斷鴻零雁記》新論〉，《南京師范大學文學院學報》，2009年 04 期，頁 81。

對話尾聲，乳媼撫三郎肩曰：「……爾今須就寢，後此且住吾家，徐圖東歸，尋覓爾母……」[91]。這正式為「省母之行」揭開序幕。

　　總括而言，有關「省母」之事簡述如下：第三章乳媼引發三郎省母之行。第四及六章寫出發前的準備。第七章寫船上的旅途。第八章寫三郎抵母家。第九章寫母親河合夫人帶三郎上謁王父及爾父墓所。第十及十一章寫河合夫人帶三郎見若姨，並在其家中暫居。故事焦點開始由省母轉為在三郎與靜子的關係之上。第十二及十三章寫母親特地與三郎談及靜子，並表示盼其與靜子成婚的意向。礙於三郎不欲母親知道其僧人的身份，故只表示終身不娶，結果遭母親責罵。三郎唯有表示順從以安慰母親，但自己思緒則十分混亂。第十四至十七章主力寫三郎與靜子相處的事。第十八章寫三郎靜坐思量，後來決心歸覓師傅，以持戒為基礎，並打算在不稟白母親的情況下離家出走。章末前又寫三郎與靜子的對話。第十九章寫三郎留書出走，幾因靜子的隨行而不成功。第二十章寫三郎終於離開了日本，回國後投靈隱寺掛單。在第二十章，三郎日本的省母之行正正式式的結束。

　　由思母、尋母到省母，遇母、相處，再到離家出走，一共佔了《斷鴻零雁記》二十章的篇幅。那是合共二十七章的 74%。謂「省母」情節是《斷鴻零雁記》中的一條主線之言非虛。值得思考的是，作者極力在其自傳之中營造「省母」一事，他是想表達些什麼呢？若果真如包華所指曼殊具有戀母情結，吾人則難以理解為什麼作者最後會以三郎不辭而別，作為省母一事的終結。若如李金鳳、何宏玲所言，用「斷零體驗」或「時代前列者孤獨和脆弱心理」去解釋省母一事，其說法雖不無道理，可是為較籠統。

---

91 蘇曼殊，〈斷鴻零雁記〉，柳亞子編，《蘇曼殊全集　二》，（北京：當代中國出版社，2007），頁 159。

二人的說法未有顧及《斷鴻零雁記》屬自傳的性質，當中包含了曼殊自陳心事的獨特內容。在自傳當中，作者寫的是自己才知道的事、他重視的事、他對生活的總結、他反思以往生活而得出的意義等。此種說法不能讓吾人理解「三郎省母」的具體意義。然則，吾人必須對「三郎省母」的情節另覓解釋之法。筆者認為曼殊實際上是透過「三郎省母」表達他個人的──「曼殊省母」──之行對他的意義，以及「母親」在他心中的位置。

　　筆者在此先開宗明義地提出自己的假設，然後再一步步展示支持的理據：筆者認為曼殊對他自己的省母之行本來是抱有很大的期望。可惜，事與願違。曼殊重遇「母親」河合仙之後，不但沒有給予他期望的家庭溫暖。更是讓曼殊得悉了一件令他感痛苦的事實，就是他一直視之為姨母的河合若才是他的生母。一切令曼殊對於重拾家庭溫暖的希望徹底幻滅。

2.角色分析：河合夫人

　　考《斷鴻零雁記》的內容，河合夫人的角色實際上並不是那麼正面和重要。整部作品合共二十七章。由三郎抵日遇母計起至目送靜子離開返國有十三章（第八至二十章）。而且，自第十四章起，河合夫人一角並沒有什麼重要的情節，或與三郎有什麼詳談的對話。在故事的情節上，河合夫人在第八章的出現並未有帶來預期的高潮。兩母子相聚時沒有詳談大家別後的經歷、對彼此的思念、重遇的快樂等。河合夫人只道感謝蒼天，又言自己因病幾殆，旋即向三郎介紹家中狀況。在次章，河合夫人帶三郎謁祖父及父親墓後，即攜三郎見若姨。在第十章，河合夫人僅僅與若姨對話。第十一章之中，三郎與河合夫人只有一次對話。在對話當中，河合夫人言及三郎姊，並問三郎是否適應在若姨家中的生活。在第二十章，三郎離開日本時，他最後一句話是因其不捨靜子而

言的：「甚矣，柔絲之絆人也！」。三郎需要自我克制，「力遏情瀾」，才能夠離開。他在船上時，所思所想的均為靜子。直至他將靜子昔日所送的「鳳文羅簡之屬，沉諸海中」，才「自謂憂患之心都泯」[92]。回顧上述內容，三郎東渡日本是為了省母，可是走的原因卻是為了逃婚。甚至，在三郎走的時候，他亦沒有想念河合夫人。雖有學者指《斷鴻零雁記》中母子親情壓倒了愛情[93]，但由以上的資料看來，吾人不難察覺河合夫人在故事中並非真的擁有著重要的位置。

　　反之，在不少的情節之中，河合夫人經常是三郎主要的壓力來源之一。例如，在第十章之中，三郎就因怕母親聞之傷心，而把他為僧及雪梅事，都秘而不宣。在第十二章之中，河合夫人更是苛斥了三郎一頓。在此章中，河合夫人與三郎談及靜子，並表示了希望二人成婚之意向。三郎立時「心房突突而跳」，「夷猶不敢遽答」[94]。三郎思及他之前所歷，本想告訴母親，又怕令母親憂傷，不敢如實相告。於是，三郎只好在沒有稟明原因的情況下，蘊淚於眶地向母親謂：「兒終身不娶耳」[95]。河合夫人頓時「聞言極駭，起立張目」地注視三郎，罵道：「烏，是何言也！……」，又罵道：「爾年弱冠不娶，人其謂我何？若姨愛爾，不陡然耶？」[96]。言辭間「聲愈嚴峻」，直至三郎斂涕告知其母「非敢抗撓慈母

92　蘇曼殊，〈斷鴻零雁記〉，柳亞子編，《蘇曼殊全集　二》，（北京：當代中國出版社，2007），頁198。

93　包華，〈戀母仇父情結下的蘇曼殊〉，《現當代作家作品研究．作家雜誌》，2009年08期，頁26；武潤婷，〈論蘇曼殊的哀情小說〉，《河北師範大學學報（哲學社會科學版）》，2000年第2期，頁76。

94　蘇曼殊，〈斷鴻零雁記〉，柳亞子編，《蘇曼殊全集　二》，（北京：當代中國出版社，2007），頁181。

95　蘇曼殊，〈斷鴻零雁記〉，柳亞子編，《蘇曼殊全集　二》，（北京：當代中國出版社，2007），頁181。

96　蘇曼殊，〈斷鴻零雁記〉，柳亞子編，《蘇曼殊全集　二》，（北京：當代中國出

及阿姨之命」，謂其言「實出諸不得已之苦衷」，求母親恕其稚昧。
河合夫人的責罵才暫告一段落。然而，河合夫人雖停止了責罵，
但就轉為以悲傷的語調，哀咽地再表示其盼三郎與靜子成婚的意
願。直待至第十三章之中，三郎要向河合夫人謂其謹遵母命，她
才「顏色開霽」。可是，三郎雖解慈母之憂，卻引起自己的愁思。
迄河合夫人走後至此章末，作者寫的全是三郎的愁思 ── 那是由
於河合夫人的逼婚而引起的愁思。在第十四章中，曼殊明確地描
寫了三郎的焦慮不安。自上次母親向三郎談論婚事以後，他就表
現得「焦悚萬狀，定省晨昏，輒不久坐。盡日惴惴然，惟恐余母
重提意向。余母每面余時，歡欣無已，似曾不理余心有閒愁萬種」
[97]。在第十五章，靜子述若姨、河合夫人及三郎姊往禮淡島明神
時，三郎即「聞語茫然，瞠不能答」[98]。在第十八章之中，當三
郎下定決心以後「當以持戒為基礎」，「決心歸覓師傅」，他隨即想
到「此事決不可以稟白母氏，母氏知之，萬不成行矣」[99]。在第
十九章，三郎留書出走。他在留給靜子的書柬之中，就特地請靜
子好好照顧若姨和河合夫人兩老。在第二十二章之中，三郎聽畢
法忍故事後，頓發思家思母之情。可是，他想到的不是母親之慈
愛關懷，而是「忽依稀聞慈母責余之聲，神為聳然而動，淚滿雙
睫⋯⋯」[100]。在《斷鴻零雁記》最後一章，三郎反思之前經歷，

版社，2007），頁182。
97 蘇曼殊，〈斷鴻零雁記〉，柳亞子編，《蘇曼殊全集　二》，（北京：當代中國出
　　版社，2007），頁184。
98 蘇曼殊，〈斷鴻零雁記〉，柳亞子編，《蘇曼殊全集　二》，（北京：當代中國出
　　版社，2007），頁189。
99 蘇曼殊，〈斷鴻零雁記〉，柳亞子編，《蘇曼殊全集　二》，（北京：當代中國出
　　版社，2007），頁193。
100 蘇曼殊，〈斷鴻零雁記〉，柳亞子編，《蘇曼殊全集　二》，（北京：當代中國
　　　出版社，2007），頁204。

思及母親時，只覺自己罪無可恕。一來是因為自己離家出走，二來是因為他拒絕了與靜子成婚[101]。

　　比較起來，三郎思及母親慈愛的地方，實在少之又少。譬如，在第十章之中，三郎在若姨家中病了，因思及「初履家庭樂境」，自覺「有生以來，無若斯時歡欣」[102]。第十一章之中，作者寫河合夫人「作慈祥之色」[103]視三郎，關心他的病情。第十一章章末前，三郎又心想能「奉阿姨阿母歡顏，自覺娛悅匪極」[104]。在第十二章之中，曼殊雖寫河合夫人以慈祥之色向三郎噓寒問暖，可是之後就發生了河合夫人苛斥三郎之事。由此可見，河合夫人與三郎之間的故事情節並沒有預期中的感人。此一角色並不是一個為三郎帶來安慰及溫暖的人物。綜合以上的資料，筆者認為若堅持曼殊在《斷鴻零雁記》之中表現了一般的伊底帕斯情結[105]，是解釋不到以上所示之現象的。

　　筆者認為，吾人不適宜以一般的伊底帕斯情結，去解說《斷鴻零雁記》「三郎省母」的情節。箇中原因有二：第一，如前所述，不符小說的內容、第二，不符曼殊的人格特質。首先，參考本研

---

101 蘇曼殊，〈斷鴻零雁記〉，柳亞子編，《蘇曼殊全集　二》，（北京：當代中國出版社，2007），頁 213。

102 蘇曼殊，〈斷鴻零雁記〉，柳亞子編，《蘇曼殊全集　二》，（北京：當代中國出版社，2007），頁 173。

103 蘇曼殊，〈斷鴻零雁記〉，柳亞子編，《蘇曼殊全集　二》，（北京：當代中國出版社，2007），頁 175。

104 蘇曼殊，〈斷鴻零雁記〉，柳亞子編，《蘇曼殊全集　二》，（北京：當代中國出版社，2007），頁 176。

105 「伊底帕斯情結」（Oedipus Complex）即「戀母情意結」，全名又為「仇父戀母情結」。這概念是指男孩在性器期的階段會同時呈現戀母和仇父這兩種思潮。佛氏起用此概念是源於索福克里斯（Sophocles）名作〈伊底帕斯王〉。以下將統一為「伊底帕斯情結」。詳細可參：佛洛伊德著，林克明譯，〈第一篇　畸戀－男人的對象選擇之一異型〉，《性學三論‧愛情心理學》，（台北：志文出版社，2011），頁 169-183。

究較早部份對於曼殊人格的分析，曼殊因早歲的心理創傷而具口欲含合型人格。由於力必多固著於口腔期初期，根據佛洛伊德之說法，這樣會導致力必多的耗盡或大量滯留，而令得兒童無法正常地進入心理發展的下一個階段。按此推論，曼殊本身已在較早的時間固著在口腔期初期的階段，想必比常人餘下較少的力必多進入性器期的階段：即伊底帕斯情結可能出現的階段。因此，即使因性器期階段又有異常的經歷，而令曼殊產生伊底帕斯情結，其強度亦應相對較弱。其次，若附以曼殊童年的資料作分析，性器期最重要的兩個人物當時都不在曼殊身旁。如果簡單地說，河合仙是曼殊的伊底帕斯情結之對象，是說不通的。查曼殊童年的資料，他的童年除卻生母在他三月大時離他而去之外，一直尚算平平穩穩的渡過。直至曼殊六歲（洋曆5歲）的時候，他平靜的生活就不再一樣了。曼殊離開了河合仙的懷抱而抵父親的家，卻又旋即離父歸國返鄉。這正好發生在佛洛伊德人格發展理論的性器期中間（3-6歲[106]）。在曼殊洋曆5歲的時間，不論是依戀的對象還是仇恨的對象，兩者均不在曼殊身旁。如果仍要堅持認為「三郎－河合夫人」之間表現了一般的伊底帕斯情結，而當中就是「曼殊－河合仙」關係之投射，這是罔顧了作者本身的個人體驗，於事實不符。即使曼殊對母親有所依戀，由於被視為母親的河合仙在六歲（洋曆5歲）後不再在旁。在這種條件之下，真正依戀的對象，大抵上只可能是一種在五歲（洋曆4歲）前累積的模糊感覺。由於感覺模糊，母親的印象只能靠幻想或白日夢之途徑去作填充。至於，在自小多半不在曼殊身旁的父親，曼殊對他的印象以至性器期中所建立的「情結」就更為薄弱了。

---

106 伯格著，陳會昌等譯，《人格心理學》，（北京：中國輕工業出版社，2000），頁40。

　　由此看來，由於曼殊與父母親的關係特殊，吾人並不能把一般的伊底帕斯情結直接套在曼殊身上作分析。三郎對河合夫人的依戀是薄弱的，甚至能否用上「依戀」一詞成疑。三郎的確因身世的悲涼而出家為僧，而他悲嘆的內容亦多是關於母親之事。可是，在遇上乳媼之前，正如他悲嘆中所謂：「吾母生我，胡弗使我一見？」。既然是說母子間未曾一見，三郎的思念其實是沒有具體對象的。即使三郎在乳媼口中得知一些自己也不知道的童年往事，然後下決定：「余行將子身以尋阿母」，他實際上是對自己母親沒有什麼印象的。另外，要知道，省母的情節是以離家出走作為結局。三郎東渡日本是為了省母，可是離家出走是為了逃婚，更甚者，三郎走的時候思念的全是靜子而非河合夫人。如是者，又何能謂三郎對河合夫人有戀母的情結呢？若再由三郎與河合夫人的相處質素而言，二人的再遇是平淡的；而在二人相處的過程中，河合夫人給予三郎的關懷是遠不及壓力之多。可見，若謂「三郎－河合夫人」之間的關係投射了「曼殊－河合仙」之間的戀母情結，這是說不通的。

3.角色分析：養父、日裔親父

　　另外，曼殊在《斷鴻零雁記》中寫了「養父」、「日裔親父」的角色，亦引起了不少的風波。例如，柳亞子最初就曾信以為真。在〈蘇玄瑛新傳考證〉就寫道：「據〈潮音跋〉及〈斷鴻零雁記〉，玄瑛父確為日本人。……記稱蘇某為父執，又謂義父」[107]。當然，經過一番考證與討論，柳氏最後推翻此說，指曼殊親父為蘇傑生。在〈蘇曼殊傳略〉中，柳氏分析曼殊為何以「養父」指代親父蘇傑生時，他寫道：「……我想，曼殊也不是有意造謠，他知道河合

107　柳亞子，〈蘇玄瑛新傳考證〉，柳亞子編，《蘇曼殊全集 三》，（北京：當代中國出版社，2007），頁180。

仙嫁給傑生以前，是嫁過一個日本人的，而且生育過，所以他對
於自己的血統問題，是十分懷疑的。由懷疑而假設，便產生了〈潮
音跋〉和〈斷鴻零雁記〉」[108]。此說其實與事實不符，按曼殊大同
學校的同窗馮自由所說，曼殊曾於上課時自認為一中日混血兒[109]。
「自認是中日混血兒」的事發生在 1899 年曼殊十六歲（西曆 15
歲）的時侯，而非少不更事之孩童時代。可見，曼殊是清楚自己
父親一方之血統的。反之，筆者比較同意金勇的說法，她指出：「他
是一個中日混血兒，而且是私生子……後因其父命中少子才承認
了他的合法地位，把他帶入了屬於他名分的蘇氏家族。由於生父
是半路上插入他生活的陌路人，他對父親自始就缺乏一種親
情，……他直覺地認為自己沒有父親，只有一個現實的『養父』」
[110]。曼殊以「養父」暗指親父並非反映了他對他血統的疑竇，而
是出於父子二人的疏離感。父子之間是儼如養父養子之關係。這
種關係，參考《斷鴻零雁記》中有關法忍與其養父的寫法：在義
父一方而言，是一種只盼有人繼承後嗣的欲望；在義子一方而言，
是一種有之則生活就會好一點的關係。

　　至於有關「日裔親父」方面，其實可以視為曼殊對於蘇家族
人、瀝溪鄉人的一種厭棄與區隔。其實，不論在曼殊的書信、言
論，或是小說之中，吾人均看不出曼殊對於蘇傑生有什麼怨言。
正如三郎一樣，養父雖然不太親，但是他還在世的時候，三郎尚
算生活得不俗。在《斷鴻零雁記》中，三郎從未對其養父表現怨

108 柳亞子，〈蘇曼殊傳略〉，柳亞子編，《蘇曼殊全集 普及版》，（上海：開華
　　書局，1933），附錄頁 2。

109 馮自由，〈蘇曼殊之真面目〉，《革命逸史》初集，（北京：中華書局，1981），
　　頁 166。

110 金勇，〈情與佛走不出的生存困境 —— 蘇曼殊小說新論〉，《河南大學學報（社
　　會科學版）》，1994 年第 34 卷第 1 期，頁 45。

懟。甚或三郎曾對其養父加以稱許：「爾父執為人誠實，恒念爾生父於彼有恩，視爾猶如己出」[111]。那末，在《斷鴻零雁記》中，欺負三郎的是誰呢？是養父婦、親友，和鄰舍[112]。在現實生活中，欺負曼殊的是誰呢？是庶母大陳氏、大家姐蘇燕、嬸嬸輩的親友，和附居之親戚[113]。可見，曼殊與三郎之處境是一致的。筆者認為曼殊寫三郎父「爾生父宗郎，舊為江戶名族，生平肝膽照人，為里黨所推」[114]之目的，是一種對「故親友鄰舍，咸目爾為無母之兒，弗之聞問」、「人與猛獸，直一線之分」[115]的蘇家族人、瀝溪鄉人之厭棄與區隔。學者吳近在〈斷鴻零雁的愛中涅槃——論蘇曼殊小說的悲劇性〉一文指：「在《斷鴻零雁記》中，為掩飾個人難以言說的出身，滿足虛榮心抑或求得心理補償，蘇曼殊編織了一個生父為日本江戶名族的謊言」[116]。筆者認為此說不妥。如果謂曼殊有意在出身上，透過寫作滿足虛榮心。然則，僅寥寥兩句的「爾生父宗郎，舊為江戶名族」[117]、「爾先在江戶固為公子，出

111 蘇曼殊，〈斷鴻零雁記〉，柳亞子編，《蘇曼殊全集 二》，（北京：當代中國出版社，2007），頁158。

112 詳細可參考〈斷鴻零雁記〉第三章，乳媼之言：蘇曼殊，〈斷鴻零雁記〉，柳亞子編，《蘇曼殊全集 二》，（北京：當代中國出版社，2007），頁156-159。

113 詳細可參考蘇維騄與柳亞子，及蘇惠珊與羅孝明的書信：柳亞子，〈曼殊之血統問題及其少年時代〉，柳無忌編，《柳亞子文集：蘇曼殊研究》，（吳縣：上海人民出版社，1987），頁171；蘇惠珊，〈亡兄蘇曼殊的身世 —— 致羅孝明先生長函〉，柳無忌編，《柳亞子文集：蘇曼殊研究》，（吳縣：上海人民出版社，1987），頁505。

114 蘇曼殊，〈斷鴻零雁記〉，柳亞子編，《蘇曼殊全集 二》，（北京：當代中國出版社，2007），頁157。

115 蘇曼殊，〈斷鴻零雁記〉，柳亞子編，《蘇曼殊全集 二》，（北京：當代中國出版社，2007），頁158。

116 吳近，〈斷鴻零雁的愛中涅槃——論蘇曼殊小說的悲劇性〉，《安徽文學・文學評論》，2010年第8期，頁35。

117 蘇曼殊，〈斷鴻零雁記〉，柳亞子編，《蘇曼殊全集 二》，（北京：當代中國

必肥馬輕裘……爾異日東歸，仍為千金之子……」[118]又如何可以起心理補償之效呢？筆者認為「爾生父宗郎，舊為江戶名族，生平肝膽照人，為里黨所推」[119]一句的重點應為「生平肝膽照人，為里黨所推」一段，而非「舊為江戶名族」。曼殊營造出一位「日裔親父」，其實是表現出他對於理想的家族鄉黨之嚮往。那是一個有人情味的、鄉黨中會欣賞推舉肝膽照人的成員之家族鄉黨。曼殊厭棄人情味疏淡、充斥怨毒成員的蘇家族人、瀝溪鄉人，並希望與之作出區隔。蘇惠珊與羅孝明的書信中有一段內容可作佐證。蘇惠珊記道：「先父逝世時，家人曾托一位世叔，簡世昌公，貪夜趕來香港，尋找曼殊回鄉奔喪。曼殊問世叔簡公說：父親在世乎？公答曰：已去世。他說：父親若在世我即回去，今云父親已去世，回去無甚意味」。蘇惠珊其後解釋道：「想其因不欲與嬸輩相見，因被嬸輩歧視」[120]。可見，曼殊討厭的不是其父蘇傑生。「養父」角色的營造，並非出於仇父的情結，卻是作者父子之間情感的疏離。至於「日裔親父」的營造，並不是出於滿足虛榮心，或是為求得到心理補償，而是反映了曼殊對蘇家族人、瀝溪鄉人之厭棄與區隔。

4.角色分析：乳媼

學者們在分析《斷鴻零雁記》時，一直都忽視了「乳媼」這角色。筆者反而認為她是「三郎省母」的關鍵人物，甚至比故事

出版社，2007），頁 157。

118 蘇曼殊，〈斷鴻零雁記〉，柳亞子編，《蘇曼殊全集　二》，（北京：當代中國出版社，2007），頁 160。

119 蘇曼殊，〈斷鴻零雁記〉，柳亞子編，《蘇曼殊全集　二》，（北京：當代中國出版社，2007），頁 157。

120 蘇惠珊，〈亡兄蘇曼殊的身世 —— 致羅孝明先生長函〉，柳無忌編，《柳亞子文集：蘇曼殊研究》，（吳縣：上海人民出版社，1987），頁 507。

中的河合夫人更為重要。首先，吾人要處理一個問題，乳媼是否
真有其人？曼殊的大哥蘇煦亭與柳亞子的書信中就言：「實則曼殊
十二歲已往滬就學，其幼時亦無乳媼」[121]。柳亞子又引曼殊堂弟
蘇維騄的說法：「據維騄言，幼時確有乳媼，但為日本人，又未至
廣州耳」[122]。姑勿論蘇煦亭還是蘇維騄的說法較為準確，至少這
位原為農村寡婦，後為三郎乳媼的中國籍婦人實際上是不存在的。
再者，若由曼殊的照片、書信、言談、隨筆等，及至親友的憶述
看來，《斷鴻零雁記》的乳媼亦不是任何現實生活的人物投射而成
的角色。哪末，曼殊營造這個角色的動機是什麼呢？他想借這一
個角色表達些什麼呢？如前所述，在曼殊進入性器期（即 3-6 歲）
的期間 —— 他六歲（洋曆 5 歲）的時候，不論是依戀的對象還是
仇恨的對象均不在曼殊側。在這種條件之下，真正依戀的對象，
大抵上只可能是一種在五歲（洋曆 4 歲）前累積的模糊感覺。由
於感覺模糊，母親的印象只能靠幻想或白日夢之途徑去作填充。
筆者認為乳媼一角的出現，正是戀母欲望與幻想投射的關鍵人
物。

　　其實，細察曼殊對於省母之事的鋪陳，如果以「離家出走」
作為省母之結束，故事是不完整的。三郎如此想念母親，為什麼
他會捨得因情愛事而離開母親呢？雖然說三郎因怕母親知道他離
開的意欲而未能成行，故一聲不響地離家出走。可是，為什麼三
郎就連留書出走的信件，也不是寫給母親的呢？三郎走了，他與
母親的關係又會如何呢？省母之事就這樣沒有句號的結束了嗎？

---

121 柳亞子，〈曼殊之血統問題及其少年時代〉，柳無忌編，《柳亞子文集：蘇曼
　　殊研究》，（吳縣：上海人民出版社，1987），頁 185。
122 柳亞子，〈曼殊之血統問題及其少年時代〉，柳無忌編，《柳亞子文集：蘇曼
　　殊研究》，（吳縣：上海人民出版社，1987），頁 185。

但是，如果將分析的重點放在乳媼一角之上，即見敘事是完整與首尾呼應的。

若將乳媼放在省母一事的發展上，吾人可以見到以下的流程：

一、三郎被視為無母而悲嘆身世；

二、三郎巧遇乳媼而得知母親資料，引發省母之事；

三、三郎留在乳媼家而得初嘗家庭溫暖，並得她的安排與幫忙之下籌集省母旅費；

四、三郎得雪梅贈金尋母，在極度依依不捨的心情下別乳媼出發；

五、三郎得見河合夫人。可是，敘事未有出現一直預期的感人場面。河合夫人的一角在出場的初期，只是主要扮演嚮導的角色，向三郎介紹日本家中的各人各事。例如攜其謁父墓、介紹義妹蕙子、三郎姊、廚娘阿竹、訪若姨等；

六、三郎與河合夫人的相處一直都令他感壓力。因為三郎害怕讓母親得悉其為三戒俱足之僧的身份。後來，河合夫人向三郎表明，她希望他與靜子成婚。此事將三郎的壓力迫至高峰。最後，三郎留書靜子後，離開了日本的家；

七、三郎回中土後得知乳媼已死。引發省母之行的角色死亡。

由故事的鋪陳來看，如果以乳媼作為分析的重點，省母之行始於巧遇乳媼，終於收到乳媼死訊，敘事完整且首尾呼應。

曼殊何以要營造乳媼這個角色呢？他的動機是什麼？筆者認為佛洛伊德的理論可以有效地對此作出解釋。曼殊的童年資料除了兩件事以外，一直尚算平平穩穩的渡過：一、生母在他三月大時離他而去，二、六歲（洋曆 5 歲）時離開了河合仙的懷抱而

抵父親的家，卻又旋即離父歸國返鄉。據此，筆者曾判斷曼殊應屬口腔期初期的人格。又由於力必多固著於口腔期初期，曼殊比常人餘下較少的力必多進入其後的階段。可是，佛氏既曾指出發展的每一步都可能成為固著之點，吾人不得不考慮曼殊六歲（洋曆 5 歲）時的經歷亦會令他出現伊底帕斯情結。考慮曼殊已有不少的力必多固著於口腔期，他的伊底帕斯情結會是一個較弱的情結。而且，在曼殊進入了性器期的中段時間，伊底帕斯情結最重要的兩個角色均不在旁。吾人必需加以考慮那會是一個異常的情結。考慮以上的情況後，筆者認為乳媼的營造，正是口欲含合型人格與這種異常的伊底帕斯情結結合而出現的投射。

　　乳媼這個角色乃是曼殊對於母親的幻想投射而成，她象徵了母愛失落的一種補償。按佛洛伊德的理論，性器期的階段有一個重要的發展，就是放棄自體性慾，以外界的對象作替代；而性器期之所以會出現伊底帕斯情結，原因是男孩會以母親為愛的對象[123]。在這個階段，生母河合若不在曼殊旁。六歲（洋曆 5 歲）開始，同時為性器期中段的時期，被娛認為生母的河合仙亦不在曼殊身旁。以外界的對象作替代自體性慾的階段，母親實際不在身旁。曼殊只能靠依稀的印象，憑幻想或白日夢去滿足欲望，獲取母愛。加上口腔期初期的固著，因此曼殊透過創作抒發他這個被壓抑的欲望時，就創造了乳媼一角。乳媼，又可稱為奶媽、奶娘、乳娘、奶母，是僱用來以母乳餵哺嬰兒的職業，她的職責就是分擔一部份母親的天職。乳媼一角由其職業來看，正是投射了曼殊一種 0-1 歲時母乳被中斷而希望再續的欲望、對母愛渴求的幻想。在《斷鴻零雁記》中，三郎的乳媼正好體現了曼殊對母親、對由

---

123 詳細可參：西格蒙德・佛洛伊德著，彭舜譯，《精神分析引論 新版》，（台北：左岸文化事業有限公司，2012），頁 401-402。

母親而來的家庭溫暖的期望與幻想。

　　對比三郎和乳媼的相遇與三郎待在日本家的時候，三郎跟乳媼的對話、相處的狀況，以及在家中居住時之氣氛，與三郎和河合夫人之相處可謂有天壤之別。上文已曾展示，三郎與河合夫人相處的情況。大致上，河合夫人給予三郎的壓力大、關愛少。二人的相處未曾出現感人的場面。三郎在日本的家中，思緒不寧的時間多於有感家庭溫暖的時間。筆者主張乳媼的角色是代表了曼殊對母親的期望與幻想。然則，筆者必先要指出，乳媼的角色其實比起河合夫人一角，更能為三郎帶來母愛與家庭溫暖。不然的話，這個說法則難以具有說服力。以下會將三郎與乳媼的相處狀況，和與河合夫人的一一作出比較，用以支持筆者的主張。

　　在第三章開首，乳媼見三郎時，作者寫道：「余禮乳媼既畢，悲喜交並。媼一一究吾行止，乃命余坐，諦視余面，即以手拊額」[124]。比之於河合夫人見三郎時之描述：「據榻而坐，以面迎余微笑」[125]，乳媼更見親切關懷。再者，對於乳媼的情感和反應，作者作了直接的描寫。反之，河合夫人的情感和反應，作者只作間接的描寫。河合夫人的情感是由三郎猜出來的：「余心知慈母此笑，較之慟哭尤為酸辛萬倍」[126]。

　　乳媼初與三郎對話時，即留意到三郎現況，對三郎出家為僧表示痛心：「傷哉，三郎也！設吾今日猶在彼家，即爾胡至淪入空

124　蘇曼殊，〈斷鴻零雁記〉，柳亞子編，《蘇曼殊全集　二》，（北京：當代中國出版社，2007），頁156。

125　蘇曼殊，〈斷鴻零雁記〉，柳亞子編，《蘇曼殊全集　二》，（北京：當代中國出版社，2007），頁170。

126　蘇曼殊，〈斷鴻零雁記〉，柳亞子編，《蘇曼殊全集　二》，（北京：當代中國出版社，2007），頁170。

界？」。比較河合夫人初與三郎對話時，只謂謝上蒼使三郎無恙。她隨即又叫三郎莫為自己的病憂心：「吾兒無恙，謝上蒼垂憫。三郎，爾且拭淚面余。余此病幾殆，年邁人固如風前之燭，今得見吾兒，吾病已覺霍然脫體，爾勿悲切」。明顯地，乳媼較河合夫人更為關切三郎狀況。

在初重遇的時候，乳媼表現激動。按第三章中的描述，她與三郎對話時表現的情緒反應極大，有「凄然曰」、「媼言至此，聲淚俱下」、「媼既收淚，面余言曰」、「吾媼言已，垂頭太息」、「既而媼忽仰首，且撫余肩曰」。反之，在第八章的描述之中，河合夫人則遠較乳媼平靜，較少情緒的波動。章中寫有「以面迎余微笑」、「但聞慈母咽聲言曰」、「言已，收淚扶余起」、「慈母復撫余等曰」。比較起來，乳媼與三郎重遇之章節的情感反應，實比河合夫人與三郎重遇時有過之而無不及。

在三郎暫居乳媼家的期間，乳媼並無為三郎構成什麼壓力。要數算相處時，三郎因怕乳媼憂心，而強行壓抑自己情緒以安慰乳媼之處亦只兩處。同在第三章，一次於初見面，乳媼言迄她與三郎分別的來由時，三郎的反應為：「余忽心念乳媼以四十許人，觸此憤慟，寧人所堪？遂強顏慰之曰……」[127]；另一次於乳媼詳述三郎身世之後，三郎安慰乳媼曰：「今夜深矣，媼且安寢。……望吾媼千萬勿過傷悲。天下事正復誰料？」[128]。然而，若數河合夫人與三郎的相處，她令三郎感壓力的情節比比皆是。在第十章、第十二章至第十五章，和第十八章，一共六章都有河合夫人令三

127 蘇曼殊，〈斷鴻零雁記〉，柳亞子編，《蘇曼殊全集 二》，（北京：當代中國出版社，2007），頁157。

128 蘇曼殊，〈斷鴻零雁記〉，柳亞子編，《蘇曼殊全集 二》，（北京：當代中國出版社，2007），頁158。

郎感到有壓力的情節。即使是三郎離家出走以後思及母親的描述，
仍有第二十二章及第二十七章兩處令三郎感到悲傷。上文已有詳
論，此處就不再贅述了。

　　若謂以上的理據仍未足以支持筆者的說法，筆者還客觀地對
三郎與各長輩角色的對話字數作出了統計，從而找出了一個有趣
的現象。

表 6.2 三郎與各長輩角色的對話字數統計

乳媼言談統計（出場章節第二、三、四、六章）	
非與三郎言	第二章 8 字
	共 8 字
與三郎言	第三章 1228 字
	第四章 256 字
	第六章 13 字
	共 1497 字
三郎與乳媼言	第三章 204 字
	第四章 7 字
	共 211 字
河合夫人言談統計（出場章節第八至十五、十七及十九章）	
非與三郎言	第八章 39 字
	第十章 38 字
	共 77 字
與三郎言	第八章 266 字
	第九章 121 字
	第十一章 223 字
	第十二章 737 字

	第十三章 172 字
	共 1519 字
三郎與河合夫人言	第十一章 54 字
	第十二章 105 字
	第十三章 39 字
	共 198 字
若姨言談統計（出場章節第十至十二、十五、十六及十九章）	
非與三郎言	第十章 120 字
	第十一章 24 字
	共 144 字
與三郎言	第十章 383 字
	共 383 字
三郎與若姨言	第十章 60 字
	共 60 字

*此表的字數統計連標點符號計算在內[129]

　　不少學者都認同《斷鴻零雁記》主線之一為「三郎省母」之事，當中最重要的人物當然為河合夫人。但是，由表 6.2 可見，河合夫人竟然是各長輩角色之中，平均對話字數最少的一位。乳媼出場而又有言談的章節有 3，而言談的字眼共有 1497 字，平均每一章是 499 字。河合夫人出場而又有言談的章節有 5，而言談的字眼共有 1519 字，平均每一章是 303.8 字。若姨出場而又有言

129　為方便統計，此表的資料來源是《斷鴻零雁記》之網上版本。開放文學，《斷鴻零雁記》，超連結：http://www.open-lit.com/bookindex.php?gbid=410，瀏覽日期：2014 年 1 月 14 日。

談的章節只有 1 章，而言談的字眼有 383 字。河合夫人這位省母之行的核心人物，竟然是平均對話字數最少的一個角色！比較起來，乳媼平均對話字數大約是河合夫人的 1.6 倍。其實，乳媼在第六章僅出場了一小段的情節，所說之言亦只是送別三郎的說話。如果扣除此章，而僅以第三章及第四章計算。乳媼兩章合共說了 1484 字，平均每一章是 742 字。然則，這數目約是河合夫人的 2.45 倍！再計算三郎回答各長輩角色的說話字數。三郎與乳媼有談話的章節有 2，而言談的字眼共有 211 字，平均每一章是 105.5 字。三郎與河合夫人有談話的章節有 3，而言談的字眼共有 198 字，平均每一章是 66 字。三郎與若姨有談話的章節只有 1 章，而言談的字眼有 60 字。將乳媼與河合夫人兩者比較起來，三郎與乳媼對話的字數，平均是與河合夫人對話的字數之 1.6 倍。可見，由字數而言，三郎與乳媼的言談交流亦是遠比與河合夫人的還要多。

　　如果把對話內容的性質加以考慮，筆者同樣發現河合夫人關懷三郎的對話並不多。在第八章之中，河合夫人介紹三郎姊及其義妹[130]、謂後日去王父及爾父墓所[131]、道親戚故舊多[132]，及介紹廚娘阿竹[133]之對話共有 161 字，佔了二人對話字數總數 266 字的 60.5%。在第九章之中，河合夫人與三郎所有對話的內容都與關懷三郎無關，包括了介紹龍山寺、謂大雪需歸，與提及若姨的對話。第十一章之中，三郎問河合夫人何時回家和見其姊、河合夫

---

130 由「此為吾養女」計算，至「故不恒至」，為河合夫人介紹三郎姊及其義妹之言。

131 計「吾明日病瘳，後日可攜爾赴謁王父及爾父墓所」一句，為有關王父及爾父墓所之言。

132 計「吾家親戚故舊正多，……一覘他鄉風物。」一句，為河合夫人道親戚故舊多之言。

133 由「三郎，爾今在家中」計算，至「吾甚德之」，為河合夫人介紹廚娘阿竹之言。

人言及若姨苦留三郎母子之事，兩者佔了此章二人對話字數之總數 223 字的 182 字[134]，共 81.6%。至於第十二章的 737 字之中，只有「三郎，晨來毋寒乎？吾覺涼生兩臂。」16 字是關心三郎的，其餘有 206 字（佔 27.95%）是言及三郎姊來箋，然後嘆息養女徒勞[135]，又有 515 字（佔 69.88%）是有關向三郎表示她希望二人成婚的意願[136]，並在三郎拒絕後責罵他之言[137]。第十三章之中，河合夫人在三郎勉強謂謹遵其命，並求她原諒之後，仍以教訓的口吻言三郎理應聽她的話[138]，共有 148 字。之後，加上她別三郎時謂她去檢點冬衣，並囑咐他去就浴[139]的 24 字，就已是全章對話的總字數 172 字。在河合夫人與三郎對話的 1519 字之中，有 1236 字的內容並不是關心三郎的言辭，佔了 81.37%。比較乳媼關懷三郎的對話，實較河合夫人的為多。在第三章之中，乳媼表示她心痛三郎出家為僧[140]、憶述她哀三郎無依欲幫他[141]、憶述她深愛三郎而遭排斥[142]、心痛三郎羸瘠，留三郎居其家再幫他計劃東歸省

134　由「何時均可」計算，至「與爾妹同室」，為河合夫人言及若姨苦留三郎母子之言。

135　由「三郎，此爾姊來箋也」計算，至「此子亦大可憐」，又「諺云『養女徒勞』」計算，至「安得不江河日下耶？」，由為河合夫人言及三郎姊來箋，然後嘆息養女徒勞之言。

136　由「三郎，坐」開始計算，至「何謂？」止，為河合夫人希望二人成婚的意願之對話。

137　由「烏，是何言也！」計算，至「猶含笑矣」，為河合夫人責罵三郎之言。

138　由「孺子當聽吾言為是」計算，至「爾切勿以傅粉涂脂之流目之可耳」，為河合夫人以教訓的口吻言三郎理應聽她的話之言。

139　計「三郎，娘今當下樓檢點冬衣，十一時方暇。爾去就浴」一句。

140　計「傷哉，三郎也！設吾今日猶在彼家，即爾胡至淪入空界？」一句。

141　由「迨爾父執去世之時」計算，至「離彼獧獠」，為乳媼言及憶述她哀三郎無依欲幫他之言。

142　計「又以吾詳知夫人身世，且深愛三郎，怒我固作是態，以形其寡德。」一句。

母，並祝福他母子二人能再團聚[143]共有 215 字，佔了二人對話字
數總數 1228 字的 17.51%。第四章中，乳媼之言除「吾家去湖不
遠，魚甚鮮美，價亦不昂，村居勝城市多矣。」一句的 25 字之外，
全都是關懷三郎之言，包括：表示見三郎感安慰，下廚與三郎共
進晚膳[144]、表示心中不忍見三郎以孱弱之軀荷薪，又想法子助他
籌款省母[145]，及怕三郎因暫為鬻花郎心感不快而出言安慰[146]共有
231 字，佔了二人對話字數之總數 256 字的 90.23%。在乳媼與三
郎對話的 1497 字之中，有 446 字的內容是關心三郎的言辭，佔了
29.79%；遠比河合夫人關心三郎的言辭 18.63%要多。

　　由以上種種的理據看來，筆者指乳媼的角色其實比起河合夫
人一角更能為三郎帶來母愛與家庭溫暖的主張成立。那末，若以
乳媼作為省母的分析關鍵，吾人又是否可以分析出曼殊的心聲
呢？

（三）以「乳媼」為關鍵的「三郎省母」分析

　　如前所述，筆者認為《斷鴻零雁記》是曼殊的自傳。「三郎
省母」的主題其實就是他個人省母之行的投射。當中是一種生活
的敘事，寫的是他回顧他省母之行而得出的總結。筆者認為以「乳
媼」為關鍵去分析「三郎省母」的情節，是比起傳統理解《斷鴻
零雁記》的方法，更能了解曼殊在他的自傳中真正想表露的思緒。

---

143 由「傷哉」計算，至「必有以加庇夫人耳」，為乳媼心痛三郎羸瘠，留三郎
　　居其家再幫他計劃東歸省母，並祝福他母子二人能再團聚之言。
144 計「勞哉小子！吾見爾滋慰。爾兩人且歇，待我燃燭出鮮魚熱飯，偕爾晚
　　膳。」一句。
145 由「吾今日見三郎荷薪」計算，至「三郎，爾意云何？」，為乳媼表示心中
　　不忍見三郎以孱弱之軀荷薪，又想法子助他籌款省母之言。
146 由「三郎，爾先在江戶固為公子」計算，至「誰復呼爾為鬻花郎耶？」，為
　　乳媼安慰三郎之言。

筆者大致上將他的省母之行，分為三個階段：一、「自悲・幻想」階段，二、「遇上・失望」階段，三、「消退・破滅」階段。以下的部份將一一作出仔細詳述。

1.「自悲・幻想」階段

　　曼殊透過《斷鴻零雁記》「三郎省母」情節，表達出他對於母親的思念。這是第一個階段，筆者將之名為「自悲・幻想」階段。曼殊一直自謂「身世有難言之恫」，在《斷鴻零雁記》的首章他就指出了「恫」的核心，終究是與「母親」有關的[147]。他自悲身世的思緒極為複雜。一方面，他自知他之所以有「身世有難言之恫」，主要的來由是其「母親」的問題。可是，他又十分想念母親。按三郎的身世，他約於三歲時河合夫人就離他而去，而在《斷鴻零雁記》之中他的年紀已為十六歲[148]。幼兒時期的回憶應極為模糊。第一章之中所謂的：「百靜之中，隱約微聞慈母喚我之聲」只能說是一種幻想，一種憑依稀記憶填充的幻想。故曼殊以「隱約微聞」，去寫三郎彷彿聽到慈母之聲。相類似的情況同樣發生在曼殊的身上。曼殊親母在他三個月大時離開他，而河合仙在他六歲（洋曆5歲）後不再在他身旁。縱然河合仙在時是如何的疼愛他，到曼殊的青少年時期，想及母親時、羨慕別人有家庭溫暖時，亦只可以由依稀印象作填充去幻想。乳媼一角正是為滿足這個幻想而衍生出來的角色。在她的身上，三郎得到母愛與家庭的溫暖。如前所述，乳媼的角色是在言談之間最為關懷三郎的。三郎與乳媼的相處是最能獲得家庭溫暖的。例如，在第四章中寫：「乳媼背爐兀坐，手縫舊衲」，待三郎和潮兒回來時下廚後共進晚膳；又寫

---

147 本文較早的部份已有論述，請參考 6.2.2.1.1 一節。
148 第八章之中河合夫人向三郎介紹義妹惠子時曾言：「此為吾養女，今年十一，少爾五歲……」

「與媼共飯，為況樂甚」，飯後對話無一不就關心三郎而言；又寫三郎望乳媼時：「注視吾媼慈顏，一笑如春溫焉」；第六章中，乳媼讀雪梅書，「慘同身受，淚潸潸下」，與三郎同哀同愁；即使是快要分別時，亦處處為三郎打算著想，勸三郎速歸省母同時，謂她會力助雪梅之事。

在敘事的鋪陳上，乳媼正正是省母之行的關鍵人物。首先，乳媼一角在省母之事上，起了一個很大的功用。三郎在遇母親之前，對母親實毫無印象。母親的形象是由乳媼一字一言逐漸建立的。例如，三郎母是日本人、她的服飾均為古裝、她帶三郎到中國的原因等。甚至，三郎的兒時苦況及箇中原因，也是透過乳媼的講述而整理出來的。乳媼一角第二個最大的功用，就是引發起三郎省母之行。乳媼對三郎年幼遭遇的整理，令三郎對再遇母親有期盼。加上，乳媼將河合夫人的地址「珍藏舊簏之中」，這才使得三郎省母之行具備了必要的條件。乳媼對三郎關懷備致並留三郎居其家，為他打點籌備上路的資金。到三郎臨行時為勸導他安心上路，乳媼又答應助他處理雪梅之事。凡此等等，乳媼為三郎省母之行提供了充分的條件。

如果說自傳是傳主對生活的總結，曼殊是借乳媼一角寫出他對母愛及家庭溫暖的期望，以及總結他童年時淒楚的生活。因此，吾人可以每每由三郎的童年之中，找出與曼殊童年相應的人物，例如：父執為蘇傑生、父執婦為庶母大陳氏、親友鄰舍為曼殊的嬸嬸輩等。值得留意的是，在乳媼的憶述與解說之中，河合夫人是關心三郎的，他的童年苦況不是她所構成的。在她離去之前，她把三郎交付乳媼好好照顧的。只是父執家中的人怨毒，刻意虐待三郎而已。吾人可以將這看法視為曼殊省母前，以依稀的記憶回想河合仙時所得的印象。因此，一如三郎對重遇母親有一定的

期盼一樣，曼殊在省母之前對重遇河合仙都有極大的期盼。更進一步說，若乳媼為曼殊對母親及家庭溫暖的渴求投射而成之角色。那麼，乳媼力圖助三郎東歸省母的情節，可以視為是曼殊因心中對母親、對家庭溫暖的渴求，而驅使了他本人的省母之行。由自悲「身世有難言之恫」，到時常幻想著母親的好及家庭溫暖，直至把省母之旅付諸實行，筆者將曼殊這段心路歷程之稱為「自悲‧幻想」階段。

2.「遇上‧失望」階段

　　在第八章，河合夫人與三郎終於遇上了。可是，一切情況都不似預期的一樣。相比三郎與乳媼相遇的情況，乳媼的情感波動遠比河合夫人的反應大。甚至，河合夫人的情感都是三郎心中構想的，並不如描述乳媼時一樣用直接的描寫。如第三章之中，乳媼親口言道：「吾詳知夫人身世，且深愛三郎」之說話，從未自河合夫人口中說出。第八章中，曼殊寫：「余心知慈母此笑，較之慟哭尤為酸辛萬倍」「余心念天下仁慈之心，無若母氏之於其子矣」都是三郎心中所想而已。反而，由河合夫人口中道出有關疼愛三郎之對話內容，是就若姨對三郎的感情而言。如在第九章末言：「若姨愛爾如雛鳳」、「一日不見爾，則心殊弗懌」、「及爾行後，阿姨肝腸寸斷矣」等。

　　另外，就相處狀況而言，在第十章之中，三郎雖然覺得「余雖呻吟牀褥，然以新歸，初履家庭樂境，但覺有生以來，無若斯時歡欣也」。可是，在遇上母親之後，有關家庭生活的描寫並不如在乳媼家中的溫馨。在三郎與河合夫人相處的時間，曼殊沒有仔細描寫相處的樂況。反之，河合夫人的角色更像一個嚮導員，介紹家姊、義妹、廚娘、引導三郎謁父墓所、介紹若姨、帶三郎到若姨家等。除嚮導員的功能外，河合夫人在故事中另一個較觸目

的情節，已是責罵三郎的部份了。第八章她主要是介紹家中狀況及各成員。第九章她帶三郎去謁父墓所，後提出帶三郎去拜訪若姨。第十章她帶三郎抵若姨家，因三郎病而暫居其家。第十一章她出場只為帶出若姨挽留他們繼續居其家的訊息。第十二、十三章已是她在沒有了解三郎的苦衷的情況下，因聞三郎言終身不娶而責罵他的部份。更甚者，曼殊描寫河合夫人之後的動態時，在第十四章中就寫道：「余母每面余時，歡欣無已，似曾不理余心有閒愁萬種」。在較後的章節，河合夫人的角色已沒有什麼較長的出場時間或對話了。

　　筆者認為曼殊在其自傳之中這樣寫三郎的省母之行，是代表了他重遇河合仙之後感到不似預期。曼殊與河合仙之間，沒有感人的重逢，沒有令他期待已久的母愛，也沒有由河合仙所提供的家庭溫暖。如果將三郎的遭遇比較曼殊真實所遇，吾人發現二人的處境極為相似。第一，曼殊在與河合仙重聚時，實在難以有深入和細膩的情感交流。根據柳無忌在《蘇曼殊傳》的說法，曼殊要直到其二十四歲才與河合仙重新取得連繫[149]。雖然據柳氏的描述，「那是一個肅靜的、充滿感情的場面」，但當時因曼殊的日語口語已經荒廢了，他還請了友人陳國權擔任翻譯[150]。因此，筆者認為二人實在不可能暢所欲言地細談別後事，有深入和細膩的情感交流。這倒也符合柳氏之謂「肅靜」兩字。第二，一如《斷鴻零雁記》的河合夫人，在曼殊心目中河合仙有如一位嚮導員，而多於他期待已久的母親。河合仙在重遇曼殊幾天之後的第二次會面，河合仙就引曼殊見了他的第二個日本丈夫[151]。河合仙既然已

149 柳無忌，《蘇曼殊傳》，（北京：三聯書店，1992），頁5。
150 柳無忌，《蘇曼殊傳》，（北京：三聯書店，1992），頁43註1。
151 柳無忌，《蘇曼殊傳》，（北京：三聯書店，1992），頁43。

經另嫁他人，屬於另一個家，更徨論可以給予曼殊什麼母愛和家庭溫暖了。另外，據本研究較早的部份所提出，曼殊應該是在重遇河合仙之後，才得知一直視為生母的河合仙實乃其姨母，而真正的生母卻是一直稱呼為姨母的河合若之事[152]。第三，如果細察《斷鴻零雁記》中有關若姨的部份，吾人可以見到一些有趣的現象：一、河合夫人沒有自道自己如何疼愛三郎，反而言及若姨極愛三郎；二、河合夫人與若姨之間，其實僅若姨曾親自照顧三郎（在第十章三郎病的時候）；三、雖則若姨表現甚愛三郎，可是終歸三郎與其互動不多；四、暫撇開情愛事不談，其實河合夫人是在若姨與靜子兩個角色出現之後，為三郎帶來壓力的。筆者有理由相信三郎與若姨的重聚，是投射了曼殊與生母河合若重聚的情感。二人重聚後，河合若雖然對曼殊寵愛有加，可是曼殊與她始終建立不了親密的感覺。反而，河合仙向曼殊道出他真實的身世，以及促成河合若與曼殊重聚一事，令他感到有壓力。總括而言，把省母之旅付諸實行、與河合仙重聚、發現她已另嫁他人，以及知道了自己不為人知的身世等，曼殊一直所幻想的感人重逢、母愛、家庭溫暖一概欠奉。省母之行可以「失望」二字作總結，筆者將曼殊這段心路歷程之稱為「遇上‧失望」階段。

3.「消退‧破滅」階段

　　重遇時沒有預期的感人，相處時沒有溫馨的樂況。河合夫人的角色縱然是與三郎相處在同一的時空之中，可是出場的比重就逐漸地減少，角色的重要地位慢慢地被退下來。在故事的情節上，河合夫人在第八章已要算是她較長的一次與三郎有交流的部份。第九章河合夫人帶三郎謁祖父及父親墓所時，只有一兩句簡單的

---

152 詳細請參考本研究第四章。

說話，之後就言其會攜三郎見若姨。第十章河合夫人有與三郎互動，但就僅「余母速余飲藥」一句，並沒有描述對話內容。在第十一章之中，三郎與河合夫人只有一次對話，當中言及三郎姊、若姨挽留他們多住一點時間，並問三郎是否適應在若姨家中的生活。第十二、十三章經已是河合夫人責罵三郎的情節了。在第十四章中，母子二人已無交流。甚至，三郎心中覺得母親「似曾不理余心有閒愁萬種」。僅偶有一處非關重要的互動，是第十七章中的「余母在旁，命余亦隨送阿姊」。可見，雖然身處同一時空之中，但互動減少，關係變差。在第十四章以後，角色甚至被退下來。

　　河合夫人不單止被逐漸地退下來，就連母子的分別都是在一種無聲落幕的情況下出現。比較起來，三郎與河合夫人別時的描述，還遠不及三郎和乳媼之分別。在三郎別乳媼時，曼殊描寫道：「余不知所云，以報吾媼之德，但有淚落如瀋，乃將雪梅所贈款，分二十金與潮兒，為媼購羊裘之」，又寫三郎「忽回顧苑中花草，均帶可憐顏色，悲從中來，徘徊飲泣」。最後，三郎「此時遂抑抑別乳媼、潮兒而去」。而在三郎與河合夫人之間，根本沒有所謂分別時的情節。因為三郎是瞞著母親出走的，而他真正離家而去時，最後一個情境是他目送靜子回家而歎曰：「甚矣，柔絲之絆人也」。離開日本之前，他一直想起的都是情愛事。曼殊寫三郎「自是力遏情瀾，亟轉山腳疾行」。至於別後的情況，兩者亦大大不同。三郎別乳媼後，曾寫信予乳媼報其平安抵家並重遇母親，謂母子二人永永不忘其恩德[153]。之後，曾有兩次想及乳媼，一次是在病榻

---

153 《斷鴻零雁記》第九章中寫道：「入夜，余作書二通，一致吾乳媼，一致羅弼牧師。二書均言余平安抵家，得會余母，並述余母子感謝前此恩德，永永不忘」。

中懷念乳媼對他的愛護無異骨肉[154]，另一次是在訪雪梅墓時經乳
媼故居想起曾在此為園丁[155]。反觀河合夫人之於三郎，三郎別時
有留書出走，可是信件乃寫給靜子的。三郎出走之後有兩次思念
母親之處。第一次是在聽畢法忍的故事之後，第二次是佇立於雪
梅故宅前憶前事期間。前者想起的是「慈母責余之聲」[156]，後者
是自覺有失阿姨、阿母期望，感自己罪無可恕[157]。兩者都不是想
起什麼溫馨的場面，或懷念她對三郎慈愛的事。

　　本來是有感「身世有難言之恫」才出發去省母，重遇母親豈
非三郎的人生最大的安慰。讀到三郎母子團聚時，讀者們誰不為
三郎心中叫好？相信不少人都不明白曼殊何以要以離家出走結束
三郎的省母之行。就筆者曾回顧的資料而言，就連不少的學者都
似未有想通此點。譬如，武潤婷在〈論蘇曼殊的哀情小說〉中的
分析極為重視三郎省母的描寫。武氏既謂曼殊有戀母情結的表現，
又謂「《斷鴻零雁記》中母子親情壓倒了愛情，與其說是一部愛情
小說，還不如說是三郎千里尋母記」[158]。可是，她的文章沒有說
明何以「三郎千里尋母記」會以離家出走為結束。同樣認為曼殊
具戀母情結，並且指《斷鴻零雁記》中母子親情壓倒愛情的包華。

154　《斷鴻零雁記》第十章中寫道：「於是一一思量，余自脫俗至今，所遇師傅、
　　　乳媼母子及羅弼牧師家族，均殷殷垂愛，無異骨肉」。
155　這是一項與乳媼有關的正面記憶。乳媼留三郎在其家中暫居以籌旅費省母，
　　　後因不忍三郎做粗重的工作，而再安排他為鬻花郎（詳情見《斷鴻零雁記》
　　　第四章）。
156　詳細可參《斷鴻零雁記》第二十二章：「忽依稀聞慈母責余之聲，神為聳然
　　　而動，淚滿雙睫，頓發思家之感。」
157　詳細可參《斷鴻零雁記》第二十七章：「余羈縻世網，亦慊慊欲盡矣。惟思
　　　余自西行以來，慈母在家，盼余歸期，直屈牛入海，何有消息？余誠沖幼，
　　　竟敢將阿姨、阿母殘年期望，付諸滄渤。思之，余罪又寧可逭耶？」
158　武潤婷，〈論蘇曼殊的哀情小說〉，《河北師範大學學報（哲學社會科學版）》，
　　　2000 年第 2 期，頁 76。

在其〈戀母仇父情結下的蘇曼殊〉一文中，包氏亦只提出了母子親情在故事佔很重地位，未有解釋何以三郎會出走[159]。又或者，當學者們每每寫到三郎的省母之結局時，簡簡單單的以拒靜子之愛為由，就算是作了解釋。譬如，黃紅春在其〈情佛兩難的矛盾與天性自然的和諧——蘇曼殊《斷鴻零雁記》與汪曾祺《受戒》文化意識比較〉一文中就寫：「三郎生母與姨母都熱望這門婚事，但三郎已是『三戒具足之僧』……最後他只好忍痛留書靜子，悄然離日回國」[160]。徐軍新在〈蘇曼殊的性格與其小說創作〉一文中寫道：「在日本逗子櫻山尋見母親，姨母有女靜子，與他情投意合並生戀情。母，姨亦極力促成。無奈三郎早證法身，遂舍母姆……」[161]。李萱在其〈殊途卻同歸——蘇曼殊《斷鴻零雁記》與郁達夫早期小說比較〉一文中，指三郎是愛靜子的，「然而，深受傳統文化影響的三郎，『第念及雪梅孤苦無告，中心又難自契耳』，使他產生一種滯留日本的不安與負罪之情，最終『提鋼刀慧劍，驅此嬰嬰宛宛於漠北』，回到了中國，然後再度出家」[162]。可見，對於曼殊為何以離家出走作三郎的省母之行的結局，學界現存未有一個令人滿意的說法。

如果將筆者以上的論述加以考慮，相信不難見到三郎對河合夫人的依戀正漸漸地消退。不論是對話的次數、出場的頻率，以

---

159 包華，〈戀母仇父情結下的蘇曼殊〉，《現當代作家作品研究．作家雜誌》，2009 年 08 期。

160 黃紅春，〈情佛兩難的矛盾與天性自然的和諧——蘇曼殊《斷鴻零雁記》與汪曾祺《受戒》文化意識比較〉，《南昌大學學報（人文社會科學版）》，2007 年第 38 卷第 1 期，頁 113。

161 徐軍新，〈蘇曼殊的性格與其小說創作〉，《甘肅政法成人教育學院學報》，2007 年 10 月第 5 期，頁 103。

162 李萱，〈殊途卻同歸——蘇曼殊《斷鴻零雁記》與郁達夫早期小說比較〉，《廣東廣播電視大學學報》，2008 年第 1 期第 17 卷，頁 82。

及對話內容的質素，吾人都可以見到河合夫人的重要性是一直地下滑。最後，三郎選擇了一個無聲的離別。別時不是思及母親，回中國安頓後又沒有向母親報平安，別後想及母親而感到的並非溫馨之畫面卻盡是壓力。筆者認為《斷鴻零雁記》中，「三郎省母」的敘事其實表現了三郎本來對母愛、對由母親而來的家庭溫暖有一定的幻想。可是，因為在重遇後感失望，三郎對河合夫人的依戀漸漸地消退。如此看來，「三郎省母」出現離家出走的情節，倒是沒有什麼出奇了。

　　最後，由於「乳媼」的角色一直不獲學界研究所重視，「乳媼之死」的情節一直無人著墨分析。可是，筆者認為「乳媼之死」代表了「三郎省母」之真正結局。其實，重遇河合夫人後，三郎並沒有解其飄零之感。在三郎別河合夫人後，敘事中一個較重要的情節是遇同鄉麥氏一家，而得聞舊鄉之事及雪梅之死。原本三郎是希望借聞舊鄉之事以稍慰飄零之感，可是當聞及父執之妻死於喉疫，又「滿懷悲感，歎人事百變叵測也」。值得留意的是，曼殊這裡又用上了「飄零」一詞。曼殊用「飄零」一詞描述三郎心情，在《斷鴻零雁記》中共有三處，分別是第一章、第十章，和此處提及與麥氏一家對話的第二十四章（第二十六章的一次用以描寫古廟不計算在內）。第一章是悲嘆身世，而自謂母親不知其「身世飄零，至於斯極」。第十章是三郎抵若姨家時，於病榻中心想能初履家庭樂境，並曾得師傅、乳媼母子及羅弼牧師家的關愛，而自謂：「前此之飄零辛苦，盡足償矣」。最後一次出現「飄零」一詞，就是在第二十四章與麥氏一家對話時心念：「余今後或能借此一訊吾舊鄉之事，斯亦足以稍慰飄零否耶？」。這次的「飄零」出於省母之後。可見，實質上三郎身世飄零之感猶在。這反映了曼殊本人在重遇河合仙之後，不單未有獲得預期的母愛及家庭溫暖，

亦未減身世飄零之感。其後，由第二十五章三郎與麥氏女對話的
情節，引發了三郎出發欲吊雪梅墓之事，繼而途中得知乳媼之死。
若如前所述「乳媼」一角代表了曼殊對母愛的期盼，及對家庭溫
暖的幻想，則「乳媼之死」是代表了母愛的期盼和家庭溫暖的幻
想破滅。由在日本母親家中的相處，漸漸地河合夫人出場的次數
減少，母子相處的壓力越增，到三郎離家出走，後知乳媼死。這
一系列的敘事反映了曼殊在遇上河合仙以後，一直幻想著的母愛
和家庭溫暖都未曾／甚或將不會出現。吾人可以在曼殊本人的生
平資料中，見到相似的情況。在曼殊和河合仙重聚之後，雖然他
們之間一直保持著密切聯繫[163]，可是曼殊在日本逗留期間總是和
朋友們住在一起[164]。儘管他經常去看望河合仙，甚至陪她去旅行，
但卻沒有和河合仙同住[165]。按柳無忌的說法，他認為曼殊是介懷
河合仙再婚之事[166]。按以上的分析所示，與其說曼殊介懷河合仙
再婚，倒不如說是曼殊覺得河合仙雖疼他，可是不能給予他一直
所幻想的母愛和家庭溫暖。因此，在保持著密切聯繫的情況下，
沒有再住在一起。筆者將曼殊這段依戀消退、幻想破滅的心路歷
程之稱為「消退・破滅」階段。

（四）重新定性《斷鴻零雁記》：一部自述 「身世有難言之恫」的自傳

　　值得注意的是，《斷鴻零雁記》未有在離家出走後立即完結。
如果將為三郎離家出走，視之為「三郎省母」的敘事之結束，《斷
鴻零雁記》的章節劃分極為不平均。第一章思母思身世，第二至

163　柳無忌，《蘇曼殊傳》，（北京：三聯書店，1992），頁5。
164　柳無忌，《蘇曼殊傳》，（北京：三聯書店，1992），頁43。
165　柳無忌，《蘇曼殊傳》，（北京：三聯書店，1992），頁44。
166　詳細可參考：柳無忌，《蘇曼殊傳》，（北京：三聯書店，1992），頁43-44，
　　　註2。

第六章遇乳媼而促成了省母之行及籌備旅費的情節，第七章寫省母之旅之始，第八至十九章都是寫母子重聚後發生的事，第二十章正式離開日本，之後還有七章，《斷鴻零雁記》才正式結束。若然一如之前所引述的論文一樣，極力主張三郎走是為愛情而逃，以愛情的情節去解釋章節劃分亦會衍生同樣的問題。在《斷鴻零雁記》較早的部份，一直只是談及身世及省母的主題。在第五章才收雪梅信件，思及雪梅事卻僅此章已而，二人從未有什麼互動。之後，愛情的主題如斷了一樣，直待第十章遇上靜子才再次出現。一直到第二十章三郎別靜子之後，愛情的主題又停了。期間寫三郎去靈隱寺掛單、遇法忍、做法事、論佛法變得商品化等。到了第二十五章，由麥氏女口中得知雪梅已死，才算再涉及了愛情的主題。僅以愛情的主題去分析章節劃分的分佈亦不平均。可見，舊說多以《斷鴻零雁記》為「三郎千里尋母記」，或以愛情小說去定性此部作品並不妥當。

　　筆者認為《斷鴻零雁記》為曼殊的自傳。在作品中，他用了一種回顧性的視角，反思了他一直悲鳴著「身世有難言之恫」。「省母」及「愛情」只是當中的兩大主題。如是者，章節劃分則變得十分平均以及在敘事上首尾呼應。再者，如果加入了「乳媼」一角作為分析的關鍵，吾人大致上可以見到《斷鴻零雁記》的敘事分佈如下：

　　首章明言「身世有難言之恫」，指出了母親的問題為當中核心，並寫下「此章為吾書發凡，均紀實也」的自傳契約。

　　第二章至第六章寫了三郎遇乳媼的情況。乳媼一角代表了曼殊對母愛的期盼，及對家庭溫暖的幻想。正因對母愛心存幻想，這觸發了曼殊省母之行。正如三郎的省母之旅之所以能成行，乳媼把河合夫人的手書地址「珍藏舊篋之中」是其必要條件。

　　第七章至第二十章寫三郎遇河合夫人的情況。整個過程投射了曼殊他對自身省母之行的感受。相信河合仙沒有給予曼殊他所熱切期望的母愛。一來，河合仙已另嫁他人、二來，似乎得悉真正生母為河合若之事令曼殊受到困擾。比較河合夫人與乳媼跟三郎相處的情況，是遠不及三郎在乳媼家中得到的愛和溫馨。這代表了曼殊對於母愛及家庭溫暖的幻想，與現實的不符。那是一種失望心情。同時，在三郎與河合夫人相處的過程，河合夫人的位置是逐漸地退下來的。這正好反映了因失望而生起的，對母親依戀的消退過程。因此，曼殊最終寫三郎在一聲不響的情況下離家出走。

　　第二十章至第二十五章寫三郎在靈隱寺掛單時的遭遇。當中較重要的情節，是遇同鄉麥氏一家，而得聞舊鄉之事及雪梅之死。在敘事當中，吾人發現三郎在省母後，身世飄零之感猶在。這反映了曼殊本人在重遇河合仙之後，不單未有獲得預期的母愛及家庭溫暖，亦未減身世飄零之感。

　　最後兩章，主要的敘事雖然落在訪雪梅墓之上，但筆者認為重點其實是落在「乳媼之死」一事之上。由於乳媼一直不獲學界研究重視，未有論者能道出乳媼之死在敘事上的重要性。若如前所述「乳媼」一角代表了曼殊對母愛的期盼，及對家庭溫暖的幻想，則「乳媼之死」是代表了這個期盼和幻想的破滅。

　　由以上的資料可見，《斷鴻零雁記》整體的敘事由自悲身世起。後遇乳媼而給予三郎省母的必要條件。經雪梅贈金助三郎東渡，母子二人終重聚。河合夫人帶三郎探訪姨母和靜子。後來三郎因感壓力而逃婚回國，自言仍感身世飄零。敘事尾聲寫乳媼及贈金以助三郎省母的雪梅死，全文首尾呼應。以「身世有難言之恫」為敘事的骨幹，比起舊說多謂《斷鴻零雁記》為「三郎千里

尋母記」或以愛情小說去定性此部作品，主題更為明確一貫，章
節劃分平均。而且，整體來說，若說「身世有難言之恫」為作品
敘事的骨幹，亦遠較舊說體現「斷鴻零雁」的意思，更符合《斷
鴻零雁記》之名。

（五）傳主的個性形成史：加劇的 「難言之恫」及其影響

　　按勒熱訥的說法，在自傳之中吾人可以讀出傳主個性形成之
歷史。應勒熱訥這個說法，筆者詳細考察了《斷鴻零雁記》中三
郎的心路歷程。筆者發現曼殊的描述，並非就三郎一時一事的心
理狀況作出橫剖面式描寫，而是可以看到三郎在心理上是有所轉
變的。可悲的是，《斷鴻零雁記》所反映的轉變，是一種思緒上越
趨悲傷，鬱結越趨難解的轉變。最重要的是，反映了曼殊「難言
之恫」加劇的個性形成史。歸納起來，筆者將令曼殊個性越趨悲
傷的因由為「三苦」：身世苦、無常苦及情困苦。

1.身世苦：加劇的「難言之恫」

　　細考《斷鴻零雁記》中對三郎心路歷程的描寫，吾人可以見
到三郎的個性越趨悲傷。這種令三郎越趨悲傷的因由，筆者稱為
「身世苦」。首先，《斷鴻零雁記》敘事開始之初，三郎已有著一
種悲觀愁苦的個性。這種個性之所以形成，是由於他「身世有難
言之恫」。

　　按照首三章所述，構成他「身世有難言之恫」，是因為他母
親不在其身旁，以及童年時飽遭欺凌所致。在第一章的描述之中，
寫三郎悲嘆身世有難言之恫。他亦是因為身世的問題，而間接使
得他出家為僧的。第五章中交代了雪梅之父，因見三郎義父家運
式微，生母又復無消息，乃生悔婚之心。三郎雖未知雪梅心意，

但有見此情況，悲慨不已而出家。第一章中三郎就自道他的感受為「身世飄零，至於斯極」及「有難言之恫」，當中他又以「母親」的問題作他反覆思量之核心。第二、三章之中，曼殊借乳媼之口道出了他童年時的悲苦身世，及他飽受欺凌之因由。由乳媼的話所示，三郎童年之悲苦與河合夫人無直接的關係。重點主要為父執婦與鄉人惡毒，河合夫人是一位為兒子的成長打算的好母親。加上乳媼提供了河合夫人的地址，才為三郎省母之行燃點了希望。

可是，乳媼的話是否能慰三郎之悲呢？答案是否定的。當然，如第三章所描寫：「余思往事，歷歷猶在心頭……余昨宵烏能成寐？斯時郁伊無極……」，是因為思及往事之苦而感憂鬱。值得注意的是，乳媼的話雖指河合夫人為兒打算，希望他長進為人中龍才到來中土，但是三郎心中一個極大的鬱結：「吾母生我，胡弗使我一見？」是仍沒有答案的。有關河合夫人離去的描述，就僅只「忽一日，夫人詔我曰：『我東歸矣，爾其珍重！』」而已，並未有解釋原因。

那末，在遇上母親河合夫人之後，三郎之悲是否已平復，個性有望轉趨樂觀平和呢？沒有。在初與母親重聚的時候，三郎的確暫解其憂。可是，由於河合夫人的反應不如三郎所期望的，以及不久又出現了責罵三郎之事，三郎最終是以離家出走結束省母之行。有關河合夫人與三郎相處的狀況，本研究較早的部份有詳論，此不再贅述。

在回國的後來，三郎的心緒又如何呢？省母之行後，三郎心中仍有「難言之恫」及「飄零」之感。第二十二章三郎因聞法忍之往事而「依稀聞慈母責余之聲」、「頓發思家之感」，後又寫「後此湘僧亦備審吾隱恫」。由是觀之，三郎在首章所謂的「難言之恫」，

並沒有在省母得以消弭。再者，三郎第一章悲嘆的「飄零」之感亦未有消失。在第二十四章中，三郎就希望借聞舊鄉之事，以稍慰飄零的感覺。更甚者，如果細心留意第二十七章，吾人甚至可以見到，三郎悲傷的愁緒加劇至一個地步，欲以自裁而了結殘生。第二十七章亦是《斷鴻零雁記》最後一章，當中寫的盡是三郎的愁思。例如，望乳媼舊屋而「觸目多愁思」、在雪梅故宅前佇立想起雪梅而自謂「吾憾綿綿」無極、又想自己「羈縻此網，亦懨懨欲盡矣」、思及阿姨和阿母而自問「余罪又寧可逭耶？」。更能反映三郎悲絕的心態，可謂是被雪梅女僕斥責後的反應：「余呆立幾不欲生人世」，又對法忍言：「吾不堪更受悲愴矣！吾其了此殘生於斯乎？」。到章末，亦是《斷鴻零雁記》的結尾，曼殊是以三郎愁思不盡的心緒下作結束的。他描述三郎心緒：「讀者思之，余此時愁苦，人間寧復吾匹者？余此時淚盡矣！」，又謂「而不知余彌天幽恨，正未有艾也」。如果考慮廣益本的結尾，那是作者本人悲極而不欲再言的宣言：「吾擱筆不忍再言矣」。由以上種種可見，三郎的個性是有著轉變的。那是一種思緒上越趨悲傷，鬱結越趨難解，嚴重得有自裁意向的轉變。最重要的是，其「難言之恫」加劇了的個性形成史。

　　為什麼三郎會出現這樣的心路歷程呢？為什麼他的個性會越發悲傷的呢？筆者認為「省母」之行可為一個分水嶺。以下就他已講述的內容及未有講述的內容兩方面作分析：

　　第一，就《斷鴻零雁記》已講述的內容而言。原本三郎在省母前的悲痛，僅限於對身世的悲痛及童年的苦況。三郎對於家庭的溫暖是存有一絲的希望。三郎一直所求的，其實十分簡單，就是愛（尤其是母愛）及家庭溫暖。第十章中就明確的寫道：「初履家庭樂境，但覺有生以來，無若斯時歡欣也。於是一一思量，余

自脫俗至今，所遇師傅、乳媼母子及羅弼牧師家族，均殷殷垂愛，無異骨肉。則舉我前此之飄零辛苦，盡足償矣」。由此可見，愛及家庭溫暖，在三郎心中是可抵飄零之苦的。細想之下，這是當然的。因為他的苦是來自母愛及家庭溫暖之缺乏。可是，當三郎省母後離去之時，他的「難言之恫」就不再一樣了。他已遇母親而發現一切不如預期。之前一直對家庭的幻想已破滅掉。他再無支撐他的幻想和希望。他的「難言之恫」痛的程度是益發加劇的。

　　第二，就《斷鴻零雁記》未有講述的內容而言。三郎心目中一個很重要的疑問，也就是《斷鴻零雁記》開首就提出的問題。三郎即使在省母後，仍然是沒有答案的。在《斷鴻零雁記》的第一章，三郎就哭歎著：「人皆謂我無母，我豈真無母耶？……吾母生我，胡弗使我一見？亦知兒身世飄零，至於斯極耶？」這個問題，是讀畢《斷鴻零雁記》亦沒有答案的。三郎的母親為什麼要離他而去呢？她是有什麼的考慮，而非要離開呢？她走的時候，有沒有想過會令兒子飄零無依呢？以上種種的疑問，是三郎的心中的鬱結，同樣地在曼殊心中亦為他的「難言之恫」。查曼殊生平，他的母親河合若亦在他三個月大時離他而去。曼殊往後之所以面對不少童年的悲慘遭遇，主因實可歸結到生母不在身旁的問題上。三郎的悲歎實在是曼殊的心底話。吾人雖不能排除曼殊如三郎一樣，至死都不知道生母離他而去的原因。然而，由他生平資料看來，推斷他已經知道或猜出答應是比較合理的。例如，他與生母河合若已經重聚、他在省母後一生都跟河合家保持緊密的聯繫、他與河合仙關係良好，甚至陪她旅行等。在《斷鴻零雁記》中，曼殊沒有將河合夫人何以離三郎而去的因由交代，也許是曼殊本人不願提及的部份。曼殊的出生始終是一樁門內醜。曼殊是父親蘇傑生私通其日妾之妹而生的。若曼殊與家人關係不好，他也許

沒有什麼忌憚。可是，他孩提時河合仙確實對他呵護備至，而二人重遇後關係亦十分良好。不知道出於曼殊還是河合仙的意思，他們重遇後一直仍以母子相稱。例如，在曼殊假河合仙之名撰的〈曼殊畫譜序〉一文中仍以「吾兒」[167]稱呼曼殊。極有可能因曼殊為顧全長輩的面子，心中的鬱結難以透過創作去抒發。筆者相信這是他「難言之恫」之所以「難言」的原因。一方面，身世為他帶來的痛苦，程度之高難以言傳；另一方面，他的痛也涉及長輩的面子，因此有口難言。這個心理鬱結，正是令曼殊半生感痛苦的「難言之恫」！

　　如果進一步用心理學有關創傷回憶的理論進行分析，吾人並不能排除曼殊在創作《斷鴻零雁記》時，或因心中鬱結過於強烈之故，潛意識地把母親為何離他而去的真正原因漏掉不談。所謂「創傷」在心理學的意義上，不一定等同於災難性事件，它涉及了個體詮釋事件的面向[168]。按佛洛伊德的說法，任何足以構成個體痛苦感受的事件，即符合心理／精神意義上的創傷；而所謂痛苦感受可以是驚恐、焦慮、內疚或生理上的痛楚[169]。曼殊前半生都在期望再遇母親後重拾家庭溫暖，省母後的半生卻都在悲鳴「身世有難言之恫」。如此說來，他的身世無疑在他心中構了重大的心理創傷。又據精神分析學所指，如果一個個體面對極大的心理創傷後，他意識上未必能完全處理自己的傷痛，更遑論將它言語上、

167　周作人，〈譯河合氏曼殊畫譜序〉，柳亞子編，《蘇曼殊全集　三》，（北京：當代中國出版社，2007），頁 13。

168　有關「創傷」的解釋，可參考：Berger, J. (1997), Trauma and literary theory, *Contemporary Literature*, Fall 1997; 38.3, p.572.

169　引自：Breuer, J. & Freud, S. (1957), *Studies on hysteria*, New York: Basic Books, p.6. 原文為：Any experience which calls up distressing affects - such as those of fright, anxiety, shame or physical pain - may operate as a human trauma of this kind...

文字上傳遞他人[170]。這樣就更能去理解曼殊之恫何以自謂「難言」
的原因。佛洛伊德在《歇斯底里研究》一書之中，更進一步指出
龐大的心理／精神意義上的創傷可以導致精神甚至生理上的毛病
[171]。這一說法亦可解釋在省母後不久，曼殊就出現了亂飲亂食的
問題。最後，還因腸胃毛病而結束了其短暫的一生。

　　總括而言，《斷鴻零雁記》最後一句可謂真正道出三郎心境：
「……余彌天幽恨，正未有艾也，吾擱筆不忍再言矣」。那是一種
極為強烈又無止盡的愁思。曼殊之謂「身世有難言之恫」是一種
複雜的鬱結：想表達卻難以言傳，只能一再地呼喊自己有「難言
之恫」；明明言到痛處，又因顧及他人而不能再言。曼殊想借創作
抒發他的「難言之恫」。可是在創作後，苦痛仍在心裡，甚至是加
劇了，和更難言！這不是一個好的現象。也許正因為「難言之恫」
的「難言」，堵死了曼殊以寫作抒發心中鬱結的機會，使他無法處
理他的焦慮，故令他走上了病態的飲食及至早夭之路（本文第四
章亦曾參考羅洛・梅的說法對此作出討論，此處不再贅述）。

2.無常苦：佛法不足以殺吾悲[172]

　　《斷鴻零雁記》中有不少的情節都寫不幸無常地降臨在三郎
身上。考慮三郎僅十來歲的年紀，無常而至的不幸，其頻率和程

---

170 引自：Hartman, G.H. (1995), On Traumatic Knowledge and Literary Studies,
　　New Literary History, Vol. 26, No. 3, Higher Education (Summer, 1995), p. 537.
　　原文為：Trauma theory introduces a psychoanalytic skepticism as well, which
　　does not give up on knowledge but suggests the existence of a traumatic kind,
　　one that cannot be made entirely conscious, in the sense of being fully retrieved
　　or communicated without distortion.

171 詳細可參考：Breuer, J. & Freud, S. (1957), *Studies on hysteria*, New York:
　　Basic Books, p.11-13.

172 有關曼殊佛教思想的詳細討論，可參拙作：潘啟聰，〈蘇曼殊文學作品中的
　　佛教思想〉《臺大佛學研究》，2015 年第 30 期。

度都是令人難以接受的。此等「無常苦」對三郎影響甚鉅。第一章言義父身故，令其煢煢一身。第二章言其師慈藹，下鄉化米後又因迷路而失散了。奉師命化米，得十餘斤，可是又忽然遇上強盜，將米囊奪去。第三章由乳媼口中得知自己不少往事，如河合夫人忽然離去、義父死後彼婦之怨毒、乳媼被逐義父家等。第五章寫雪梅生父繼母因三郎義父家運式微，生母又無消息，而欲悔婚。第六章寫三郎臨出發省母前，欲詣其師父面別，卻剛巧常秀寺已被新學暴徒毀為墟市，不果。第二十四章聞義父之妻因喉疫去世，而滿懷悲感。第二十五章得悉雪梅因不欲被迫為富家媳，竟絕粒而夭。第二十六章與法忍至上海時，襟間銀票被盜，只能步行上路。二人沿途托缽，躑躅已極。後又遇潮兒已知乳媼已死。第二十七章雪梅女僕惡言相向，令其訪雪梅墓不果。凡此等等都是《斷鴻零雁記》中比比皆是的情節。《斷鴻零雁記》中有一個顯著的特色，就是在三郎所受的不少苦之中，都屬意外而至、不由自主的、身不由己的事情。故此，筆者將之稱為「無常苦」。吳正榮在《佛教文學概論》評曼殊曰：「近代文人中，再沒有誰比他更能體現生命的『苦諦』了」[173]，此言非虛。

　　可惜的是，面對「無常苦」，作為僧人的曼殊沒有服下佛法離苦得樂的良藥。首先，有一點需要指出的是，筆者不能完全同意林律光謂：「曼殊對佛法沒有任何的理解，也沒有真正的悟道」的說法[174]。誠然，如林氏所言，曼殊很有可能沒有真正的悟道，但是謂他對佛法沒有任何的理解則不能這樣說。筆者認為在認知

---

173 吳正榮，《佛教文學概論》，（昆明：雲南大學出版社，2010），頁272。
174 林律光，《蘇曼殊之文特色研究》，（台北：花木蘭文化出版社，2010），頁80。

的層面上，曼殊是對佛法、對佛教界當時的狀況有充分理解的。只是在情意的層面上，曼殊沒有受益於佛法離苦得樂之道，沒有因佛法的教導而能放下身世的悲苦。筆者這個說法在《斷鴻零雁記》中能找到一定的支持。

在《斷鴻零雁記》之中，曼殊就曾借不同角色的言談道出有關佛教的事情。如在第十一章之中，三郎翻閱若姨家中藏書時，顯示出他對《華嚴經》及當中內容有一定的認識。在第十三章中，寫三郎反思的情節時，又表示出三郎知日俗真宗，許帶妻修行。另寫三郎反覆思維之中，引《佛說四十二章經》第二十章「推我本空」之言：「身中四大，各自有名，都無我者，我既都無，其如幻耳」。又在第十四章中，借三郎義妹之口說靜子喜談佛理，好涉獵梵章，曾對她談及《楞伽》、《瑜伽》所說之五法。第十八章中寫三郎在閉戶靜思時，曼殊就引了《佛說四十二章經》第三十七章「念戒近道」之言：「佛言：『佛子離吾數千里，憶念吾戒，必得道果……』」，以表示三郎今後持戒之決心。甚至，曼殊曾借機將當時他對佛教界的不滿表達出來。例如，第二十章中三郎就因山門清淨之地，成為凡夫俗子宴游之區而感不快。第二十三章中，三郎與法忍論佛法自唐宋以後仿如商品，當中又引《內典》之說以支持他的說法。再者，《斷鴻零雁記》整部作品之中不乏一些佛教概念，例如：香贊、戒牒、掛單、五漏之軀、驅烏沙彌、四諦八正道等。由以上種種《斷鴻零雁記》之中的資料所示，作者不可能是對佛法沒有任何的理解，而且吾人甚至可以說其理解非淺。

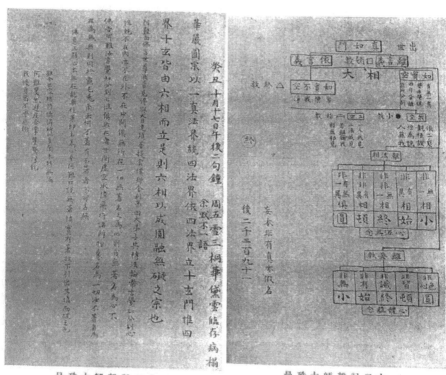

曼殊大師雜記二十一　　　　　曼殊大師雜記二十
（蕭紉秋藏）　　　　　　　　（蕭紉秋藏）

曼殊手寫的佛法筆記

　　雖則曼殊對佛法有一定的理解，可是由《斷鴻零雁記》之中可見，不少描述都對出家為僧之事持一種消極的看法。出家為僧只是一種面對苦痛，不得已而為之的逃脫。在第一章之中，曼殊寫三郎和他的同戒者無一人因可出家為僧而喜悅。整篇不論是人物和景象都屬孤寂、悲涼、哀傷的描述。例如：「時聞潮水悲嘶，尤使人欷歔憑弔，不堪回首」、「倚剎角危樓，看天際沙鷗明滅」、「如是思維，不覺墮淚」、「余斯時淚如綆縻，莫能仰視，同戒者亦哽咽不能止」、「夾道枯柯，已無宿葉，悲涼境地」。第二章又寫

三郎出家後極為悲傷，日以淚珠拭面耳。即使是其師慈藹待他，亦不足以殺其悲痛，自謂飽受「人世之至戚者」。第三章乳媼初見三郎時，謂：「傷哉，三郎也！設吾今日猶在彼家，即爾胡至淪入空界？」。值得留意的是，乳媼用上「淪入」一詞，明顯對出家之事持負面的看法。在第五章之中，三郎自陳出家因由時，就指他是借出家來熄滅雪梅愛他之心，令她在未來得享家庭之樂。當中曼殊寫道：「默默思量，只好出家皈命佛陀、達摩、僧伽，用息彼美見愛之心，使彼美享有家庭之樂」，指出家皈依是不得已而為之的手段。第十三章三郎打算若母親堅決他要與靜子成婚，「則歷舉隱衷，或卒能諒余為空門中人」，再一次寫他是因為隱衷而出家的。在《斷鴻零雁記》中，其實不只三郎一人如是，幾乎是所有人都是因悲痛的遭遇而逃入空門的。如第二十二章，法忍自道前經歷時就謂：「悲騰恨溢，遂入嶽麓為僧」。在第二十六章，乳媼之子潮兒亦自道：「慈母見背，吾心悲極為僧」。由以上資料可見，曼殊對出家為僧之事的態度甚為消極，而非因求道、求解脫、或求宏揚佛法而出家的。出家往往是悲痛遭遇的避難所。

　　根據勒熱訥的說法，自傳所敘的是自傳作者本人的心路歷程[175]。按此，作為一部自傳，三郎的思緒正正反映了曼殊的想法。如是者，正如三郎並沒有受益於佛法而得自在，曼殊本人一樣沒有得因修持佛法而帶來的喜悅，更沒有成為如陳星在《曼殊大師傳》中所描述的那個「以弘法利生為己任的曼殊大師」[176]。在《斷鴻零雁記》中，「放下自在」四個字從不適合用來描寫三郎心境。

　　第一，綜觀三郎的心路歷程，「放不下」三個字是最能描述

---

175 菲力浦・勒熱訥著，楊國政譯，《自傳契約》，（北京：三聯書店，2001），頁38。

176 陳星，《曼殊大師傳》，（高雄：佛光文化事業有限公司，2009），頁46。

他的心理狀況。在各種的心理困擾之中，相信其中影響較大的就是其悲苦無依的身世。即使是三郎出家之後，亦不停地因身世的事而感悲哀。第一章中，三郎出家之前就正在悲嘆其身世。第二章在出家之後，三郎仍日以淚珠拭面，而謂其師慈藹亦不足以解其悲傷。當聽潮兒孝順慈母之言時，三郎又有所感觸，泫然淚下。第三章在乳媼言畢三郎前事時，三郎即時滿胸愁緒，波譎雲詭。當晚，三郎就難以成眠。翌日，三郎仍思往事，以至抑鬱無極。第六章中三郎向牧師一家述畢生母消息及雪梅事後，又萬感填胸，即踞胡牀而大哭。第八章在抵母家之前，又忍不住想自己自幼不省音耗，怕世事多變，從此失去母親聯絡。

　　第二，《斷鴻零雁記》中滿是寫三郎的愁思，沒有寫佛法而給予他的自在和喜悅。敘事由一開始就已寫他披剃出家之事。可是，在《斷鴻零雁記》心理描寫的部份，絕大多數都是愁思。有些因思及往事自悲而愁、有些是因感人際關係間的壓力而愁、有些是遇人或觸景而愁、更有些是無原無故地發愁。獨自悲嘆而徒生愁緒的典型例子，有第一章出家前的愁思，又例如第三章章末謂「余思往事，歷歷猶在心頭」，第二十七章站於雪梅家前思及往事而愁。因感人際關係間的壓力而愁的例子，就有第四章初見雪梅女僕時，自謂「心殊弗釋」、「愕極欲奔」，對話過後又「心緒潮湧，遂怏怏以歸」，又例如第十章中恐母親知其往事而聞之傷心，在第十三章後半章更全是三郎給母親斥責過後的愁思，第十四章又指自母提出欲其成婚之意願後，「自是以來，焦悚萬狀……惟恐余母重提意向」。遇人或觸景而愁的例子，就有第二章遇潮兒，聽其孝心之言，對話後「不禁有所感觸，泫然淚下」。又有第二十二章聞法忍故事後「歷歷憶及舊事，不能寧睡」，第二十七章見乳媼舊屋，謂「觸目多愁思」等。無原無故地發愁的例子也不少，例

如，第十一章閑居若姨家曾描寫道：「苟心有根觸，即倚樹臨流，或以書自遣」，又如第十二章三郎知清秋垂盡，後又忽然「遂不覺中懷惘惘，一若重愁在抱」等。最後，《斷鴻零雁記》的最後一句，更是可以見到三郎雖依佛法，可是他沒有解脫、自在和喜悅：「自覺此心竟如木石，決歸省吾師靜室，復與法忍束裝就道。而不知余彌天幽恨，正未有艾也，吾擱筆不忍再言矣」。他雖決歸省其師靜室，可是心中的幽恨彌天，擱筆不忍再言，而不見什麼放下的自在和喜悅。

　　第三，是佛法本身為三郎這個不僧不俗的人，帶來了不少的不安情緒、內心的互相衝突和矛盾。例如，第十二章之中，在三郎與靜子的一段對話和相處後，讚嘆靜子為「監守天閽之烏舍仙子」。可是，隨即又歎曰：「多謝天公，幸勿以柔絲縛我！」。明顯是因為三郎以三戒俱足之僧，不容有情愛之事作自省。第十三章之中，章末有一段較詳細的三郎心理描寫，當中他就反思了兩點：一、他撫心自問是喜歡靜子的，但他是僧人，故此不可以墮入情網中；二、日本有日俗真宗，準許帶妻出家，如果三郎母得悉他為僧之事而要他改投日俗真宗，以便能與靜子成婚，他又該如何回應呢？這處三郎明顯表示了他是不欲改投日俗真宗的。第十六章之中，三郎在章末一段的自我反省的描述：「此夜今時，因悟使不析吾五漏之軀，以還父母，又那能越此情關，離諸憂怖耶？」。此處的反思，其實是以《四十二章經》第三十二章「我空怖滅」所言的義理作出思考。佛言：「人從愛欲生憂，從憂生怖。若離於愛，何憂何怖」。更明顯地突出了佛法與情愛之間在三郎心中的角力。第十八章之中，三郎雖然已下決心從今之後以持戒為基礎，決心歸覓師傅，刪除豔思。可是，在其後的部份，卻處處描寫了他對靜子的依戀。第十九章之中，在三郎臨離日本之前，靜子剛

巧追上三郎。二人相處的敘事中，三郎不只一次表現不捨之情。例如：二人對話其間曾寫三郎「余聆其言，良不自適，更不忍傷其情款。所謂藕斷絲連，不其然歟？」、又在臨別的時候「余垂目細瞻其雪白冰清之手，微現蔚藍脈線，良不忍遽釋，惘然久立……」。到第二十章，離開日本之前仍要嘆一句：「甚矣，柔絲之絆人也！」。直至在西歸中國時，在舟中將靜子所送之鳳文羅簡沉諸海中，才自謂憂患之心都泯。在三郎與靜子相處之中，一方面三郎是愛靜子的，另一方面他又希望持戒自守，因而出現了內心的互相衝突和矛盾。更可憐的是，佛法在他心中一直只令他在情愛事極為克制，卻未能給他放下自在的喜悅。故此，在《斷鴻零雁記》之中，處處都見到三郎因遵循佛法而帶來的苦惱。

3.情困苦：「難言之恫」的影響

　　《斷鴻零雁記》有關愛情主題的部份，有不少學者曾作出探討，研究甚豐。在較早期的研究之中，論者多就雪梅、靜子是否真有其人作出討論。例如柳亞子在其〈蘇曼殊《斷鴻零雁記》之研究〉中，就花了不少篇幅討論雪梅是否真有其人、有關雪梅事件的繫年、靜子是否真有其人、靜子是否調箏人等問題進行了詳論[177]。羅建業在〈蘇曼殊研究草稿〉、周作人在〈曼殊與百助〉中，曾就靜子是否百助的影子進行了討論[178]。

　　到了近期，這種的討論相對地淡出了學界研究。比較多的論文重點討論曼殊在寫愛情的主題時，背後體現了什麼。

　　例如，武潤婷就認為曼殊的言情小說反映了曼殊內心深處對

177　詳細可參考：柳亞子，〈蘇曼殊《斷鴻零雁記》之研究〉，柳無忌編，《柳亞子文集：蘇曼殊研究》，（吳縣：上海人民出版社，1987），頁388-392。

178　詳細可參考：羅建業，〈蘇曼殊研究草稿〉，柳亞子編，《蘇曼殊全集　三》，（北京：當代中國出版社，2007），頁226-227；周作人，〈曼殊與百助〉，柳亞子編，《蘇曼殊全集　三》，（北京：當代中國出版社，2007），頁240-241。

愛情的嚮往。可是，愛情的故事之所以終於悲劇的結局，實際上是因為作者悲劇性格而導致的[179]。

　　黃紅春闡述三郎忍痛捨靜子而去之事時，認為：「三郎的人性在這裡遇到了佛性的壓抑，欲愛不能，欲不愛亦不能」。曼殊之所以這樣寫，原因是「近代中國知識份子受到西方個性主義思想的影響，追求自由人性的健康發展，認為沒有愛，生命不過是一具冰冷的僵屍，惟有愛情是靈魂的空氣」。可是，他又受佛教思想的影響，故出現了一種壓抑的苦情[180]。

　　徐軍新解釋曼殊之所以寫愛情故事時，多以悲劇結尾，原因是在當時西學東漸的影響下，他借寫作反映了封建勢力對男女愛情的摧殘與毀滅[181]。

　　可是，不論是哪一時期的分析都有一種問題，就是分析《斷鴻零雁記》時，往往把其內含的主題（如「身世」和「愛情」）分述沒有全面考慮主題之間的相關性。因此，以上的說法筆者認為未夠全面。

　　如前所述，筆者認為《斷鴻零雁記》是一部自述「身世有難言之恫」的自傳。實際上有沒有雪梅、靜子其人是不重要的。重要的是，它反映出曼殊對愛情的看法。筆者認為，作品中三郎的兩段愛情均以悲劇作結局實為「果」，其「因」正正是其「難言之恫」！按照《斷鴻零雁記》第五章中三郎的回憶所示，他為什麼

---

179 詳細可參考：武潤婷，〈論蘇曼殊的哀情小說〉，《河北師範大學學報（哲學社會科學版）》，2000 年第 2 期，頁 76-77。

180 黃紅春，〈情佛兩難的矛盾與天性自然的和諧 ── 蘇曼殊《斷鴻零雁記》與汪曾祺《受戒》文化意識比較〉，《南昌大學學報（人文社會科學版）》，2007 年 01 期，頁 112-113。

181 徐軍新，〈蘇曼殊的性格與其小說創作〉，《甘肅政法成人教育學院學報》，2007 年 05 期，頁 103。

要出家為僧呢？其中一個導火線就是他身世的難言之恫。三郎生
母將其託付義父後就回日本，復無消息。義父家運式微，（按第二
章的資料）不久後更不在人世。因此，雪梅之父對三郎雪梅的婚
約生悔心，欲爽前諾。三郎因無法一證雪梅心意，在自己思量後，
借出家為僧欲息雪梅見愛之心，好讓她可以再嫁他人。可見，在
敘事上，曼殊寫三郎雪梅終不能有美好結局，箇中原因正是其「難
言之恫」。至於在三郎與靜子之間，有關「難言之恫」對愛情的影
響之描述，就更加詳細了。在第十九章之中，三郎留書出走，信
中提到：「然余固是水曜離胎，遭世有難言之恫，又胡忍以飄搖危
苦之軀，擾吾姊此生哀樂耶？」。當中明確地指出三郎遭遇到難言
之恫，不希望自己會打擾靜子一生的哀樂。因此，他只好離開她。
配合第十七章三郎與靜子相處的一段描寫，吾人可以更清楚三郎
的難言之恫如何影響他對愛情的投入：

> 「余默默弗答。靜子復微微言曰：『君其怒我乎？胡靳吾
> 請？』余停履抗聲答曰：『心偶不適，亦自不識所以然。勞
> 阿姊詢及，慚惕何可言？萬望阿姊饒我。』余且行且思，
> 赫然有觸於心，弗可自持，因失聲呼曰：『吁！吾滋愧悔於
> 中，無解脫時矣！』余此時淚隨聲下。靜子雖聞余言，殆
> 未見窺余命意所在，默不一語。繼而容光慘悴，就胸次出
> 丹霞之巾，授余搵淚，慰藉良殷，至於紅淚沾襟。余暗驚
> 曰：『吾兩人如此，非壽徵也！』」

　　三郎本身由於「遭世有難言之恫」，令他本身有著悲觀的性
格，容易傷感亦常懷飄零無依之感。因此，他不願投入與靜子之
間的愛情，生怕他悲觀的性格會害苦了靜子，令她也時常感悲傷

不快。加上按以上引述的資料所示，靜子本身亦屬多愁善感的人。
三郎覺得二人不應一起，故而暗驚曰：「吾兩人如此，非壽徵也！」。
正因如此，他不敢投入二人的愛情之中，抽身離去。

其實，考曼殊自己個人的生活，吾人可以留意到他會與女子
談情說愛，而當中又可以見到三個顯著的特徵：一、他甚少跟一
般良家婦女、大家閨秀談情說愛，有紀錄的反而多為妓女、賣藝
人，例如：百助眉史、花雪南、張娟娟等。按劉心皇所考，百助
眉史是一個日本的妓女、花雪南和張娟娟均是曼殊吃花酒時的妓
女[182]。二、他的談情說愛真的只限於言談口說，即使是與妓女同
衾共枕，他也沒有跟她們發生性關係。在柳亞子的〈蘇玄瑛傳〉
中就有此一描述：「晚居上海，好逐狹邪遊，姹女盈前，弗一破其
禪定也」[183]。馬仲殊對此亦曾作出記錄，在他的〈曼殊大師軼事〉
一文中，就寫道：「曼殊得錢，必邀人作青樓之遊，為瓊花之宴。
至則對其所召之妓，瞪目凝視，曾無一言。食時，則又合十頂禮，
毫不顧其座後尚有十七八妙齡女，人多為其不歡而散。越數日，
復得錢，又問人以前之雛妓之名，意蓋有戀戀者」[184]。馬氏文中
亦有引用上述柳氏之言，他更進一步解釋曰：「而曼殊一傷心人別
有懷抱者？」[185]。在眾多的描述之中，又以菊屏在〈說苑珍聞〉
的紀錄最詳。當中可以見到曼殊他愛談情，但只限於喁喁情話；
他會談戀愛，至與女子同衾共枕，可是終不動性慾：

182 劉心皇，《蘇曼殊大師新傳》，（台北：東大圖書公司，1992），頁 130-132。

183 柳亞子，〈蘇玄瑛傳〉，柳亞子編，《蘇曼殊全集　三》，（北京：當代中國出
　　版社，2007），頁 101。

184 馬仲殊，〈曼殊大師軼事〉，時希聖編，《曼殊軼事》，（上海：廣益書局，1933），
　　頁 27。

185 馬仲殊，〈曼殊大師軼事〉，時希聖編，《曼殊軼事》，（上海：廣益書局，1933），
　　頁 27-28

「願性本多情，亦勿能自遏。遊蹤所至，常留連於
秦樓楚館中。每有所許可，輒喁喁情話，窮日夜不
倦。其溫婉之態，不啻好女子；不知者竟目為好色，
斯則淺人之見，厚誣曼殊矣。茲舉一事以證其人。
某年，曼殊有事於滬，眤一妓，深愛之。事有暇，
輒顧其家。既且寢於斯，食於斯，衣服雜用之物，
咸置其處，幾視妓家如己室；與妓之同衾共枕，更
不待言，而終不動性慾。妓以為異，問其故，則正
容而語之曰：『愛情者，靈魂之空氣也。靈魂得愛情
而永存，無異軀體恃空氣而生活。吾人竟日紜紜，
實皆游泳於情海之中。（按此情當指廣義）或謂情海
即禍水，稍涉即溺，是誤認孽海為情海之言耳。惟
物極則反，世態皆然。譬之登山，及峯為極，越峯
則降矣。性慾，愛情之極也。吾等互愛而不及亂，
庶能永守此情，雖遠隔關山，其情不渝。亂則熱情
銳退，即使晤對一室，亦難保無終凶已。我不欲圖
肉體之快樂，而傷精神之愛也，故如是，願卿與我
共守之。』」[186]

三、在現實生活有跡可尋、有紀錄的愛情關係，維持時間較長的
都是妓女。例如，按劉心皇所考，曼殊與花雪南的關係是很長久
的。花雪南是誰？劉氏引述鄭桐蓀的信中內容，指花雪南為曼殊
吃花酒時所做的倌人（即妓女）[187]。他指出：「曼殊和雪南相識甚

186　菊屏，〈說苑珍聞〉，時希聖編，《曼殊軼事》，（上海：廣益書局，1933），
　　　頁 87-88。
187　劉心皇引用鄭桐蓀的書信時，未有寫出自何處、什麼時間寫、收信人為誰
　　　等資料。因此，筆者只能轉述劉心皇的書中的內容。詳細可參考劉心皇，《蘇

早，尚在民國紀元前五年，住國學保存會藏書樓時，便相識了。至民國二年間，仍然往來」[188]。又例如，曼殊與張娟娟的關係也維持了兩年之久。按劉氏所考，張娟娟是民國元、二年間，曼殊吃花酒時的妓女[189]。而在各女友人（指具愛情關係的）之中，百助眉史和曼殊的關係要算是最密切的了，就連作品之中也可以體現出來的。據柳無忌在〈蘇曼殊及其友人〉中「曼殊的女友」一節所考，《靜女調箏圖》是曼殊為此女手繪的像。另外《本事詩》十首、《為調箏人繪像》兩首、《調箏人將行囑繪金粉江山圖》兩首，和《寄調箏人》三首都是曼殊寫給百助的詩歌，在他為數不多的遺詩中佔了一個很重要的地位[190]。

　　綜合《斷鴻零雁記》中曼殊的心聲，礙於自己心中的傷痛極大，愁思不斷又性格悲觀，因此他不敢投入正常的情愛關係之中。曼殊害怕他的悲傷會影響愛侶，而誤人的一生。因此，他雖然對愛情有熱切的依戀，可是他沒有為自己找一個尋常人家的愛侶，繼而與其終老。他找的談情對象是妓女。妓女是一種追歡賣笑的職業。妓女與顧客之間是一種同笑不同愁的關係。兩者絕不會出現如三郎與靜子的關係。三郎哭，靜子同愁，令三郎暗自嘆曰：「吾兩人如此，非壽徵也！」；亦不怕出現三郎在留書出走的書柬中所寫的情況：「然余固是水曜離胎，遭世有難言之恫，又胡忍以飄搖危苦之軀，擾吾姊此生哀樂耶？」。正因如此，吾人就可以理解，曼殊為什麼會捨百助而去。考馬以君的〈蘇曼殊年譜　五〉，在 1909

曼殊大師新傳》，（台北：東大圖書公司，1992），頁 132。

188　劉心皇，《蘇曼殊大師新傳》，（台北：東大圖書公司，1992），頁 132。

189　劉心皇，《蘇曼殊大師新傳》，（台北：東大圖書公司，1992），頁 132。

190　柳無忌，〈蘇曼殊及其友人〉，柳亞子編，《蘇曼殊全集　四》，（北京：當代中國出版社，2007），頁 34-35。

年發生的其中一件事：「以出家為由推卻<u>百助</u>欲以身相許的要求」[191]。由以上的說法看來，筆者相信<u>曼殊</u>是愛<u>百助</u>的。可是，他不欲他自身的傷痛再害苦了<u>百助</u>，因此斷然拒愛。在《本事詩》十首之中，不少內容或是寫<u>曼殊</u>和<u>百助</u>的愁思，或描寫<u>百助</u>向<u>曼殊</u>訴苦的情況，或寫<u>曼殊</u>安慰<u>百助</u>之言。例如，第一首「無量春愁無量恨」是寫<u>百助</u>的愁，「我亦艱難多病日」是寫<u>曼殊</u>的苦；第二首全首寫<u>百助</u>向<u>曼殊</u>訴身世之苦；第八首寫<u>曼殊</u>安慰<u>百助</u>「碧玉莫愁身世賤」。當<u>曼殊</u>和<u>百助</u>形成了一種同哀同愁的關係，二人買笑賣笑的關係變了質。<u>曼殊</u>為免對<u>百助</u>有更負面的影響，就斷然拒愛。《本事詩》之中雖寫「還卿一缽無情淚，恨不相逢未剃時！」，似是以出家為由拒愛，但是別忘了在《斷鴻零雁記》之中，<u>曼殊</u>表達了他出家的一大原因亦是由於他「身世有難言之恫」。正如他在作品中所表達的一樣。<u>曼殊</u>的愛情往往沒能開花結果是「果」，其「因」正是其「身世有難言之恫」。

　　以心理學的角度作分析，構成<u>曼殊</u>「情困苦」的主要還是由於他人格的內在問題。在《斷鴻零雁記》之中，吾人可以留意到不少<u>三郎</u>情愛與佛法內心掙扎的描寫。例如，第十三章中<u>三郎</u>被母親責罵後，自省時想到：「如老母堅不見許，則歷舉隱衷，或卒能諒余為空門中人，未應蓄內。余撫心自問，固非忍人忘彼姝也」。第十六章<u>三郎</u>回家後心緒紛亂：「此夜今時，因悟使不析吾五漏之軀，以還父母，又那能越此情關，離諸憂怖耶？」。在掙扎之後，勝利的是佛法的一方。在第十八章中<u>三郎</u>自省後下定決心：「吾今胡能沒溺家庭之戀，以閒愁自戕哉？佛言：『佛子離佛數千里，當

---

191 馬以君，〈蘇曼殊年譜 五〉，《佛山師專學報》，1987 年第 3 期，頁 108。

念佛戒。』吾今而後，當以持戒為基礎，其庶幾乎」。一如曼殊本人。他不僧不俗，亦僧亦俗地生活了大半生的時間。他一方面斷斷續續地有著情愛的關係，另一方面又沒有老實地放下僧人的身份。如果以佛洛伊德的理論去解釋，那是由於他人格特徵的內在問題。首先，他的人格屬於口欲含合型的人格，而這種人格其中一項特徵為對愛情的貪婪和獲取[192]。另外，由於他在性器期期間亦有異常的經歷（蘇傑生和河合仙均不在旁），相信亦有力必多的停滯。曼殊的行為正表現了性器期固著型的反向作用：對性的清教徒式的態度，過份羞怯[193]。在《斷鴻零雁記》之中，儘管三郎對愛情的渴望不斷的冒起，可是戰勝的都為佛法的一方。例如，第十三章中三郎暗自思量：「繼余又思：日俗真宗，固許帶妻，且於剎中行結婚禮式，一效景教然者。若吾母以此為言，吾又將何言說答余慈母耶？」。明顯地，縱然能夠在日本社會規範的許可之下，他可以繼續為僧又可以與靜子成婚，三郎亦選擇了更為清教徒式的戒律而離開靜子。最後，三郎與靜子的情愛事，亦以第十八章中三郎下定決心戒佛戒為一分水嶺，他是決意離開靜子的了。這種「對愛情的貪婪和獲取」與「對性的清教徒式的態度」之間的糾纏，正好解釋了曼殊情路上的古怪行為。「對愛情的貪婪和獲取」迫使他對談情說愛有熱切的追求；礙於他不欲其悲觀的性格影響了他的愛侶，他沒有發展正常的戀愛關係，而借吃花酒排解此一欲望；但在吃花酒的時候，又由於他人格另一個的部份「對性的清教徒式的態度」作祟的原故，這令他與妓女同衾共枕，亦

---

192 黃庭希，《人格心理學》，（杭州：浙江教育出版社，2002），頁101。
193 黃庭希，《人格心理學》，（杭州：浙江教育出版社，2002），頁105。

終不動性慾。如此看來，與其說曼殊身上出現了情與佛的矛盾，倒不如說他的矛盾是來自他的人格內在衝突之本身。

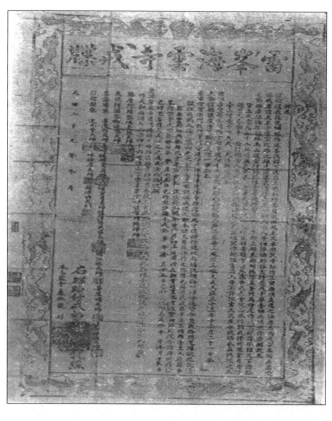

曼殊大師戒牒（蕭紉秋藏）

第三節　結　語

　　《斷鴻零雁記》可謂是近代中國文學界的一朵奇葩，引起不少研究人員的興趣。學界對它的研究甚豐。可是，綜觀筆者曾考查的資料而言，學界對於《斷鴻零雁記》沒有什麼較為全面的了解。多僅就當中的主題進行零散的分析。研究愛情主題的，就錯失了省母的部份。研究省母主題的，就忽略了愛情的部份。研究作品中情佛矛盾的，就忽略了三郎身世對他的影響。總而言之，多未有留意《斷鴻零雁記》的敘事骨幹。筆者認為問題的癥結所在，是由於學界對於《斷鴻零雁記》的性質並沒有一個一致的看法。有些學者謂它是一部小說，有些學者認為它是自傳性小說，有些指它是一部自傳。承本研究較早的部份所指出，筆者認為它是一部自傳，但是筆者的看法與前人所界定的大有不同。之前，絕大多數視《斷鴻零雁記》為自傳的學者，均以自傳應載傳主真實歷史之觀點去評價《斷鴻零雁記》。故此，如柳亞子一樣，不少持這種觀點的學者後來都改變了他們的立場。筆者對自傳的界定則不一樣，是以傳主自陳他心中最重要的事為何、回顧及總結其生活的意義為自傳的定義。以此作為基礎，筆者對於《斷鴻零雁記》的研究完全是基於一個面向，就是：曼殊在他的自傳之中交代了什麼、回顧了什麼？既然是他的自述史，那麼作品當中能夠一瞥他的個性形成之歷史？另外，由於筆者希望為自己的分析提出可印證的理據。因此，筆者先以佛洛伊德的理論，指出曼殊屬哪種的人格特質，以便及後附以分析《斷鴻零雁記》中的內容。經探討後，得出曼殊為口欲含合型的人格之結論。

　　筆者之後在分析《斷鴻零雁記》時，指出了不論是「三郎千里尋母記」，或是愛情小說的說法，都不足以全面地描述《斷鴻零雁記》的性質。《斷鴻零雁記》當中有一個一貫而明確的骨幹，那就是一部自陳「身世有難言之恫」的自傳。曼殊在《斷鴻零雁記》之中，對他的「身世難言之恫」，及越趨悲觀的個性形成進行了回顧。「三郎省母」其實反映了曼殊對他自身的省母之旅感到失望。經過筆者對各角色的分析，吾人可以見到河合夫人一角的重要性不似預期一樣。反之，河合夫人的角色非但沒有為三郎帶來熱切的母愛及家庭溫暖，而且處處令三郎感到壓力。如此看來，《斷鴻零雁記》以母子二人無聲的分別，結束「三郎省母」之旅就不足為奇了。另外，筆者亦指出了一直受學界忽視的角色 —— 乳媼，才是省母之行的關鍵人物。配合較早部份的心理分析，筆者認為乳媼是曼殊對母愛及家庭溫暖的幻想之投射對象。細考「三郎省母」之旅，實質上它是由乳媼所引發的，而在三郎回國後，他又得悉乳媼之死。當中，反映了一直驅動曼殊省母的，是他對母愛及家庭溫暖的幻想，而在省母之後幻想破滅。歸納起來，筆者大致將他的省母之行分為三個階段：一、「自悲‧幻想」階段，二、「遇上‧失望」階段，三、「消退‧破滅」階段。

　　另一個《斷鴻零雁記》中值得注意的地方，是三郎個性越趨悲傷的傾向。令他越趨悲傷的因由，筆者稱之為「三苦」，包括了：身世苦、無常苦及情困苦。身世苦，是指他省母後「難言之恫」加劇，飄零無依的感覺猶在的苦。無常苦，是指他命途多舛，而佛法不足以殺吾悲的苦。情困苦，是指因其「難言之恫」及悲觀的性格，而不敢投入愛情的關係，欲愛不敢愛的苦。考慮《斷鴻零雁記》為曼殊自傳，筆者有理由相信以上所述的苦，均為實際曼殊的心理糾結。總的而言，曼殊一直都渴望著母愛，而終於引

發了他的省母之旅。可是，重遇的經驗卻粉碎了一起支撐他的幻想，令他的個性越趨悲傷。《斷鴻零雁記》可謂一部向人細說他「難言之恫」無法可治癒的自傳。

　　在研究的這個部份，筆者將《斷鴻零雁記》中所透顯的苦歸納為身世苦、無常苦及情困苦，這個做法並不是為刻意創新。由於曼殊乃是佛教僧人，筆者在研究的時候曾考慮以佛教的「苦」去統攝《斷鴻零雁記》中所透顯的苦。佛陀對「苦」的觀察是很細膩的。在佛教經典之中，就有「二苦」[1]、「三苦」[2]、「四苦」[3]、「八苦」[4]等不同的分類。然而，經深思後，筆者決定不選用佛教的概念。原因是筆者希望將曼殊的作品與佛教宣教作品作出區隔。第一，就曼殊個人而言，出家為僧並沒有為曼殊帶來解脫。在《斷鴻零雁記》之中，曼殊不少的描述都對出家持一種較消極的態度。例如，在第一章中描寫受戒者全都哽咽不能止、在第三章乳媼用「淪入空界」描述三郎出家之事等。《斷鴻零雁記》雖以三郎歸省其師為結局，但他的心中卻是「而不知余彌天幽恨，正未有艾也」。「放下自在」四個字從不適合用以描述三郎為僧後的心理狀況。第二，曼殊的作品與佛教宣教寫作的特色有不少差異。部分佛教文學的作品以宣教或弘揚佛教為目的[5]、鼓勵修行並求解脫[6]、佛

1　「二苦：苦者，逼惱身心之謂。二苦乃內苦及外苦」，引自釋慈怡主編，《佛光大辭典》，（高雄：佛光，1988），頁205。

2　「三苦：依苦之性質，分為苦苦、壞苦、行苦三種」，引自釋慈怡主編，《佛光大辭典》，（高雄：佛光，1988），頁590。

3　「四苦：指人間四種苦。即生苦、老苦、病苦、死苦」，引自釋慈怡主編，《佛光大辭典》，（高雄：佛光，1988），頁1736。

4　「八苦：乃眾生輪迴六道所受之八種苦果，為四諦中苦諦之主要內容。包括生、老、病、死、愛別離、怨憎會、求不得，及五陰盛八種苦」，引自釋慈怡主編，《佛光大辭典》，（高雄：佛光，1988），頁291。

5　吳為山、王月清主編，《中國佛教文化藝術》，（北京：宗教文化出版社，2002），

教的教義往往體現在小說的情節之中[7]等。以上這些特色均不出現於曼殊的作品之中。

縱使如此，學者如吳正榮也視曼殊的作品為佛教文學。吳氏指曼殊其人其作品能夠體現了生命的「苦諦」。也許正因如此，吳氏將曼殊及其作品收編於他的《佛教文學概論》之中。吳氏正確的指出：「在『禪』的追求之中，蘇曼殊不但沒有從苦中解脫，反而更愈深深迷入這些哀傷的意象，其心性已認同了痛苦的價值」[8]。就佛教徒的修行而言，曼殊自然未見高明，但究體會生命苦相而言，曼殊其實也頗為深刻。其實，佛陀宣說苦諦，是道出世間的實相，是關於苦之存在的真理[9]。如此說來，在書寫人生感悟的作品，自然也會找到佛陀所宣說的苦。而曼殊受到佛教觀念的影響，也善於體現「苦諦」，並特別能從病、死、愛別離、求不得等幾方面，發揮其對生命苦痛的所感所思。

研究至此，筆者探討了曼殊的身世、指出其「身世有難言之恫」為何，並由《斷鴻零雁記》中發掘曼殊所欲表達的意義，而得出《斷鴻零雁記》是一部他自述其「身世有難言之恫」的自傳。以下的部份，筆者將進一步探索悲情的身世對於曼殊文藝創作的影響。

頁 110。
6　周群，《宗教與文學》，（南京：譯林出版社，2009），頁 91。
7　周群，《宗教與文學》，（南京：譯林出版社，2009），頁 105。
8　吳正榮，《佛教文學概論》，（昆明：雲南大學出版社，2010），頁 272。
9　阿部正雄著，張志強譯，《佛教》，（上海：上海古籍出版社，2008），頁 9。

第七章　六記的文藝分析
與創作心理

　　「六記」是學界對曼殊所有的小說作品之統稱，包括了〈斷鴻零雁記〉、〈天涯紅淚記〉、〈絳紗記〉、〈焚劍記〉、〈碎簪記〉和〈非夢記〉六部作品。「六記」之名實際上是有點名不符實的。那是由於〈天涯紅淚記〉是一部未完成的作品，只有首兩章曾被印行，甚至第二章似未完成。「六記」當中又以〈斷鴻零雁記〉最為矚目，那是由於它曾一度被人視為曼殊的自傳來看待。〈斷鴻零雁記〉和〈天涯紅淚記〉具有章節劃分，性質上可視為章回小說。其餘的四記則篇幅比較短，沒有作出分章節的劃分。「六記」之中，愛情的悲歌是常見的主題，悲傷、分離、死亡、疾病、自殺、出家等幾乎是曼殊每部小說都會出現的題材。背後的原因到底是什麼？曼殊是基於什麼理由，經常性地寫這些題材呢？他創作的原動力究竟是什麼？曼殊到底想透過他的作品表達些什麼呢？以上這些問題是本章節希望探討的。承以上各章的討論，筆者相信曼殊悲情的身世對他的文藝創作有很大的影響。在研究這部份，筆者會先對「六記」作出文藝的分析。然後，再基於討論所得，以心理學的理論去分析背後的寫作動機和原動力。

第一節　「六記」的文藝分析

一、〈斷鴻零雁記〉分析（1912 年）

在文藝分析的部份，筆者會把曼殊的「六記」順出版年份逐一作出分析。每一部作品均會依照瓦萊特在《小說：文學分析的現代方法與技巧》中提及過的框架作出分析，當中包括：章節劃分、時間性、外部空間的描寫、人物及肖像的描寫、作者論述方面、敘事研究以及修辭研究的七個方面。

（一）章節劃分：以「情」為章節劃分

有關小說的章節劃分方面，瓦萊特指出作者將作品劃分為部份或章節、有無引導的標題，關係著意義的組織和信息的可理解性[1]。在曼殊的「六記」之中，由於〈天涯紅淚記〉乃一部未完成的作品，〈斷鴻零雁記〉可以算是唯一的一部有章節劃分的曼殊作品。若按瓦萊特所指進行分析，〈斷鴻零雁記〉的章節最主要是按意義的組織來劃分，每一章節都有一個至兩個明確的信息。

〈斷鴻零雁記〉的章節劃分與傳統小說的章節劃分並不相同。首先，〈斷鴻零雁記〉每一章僅以章回的次序作標題，如第一章、第二章等，而沒有撮舉要旨的回目。撇開《三國演義》、《紅樓夢》、《水滸傳》等較古老的名著不談，與曼殊同期或時期相約的章回

---

1 貝爾納・瓦萊特著，陳艷譯，《小說：文學分析的現代方法與技巧》，（天津：天津人民出版社，2003），頁 87。

小說大多數都有撮舉要旨的回目。有些承傳統的回目寫法，如陶寒翠的《民國艷史演義》：「第一回　冰清玉潔錦屋竊奇香　雨膩雲酣迷宮留豔夢」[2]、張恨水的《滿江紅》：「第一回　賞月渡長江吟聯少女　聞弦過野寺笑接狂生」[3]和《金粉世家》：「第一回　陌上閒遊墜鞭驚素女　階前小謔策杖戲嬌嬛」[4]、馮玉奇的《舞宮春豔》：「第一回　花落水流前塵等一夢　情深意蜜好事化成煙」[5]；有些簡單的如徐枕亞的《玉梨魂》：「第一章　葬花」、「第二章　夜哭」[6]等。

另外，比較傳統的章回小說，曼殊的寫作手法亦沒有以往的小說生硬，沒有以往章回小說中一定出現的套語。例如，在陶寒翠的《民國艷史演義》中，幾乎每一章的最後一句都是「欲知後事如何，且聽（或且待）下回分解」[7]；張恨水的《啼笑因緣》每一章的最後一句也是「下回交代（或分解）」[8]。在〈斷鴻零雁記〉的二十七章之中，從未出現如此的結尾。學者郭洪雷甚至指出曼殊實為打破中國章回小說體裁形式的第一人，比林紓的《劍腥錄》更早[9]。

其實，曼殊打破的不僅是取消回目直接分章，並放棄章回體

2　陶寒翠，《民國艷史演義》上冊，（長春：吉林文史出版社，1993），目錄・頁1。

3　張恨水，《滿江紅》，（北京：文化藝術出版社，2004），目錄・頁1。

4　張恨水，《金粉世家》，（南京：江蘇文藝出版社，2011），目次・頁1。

5　馮玉奇，《舞宮春豔》，（武漢：長江文藝出版社，1994），目錄・頁1。

6　徐枕亞，〈玉梨魂〉，張鷟、徐枕亞著，黃瑚、黃坤校注，《遊仙窟　玉梨魂》，（台北：三民，2007），章目・頁1。

7　例如，陶寒翠，《民國艷史演義》上冊，（長春：吉林文史出版社，1993），頁11、頁21、頁30等。

8　例如，張恨水，《啼笑因緣》，（台北：國家出版社，2008），頁24、頁40、頁54等。

9　郭洪雷，〈中國小說修辭現代轉型中的蘇曼殊〉，《廣東社會科學》，2008年第1期，頁152。

的套語，他的分章的方式亦與傳統的章回小說大有不同。傳統章回小說的分章，在故事內容和長短方面分佈極為平均。例如，<u>張恨水</u>的《金粉世家》，〈楔子〉大概有七千一百字左右，〈第一回〉大概有七千六百字，〈第二回〉大概有五千六百字，〈第三回〉大概有七千一百字。又如，<u>徐枕亞</u>的《玉梨魂》，〈第一章〉大概有三千二百字，〈第二章〉大概有三千五百字，〈第三章〉大概有三千四百字。而〈斷鴻零雁記〉在故事內容和長短方面分佈並不平均。〈第一章〉約有六百八十字，〈第二章〉約有八百七十字，〈第三章〉大概有一千七百五十字，〈第四章〉約有一千字。當中，最短的如〈第六章〉約五百八十字、〈第十三章〉約六百七十字，最長的如〈第十二章〉約三千字、〈第十九章〉約二千字。可見，<u>曼殊</u>在章節劃分方面並不會就每章要有平均的長短，而硬性規定敘事的多少及故事發展的頻率。因此，<u>曼殊</u>在每章敘事的方面較為靈活和彈性，乃按敘事的需要而作出劃分。例如，〈第一章〉主力講述<u>三郎</u>出家及悲嘆身世的內心描寫、〈第三章〉由乳媼口中詳盡得悉自己悲苦身世的前因後果、〈第五章〉收<u>雪梅</u>信並憶及其為<u>雪梅</u>設想故而出家之事等。

　　綜合<u>曼殊</u>〈斷鴻零雁記〉各章的敘事，他主要是以「情」的敘述作為章節劃分的考慮。例如〈第一章〉主要敘<u>三郎</u>自嘆身世的悲情、〈第二章〉主要敘<u>三郎</u>顛沛流離的苦情、〈第三章〉主要敘乳媼憶述<u>三郎</u>童年的苦情、〈第四章〉主要敘乳媼和<u>三郎</u>相處情的親情、〈第五章〉主要敘<u>三郎</u>與<u>雪梅</u>情事的悲情、〈第六章〉和〈第七章〉主要敘離別之情、〈第八章〉主要敘<u>三郎</u>母子重聚之情等。當然，在某些章節中，可能沒有什麼明顯的主題，如〈第七章〉敘<u>三郎</u>與牧師夫婦別後，大部份的篇幅用以寫<u>拜輪</u>詩的翻譯、又如〈第二十一章〉花了很長的篇幅寫《捐官竹枝詞》。然而，在

大部份的章節中，吾人都可以見到作者在一章之中主要敘述一種
「情」，敘畢後就進入下一章節。

（二）時間性：靈活敘事，配合言「情」

在時間性方面，〈斷鴻零雁記〉的敘事都是「以後」的。按
瓦萊特的說法，即陳述時間後於故事發生時間[10]。〈斷鴻零雁記〉
第一章末寫：「此章為吾書發凡，均紀實也」，末章結尾寫：「而不
知余彌天幽恨，正未有艾也，吾擱筆不忍再言矣」。可見，整部的
作品屬於一種事後敘述。陳述時間實際是在三郎欲吊雪梅墓而不
果的事情之後。作者向讀者敘述的，是自三郎出家之日開始至吊
雪梅墓不果期間之事。因而，在作品之中不乏「讀吾書者識之」
（第一章）[11]、「讀者試思」（第二章[12]、第三章[13]）、「讀吾書者」、
「以告吾讀者」[14]、「讀者」[15]、「讀者殆以余不近情矣」、「今請語
吾讀者」[16]（第五章）、「讀者自能得之」（第六章）[17]等的語句。

---

10 貝爾納‧瓦萊特著，陳豔譯，《小說：文學分析的現代方法與技巧》，（天津：
　　天津人民出版社，2003），頁 112。
11 蘇曼殊，〈斷鴻零雁記〉，柳亞子編，《蘇曼殊全集》，（北京：當代中國出版
　　社，2007），頁 153。
12 蘇曼殊，〈斷鴻零雁記〉，柳亞子編，《蘇曼殊全集》，（北京：當代中國出版
　　社，2007），頁 154。
13 蘇曼殊，〈斷鴻零雁記〉，柳亞子編，《蘇曼殊全集》，（北京：當代中國出版
　　社，2007），頁 159。
14 蘇曼殊，〈斷鴻零雁記〉，柳亞子編，《蘇曼殊全集》，（北京：當代中國出版
　　社，2007），頁 161。
15 蘇曼殊，〈斷鴻零雁記〉，柳亞子編，《蘇曼殊全集》，（北京：當代中國出版
　　社，2007），頁 162。
16 蘇曼殊，〈斷鴻零雁記〉，柳亞子編，《蘇曼殊全集》，（北京：當代中國出版
　　社，2007），頁 163。
17 蘇曼殊，〈斷鴻零雁記〉，柳亞子編，《蘇曼殊全集》，（北京：當代中國出版
　　社，2007），頁 164。

總的而言，由三郎出家至吊雪梅墓之事，曼殊的敘事是以一種順序的方式向讀者陳述事件。每當曼殊寫愁苦之處，他就會把讀者的視角由故事閱讀中抽離，與這個事後敘事者作交流。

在敘事的時間上，曼殊寫〈斷鴻零雁記〉的時序並不是那麼細心，當中有前後不一致的地方。在第五章末，曼殊寫道：「前書敘余在古剎中憶余生母者，蓋後此數月間事也」，而章中又寫三郎出家為「驅烏沙彌」[18]。「驅烏沙彌」根據《佛光大辭典》為：「沙彌之一。又稱逐蠅沙彌。指七歲至十三歲，能驅逐烏鳥、蠅等，不使掠奪比丘飲食之小沙彌」[19]。可是，在第八章河合夫人在介紹蕙子卻指出：「此為吾養女，今年十一，少爾五歲」，然則三郎已達十六歲。查第一章時間為「是時已入冬令」，第四章時間為冬深至次年清明前二日，第五章末謂第一章至第五章發生之事為「蓋後此數月間事」，時序上是正確的。第六章三郎離乳媼的時間為「清明後四日」。其後，二日已至廣州，欲面別師父不果，即日午後赴香江，次日早晨往羅弼牧師之家而去。第七章指四日後別牧師夫婦上船東渡，船行五晝夜抵日本。按此，三郎最多只可能是十四歲。另外，三郎抵日時是清明後的兩星期左右。清明節在農曆三月上旬，而立夏是在農曆四月初。在第九章中，曼殊寫三郎「歸家之第三日」就出發去謁見其祖及父之墓。此時還不到半個月就已是農曆立夏（約西曆 5 月上旬）的時候。可是，曼殊的外部景色的描述全是隆冬的畫面：「是日陰寒，車行而密雪翻飛，途中景物，至為蕭瑟」、「迨車抵小田原驛，雪封徑途矣」、「荒村風雪中，固無牽車者……」、「余與弱妹拾取松枝，將墳上積雪推去」、「余

---

18 蘇曼殊，〈斷鴻零雁記〉，柳亞子編，《蘇曼殊全集》，（北京：當代中國出版社，2007），頁 163。
19 釋慈怡主編，《佛光大辭典》，（高雄：佛光，1988），頁 6884。

遂啟目視墳台，積雪復盈三寸」、「余母以白紙裹金授老尼，即與
告別，冒雪下山」等。由第六章起，故事的時間應為時為清明後
之事。如上所述，三郎抵日本家時應已為三月的中下旬。可是，
在第十一章曼殊卻明確地寫道：「時為三月三日，天氣清新」。明
顯在敘事的時序上犯了不少的錯誤。在敘事時序的方面，曼殊寫
作時實在並不細心，以致出現了不少的錯誤。

　　查〈斷鴻零雁記〉時序的編排雖然有誤，但是大體上故事發
生的時間約歷兩年又九個月的時間。第一章時間為某年的「冬令」。
第十一章明確地將時間寫為「三月三日」。第十二章首段寫「但見
宿葉脫柯，蕭蕭下墮，心始聳然知清秋亦垂盡矣」，應在若姨家已
待至秋冬交界的時候。第十七章開首寫「惟氣候遽寒，蓋冬深矣」
指已到深冬時間。於此，由第一章「冬令」算起應已歷一年。第
十九章中三郎對靜子言：「吾今日欲觀白瀧不動尊神，須趁雪未溶
時往耳」，文中又形容當時天氣「天忽陰晦，欲雪不雪」，似屆春
冬交界時分。第二十三章監院跟三郎說「明日中元節……」，按此
本章時間應為中元節前夕，即農曆七月十四日。第二十四章中言
「明日，余隨監院蒞麥氏許」，是日應為中元節。第二十五章章末
出發至訪雪梅墓。第二十六章第一段指三郎與法忍到上海時銀票
被偷，要步行上路及沿途托缽，並「逾歲，始抵橫蒲關」。至此由
第一章算起，應為第二年。第二段寫「時涼秋九月矣」，則另一年
的秋天又來臨，至章末時間上應仍為涼秋九月。第二十七章時間
上是第二十六章末的「七晝夜」之後，直至結尾再沒有時間上的
躍進。總括而言，〈斷鴻零雁記〉的故事發展在時間上約歷兩年又
九個月。

　　在事件發生的頻率上，曼殊的寫作沒有一定的規則或模式。
而比較各章的敘事，事件發生的頻率極不平均。筆者認為其中一

個最大的原因，是由於曼殊以「情」的敘述作為章節劃分的考慮，而並非按傳統章回小說一般，每每講求章節間敘事與故事發展的平均分佈。例如，在第一章之中，曼殊主要是力陳三郎出家前自悲身世有難言之恫的悲傷之情，因而整章僅發生了三郎披剃出家一事。在第二章之中，為了表達三郎顛沛流離的苦情，故事中事件發生的頻率卻十分高。章首寫三郎辭海雲寺，侍師而外；後來，三郎化米又被搶奪；被劫後三郎迷路而到了海灘；三郎在海灘遇上涼薄漁翁；三郎行至附近村落，入古廟遇童子；對話後，童子邀其回家而巧遇三郎乳媼。至於第三章，由於重點落在乳媼憶述三郎童年的苦情，因此整章大部份都是在敘三郎與乳媼對話，只有章末寥寥數句寫三郎暫居乳媼家狀況。又例如，在第五章之中，曼殊主要是表達三郎與雪梅情事的悲情，敘事上寫了三郎收雪梅信的事，及事後三郎憶述往事是內心獨白。計此章的事件發生頻率，其實就只有三郎收信一事。在其後的章節之中，由於曼殊主要寫種種的離別之情，僅在第六章和第七章的開首一段，三郎已經別了乳媼和潮兒、至廣州詣其師面別不果、與羅弼牧師及其家人重聚，和別羅弼牧師夫婦及其女兒上船東渡日本。事件發生頻率遠較第五章的高。由以上兩例可見，曼殊的寫作沒有局限於傳統章回小說的寫作手法，要求每章節之間敘事與故事發展的分佈平均。曼殊以「情」的敘述作首要考慮，令他在安排敘事的流程、故事的發展，和事件發生的頻率上，都比較傳統的小說靈活，更能發揮他在其自述史中抒發情感的作用。

（三）外部空間的描寫：「情」景交融，文中有畫

在〈斷鴻零雁記〉中，曼殊對於外部空間的描寫甚為仔細。在某些的章節之中，對於外部空間的描寫佔了該章節的大部份篇

幅。例如，在第一章約六百八十字之中，就有接近二百八十字是寫外部景色。第一章的整個第一段，都是描述三郎出家之地的景色。在第九章約七百二十字中，就有接近四百二十字是外部景色的。除了首尾兩後之外，幾乎所有的文字都是描寫三郎父所葬墓園之景色。在更多的章節之中，角色的描寫融入外部景色之中。譬如，在第十二章中，曼殊描寫三郎與靜子的對話時，他有以下的描寫：

> 「余少矙，覺玉人似欲言而未言。余愈跐蹭，進退不知所可，惟有俯首視地。久久，忽殘菊上有物，映余眼簾，飄飄然如粉蝶，行將逾籬落而去。余趨前以手捉之，方知為蟬翼輕紗，落自玉人頭上者。斯時余欲擲之於地，又思於禮微悖，遂將返玉人。」

當中描寫靜子外型時，她融入若姨庭苑景物之中，更顯靜子的清麗可人。又例如，在第十六章中，曼殊描寫靜子臉龐時，就以月色襯托其容貌：「余在月色溟濛之下，凝神靜觀其臉，橫雲斜月，殊勝端麗」。在第十九章之中，曼殊再次在描寫靜子面貌時，寫外部景色與靜子容貌的交融：「道中積雪照眼，余略顧靜子芙蓉之靨，襯以雪光，莊艷絕倫，吾魂又為之爽然而搖也」。以上兩段文字雖則未有詳如第十二章的描述，但仍然可以見到曼殊習慣以外部景色襯托人物肖像的描寫。

　　有不少的學者在分析曼殊寫景的詩歌時，讚許他的作品寫得清麗如畫。如游國恩在《中國文學史》中評價《過蒲田》及《淀江道中口占》兩首詩時指：「歌吟生活的和諧喜悅，詩中有畫，饒

有意趣」[20]。馬以君在《燕子龕詩箋注》中引楊天石、劉彥成在
《南社》的說法，認為《淀江道中口占》「寫自然景物」，「寫得清
麗如畫」[21]。筆者認為不僅是在詩歌的作品之中，而是在〈斷鴻
零雁記〉外部空間的描寫之上，曼殊亦是「文中有畫」。無論是悲
涼的山景還是美輪美奐的庭苑景物，他都能夠如畫一般呈現在他
的作品之中。再者，他以外部景色襯托人物肖像的描寫，更是令
人物無形的氣質能借有形的事物，活龍活現地呈現在讀者的面前。
在曼殊的寫作之中，景物不再只是背景的點綴而已，他使得景物
與人物產生有機的交融，加強了人物的描述。

　　另外，曼殊在〈斷鴻零雁記〉中描寫外部空間的時候，往往
與敘事的氣氛或人物的情感相配合。在第一章之中，為配合三郎
自悲身世之情，曼殊對寺廟附近的描寫都蒙上了凋零悲傷的格調：
「或時聞潮水悲嘶，尤使人欷歔憑弔，不堪回首」、「余倚剎角危
樓，看天際沙鷗明滅」、「夾道枯柯，已無宿葉，悲涼境地」。在第
二章之中，外部空間的描寫與敘事的安排極為吻合。在三郎化米
之後，有人來奪，天氣由此轉昏暗並已抵傍晚。之後，在遇上人
情涼薄的漁翁時，三郎身處的景色為「駭浪遽起，四顧昏黑」。最
後，遇上乳媼之前，所見的景色為：「苑內百花，暗香沁鼻」。第
三章，三郎遇上童年時深愛他的乳媼，二人細訴前事，三郎暫在
她家中安頓時，曼殊描寫二人重聚後翌晨「陽光燦爛」。惟他又因
思及往事而鬱伊無極時，披衣外出四望，景色轉為「柳瘦於骨，
山容蕭然矣」。又例如，在第六章之中，三郎因雪梅贈金，可起行

20 游國恩等主編，《中國文學史》（第三、四冊），（香港：三聯書店，1990），
　　頁379。
21 蘇曼殊詩，馬以君箋注，《燕子龕詩箋注》，（成都：四川人民出版社，1983），
　　頁62。

訪母。快要出發時，外部空間描寫為：「清明後四日，侵晨，晨曦在樹，花香沁腦」。可是，當一想到要與乳媼母子分別時，心中不忍，則繼而寫：「忽回顧苑中花草，均帶可憐顏色，悲從中來，徘徊飲泣」。在第七章章末，三郎快要登岸，與母重聚可期，曼殊對於外部空間描寫為：「時新月在天，漁燈三五，清風徐來，曠哉觀也」。第八章是三郎與母親重遇的一章。在重遇之前，三郎怕母親搬了家而心中忐忑不安，因而景色描寫上偏向冷清：「余既出驛場，四矚無有行人，地至蕭曠，即僱手車向田畝間轔轔而去。時正寒凝，積冰彌望」。後來，與母親重聚了，外部空間描寫則轉為清麗開闊。重聚後三郎住在母親家，在家中望四周景色，曼殊寫道：「時正崦嵫落日，漁父歸舟，海光山色，果然清麗」。一如以上各項的分析所示，在〈斷鴻零雁記〉中外部空間的描寫與敘事的氣氛或人物的情感相配合。曼殊這種的寫作手法可以收到引發讀者的聯想，製造氣氛，增強敘事的感染力[22]。

(四)人物及肖像的描寫：女性人物的描述較詳

在〈斷鴻零雁記〉之中，人物的命名是值得留意的。當中有不少的人物都是以實際的名字命名的，如主角河合三郎、主角母河合夫人、姨母若姨、羅弼牧師等。若然考慮〈斷鴻零雁記〉自傳的性質，吾人有理由相信，母姓河合加上小名三郎的主角即曼殊、主角母河合夫人為河合仙、姨母若姨為河合若、羅弼牧師為羅弼‧莊湘，乃〈答瑪德利莊湘處士書〉的收信人，亦即在馬以君〈蘇曼殊年譜 一〉所記 1896 年曼殊十三歲時一項資料：「從

---

22 張堂錡編著，《現代小說概論》，（台北：五南圖書出版股份有限公司，2013），頁 96。

西班牙牧師<u>羅弼‧莊湘</u>博士學習中英文」[23]中的<u>羅弼‧莊湘</u>博士。<u>曼殊</u>之所以有如此的安排，吾人有理由相信，<u>曼殊</u>是想向讀者表達他與相關人物的情感。例如，在本研究較早的部份曾指出，文中<u>三郎</u>與<u>河合</u>夫人的關係，其實反映了<u>曼殊</u>對省母之行感失望的。

　　另外，即使是疑為虛構人物的角色名字亦饒富深意。<u>雪梅</u>、<u>靜子</u>兩個角色的名字，其實反映了她們的性格特質。「<u>雪梅</u>」一角以「梅」為名。在中國的傳統之中，梅為「梅、蘭、竹、菊」四君子之首。梅歲首早開，不懼風雪寒霜，故文人又多以梅喻人堅貞不屈、強韌不拔的個性。<u>雪梅</u>一角，為<u>三郎</u>未婚妻，婚事是在二人年少許下的。後因<u>三郎</u>養父家運式微，生母又無消息，<u>雪梅</u>父生悔心。然而，<u>雪梅</u>在第五章給<u>三郎</u>的書信中明確自陳心跡，謂：「<u>三郎</u>，妾心終始之盟，固不忒也！」，又言：「妾雖骨化形銷至千萬劫，猶為<u>三郎</u>同心耳」。最後，<u>雪梅</u>家真的為她再覓婚事，其繼母力逼她嫁為富家媳。結果，<u>雪梅</u>一如她信中所述，為堅貞故，就出閣前一夕，竟斷絕飲食而死。至於「<u>靜子</u>」，<u>曼殊</u>對她的描寫完全呈現她幽靜高雅、溫婉嫻淑的個性。在第十章和第十二章之中可以見到，她個性幽靜，比較害羞。第十章<u>靜子</u>奉茶以後，她表現得：「余覺女郎此際瑟縮不知為地」，而<u>若姨</u>把<u>三郎</u>介紹予<u>靜子</u>時，<u>靜子</u>的反應為：「女郎默然不答，徐徐出素手，為余妹理鬢絲，雙頰微生春暈矣」。第十二章中描述了<u>三郎</u>與<u>靜子</u>第一次對話，<u>靜子</u>說話前的表現為：「爾時玉人雙頰雖賴，然不若前此之羞澀，至於無地自容也」。另外，<u>靜子</u>其人高雅，由她房中的佈置可見到她的生活品味。<u>三郎</u>在<u>若姨</u>家中時，所住的房間正是<u>靜子</u>的

---

23 馬以君，〈蘇曼殊年譜 一〉，《佛山師專學報》，1985 年 02 期，頁 152。

房間。房中的陳設極為優雅，臥榻畔放有紫檀几，几上有花瓶。在窗邊紗簾之下，陳設甚雅：有雲石案作鵝卵形，上置鑒屏、銀盒、筆硯、絳羅等。另外，旁有柚木書櫝，狀若鴿籠，藏書頗富，而當中均為漢土古籍。房間左方亦置有小几，放有雁柱鳴箏。在其後不同的章節，都偶有描述她受過良好的教養，並非一般的鄉村婦女。她愛讀書，對詩歌、理學、梵章佛經都有涉獵，她懂得針黹、做菜、繪畫和彈奏八雲琴。無怪，三郎讚嘆靜子其人時曰：「即監守天閽之烏舍仙子，亦不能逾是人矣！」由以上的資料可見，曼殊給予此兩個角色的名字是與她們的性格配合的。

在人物的描述之中，曼殊的寫作有一個很大的特色，有關男性角色的描述多是在他們的品性上著墨，而女性角色則是外型的描述較詳。在〈斷鴻零雁記〉中男性角色有三郎、潮兒、羅弼牧師、僧友法忍、麥氏父子等，女性角色則有雪梅、靜子、乳媼、河合夫人、若姨、蕙子、麥氏女公子等。比如文中有關三郎的描述，他身體羸弱（第三章、第四章）、氣質「超逸」（第八章）、性格上「性耽幽寂」（第十一章）；描寫潮兒「侍親至孝」（第六章）；寫羅弼牧師則為：「其人清幽絕俗，實景教中錚錚之士，非包藏禍心、思墟人國者」（第六章）；描寫僧友法忍為：「適有少年比丘，負囊而來。余觀其年，可十六七，面帶深憂極恨之色」，又「觀子形容，勞困已極」（第二十一章）；寫麥翁：「果依依有故人之意，足徵長者之風，於此炎涼世態中，已屬鳳毛麟角矣」（第二十四章）。由以的資料可見，曼殊甚少描述男性角色的外型，而較多側重在他們的品性之上。至於女性角色的描寫則是大不同。例如曼殊描寫雪梅時，就寫她「睹前垣碧紗窗內，有女郎新裝臨眺，容華絕代，而玉顏帶肅，湧現殷憂之兆」（第四章）、「且余昨日乍睹芳容，靜柔簡淡，不同凡豔，又烏可與佻撻下流，同日而語！」（第五章）；

描寫羅弼牧師女公子為「曳蔚藍文裾以出，頗有愁容。至余前殷殷握余手，親持紫羅蘭花及含羞草一束、英文書籍數種見貽」(第七章)；寫河合夫人：「見吾母斑髮垂垂，據榻而坐」(第八章)；寫蕙子為一位「垂髫少女」(第八章)；而最詳細的莫過於對靜子的描述：「倏忽見一女郎，擎茶具，作淡裝出，嬝娜無倫。與余等禮畢。時余旁立諦視之，果清超拔俗也」、「雙頰微生春暈矣」(第九章)、「瞬息，即見玉人翩若驚鴻，至余前，肅然為禮。而此際玉人密髮虛鬟，丰姿愈見娟媚」(第十章)、「少選，香風四溢，陡見玉人靚妝，仙仙飄舉而來」、「爾時玉人雙頰雖赬，然不若前此之羞澀，至於無地自容也」、「但見玉人口窩動處，又使沙浮復生，亦無此莊豔」、「玉人蹙其雙蛾，狀似弗懨」(第十二章)、「忽爾見靜子作斜紅繞臉之妝」、「略舉目視之，鬢髮膩理，纖穠中度」、「靜子瑟縮垂其雙睫，以柔荑之手，理其羅帶之端」、「靜子不待余言之畢，即移步鞠躬而去，輕振其袖，熏香撲人」(第十四章)、「凝神靜觀其臉，橫雲斜月，殊勝端麗」(第十六章)、「靜子此際作魏代曉霞妝，餘髮散垂右肩，束以粞帶，迴絕時世之裝，腼腆與余為禮，益增其冷豔也」、「余見靜子拖百褶長裙」(第十七章)、「忽見靜子亦匆匆踵至，綠鬢垂於耳際，知其還未櫛掠」、「余略顧靜子芙蓉之靨，襯以雪光，莊豔絕倫」、「余垂目細瞻其雪白冰清之手，微現蔚藍脈線，良不忍遽釋」(第十九章)。比之於男性角色的描述，曼殊描寫女性角色的時候，往往較多在外型方面著墨。雖然偶有描述她們的個性，如雪梅「古德幽光，奇女子也」(第五章)和靜子「果超凡入聖」(第十四章)、「抗心高遠，固是大善知識」(第十八章)，和「天懷活潑」(第十九章)，可是其有關的描述遠遠不如描述外型般仔細。

（五）作者論述方面：藏於敘事後的議論者

〈斷鴻零雁記〉雖為一部自述「身世有難言之恫」的自傳，但曼殊沒有完全沉溺在只顧自哀自憐的思想之中。在敘事的過程中，曼殊不忘加插他對社會、文化的關懷及對時弊的控訴。他躲在人物背後，暗中操縱著敘事，在具有表達標誌的篇章中時隱時現，時而諷刺，時而褒揚[24]。

在〈斷鴻零雁記〉之中，吾人可以見到曼殊對於世俗中常見的人際關係弊病有所不滿。讀者不難察覺到曼殊對見利忘義的人特別厭惡，代表人物有雪梅的生父繼母、法忍舅父和其鄰家女郎。比如雪梅的生父繼母，第五章寫他們本來已將雪梅許配三郎。可是，他們因見三郎義父家運式微，生母又無消息，就生悔婚之心。而在第二十五章，雪梅過身原因是其繼母力逼其為富家媳。雪梅不從，絕粒而夭。絕食而死非一蹴即至的自殺方法。難怪麥氏女公子悲嘆曰：「繼母心肝，甚於蛇虺」。至於，有關法忍舅父和其鄰家女郎之事，在〈斷鴻零雁記〉第二十二章中有描述。法忍舅父因為貪利，把法忍賣給鄰邑巨家為子嗣。當法忍因事被遣回家，其舅父不只責罵他，甚至動手「以桐城煙斗，亂剝余（法忍）肩」。法忍養父的鄰家女郎原本待法忍甚厚，又以蜻蜓傳情信，又不時饋贈法忍錦繡文房之物。可是，她表面心儀法忍，而實際卻應該是看上了其義父財富。當她得悉法忍被義父逐出家門，她約會法忍又爽約，法忍最終因醒覺她是一名負心人，就投水欲自裁。曼殊此處雖則沒有假誰人之口直接作出什麼評議，但此處是法忍述其悲慘的前事，無疑是對此二人的見利忘義作出間接抨擊。還有，

---

24 貝爾納‧瓦萊特著，陳豔譯，《小說：文學分析的現代方法與技巧》，（天津：天津人民出版社，2003），頁45。

在第十二章，河合夫人對三郎說：「諺云『養女徒勞』，不其然乎？……意諷嫁時奩具薄也。世人心理如是，安得不江河日下耶？」的一段之中，曼殊又借河合夫人之口，批評世道人心日下，孝道漸薄，為人子女亦有見利忘義者。另外，吾人又可以見到曼殊對人情涼薄之人的反感，代表人物有曼殊義母。三郎義父為人誠實，又由於三郎親父對他有恩，故他待三郎猶如己出。可是，當三郎義父去世後，其義母將三郎母離開時留下的物件悉數盡毀。又向親友鄰舍言河合夫人已葬魚腹，令三郎受人孤立。乳媼深愛三郎，又盡知前事，其義母就索性把她趕走了。曼殊義母在第三章中，被乳媼描述為：「甚矣哉，人與猛獸，直一線之分耳！」、「吾百思不解彼婦前生，是何毒物？」。那是借乳媼之口，指出人若是感情涼薄，不講人情，人與猛獸又有何分別呢？

　　另外，曼殊在〈斷鴻零雁記〉不少地方，或借敘事的背景資料陳述，或假別人的口，都加上了一些他對時事的觀點。譬如，曼殊在第五章之中，以「暴徒」形容新學份子：「二日已至廣州，余登岸步行，思詣吾師面別。不意常秀寺已被新學暴徒毀為墟市，法器無存」。可見，他對新學份子肆意摧毀佛教文物心懷不滿。同章，曼殊借三郎口稱讚羅弼牧師，謂：「余特慕其人清幽絕俗，實景教中錚錚之士，非包藏禍心、思墟人國者」。此段描述一方面固然是稱讚羅弼牧師，另一方面則是批評景教中人不少非錚錚之士，乃屬包藏禍心，思墟人國者。在敘事不少的地方，作者亦曾提及過尋常百姓生活艱苦。例如，在第二章中就寫潮兒雖有正當差事，可是也未能足以養其母親。在第十章中若姨解說為什麼她要採藥製藥，原因是窮人無錢醫病，醫者又多貪財。故窮人患病時往往只好垂手待斃，令人傷心。由第二章、第二十六章中可見，社會上的治安甚差。第二章中三郎化米後，「忽有強者自遠而來，將余

米囊奪去」；第二十六章中三郎與法忍到上海時，發現襟間銀票已不翼而飛。由以上的資料所示，曼殊對於社會時事是有一定程度的關注和了解的。

　　在〈斷鴻零雁記〉中，曼殊亦曾假他人之口對某些歷史名人表達他的欣賞。在第十二章中，曼殊借靜子之口嘉許朱舜水為人。當中尤見他特慕朱公為國子身赴日救助，並恥食二朝之粟的品行。在第二十六章，曼殊又借法忍之口稱讚澹歸和尚。澹歸和尚明末清初杭州仁和人，出家前俗家姓名為金堡。少好學，素有奇志。仕隆武、永曆二朝[25]。在任期間，不畏權貴，為民請命。後由於身涉黨爭，加上言辭過於激烈，矛頭直指後宮及皇帝，被逮入獄[26]。下獄期間受嚴刑拷打，幾至於死。結果經治理後，仍終成殘廢。後知明朝大勢已去，遂絕世事，祝髮為僧[27]。故此，法忍一方面批評「當日所謂名流，忍以父母之邦，委於群胡，殘暴戮辱，亦可想而知矣」，另一方面讚澹歸和尚「固是頂天立地一堂堂男子」。有趣的是，二者均為亡國之臣。其實，想起來委實與曼殊身處的清末民初之政治環境相似。總的來言，上述的部份可以見到，曼殊對於愛國貞忠之人極為欣賞。

　　最後，筆者在〈斷鴻零雁記〉亦可以見到曼殊對於佛教界情況的論述。在第十四章中，曼殊就借蕙子轉述靜子之言，論及有關佛教對聲論的看法，又指出梵文句度雅麗，優於法蘭西、英吉利語。第二十三章中曼殊更是花了大部份的篇幅，討論法佈施的

---

25 王秋雁，〈金堡其人及《嶺海焚餘》〉，《泰安師專學報》，2001 年第 23 卷第 4 期，頁 32。

26 曹自斌，〈淺議金堡的佛學思想及其僧諍活動〉，《赤峰學院學報（漢文哲學社會科學版）》，2010 年第 31 卷，頁 40。

27 王秋雁，〈金堡其人及《嶺海焚餘》〉，《泰安師專學報》，2001 年第 23 卷第 4 期，頁 33。

問題。他指出僧人為人舉行法事不應收費。不然的話，那是貿易，
是以法易錢，不符佛陀說法本意。此種做法不能令平常百姓受益
於佛陀教法，而對於出家的修行人更是培養了其以希利養的心。
故三郎將此情況比喻為「下井救人，二俱陷溺」。曼殊這些論述其
實不只出現於〈斷鴻零雁記〉之中。在〈《梵文典》自序〉之中，
曼殊就寫有他對梵文的看法，他寫道：「他日考古文學，唯有梵文
漢文兩種耳；餘無足道也」[28]。在〈儆告十方佛弟子啟〉之中，
他就寫有關於僧人以為人禮懺換取財富的問題：「今茲戒律清嚴、
禪觀堅定者，誠有其人。而皆僻處茅庵，不遑僧次。……其他剎
土，率與城市相連，一近俗居，染污便起。……不事奢摩靜慮，
而惟終日安居；不聞說法講經，而務為人禮懺。囑累正法，則專
計資財」[29]。與〈斷鴻零雁記〉中的論述最相近的相信就是〈答
瑪德利莊湘處士書〉[30]的內容，兩者就算是文字的相同／相似的
程度亦極高。不論是有關佛教對聲論的看法，還是有關法佈施的
討論，兩者的說法完全一致。當中其實反映了曼殊對於梵文、佛
理，乃至佛教界的現況及流弊，都有非常深切的認識並有自己的
一番見解。

　郁達夫所言：「蘇曼殊是一位才子，是一個奇人，然而決不
是大才」[31]也許是對的。吾人現在討論翻譯時，會記得曼殊是民
初有名的翻譯家；討論詩歌時，會記得他的詩清麗如畫；討論小

28　蘇曼殊，〈《梵文典》自序〉，柳亞子編，《蘇曼殊全集　一》，（北京：當代中
　　國出版社，2007），頁83。

29　蘇曼殊，〈詩文集・儆告十方佛弟子啟〉，蘇曼殊著，文公直編，《曼殊大師
　　全集》，（台北：武陵出版社，1983），頁117。

30　詳細可參考：蘇曼殊，〈答瑪德利莊湘處士書〉，柳亞子編，《蘇曼殊全集　一》，
　　（北京：當代中國出版社，2007），頁139-143。

31　郁達夫，〈雜評曼殊的作品〉，柳亞子編，《蘇曼殊全集　四》，（北京：當代中
　　國出版社，2007），頁62。

說時，會記得他的〈斷鴻零雁記〉是民初文壇的一朵奇葩；討論
近代佛教時，會記得曾有一位大半生過得不僧不俗的蘇曼殊。可
是，曼殊有沒有留下一些重要的思想、理論，他對後人有顯著的
影響呢？似乎沒有。曼殊的思想也許是沒有系統的，他的說法也
許沒有成一家之言，他也許沒有建立他獨特的理論。可是，這並
不代表他沒有健全理性。他對社會時事有關懷，他關心平民百姓
的生活；他有知識份子的承擔，會反思時弊；他有作為沙門中人
的自覺，對佛教界的發展歷程有了解，為佛法的商品化感痛心。
因此，筆者並不同意林律光謂曼殊：「蘇曼殊似乎是一個沒有健全
理性的人，而是在一種情感極度亢進或極度哀憐的自我中生活，
這樣的人本身就是充滿浪漫感傷氣質的」[32]。

(六) 敘事研究：第一人稱的敘事觀點

〈斷鴻零雁記〉是曼殊的自傳，當中敘的是三郎的「身世難
言之恫」，而敘事是以突起的手法開展。所謂「突起」的手法，指
的是從突出的一點開始，然後回溯或向後延伸[33]。〈斷鴻零雁記〉
整部作品起於三郎出家之日，悲嘆身世有難言之恫故而披剃為僧。
後來，曼殊慢慢地敘回前事，一點一滴的交代什麼事構成了三郎
的難言之恫，如：母親自小不在身旁、義父去世後義母苛待、冷
漠的親友鄰舍、唯一愛護他的乳媼被逐、雪梅父母欲悔婚約等。
在連接前事而令三郎的「難言之恫」完整呈現讀者面前的同時，
敘事亦同時聯繫後來的事情，包括了：三郎遇乳媼得母親地址、

---

32 林律光，《蘇曼殊之文藝特色研究》，(臺北：花木蘭文化出版社，2010)，頁
　　64。
33 陳碧月，《小說欣賞入門》，(臺北：五南圖書出版股份有限公司，2010)，頁
　　121。

雪梅贈金助三郎省母、遇上母親和若姨、戀上靜子、堅守佛戒而
離家出走、得悉乳媼死、知雪梅絕粒而夭、吊雪梅墓不果等。整
個敘事以三郎「難言之恫」為始，以「彌天幽恨，正未有艾」為
終。對三郎來說，〈斷鴻零雁記〉沒有一個美好的結局，三郎的悲
苦個性加劇。他的難言之恫以及他心中飄零的感覺，最後並沒有
因重遇母親而消失。

　　〈斷鴻零雁記〉是一部以第一人稱（第一身）作為作品敘事
觀點，以三郎的角度去作為敘事者。第一人稱敘事觀點本身已經
有一種優點，就是與讀者的參與感互動得最為強烈[34]。加上〈斷
鴻零雁記〉本身而承繼了傳統章回小說的套語，如「看倌」、「諸
公」等語，曼殊在文中亦讀有「讀吾書者識之」、「讀者試思」、「讀
吾書者」等的語句，在閱讀的時候與讀者的互動感就更強。其實，
不只是〈斷鴻零雁記〉主要的敘事是由三郎第一身作為敘事觀點，
就連插入的故事都是多以事主第一身的角度敘事。例如，在第三
章乳媼自述其經歷、在第二十二章法忍自述其出家前因，都是由
事主的口娓娓道來。曼殊運用這種寫作手法收到的好處，不只是
增強了互動感，而且更可以把「我」本身的思想感受、心理活動
或對主要人物的看法和感覺，直接而細膩的告訴讀者[35]。

　　考〈斷鴻零雁記〉每一章節，曼殊對於三郎思想與心理的描
寫的確十分細膩。第一章之中，曼殊就仔細地描寫了三郎悲嘆身
世的內容。第二章之中，曼殊亦描寫了三郎心中悲傷，如「日以
淚珠拭面」、「吾師雖慈藹，不足以殺吾悲」、「余殆極人世之至戚
者」、「莫審所適，悵然涕下」。第三章之中，曼殊就細膩地寫出了
三郎遇乳媼時複雜的情感，如初見乳媼「悲喜交並」、聞及乳媼因

---

34 陳碧月，《小說欣賞入門》，(臺北：五南圖書出版股份有限公司，2010)，頁30。
35 陳碧月，《小說欣賞入門》，(臺北：五南圖書出版股份有限公司，2010)，頁30-31。

愛護他而被人鞭打時，自己心中悲極，可是想及乳媼年紀不小如此憤慟，心中不忍，又勉強作歡顏安慰乳媼：「斯時余方寸悲慘已極，顧亦不知所以慰吾乳媼，惟淚湧如泉，相對無語。余忽心念乳媼以四十許人，觸此憤慟，寧人所堪？遂強顏慰之曰……」、聽乳媼述畢童年前事，三郎「斯時余滿胸愁緒，波譎雲詭」、在乳媼家安頓後，又寫自己未能成眠，「鬱伊無極」和「幽恨萬千」。第四章之中，曼殊寫三郎遇送信女郎時，心中驚慌，「余惟僵立，心殊弗釋，亦莫審所以為對」。後來，女郎能道出其姓名時，三郎更是「余驟聞是言，愕極欲奔，繼思彼輩殆非為害於余」，見女郎後又謂「心緒潮湧，遂怏怏以歸」。第五章中，更是出現了三郎第一次以沙門中人的自覺性反思：「讀吾書者，至此必將議我陷身情網，為清淨法流障礙。然余是日正心思念：我為沙門，處於濁世，當如蓮華不為泥污，復有何患？」。以上僅為首五章的例子，在〈斷鴻零雁記〉中幾近每一章都有詳細的心理描述。尤其是心理矛盾和悲傷情緒方面，曼殊寫得特別細膩。

　　另外，〈斷鴻零雁記〉其實為讀者遺留了不少的想像空間。第一人稱的寫作還有一個特性。因為在現實生活中的複雜多變，並非吾人所能一切皆知，而第一人稱作品所展現的「不可盡知」正好可以利用[36]。曼殊對於河合夫人的描寫，正正體現了這種「不可盡知」的想像空間。例如，在三郎再遇母親河合夫人的時候，曼殊寫河合夫人的情感，沒有如寫乳媼般清楚明白，全是由三郎心中的想法：「甫推屏，即見吾母斑髮垂垂，據榻而坐，以面迎余微笑。余心知慈母此笑，較之慟哭尤為酸辛萬倍」。而河合夫人亦沒有如乳媼般明白的說道：「又以吾詳知夫人身世，且深愛三郎」，

---

36 陳碧月，《小說欣賞入門》，（臺北：五南圖書出版股份有限公司，2010），頁30。

只是謂：「吾兒無恙，謝上蒼垂憫」而已。河合夫人到底愛不愛三郎呢？她到底有多愛三郎呢？相信一般讀者閱畢〈斷鴻零雁記〉亦沒有明確的答案。更值得注意的是，三郎在首章的提問「吾母生我，胡弗使我一見？亦知兒身世飄零，至於斯極耶？」，至〈斷鴻零雁記〉完結亦沒有得到答案。在第三章中，乳媼憶述此事僅言：「忽一日，夫人詔我曰：『我東歸矣，爾其珍重！』復手指三郎，淒聲含淚曰：『是兒生也不辰，媼其善視之，吾必不忘爾賜。』語已，手書地址付余，囑勿遺失」。河合夫人一直亦沒有提及其捨三郎而忽然東歸的因由。在第十章中，若姨亦只在河合夫人歸日後收三郎已死的訊息之情景作出敘述：「三郎，先是汝母歸來，不及三月，即接汝義父家中一信，謂三郎上山，為虎所噬。吾思彼方固多虎患，以為言實也。余與汝母，得此凶耗，一哭幾絕，頓增二十餘年老態」。可是，在曼殊的描述下，三郎直至〈斷鴻零雁記〉完結時都沒有為他「吾母生我，胡弗使我一見？」的問題找到答案，也為讀者遺留了很大的想像空間。

（七）修辭研究：細膩的傷感描寫

在〈斷鴻零雁記〉之中，曼殊的修辭有一大的特色，那就是他對於悲傷情感的描述極為細膩，與此同時用字方面較為誇張。比較起曼殊對於愉快／正面情緒的描寫，不論是描寫的深入程度，還是客觀的字數上，都遠較悲傷情感的描述遜色。有關愉快／正面情緒的描寫，在第二章中就僅「余心殊慰」一句；第三章中如果「悲喜交並」也可算為正面的情緒，就僅此四字而已；第十章中三郎在病榻中思量「初履家庭樂境，但覺有生以來，無若斯時歡欣也」，又謂「余自脫俗至今，所遇師傅、乳媼母子及羅弼牧師家族，均殷殷垂愛，無異骨肉。則舉我前此之飄零辛苦，盡足償

矣」；第十一章中，三郎病癒，望窗外美景時覺「心乃滋適」，答母親在若姨家感覺時謂：「小住，於兒心滋樂也」，見靜子時「心緒飄然，如風吹落葉，不知何所止」，又自謂：「奉阿姨阿母歡顏，自覺娛悅匪極」；第十三章寫三郎「余此時知已寬慈母之憂，不禁怡然自得」；第十九章中，寫三郎留書出走前的心緒：「天將破曉，余憂思頓釋，自謂覓得安心立命之所矣」，及額熱稍退時「此時余神志為爽，心亦鎮定」；在第二十章，離日時三郎「余方豁然動念，遂將靜子曩日所縢鳳文羅簡之屬，沉諸海中，自謂憂患之心都泯」，後在靈隱寺安居時「余頗覺翛然自得，竟不識人間有何憂患，有何恐怖。聽風望月，萬念都空」。以上所引述的已為〈斷鴻零雁記〉中所有描寫愉快／正面情緒的語句，比較起幾近每一章都會出現的悲傷情感的描述，愉快／正面情緒的描寫可謂九牛一毛。

另外，由以上引述的可見，愉快／正面情緒的描寫甚為簡單。可是，描述悲傷情感的修辭則完全不同。例如，在第二章中曼殊為三郎如此悲傷「日以淚珠拭面」解說，謂：「讀者試思，余殆極人世之至戚者矣！」。第五章三郎閱畢雪梅信後，曼殊描寫他的心理狀況為：「余觀書訖，慘然魂搖，心房碎矣！」。第六章寫三郎別乳媼母子時的心情為：「忽回顧苑中花草，均帶可憐顏色，悲從中來，徘徊飲泣」。第二十六章三郎聞乳媼死訊時慟哭曰：「天乎！吾心胃都碎矣！」。第二十七章三郎尋訪雪梅墓不果時語法忍曰：「良友已矣，吾不堪更受悲愴矣！吾其了此殘生於斯乎？」，又謂：「讀者思之，余此時愁苦，人間寧復吾匹者？余此時淚盡矣！」。由以上的資料所示，曼殊在心理描寫的修辭上，對於悲傷情感的描述極為細膩。與此同時，用字方面亦較為誇張，而同樣的情況是不存在於愉快／正面情緒的描寫之上的。

二、〈天涯紅淚記〉（1914 年）分析

（一）章節劃分：未完而中止

　　〈天涯紅淚記〉是曼殊一部未完成的作品。在柳亞子所編輯《蘇曼殊全集》中的〈天涯紅淚記〉只有兩章。而且，據柳氏所指，此部作品登至第二章未完而中止[37]。第一章以寫主角燕影生因亂而倉皇歸省為始，以偶遇老人之女送生回家時的對話為終。第二章以偶遇老人的翌日，生求老人教授他劍術之事為始，因其未完之故，未知以何為終。以柳氏所編輯的版本來言，最後一句是舟中卜者與生的對話。由於只有兩章，甚至第二章未完，加上一如〈斷鴻零雁記〉一樣，曼殊除章數之外並無標示回目。因此，實難指出曼殊是否按某些意義或信息的組織去劃分當中章節。

（二）時間性：較慢的事件發生頻率

　　在時間性方面，〈天涯紅淚記〉的敘事亦屬「以後」的性質。在第一章末，曼殊寫有「此燕影生第一次與絕代名姝晉接之言，即亦吾書發凡也」，意味著敘事者知道〈天涯紅淚記〉所敘之事的範圍，而故事是發軔於燕影生與絕代名姝的相交。計兩章之中，故事始於八月二十一日，歷重九節、翌年暮春，最後終於秋末冬初之間，約一年多的時間。當中事件發生的頻率較慢。在兩章之中，故事大概發生了六個情節，一、燕影生避亂回鄉，二、舟中遇卜者，三、回家後與母親遊聖恩寺，四、遊聖恩寺時偶遇老人

---

37 蘇曼殊，〈天涯紅淚記〉，柳亞子編，《蘇曼殊全集 二》，（北京：當代中國出版社，2007），頁 221。

並一見如故，五、拜老人為師習劍，六、再遇舟中卜者。故事的發展，其實在遊聖恩寺偶遇老人時開始放緩。故事大部份的描寫都落在暮春燕影<u>生</u>與老人初遇時，<u>生</u>與老人和其女兒（即絕代名姝）的對話，及秋末冬初時<u>生</u>與老人弟（舟中卜者）之間的對話。就此兩章的敘事而言，事件發生的頻率較慢。

（三）外部空間的描寫：主力描述景色之美

〈天涯紅淚記〉對於外部空間的描寫亦甚為仔細。比較〈斷鴻零雁記〉的內容，〈天涯紅淚記〉雖然也有以描寫外部空間烘托出敘事的氣氛，或襯出人物的個性，但是主要仍為描述美麗的湖光山色而寫。烘托出敘事的氣氛方面，在第一章寫<u>燕影生</u>避亂，乘船回鄉，在舟中時的天氣為：「是日天氣陰晦，沿途風柳飄蕭」；在回家安頓後，偕母遊聖恩寺時，天氣則是：「天朗無雲，湖水澄碧」。故事背景是一片混亂動盪時天氣陰晦，安頓輕鬆時天朗無雲，外部空間與敘事氣氛相符，收烘托之效。至於襯出人物的個性方面，<u>曼殊</u>對於<u>燕影生</u>偶遇的老人，有意塑造為一位因事避世的英毅之士，第一章描寫他的住處及周邊環境極為高雅出塵，猶如仙鄉。他的住處有泉水環繞，要板橋渡河。屋的周邊又有竹圍和菜圃。住處應是以竹搭建，居室中簡潔優雅，竹壁上懸爛劍一柄，小桌子放置奇石為裝飾。老人的住處及周邊環境與他的個性合襯，特顯出一種高雅的個性。最後，文中亦偶有一處是人物與景色交融的描寫，就是寫老人女兒的面貌：「襯以蔚藍天色，殆天仙也」，借此襯托女郎美貌。

然而，如上所述，〈天涯紅淚記〉中更多的部份是為描述美麗的景色而寫的。例如，在描寫聖恩寺景色時，<u>曼殊</u>寫得極為仔細：「聖恩寺者，古寺也。旁午，道出碧海，憩夕陽樓，觀濤三日。

復徑西北，涉二小水，不復知遠近矣。忽至一處，湖水周環新柳，游魚細石，直視無礙；更前則為山谷」。之後，生與母親賃漁莊暫居，曼殊寫晚上的景色：「時為暮春，猶帶微寒，斜月窺簾，花香積水」。在隨母遊聖恩寺的第二日，燕影生獨自遊覽寺的附近，曼殊的描寫亦十分細膩：「生辭母氏出廬，縱步所之，仰望前面山脈，起伏曲折，知遊者罕至。湖之西，古榕甚茂，可數百年物也。生就林外窺之，見飛泉之下，有石槳通一空冥所在。生喜，徐徐款步，不覺穿榕林而出，水天彌望，生不知其為湖為海」。以上的部份純粹是描述景色之美，而非為烘托出敘事氣氛，或襯出人物個性而寫。

（四）人物及肖像的描寫：女性角色的描述較詳

就〈天涯紅淚記〉現有的兩章而言，曼殊對於人物的描寫亦出現與〈斷鴻零雁記〉一致的傾向：他對於女性角色的描述較詳。曼殊在描寫老人女兒時，外型上描述為「生視之，密髮虛鬟，非同凡豔」、「兩手瑩潔如雪，襯以蔚藍天色，殆天仙也」；生與之對話時，她的神情動態為：「女聞生言，低首無語。生視女雙窩已泛淡紅……」；有關她品性的描述，曼殊先借燕影生口言：「此女肝膽照人，一如其父，非但容儀佳也」，又假老人之口謂：「此女劍術亦深造而神悟，兼有俠骨，斯人真曠劫難逢者矣」。比較其餘諸男性角色，描述的詳細程度就遠不及老人女兒了。例如，有關主角燕影生的描述，就只有老人之言：「老夫觀客玄默有儀，無誘慕於世偽者」、「客了無凡骨」兩句而已；有關老人的描述，亦只有：「有老人踞石行漁，神采英毅，惟老態若驪龍矣」、「猛憶老人垂綸之際，面帶深憂極恨之色，意者老人其任俠之流歟？」兩句；至於有關老人弟（舟中卜者）的描述更是只有「俊邁有風」四個

字。由此可見，一如〈斷鴻零雁記〉的寫作手法，曼殊對於女性角色的描述較詳。另外，曼殊在描述男性角色時，更多是就他們的個性作描寫，而在描述女性角色時，則會仔細地描寫她們的外型。

（五）作者論述方面：反映時局的混亂

如果〈斷鴻零雁記〉反映了曼殊對社會文化的關懷，〈天涯紅淚記〉對於時局混亂的關懷則更為熱切。在故事背景的描述、人物的設計、人物間的對話，以及主角的思想獨白，都力陳時局混亂所衍生的憂患意識。在人物的設計的方面，燕影生是避亂而逃回家鄉的；老人則似是有隱衷，避世而居的，甚至連姓名都不欲提起；老人弟亦是因斷某殘賊人民的將軍之右臂而同與生乘船避禍。故事背景的描述方面，故事始於燕影生避亂回鄉，曼殊對當時的背景有以下的描述：「涅灘之歲，天下大亂……街上不通行旅，惟見亂兵攢刃蹀躞」，又謂有童謠云：「職方賤如狗，將軍滿街走」，而燕影生在回鄉的舟中忽然聽到「城內炮聲不斷」。加上老人弟在第二章中，曾提及自己前事，謂：「然吾既斷彼傖右臂，今對良友，可告無愧。彼傖者，耀武揚威、殘賊人民之某將軍也，姑隱其名，以存忠厚」。吾人可以推知，曼殊這樣寫是反映了他對當時政治局面的不滿。查〈天涯紅淚記〉寫作及刊登時間，它疑作於 1914 年 1 月，在 1914 年 5 月 10 日發表於日本東京《民國》雜誌第一號《小說》欄。在曼殊寫作的時間，正值中國內戰不斷的時間，如韓莊戰鬥和南京戰鬥都是發生是 1913 年 7 月間。而且，當時的時局之所以動盪不安，是由於掌軍權的軍閥互相爭權和鬥爭，如在 1913 年 10 月袁世凱以不當手段爭奪正式總統之位。難怪，曼殊在描寫混亂的時局背景時，不只一次提及「將軍」一詞

了。故事雖然寫各人在避禍後才有機會相交，而身處的又盡是美麗的湖光山色。可是，<u>曼殊</u>不忘在描寫風景的同時，加插主角的思想獨白，以示其對時局之關懷。在第一章中，在述畢聖恩寺附近景色後，<u>曼殊</u>反問讀者：「讀吾書者思之，夫人遭逢世變，豈無江湖山藪之思？況復深於患憂如<u>生</u>者」。由此可見，<u>曼殊</u>寫作並不盡是男女之情愛事。他的作品之中往往反映了他對於社會時局的關懷，以及他的論述。

（六）敘事研究：全知敘事觀點

　　〈天涯紅淚記〉在敘事方面屬於「平敘」的手法，用平舖直敘的口吻，把故事從頭到尾陳述出來[38]。故事雖然是突起於<u>燕影生</u>因亂而倉皇歸省，但是不同於〈<u>斷鴻零雁記</u>〉，故事似再無<u>燕影生</u>的前事可述。敘事是完全由<u>燕影生</u>避亂開始，一直寫下去的。第一章開首寫<u>燕影生</u>避亂而乘船回鄉；船上遇卜者，欲結識，不果；回到家中，偕家人共渡重九佳節；暮春，伴母遊聖恩寺，暫居寺附近；遊聖恩寺期間，偶老人垂釣，二人一見如故，老人邀<u>生</u>到其家中作客；傍晚，老人女兒送<u>生</u>回家，與老人相約再見。第二章<u>生</u>返老人家，<u>生</u>求老人授其劍術；<u>生</u>依老人習劍至秋冬之間，遇老人弟，即舟中卜者。敘事上是一種從頭到尾的陳述，手法上是屬於「平敘」的寫作方法。

　　至於〈天涯紅淚記〉的敘事觀點，那是屬於第三人稱（第三身）中的全知敘事觀點。全知觀點的好處之一，是它在運用上比較靈活，因為敘述者可以隨意操縱場景、人物、事態，交代因由，

---

38 陳碧月，《小說欣賞入門》，（臺北：五南圖書出版股份有限公司，2010），頁118。

加插評論[39]。曼殊在〈天涯紅淚記〉表現了全知觀點的靈活性。曼殊在第一章開首交代時局背景時，為加強時局混亂之感，除燕影生外，也描述了生任職的學堂其他職工的內心反應：「堂中唯餘工役輩集廚下，蹙蹙不安，知有非常之禍」。在操縱場景方面，生抵家時為重九節。在略為寫了家人團聚的場景後，就直接去到暮春之旅，為敘事下一個重點 —— 遇授生劍術的老人 —— 作預備。不用在重九節至暮春之間強加情節作填充。由暮春生求老人授其劍術至秋冬之間遇老人弟的部份，亦與上述的敘事安排一樣。可見，在操縱場景方面，〈天涯紅淚記〉的敘事較為靈活。另外，曼殊亦曾在敘事之中，加插了他自己的評論。在述畢聖恩寺附近景色後，論及燕影生只是因時局混亂而寄情山水，而非真正的胸無大志之人。他的評論為燕影生欣賞老人的任俠氣質，及向老人求授劍術埋下了伏筆。這樣加強了主角雖為一名避亂之士，卻懂得欣賞別人的任俠氣質，並有意欲學劍之說服性。

（七）修辭研究：經常性使用悲傷的字眼

由於〈天涯紅淚記〉是未完成的作品，而且流通的篇章太短，因而難以有什麼較詳細的分析。據現存兩章的資料看來，它跟〈斷鴻零雁記〉的修辭手法甚為一致。在小說之中，曼殊是經常性地使用了悲傷的字眼，例如「蹙蹙不安」、「舟中人咸搁萬愁於面」、「或有掩淚無言者」、「垂涕」、「淒麗」、「深於患憂」、「面帶深憂極恨之色」、「然則先生亦有憂患乎？」、「生已淚盈其睫」、「晨來見先生郁郁」、「然吾今生雖抱百憂」等。可是，要數愉快／正面

---

39 陳碧月，《小說欣賞入門》，（臺北：五南圖書出版股份有限公司，2010），頁51。

情緒的描寫，就僅僅有「母見<u>生</u>大喜曰……」、「老人笑面<u>生</u>曰……」、「<u>生</u>恍然大悅曰……」三處。由此可見，細膩的悲傷描寫似乎為<u>曼殊</u>慣性的修辭手法。

三、〈絳紗記〉（1915 年）分析

（一）時間性：急促的敘事頻率

　　〈絳紗記〉的敘事屬「以後」的性質。敘事者<u>曇鸞</u>陳述故事的時間，乃是後於故事發生的時間。在小說一開首，<u>曼殊</u>即寫道：「<u>曇鸞</u>曰：余友生多哀怨之事；顧其情楚惻，有落葉哀蟬之歎者，則莫若<u>夢珠</u>。吾書今先揭<u>夢珠</u>小傳，然後述余遭遇……」。而小說末又有言：「後五年，時移俗易，余隨<u>曇諦</u>法師過粵，途中見兩尼，一是<u>秋雲</u>，一是<u>玉鸞</u>。余將欲有言，兩尼已飄然不知所之」。可見，〈絳紗記〉屬於<u>曇鸞</u>對前事的憶述。而他敘事的時間，最少是在〈絳紗記〉所載的故事發生後五年的時間。

　　在故事的時間上，大致上〈絳紗記〉所載的故事，其發生時間約歷兩年多之久。<u>曇鸞</u>敘事是由「戊戌之冬」他接舅父書開始的。估客觀<u>曇鸞</u>舅父糖廠為「三月十八日」。<u>曇鸞</u>舅父赴粵一行的時間為「重午節」。麥翁要求<u>曇鸞</u>填寫退婚書為「十二月垂盡」之時。至此，故事大概已歷一年的時間。<u>曇鸞</u>與<u>五姑</u>同歸香港，遇海難失散。<u>曇鸞</u>、<u>秋雲</u>和估客困居島上歷百餘日。後誤上賊船。再由香港九龍出發，抵蘇州城，約又歷兩個多月的時間。在上海，遇舊友<u>羅霏玉</u>，後陪伴<u>霏玉</u>郊遊已是「十一月二十六日」。經歷<u>霏玉</u>自殺、被陷害下獄、獲救後訪<u>莊湘</u>博士，然後偕<u>秋雲</u>訪<u>夢珠</u>已是「春序已至」的時間。至此，由「戊戌之冬」算起，大約已歷

兩年多的時間。由若加上小說末一句「後五年……」，則整個敘事由始至末約經過七年多的時間。若細考〈絳紗記〉中有關時間上的交代，這部作品在時序上的安排上是合理的，並未有出現如〈斷鴻零雁記〉般的錯誤。

　　在事件發生的頻率上，〈絳紗記〉的敘事比較急促。比較前述的兩部作品，〈斷鴻零雁記〉是有一些主角安頓、敘事放緩的情節。例如，第七章三郎在舟中讀拜輪詩、第九章重點只寫掃墓一事、第二十一章寫三郎讀春淙亭壁上所題的《捐官竹枝詞》；〈天涯紅淚記〉則是大部份的篇幅都是在老人的家中，寫燕影生與老人及其弟的互相和對話。〈絳紗記〉的事件發生卻是接踵而來的，完全沒有什麼主角安頓、敘事放緩的情節。

　　小說一開始寫曇鸞接舅父書後，即動身去助舅父開辦糖廠。才抵星嘉坡，就觸發了認識秋雲和五姑的情節。然後，估客至，為曇鸞舅父破產下伏筆。緊接其後，曇鸞患猩紅熱，五姑照顧有加，二人相戀。曇鸞舅父謂赴粵歸來後，成二人婚事，豈料一去不返。麥翁迫使曇鸞退婚。曇鸞後來得知舅父破產之事為麥翁陷害。曇鸞與五姑私奔，遇海難，眾人失散。曇鸞流落無名小島，重遇秋雲和估客。離島時誤上賊船，後登香港九龍。曇鸞流轉乞食歷兩月，才抵蘇州城。遇夢珠，卻因夢珠之言拂袖而去。在上海，遇舊友羅霏玉，目睹霏玉與盧氏女郎相戀，目睹霏玉因盧氏女郎變心而自殺。霏玉才剛自殺身亡，曇鸞就得悉五姑因病身故。曇鸞出發到香港，欲找莊湘博士一吊五姑墓，順道送霏玉遺體返鄉。疑舟子為革命黨，偷偷將霏玉遺體換成軍火，害得霏玉祖母及妹自殺而死。曇鸞因此而下獄。獄中遇玉鸞未婚夫，玉鸞未婚夫行刑不久，曇鸞獲釋。至香港，訪莊湘博士，拜五姑墓。偕秋雲訪夢珠，目睹已坐化的夢珠忽化成灰。曇鸞至上海，入留雲寺

為僧。

　　以上所有的事情，均在兩年多的時間之內發生。而且，吾人可以見到在主角曇鸞身上發生的事，一件接一件的出現。敘事上完全沒有什麼主角安頓，敘事放緩的情節。事件發生的頻率遠較前述的兩部作品急促。

(二)外部空間的描寫： 寥寥數語的簡述

　　〈絳紗記〉對於外部空間的描寫並不是那麼仔細，多數只為交代場景而描述，未有收到引發聯想、製造氣氛，或增強感染力的功用。在〈絳紗記〉中描寫外部空間的地方實在很少，而且描寫時也僅是用寥寥數語作簡單的描述。當中，包括了對舅父家的描述：「余抵星嘉坡，即居舅氏別廬，別廬在植園之西，嘉樹列植，景頗幽勝」、遊植園的景色：「一日，為來復日之清晨，鳥聲四噪。余偶至植園遊涉，忽於細草之上，拾得英文書一小冊……」、往糖廠間的景色：「……行驕陽之下，過小村落甚多。土人結茅而居，夾道皆植酸果樹，棲鴉流水，蓋官道也」、糖廠座落的環境：「廠依山面海，山峻，培植佳，嘉果壘壘。巴拉橡樹甚盛……山下披拖彌望，盡是蔗田」、出舅氏別廬外散步所見景色：「迎面有竹，竹外為曲水，其左為蓮池，其右為草地，甚空曠」、海難後獲救，居無名小島，在島中所見：「復前行，見一山，登其上一望，周環皆水，海鳥明滅，知是小島」、在蘇州城見夢珠時：「一日，行經烏鵲橋，細雨濛濛……」、運霏玉遺體時：「船行已二日，至一山腳，船忽停於石步。時薄暮……岸邊有荒屋」、快要見到夢珠坐化之軀時：「……時庭空夜靜，但有佛燈，光搖四壁」。

　　在整部小說之中，以上所列的九處已為全部有關外在空間的描寫。可能礙於〈絳紗記〉的事件發生頻率急促，事件一件接一

件的發生，人物不會長時間待在一個場景之中。因此，曼殊沒有在外部空間的描寫上有太大的發揮空間。例如，在遇舊友羅霈玉至他自殺身亡一情節之中，曼殊用了約一千字的內容敘述。在此一千字之中，他大概用了約一百字描寫曇鸞與霈玉論夢珠的對話，用了約一百三十字介紹了霈玉一家，用了約一百字寫小玉對當時女性日趨西化的問題加以論述，用了約三百五十字寫霈玉如何結識盧氏女郎，大約用了一百一十字寫霈玉接濟盧氏女郎並與之締結婚約，約以一百七十字寫霈玉有異，為他自裁之事埋下伏筆。在遇舊友羅霈玉這段故事情節，曼殊雖寫霈玉招曇鸞同居於孝友里，可是有關孝友里的景象則是完全沒有描寫。僅僅約一千字的內容，故事大概已歷六件不同的事情。因此，筆者認為礙於〈絳紗記〉的事件發生頻率急促，曼殊於這部小說之中，在外部空間的描寫上沒有太大的發揮空間。

(三) 人物及肖像的描寫：有如《紅樓夢》的寫法

在人物及肖像描寫的方面，曼殊在〈絳紗記〉所表現的手法，跟前述的兩部作品極為一致。在男性角色方面，曼殊的描述甚簡。如有關主角曇鸞的描述，就僅在性格上一句「余性疏懈」、偷偷見五姑時衣服為「余易園丁服」、一白面書生受浙江巡撫囑咐，著獄卒釋放曇鸞時謂：「此人不勝匕箸，何能為盜？」似指他身型羸弱。有關夢珠的描述，性格上他「從容澹靜」及「溫雅平曠」、外型上「惟瘦面披僧衣」，行為上「其人類有瘋病，能食酥糖三十包，亦奇事也」和「夢珠和尚食糖度日，蘇人無不知之」。至於關於霈玉的描述，就僅只一句「霈玉，番禺人，天性樂善，在梵王渡幫教英文，人敬且愛之」。

比較男性角色的描述，曼殊寫女性角色則極為詳細，尤其是

在外型方面則寫得更為仔細。如有關秋雲的描寫，雖然只有一小段，撇下內容不談，字數上已遠超所有男性角色的描述：「余（指曇鸞）細瞻之，容儀綽約，出於世表。余放書石上，女始出其冰清玉潔之手，接書禮余，徐徐款步而去。女束髮施於肩際，殆昔人墮馬之垂鬟也。文裾搖曳於碧草之上，同為晨曦所照，互相輝映」，而當中全是用以形容秋雲外貌的。至於五姑的描述，則是眾多角色最詳的。有關她的描述全由曇鸞的視角道出，外型方面就有「余對席有女郎，挽靈蛇髻者，姿度美秀」、「余偷矚五姑，著白絹衣，曳蔚藍紈裙，腰玫瑰色繡帶，意態蕭閑」、「五姑揚肱下騎，余雙手扶其腰圍，輕若燕子。五姑是日服窄袖胡服，編髮發作盤龍髻，戴日冠」，及曇鸞偷偷見五姑時為「五姑淡妝簪帶，悄出而含淚親吾頰，復跪吾前」。在對話時的聲音和意態為「音清轉若新鶯」和「厥後五姑時來清談，嬋媛柔曼」。性格方面則有「又念五姑為人婉淑，何至如其父所言？」。描述五姑的字數，比起所有描述男性角色的總和還要多，而當中亦以外型的描述最詳。其他角色如玉鸞，就有「玉鸞香山人，姓馬氏，居英倫究心曆理五稔。吾國治泰西文學，卓爾出群者，顧鴻文先生而外，斯人而已。然而斯人身世，淒然感人」；霏玉妹小玉：「其妹氏名小玉，年十五，幽閑端美，篤學有辭采，通拉丁文，然不求知於人也」。總的來言，曼殊描寫女性角色一般都比寫男性角色來得仔細。

　　不論是〈斷鴻零雁記〉、〈天涯紅淚記〉，還是〈絳紗記〉，曼殊描寫女性角色的外型都極為細緻。他的描寫是十分具體的，是一種有真實感的描述。例如，他在髮型的描寫方面，他就曾寫「墮馬之垂鬟」、「靈蛇髻」和「盤龍髻」等；衣服裝飾則有「白絹衣」、「蔚藍紈裙」、「玫瑰色繡帶」、「窄袖胡服」、「日冠」等。〈斷鴻零雁記〉中甚至連妝容都有具體寫明，如「淡裝」、「斜紅繞臉之妝」、

「魏代曉霞妝」等。比起同時期／時代相約的作品，曼殊的描寫明顯細緻具體得多，例如，在徐枕亞的《玉梨魂》中，他在〈第二章　夜哭〉描述白梨娘就寫道：「縞裳練裙，亭亭玉立。不施脂粉，而豐致娟秀，態度幽閒，凌波微步，飄飄欲仙。時正月華如水，夜色澄然，腮花眼尾，了了可辨，是非真梨花之化身耶？觀其黛蛾雙蹙，撫樹而哭，淚絲界面，鬢低而纖腰欲折」[40]。又例如，在陶寒翠的《民國艷史演義》第一回中，他在描寫玉兒出場時的外型時就寫：「這時候有一個艷妝的小女子，沿著一帶長廊，綽綽約約的走將過來，抬起一雙水汪汪的眼波，對那紅紅綠綠的楓葉瞧了一會兒⋯⋯」[41]，描寫阿鳳時就寫：「⋯⋯身畔立著一個十三四歲的女子，眉目皎好，宛似玉女一般⋯⋯」[42]，描寫多麗時寫得比較詳細一點：「那邊端端正正的坐著一個美人兒，年齡約摸二十歲左加，高髻旗袍，全身滿州婦人裝束，粉臉丹唇，柳眉杏眼，真是一個絕代佳人」[43]。另一部作品，在馮玉奇的《舞宮春艷》，第一回中作者對於婢女小紅有這樣的描寫：「只見她腰肢細瘦，好像楊柳擺風，臉兒紅潤，又賽過芙蓉出水」[44]，在第四章中對一位女教員岳簫鳳有以下的描述：「簫鳳不但是個近視眼，而且又是個玉環一樣的肥胖，每年一到夏天，即便香汗盈盈⋯⋯」[45]。由以上引述的資料可見，在曼殊同時期／時代相約的作品之中，對於角色的描述往往不如他的細緻具體。他在作品之中不單

---

40 徐枕亞，〈玉梨魂〉，張駑、徐枕亞著，黃瑚、黃珅校注，《遊仙窟　玉梨魂》，（台北：三民，2007），頁 11-12。

41 陶寒翠，《民國艷史演義》，（長春：吉林文史出版社，1993），頁 1。

42 陶寒翠，《民國艷史演義》，（長春：吉林文史出版社，1993），頁 8。

43 陶寒翠，《民國艷史演義》，（長春：吉林文史出版社，1993），頁 8。

44 馮玉奇，《舞宮春艷》，（武漢：長江文藝出版社，1994），頁 6。

45 馮玉奇，《舞宮春艷》，（武漢：長江文藝出版社，1994），頁 40。

描述角色的外型、面貌和服飾，更是會把她們的衣飾妝容具體的
名稱都寫出來。他這種的寫作手法，反而是比較像《紅樓夢》的
手法。在《紅樓夢》第三回寫王熙鳳出場的時候，對她的描述如
下：

> 「這個人打扮與眾姊妹不同，彩繡輝煌，恍若神妃仙子：
> 頭上戴著金絲八寶攢珠髻，綰著朝陽五鳳挂珠釵；項上戴
> 著赤金盤螭瓔珞圈；裙邊繫著豆綠宮縧，雙衡比目玫瑰佩；
> 身上穿著縷金百蝶穿花大紅洋緞窄褙襖，外罩五彩刻絲石
> 青銀鼠褂；下著翡翠撒花洋縐裙。一雙丹鳳三角眼，兩彎
> 柳葉吊梢眉。身量苗條，體格風騷，粉面含春威不露，丹
> 唇未啟笑先聞。」[46]

　　另外，不少曼殊同時期／時代相約的作品，都只是在角色初
次出場的時候對角色有較為詳細的描述；而曼殊在他的作品之中，
往往在不同的場景中，都會對角色的衣飾妝容再次描述。如〈絳
紗記〉的五姑和〈斷鴻零雁記〉的靜子，就曾在不同的場景有不
同的衣飾妝容。在《紅樓夢》之中，吾人亦可以見到這種寫作的
手法。如王熙鳳在第六回再次出場時，作者又寫她「帶著秋板貂
鼠昭君套，圍著攢珠勒子，穿著桃紅撒花襖，石青刻絲灰鼠披風，
大紅洋縐銀鼠皮裙，粉光脂艷……」[47]。當然，《紅樓夢》對於人
物及肖像的描寫極為細緻，相比之下，是曼殊的作品莫能比擬的。
可是，謂曼殊受了《紅樓夢》的影響卻不為過。在馮自由的〈蘇
曼殊之真面目〉中，馮自由曾記錄了他目睹的一事：「至於曼殊於
披剃後自號『元瑛』，或謂其取於《紅樓夢》之神瑛侍者，斯言亦

---

46 曹雪芹著，高鶚續著，《紅樓夢（上）》，（台北：聯經，1991），頁 42-43。
47 曹雪芹著，高鶚續著，《紅樓夢（上）》，（台北：聯經，1991），頁 100。

有可信，蓋余嘗見曼殊居東京時，向友人借閱《紅樓夢》，手不釋卷，後有此稱，其殆以擺脫塵緣之寶玉自命歟」[48]。筆者認為曼殊自號「元瑛」的動機吾人實在無法推知，可是由以上各項比較所示，曼殊在人物及肖像描寫方面受《紅樓夢》的影響匪淺。

（四）作者論述方面：對中外關係的評論

如果說〈天涯紅淚記〉隱含了曼殊對於軍閥鬥爭的批判，〈絳紗記〉則是主要反映了曼殊對中外關係之看法。

在〈絳紗記〉之中，曼殊不只一處表達了他對國人一味西化的不滿。在曇鸞見到五姑穿胡服騎馬時，曇鸞心想：「妹喜冠男子之冠，桀亡天下；何晏服婦人之服，亦亡其家；此雖西俗，甚不宜也」。後來，曼殊又再借羅小玉之口言：「吾國今日女子殆無貞操，猶之吾國，殆無國體之可言；此亦由於黃魚學堂之害。（蘇俗稱女子大足者為『黃魚』。）女必貞而後自由。昔者，王凝之妻，因逆旅主人之牽其臂，遂引斧自斷其臂；今之女子何如？」。吾人從中可以見到，曼殊對於女子跟隨西俗的社會現象感到不滿。前者是指服裝而言，後者是指貞操問題而言。在文學的敘事上，小玉的論述出現得甚為突兀。在簡介霏玉和小玉兩兄妹，並提及夢珠事之後，小玉的論述忽然出現。述畢小玉之言後，旋即開展盧氏女郎找霏玉的情節。曼殊在這個部份的處理，實在顯得不太高明。可是，如果僅由表達其思想及論述而言，他這裡先寫小玉的論述，再寫霏玉與盧氏女郎的情事是有深意的。因為，被論述的對象正是盧氏女郎。由於盧氏女郎與綢緞莊主自由結婚，令霏玉因此而自殺。當然，由故事的先後次序來說，小玉剛出場時是不

---

48 馮自由，〈蘇曼殊之真面目〉，《革命逸史》初集，（北京：中華書局，1981），頁166。

可能預知霏玉之死。但是，小玉之言的內容而言，「吾國今日女子殆無貞操」正可批評盧氏女郎既與霏玉締結婚約，後又與他人「自由結婚」之事。因此，筆者會指出曼殊敘事上的處理不太高明。配合曼殊對雪梅高度的讚許，吾人可以見到曼殊對於愛情的堅貞、愛侶間從一而終的精神極為重視。西方自由戀愛的風氣傳到中國，男女間的離合越趨尋常之現象，是曼殊此處借小玉之口所批評的。

〈絳紗記〉亦反映了曼殊對中外關係之看法。第一，他對於中國的時局常受到外國的影響表示擔憂。在曇鸞參觀其舅父糖廠之時，他對於他舅父的糖廠多由外人打理感到有隱憂：「余見廠中重要之任，俱屬英人。傭工於廠中者，華人與孟加拉人參半。余默思廠中主要之權，悉操諸外人之手，甚至一司簿記之職，亦非華人；然則舅氏此項營業，殊如累卵」。似乎是暗指中國的時局而言。查 1913 年中國其中一項的大事，就是新政府要待國際承認。由於中華民國成立後，政局不穩，加上列強各有所圖，故遲遲未獲得承認。四月美國政府發訊試探各國意向，最早是巴西與秘魯在四月八日承認中華民國，最遲則要待至十月九日挪威承認中華民國[49]。在仍未完全獲得所有國家承認的情況下，中國又要跟英國在印度的西姆拉展開會議，討論西藏問題。可見，曼殊在小說中的論述絕非無的放矢。他往往在作品中表現了他對時局議題的關心。曼殊對外國人的看法終歸是較負面的。在曇鸞遇上海難時，曼殊對那時的場面有以下的描寫：「余仍鵠立，有意大利人爭先下艇，睹吾為華人，無足輕重，推吾入水中」。可見，曼殊的負面看法，其主要原因是因為外國人未有以平等的心待中國人，予以尊

49　詳細可參考：國立故宮博物院，〈百年傳承　走出活路〉，超連結：http://www.npm.gov.tw/exh100/diplomatic/page_ch03.html ，瀏覽日期：05/02/2014。

重。

　　最後，曼殊對於國內的問題亦有論述。在曇鸞前往蘇州城的期間，他就曾目睹：「維時海內鼎沸，有維新黨，東學黨，保皇黨，短髮黨，名目新奇且多，大江南北，雞犬不寧」。當中暗指這些黨不單只沒有為中國帶來什麼好的新局面，反而令國內雞犬不寧。

（五）敘事研究：不太高明的敘事手法

　　在敘事手法方面，〈絳紗記〉可以歸納為「懸宕」或「懸念」的寫法。所謂「懸宕」的寫法，是指「文章的開頭或文章中提出問題，先將疑問懸在那裡，然後，或者『顧左右而言他』，故意不予理會；或者作出種種猜想，令人念念不此。總之，作者並不急於揭開謎底、解決矛盾，而是蘊蓄比較長的時間後，再解開『懸念』，寫出結局，回答先前擇出的問題」[50]。〈絳紗記〉的敘事手法十分有趣。在一開始時，曼殊雖則以敘事者曇鸞之口道出此故事是述他自己的遭遇，即是以主角曇鸞以第一人稱（第一身）的敘事觀點作敘述和評論。可是，他在開首時是先敘夢珠之事。曼殊寫道：「曇鸞曰：余友生多哀怨之事；顧其情楚惻，有落葉哀蟬之嘆者，則莫若夢珠。吾書今先揭夢珠小傳，然後述余遭遇，以眇躬為書中關鍵，亦流離辛苦，幸免橫夭。古人所以畏蜂蠆也」。緊隨此一段落之後，曼殊真的把夢珠小傳寫出來：「夢珠名瑛，姓薛氏……鄉人所傳，此其大略」。這令讀者不禁疑惑，〈絳紗記〉按曇鸞的說法應是寫他的流離辛苦，可是這跟夢珠有什麼關係呢？這部作品以「絳紗」為名，而文中首次出現「絳紗」一詞是在夢珠小傳之中，傳中寫：「秋雲以其驕尚，私送出院，解所佩瓊琚，於懷中探絳紗，裹以授瑛……」，而非與主角曇鸞有關。這樣令作

者對於夢珠在〈絳紗記〉地位作出種種猜想。

　　交代夢珠小傳後，曼殊的寫作就真的開始落在主角曇鸞身上了。作者雖不急於揭開夢珠面紗，轉移焦點在曇鸞之上，卻又間中提出關於認識夢珠的線索。如寫曇鸞接舅父書，而抵星嘉坡後某日，拾得一本《沙浮紀事》，當中夾了一幅夢珠的照片。然後，一名縞衣女子出現，向曇鸞討回書籍。她的出現在曇鸞心中留下了一些疑問：「余歸，百思莫得其解。蠻荒安得誕此俊物？而吾友小影，又何由在此女書中？」。曇鸞又估計她知道夢珠行止，希望下次見面時可以向她打聽。此處再次引起讀者對夢珠的注意。之後的部份又放下了夢珠的事，而力陳曇鸞與五姑情事。在海難後，曇鸞流落無名小島，重遇秋雲，由其口中得知夢珠和秋雲二人之前事。曇鸞離島後飽歷滄桑，又誤上賊船。嘗乞食，才抵蘇州城，而遇夢珠。曇鸞卻認為夢珠不念秋雲之情，拂袖而去。可是，曼殊又借曇鸞舊友羅霏玉之口謂：「夢珠性非孤介，意必有隱情在心；然秋雲品格，亦自非凡，夢珠何為絕人如是？」，再度在讀者的心中留下疑問。故事轉移在曇鸞遇舊友羅霏玉後發生的一連串事件上，再目睹霏玉因盧氏女郎變心而自殺。在運送霏玉遺體返鄉其間，因舟子陷害，曇鸞下獄，不久後獲釋。拜五姑墓後，又偕秋雲訪夢珠。二人目睹夢珠已坐化。秋雲見夢珠襟間露絳紗，就把它拿出來。見夢珠藏其裹玉之絳紗，心知其非對自己無情，伏夢珠懷中流淚親其面。此時，夢珠肉身忽化成灰。最後，秋雲即以絳紗裹灰少許，藏於自己的衣衫之內。整體來說，曼殊先引出了讀者對於夢珠的疑問。然後，將疑問懸在那裡，不急於揭開謎底。再慢慢地將夢珠之事揭露。曼殊的寫法大體上是符合了「懸宕」的寫法。

　　〈絳紗記〉的寫作手法雖然符合了「懸宕」的手法，可是故

事實在寫得不太好。因為曼殊最後並沒有「解開『懸念』，寫出結局，回答先前擇出的問題」。曼殊留下的疑問，不是給予讀者想像的空間，而是一個個就連線索都沒有的大問題。在〈絳紗記〉的結局中，讀者可能會得知夢珠對秋雲有情，但他當初為什麼要把秋雲所佩瓊琚賣掉呢？他為什麼要出家呢？在小傳中，曇鸞謂夢珠曾「遍訪秋雲不得」，但又何以他在第一次重遇曇鸞時，會有薄情的表現呢？羅霏玉謂夢珠有隱衷，可是他的隱衷是什麼呢？這個可謂小說的一大關鍵，但沒有明確的答案。另外，文中不只一次指夢珠似有瘋病，哪是否跟他的戀情有關呢？以上的都不是一些非關痛癢的問題。但是，讀者在閱畢〈絳紗記〉後，不要說有沒有答案，相信就連線索也沒有。因此，筆者認為曼殊對於夢珠故事的敘述實在不太高明。

如果反過來留意曇鸞故事的敘述，一如小說開首所謂：「然後述余（指曇鸞）遭遇，以眇躬（以曇鸞自己）為書中關鍵」，筆者則認為曼殊敘曇鸞事其間加入了太多插入的故事，喧賓奪主。其實，大致上曇鸞在〈絳紗記〉中跟他個人有關故事只有：投靠舅父、戀五姑、與五姑私奔、遇海難留落孤島、欲吊五姑墓，旅途中遭陷害下獄、出獄後不久出家。可是，在敘曇鸞事的期間就插入了夢珠的故事、玉鸞的故事、孤島村人避亂的故事、秋雲的故事、霏玉的故事、玉鸞未婚夫的故事。當中猶以夢珠的故事最為重要。甚至小說的名〈絳紗記〉，都是因夢珠與秋雲事而命名。查故事的內容，絳紗是秋雲用以裹玉贈夢珠的，曇鸞和絳紗絕無關係。至於其他插入的故事，霏玉的故事也許可以說是跟曇鸞下獄的情節有點關係。但是，如玉鸞的故事、孤島村人避亂的故事和玉鸞未婚夫的故事，則與整個故事的發展毫無關係。秋雲的故事亦只是和夢珠的故事有關而已。若考慮曇鸞事才為書中關鍵，

由於插入的故事太多，甚至出現喧賓奪主的情況，因此曼殊在〈絳紗記〉中敘事的骨幹並不清楚。

(六)修辭研究：側重故事的發展

　　〈絳紗記〉在修辭方面，並未有如〈斷鴻零雁記〉或〈天涯紅淚記〉般，有細緻的心理描寫，或有寫得清麗如畫的外部空間描寫。由於事件發生頻率急促，曼殊於這部小說之中，鮮有仔細描寫角色的心理、有能了解思想全貌的對話，或仔細的外部空間描寫。像〈斷鴻零雁記〉第一章，大部份的描寫都落於三郎悲嘆身世的內心獨白之上；或如〈斷鴻零雁記〉第三章，差不多整章都是寫三郎與乳媼的對話，及對話當中流露的情感；或如〈天涯紅淚記〉第一章，曼殊花了不少的筆墨在景色的描寫之中。以上種種，在這部小說之中是未有見到的。

　　曼殊在〈絳紗記〉中主要著墨於與故事發展有關的描寫。比較〈斷鴻零雁記〉和〈絳紗記〉，男主角聞女主角的死訊時及訪其墓時之情況，即可見到兩者分別極大。在〈斷鴻零雁記〉中，三郎初聞雪梅死訊，但又未得確認。麥氏公子又出言安撫，三郎反應為「余遂力遏其悲」。確定雪梅已死後，三郎「此時確得噩信，乃失聲而哭，急馳返山門，與法忍商酌，同歸嶺海，一弔雪梅之墓，冀慰貞魂」。抵雪梅故居，三郎「佇立，回念當日賣花經此，猶如昨晨耳。誰料雲鬢花顏，今竟化煙而去！吾憾綿綿，寧有極耶？嗟乎！雪梅亦必當憐我於永永無窮」。後雪梅女僕不願把雪梅下葬之處告知三郎，三郎的反應為：「余呆立幾不欲生人世。良久，法忍殷殷慰藉，余不覺自緩其悲，乃轉身行，法忍隨之」。未得雪梅墓址，試與法忍找出雪梅之墓，不果三郎悲極而呼：「良友已矣，吾不堪更受悲愴矣！吾其了此殘生於斯乎？」可是，反觀〈絳紗

記）曇鸞得悉五姑死訊時，就只有一句：「余不敢開簡（五姑遺書），先將發藏衣內，驚極不能動。隔朝，抆淚啟之，其文曰：……」。他讀畢五姑遺書後，曼殊僅寫一句：「簡外附莊湘博士住址，余並珍藏之」。之後，曼殊寫曇鸞心生訪五姑之墓的意向時，他的描寫如下：「時霏玉祖母及妹歸心已熾，議將霏玉靈柩運返鄉關。余悉依其意，於是趁海舶歸香港。既至，吾意了此責，然後謁五姑之墓」。至於，在曇鸞吊五姑墓時，曼殊亦簡簡單單地寫道：「博士年已七十有六，蓋博學多聞，安命觀化之人也，導余拜五姑之墓如儀」。由以上的比較可見，曼殊在〈絳紗記〉中主要描寫故事情節的發展，而沒有在心理描寫或外部空間描寫方面多下工夫。

四、〈焚劍記〉（1915 年）分析

（一）時間性：由慢轉急的敘事

　　〈焚劍記〉在手法上是以一種順序的紀事方式寫成，但是沒有一個在「以後」的時間敘事的敘事者。故事由主角獨孤粲十六歲開始，順序地寫到他以焚劍結束行俠仗義生涯的時候。在敘事的期間，沒有如〈斷鴻零雁記〉和〈絳紗記〉般，有一個敘事者的時間獨立於故事發生的時間。〈斷鴻零雁記〉有「此章為吾書發凡，均紀實也」、「讀者試思」、「吾擱筆不忍再言矣」；而〈絳紗記〉則有「吾書今先揭夢珠小傳，然後述余遭遇……」、「今筆之於書以示人者，亦以彰吾亡友為情之正者也」等語。在〈焚劍記〉中完全沒有相類的語句。

　　〈焚劍記〉沒有清楚的標示時間和日子，但按照文中線索作推算，整個故事大概發生在四至五年之內。整個故事始於「宣統

末年」。其後，主角獨孤粲遇老人及其孫女之後，大家相處了「三更秋」的時間，即約三年。由於文中太多「一日」、「他日」、「居數月」、「忽一日」等這些字眼，實在難以辨清故事發展的時間。若由「三更秋」作為分水嶺，以較顯著的日子算起：由「三更秋」到亂兵至而老人死，約一個月多的時間；由老人死至抵阿蘭姨母家，約半個月時間；阿蘭在姨母家逗留的時間，約有一個月；由阿蘭在伍家中作傭工到阿蘭死，大約又歷兩至三個月時間；後有布販收留眉娘並相處了數月的時間。由以上計算起來，故事至此，在時間上不會短於半年。最後，周大與粲言：「初阿蘭去後，姨氏即將阿蕙許嫁梁姓外孫，而不與阿蕙言其事。今春過門之期將至，始具言於阿蕙……」。照理，若粲與老人等人平靜的生活是以秋天作結束，此言「今春」不可能是次年的春天。因為由老人死至布販收留眉娘，故事發展上已經不少於半年的時間。按以上所示，故事應完結於老人死後第二年春天之時。如果以「宣統末年」開始算起，約四至五年的時間，故事則是大概發生於 1911 年至 1914 年／1915 年期間。此書最早是在 1915 年 8 月發表於日本東京《甲寅》雜誌第一卷第八號。然則，故事中所敘的時間恰恰是成書之前。

在這部作品中，事件發生的頻率亦甚為急促。在全書約七千五百字之中，由小說的開首「廣東有書生」至「如是者三更秋矣」一句，大約寫了一千二百字，當中大概已歷三年的時間。全書其餘的部份約六千三百字，皆是發生於大概一年多之內。在時序上，故事始於獨孤粲因推欲故人之邀而逃難，至欽州為人灌園時遇老人。相處後老人邀粲教其孫女（阿蘭和阿蕙），粲諾並歷「三更秋」的時間。更甚者，在這約一千二百字間，約八百字都是寫粲與老人首日相處的情況，事件發生的頻率甚為緩慢。

以平靜的「三更秋」作為分水嶺，較後的部份就完全不一樣了。在「如是者三更秋矣」之後，下一句曼殊寫：「一日，阿蕙肅然問生曰：『今宇宙喪亂，讀書何用？……」，似是暗指故事之後的部份會出現「喪亂」的景象。在這段對話後不久，亂兵至而老人死。粲與老人兩孫女逃難，經鬼村，遇周大。因周大友人資助，四人終抵香港阿蘭和阿蕙的姨母家。甫一安頓後，粲以「從僧道異人卻食吞氣」為由離去。粲離去不久，阿蘭姨母嫌棄粲窮困，欲將之另許他人，阿蘭因而獨自離去。離去後，阿蘭在香港找到當家中傭工的工作，後成為傭主義女。但又因傭主欲將之許配給別人，阿蘭再一次出走。出走後遇眉娘，救了赴水自殺的她。阿蘭與眉娘二人同行，遇食人肉的軍將，又誤投黑店險死。二人成功逃離黑店，卻又遇水災。大水退後，阿蘭死。眉娘賣身葬阿蘭，有布販收留她並視如己女。數月後，布販被劫殺。粲及時而至，趕走賊人並救了阿蘭。二人言談間，粲得悉阿蘭死訊，二人結伴同行，一則至邊州為見阿蕙，二則至香港九龍為帶眉娘見其父。抵九龍後，粲又不知所踪。眉娘遇鄰家嫗，知父已死。後聞嫗往事，眉娘決定留在嫗家中照顧她。為照顧鄰家嫗，眉娘在一煙館中工作。後目睹粲成功報友仇，又因煙館主人憐其遭遇，娶眉娘為妻。粲報友仇後，再到邊州找阿蕙，聽周大言其已嫁一木制的牌位了。故事終於粲拿出腰間劍，命周大焚之。此後，粵人無人再見粲及周大二人。以上的事件全都是發生在約一年多的時間之內，事件發生的頻率亦甚為急促。

（二）外部空間的描寫：描寫配合敘事需要

在外部空間的描寫上，〈焚劍記〉比較像〈絳紗記〉，對於景物的描寫上不如〈斷鴻零雁記〉和〈天涯紅淚記〉般細緻。然而，

大致上仍比〈絳紗記〉好一些。雖然描寫比較簡短，但外景的描
寫往往跟情節配合，可以收到製造氣氛，或增強感染力的功用。
例如，描寫老人避難之地時，曼殊寫：「是時南境稍復雞犬之音，
生常行陂澤，忽見斷山，歎其奇絕；躡石傍上，乃紅壁十里，青
萼百仞，殆非人所至」；至老人家時，見屋外景色為：「俄至木橋，
過橋入一廬，長蘿修竹，水石周流」。借此營造老人為一位非凡之
士，正如綮對老人的感覺：「老人語言，往往有精義，生知為非常
人，情甚相慕」。另外，在描寫平靜的日子時，曼殊將景色寫得清
麗怡人。如在晚上留於老人家時，綮眼見耳聞的景色是：「於時升
月隱山，忽聞笆籬之南，有撫弦而歌，音調淒惻……」；起初戰亂
未至老人家，閒時仍能遊山玩水：「二女時輕舟容於丹山碧水之
間……」；綮病初癒，出外走動，見：「徐步登山，凌清瞰遠」。以
上所引的，對於外部空間之描寫能有助製造平靜的氣氛。

　　在較後的部份，曼殊在描寫外部空間時，則配合了敘事的需
要，景色的描寫轉為悲涼。例如，在葬老人後，綮與阿蘭和阿蕙
逃難。三人途經周家村時，目下的景色滿目瘡痍：「村間煙火已絕，
路行無人，但有死屍而已。此時萬籟俱寂，微月照地……」。在入
村以後，又見：「生扶其人，徐步至莊。莊內已焚掠一空，其人赴
圍柵之側，知新米一包尚在……過三朝，其人出村邊一望，閘口
有木片釘塞，傍貼黃榜朱字云：此是鬼村，行人莫入」。曼殊借此
能製造暴兵洗劫悲傷氣氛，增強讀者對戰爭、對暴兵擾民的反感。
此後的部份，其外部空間亦再無景色清麗的描述。例如，寫阿蘭
和眉娘投黑店時，店內環境為：「店內舊劣不堪，後有小門，鄰屋
即主人所居，無門相通……」；阿蘭和眉娘逃離黑店後，翌日天氣
轉為：「天明，二女方行，回顧村中，積水彌望。繼有淒厲之聲，
隨風而至，始知大水為災」。以上的描寫全都配合了阿蘭和眉娘悲

苦的經歷，營造了艱苦困頓的氣氛。

（三）人物及肖像的描寫：描寫女性比男性詳細

在人物及肖像的描寫方面，一如以往，曼殊亦是在女性角色方面描述最詳。在男性角色方面，〈焚劍記〉中較重要的角色就有獨孤粲、老人，和周大。曼殊對於主角獨孤粲的描述在眾男性角色中較詳。粲的家庭背景為「廣東有書生，其先累世巨富，少失覆蔭，家漸貧，為宗親所侮」。其人品學養為「生專心篤學，三年不窺園」、「孤潔寡合之士」、「有邁世之志，情意亦甚優重」。在粲的外型方面，於他逃難期間曾易名陳善「為人灌園，帶索襤褸，傲然獨得」。而他在初遇阿蕙時，獲她稱讚為「公子俊邁不群」。老人則稱他「今觀子果風骨奇秀」。當他走難至周家村時，「形狀枯瘦，疑為行屍」。另外，在較後的部份，知粲腰間收一可卷之劍，能卷如鞶帶。對於老人的描述，就僅有一句「鬚鬢皓白，可年八十許」。至於有關周大的描述則更少，只在文中零星的片段得知他年約四十，在與粲首次見面時他「被彈洞穿吾肩」。反之，女性角色的描述則甚為詳細。比如曼殊在描寫阿蘭時，就寫她的外型為「一女子環步從容，與生為禮，盼倩淑麗，生所未見」。阿蘭在品性上則寫有「生念此女端麗修能，貞默達禮」，「二女天質自然，幼有神采」。至於阿蕙，曼殊則描寫她具「亭亭似月」之貌。她初出場時，又寫她的服飾為「覘其衣，固非無縫，且絲襪粉寫，若胡姬焉」。在品性上，周大對她的描述為「常念阿蕙幽賢貞靜，今世殆若鳳毛麟角」。有一些場景，曼殊對阿蘭和阿蕙作了共同的描述，例如：獨孤粲與她們過平靜的生活時，就描述二人為「二女天質自然，幼有神采」和「時淡妝雅服」；在周家村時，「二女久不修容，憔悴正如鬼也」；在二人抵香港見其姨母時，姨母「見二

女婉慧可愛，大悅」。還有眉娘一角，曼殊寫布販夫婦與眉娘關係時，就謂二人「見眉娘眉如細柳，容顏朗秀，夫妻倍憐之，視如己女」。可見，對於女性角色比男性角色的描寫更為細緻是曼殊一貫的寫作習慣。

（四）作者論述方面：亂世下的人生百態

〈天涯紅淚記〉中記童謠云：「職方賤如狗，將軍滿街走」，表達了曼殊對軍閥的不滿。同樣，〈焚劍記〉大多數的壞人角色當是由軍人擔任，亦反映了曼殊對軍方的不滿。首先，在曼殊整體的故事佈局和氛圍來看，〈焚劍記〉的時空是一個戰亂的、兵禍連連的中國。譬如，文中可以見到綮不從其友人之邀時，其友人即「脅之以兵」。老人死的原因是「亂兵已至此矣」。周家村淪為鬼村是因「暴兵以半日殺盡此村人口」。阿蘭和眉娘在覓投身之處時，首遇食人事的就是一食人腿的軍將。即使不是描寫戰亂的背景，為惡的多為官職人員。例如，令眉娘鄰家嫗生活淒慘的是一名別駕、最後奪綮友之妻者為一司令官。在曼殊筆下，兵士將領等人物多為壞人，正如〈天涯紅淚記〉中的一樣，〈焚劍記〉似是表達了曼殊對於社會上的混亂多由軍人所致的觀點。

另外，更重要的是，如果要以一主旨貫穿曼殊這一部小說的論述，筆者認為〈焚劍記〉倒不是一部力陳兵禍的作品，而更是反映了亂世下的人生百態。例如，友人欲請綮為參軍之事，真正凸顯的是竟有人如此待友，視己為權貴要人攀附；周家村被屠村的遭遇一方面展示了暴兵的兇，另一方面達現了戰亂時人命的卑賤；阿蘭和眉娘遇食人事，食人的不只是軍將，還有山村中的村民，暗指亂世時泯滅人性的不只是軍人，就連平民百姓也有喪盡天良者；在眉娘與阿蘭言其外祖懲治不仁的富者，其實故事之中

不只是富者不仁，也顯示了貧者的貪婪，他的死是由於他的愚蠢而已；眉娘鄰家嫗的悲慘故事，泰半是由於她的父親為錢而親手將女兒賣身為娼。由上述各情節所示，曼殊在這部小說中，真正在論述的是人性在亂世之下的黑暗面。

以筆者曾考的資料而言，在〈焚劍記〉之中，有一個十分值得留意的情節在學界竟無人論述。那就是「周大言訖，生默不一言，出腰間劍令周大焚之，如焚紙焉」一幕。何以一柄能斷賊之手、割仇人耳的利劍能焚之如紙呢？焚劍如紙固然實際上是不可能，可是曼殊此一情節背後的意義是什麼呢？獨孤粲焚劍於聽畢阿蕙事之後，筆者推測是和她嫁木主的事有關。故事以〈焚劍記〉命名，焚劍一事理應為一大重要的劇情。若以獨孤粲持劍欲報友仇作開始，至聽畢阿蕙事後焚劍為終，因獨孤粲「仗劍」而發展的故事情節其實不多。首先，是獨孤粲在安頓阿蘭姐妹後，向阿蘭訛言「從僧道異人卻食吞氣」為由離去，實則仗劍欲報友仇。然後，是因阿蘭對粲的心矢志不移，開始了她顛沛流離的經歷，彌留時三呼獨孤公子而死。後眉娘偶遇粲，粲為救她揮劍斷賊左腕，粲因此得知阿蘭已死。送眉娘回港後，因友仇未報，粲又不知去向。眉娘在煙館工作時，目睹粲報欲友仇。粲得知其人謀財害命，兼奪友妻，但友妻反而令他窮困潦倒，更再改嫁一司令官。粲僅割其耳後就放他離去。粲欲訪周大和阿蕙，最後聽畢阿蕙事後以焚劍為終。

當中跟「劍」有關的有三段情，第一段是粲與阿蘭的情，粲是因為要「仗劍」報友仇而離阿蘭而去；第二段是粲亡友蔣少軒與其妻之情，粲是因為亡友被謀財害命，其妻被奪而「仗劍」流離四方；第三段是阿蕙之情，粲是因為聞得阿蕙嫁木主之事而焚其劍。由以上的三段情，吾人可以留意到曼殊對於愛情的看法和

評價。一、絳與阿蘭是自由戀愛而互生情愫的，但阿蘭對絳的心是堅貞的、是矢志不移的。可是，因絳要「仗劍」報友仇，二人生離卻終於死別。二、絳要為報友仇。可是，最後發現亡友之妻非忠貞守潔之人。她教唆他人害自己夫君，並一而再地跟隨了不同的男人。絳一直要「仗劍」報友仇而四處尋找那煙客，實際上只是白忙一場。他的亡友是死於自己的情之下。三、當他去探望阿蘭的妹妹阿蕙的時候，卻發現她已承姨母之命去嫁其梁姓外孫。二人根本是不認識的，而姨母的行為也十分卑劣，暗地裡將阿蕙許其外孫，過門之期將至才告訴阿蕙。後來，梁姓外孫病故，阿蕙竟依期出嫁，嫁予一木主。阿蕙是在沒有任何情感基礎下，而投身一段連對象都已死的婚姻之中。

　　絳與阿蘭的戀情是美好的，卻為了一段不忠不貞的情而不能結果。阿蕙是可以選擇的，可是她卻隨盲婚啞嫁的制度，封建式的愚忠，斷送一生幸福。值得留意的是，文末只有周大稱許阿蕙，而絳是默不作聲的。反而，在小說較早的部份，絳明確評阿蕙對貞節的看法：「此女非壽徵也」。絳持劍本為仗義，可是白忙一場，辜負了阿蘭和一段本可開花結果的愛情；卻阿蘭妹卻為了愚忠斷送一生幸福，自願在愛情都未嘗過的情況下，一生守寡。絳的劍可謂是白執的，阿蘭的情意是白費的，阿蕙的貞忠是錯附的。當然，如果絳當初不是持劍仗義，離阿蘭而去，阿蘭的死、阿蕙嫁木主之事極可能不會發生。故此，絳最後將劍棄之如敝屣，焚之如紙。〈焚劍記〉的焚劍代表了絳的悔恨，也表現了對亡友妻和阿蕙兩種截然不同的情之批判。

（五）敘事研究：情節突兀，故事鬆散

　　〈焚劍記〉在敘事的手法上屬「平敘」的手法，由絳因避友

人兵脅開始，直敘至他報友仇後焚劍如紙為結。從頭到尾用平舖直敘的口吻，把故事陳述出來。在敘事的佈局上，曼殊寫〈焚劍記〉實在寫得不甚出色。

　　第一，在故事最早的部份，曼殊為主角獨孤粲營造了一個書生的形象。如小說開始時，曼殊寫：「廣東有書生，⋯⋯家漸貧，為宗親所侮。生專心篤學，三年不窺園」；後來老人邀請他教導其孫女二人：「老人謂生曰：『吾二孫欲學，子其導之。』」，而粲為人師表，教的是文非武：「生於是日教二女屬文」。因此，這才引發了阿蕙詰問粲：「今宇宙喪亂，讀書何用？」之對話。故事一直經歷了亂兵至，老人死，抵周家村等，讀者應是完全不知道粲是會用劍的。即使是粲在安頓阿蘭兩姊妹後，向阿蘭表示他要離去時，他的理由是：「從僧道異人卻食吞氣耳」。一部約七千五百字的小說，大約要到五千字左右，獨孤粲為救眉娘而斷賊左腕，讀者才第一次知道這位主角是會用劍的，亦是首次聽聞粲是因報友仇故離阿蘭而去的。反過來，倒是由這個情節開始，書生形象忽然盪然無存，粲更是像俠士多於文人。

　　第二，主角獨孤粲在故事中的出場時間過短。粲在小說之中，差不多有一半的時間是沒有出場的。在小說一開始的時候至阿蘭和阿蕙安頓於其姨母之家，獨孤粲是在場於所敘故事之中的。可是，兩女甫一安頓後，粲離去。直到阿蘭死後，收留眉娘的布販被劫殺，粲再次出場並救了眉娘。把眉娘送抵九龍後，粲又不知所踪。直至眉娘在煙館工作時，粲仗劍報友仇才又一次出場。在約七千五百字的小說中，由小說開始到阿蘭和阿蕙抵姨母家，粲離去，共約有三千字[51]；粲出場救眉娘，並送她到九龍的情節約

51　由小說開始至「生諾，二女便資給于生，莫知去處；阿蘭再三歎息」一句。

有四百五十字[52]；<u>粲</u>仗劍報友仇至結尾，又約六百五十字[53]。全部合共約四千一百字，僅只佔小說 54%的篇幅。作為小說的主角，他在故事中幾近一半的篇幅是沒有出場的。

　　第三，在敘事的編排上面，<u>獨孤粲</u>所謂要報友仇之說出現得甚為突兀。如上所述，<u>獨孤粲</u>由一開始起就只是表現一種書生的形象，小說過了三份之二的篇幅才首次出現他執劍的畫面。同樣亦是在他用劍救<u>眉娘</u>的時候，才第一次在小說中得聞他：「我流離四方，友仇未復……」。其實，在〈焚劍記〉在故事中，<u>獨孤粲</u>離<u>阿蘭</u>而去的情節是小說中較重要的情節之一。由於<u>粲</u>的離去，這才引發了<u>阿蘭姨</u>欲將<u>阿蘭</u>許配他人的情節。<u>阿蘭</u>出走、當家傭、再因婚事出走、遇<u>眉娘</u>、目睹食人之事、在廟中避水災等……所有事都因此而起。可是，讀者讀至<u>粲</u>的離去的情節時，相信也會被他一句「從僧道異人卻食吞氣耳」弄得一頭霧水。雖則<u>阿蘭</u>在對話之中有反問他：「今所以匆匆欲行，殆心有不平事耳？」，似為後來<u>粲</u>所謂報友仇埋下伏筆。但是，<u>曼殊</u>要直待至小說接近尾聲時，才交代<u>粲</u>離開<u>阿蘭</u>的真正原因。那時，女主角亦已病逝。在敘事的編排上，<u>曼殊</u>鋪陳<u>獨孤粲</u>報友仇的事件之手法實在寫得不好。

　　最後，在<u>曼殊</u>的敘事的時候，太多的插入故事而它們佔了小說不少的篇幅，令故事鬆散。在小說之中，就先後插入了<u>周大</u>、<u>眉娘</u>和<u>眉娘鄰家嫗</u>的自述，並<u>眉娘</u>述其外祖水災時的見聞。其實，這些插入的故事對於小說的敘事並不是太重要的。可是，這些不

52　由「居數月，夫妻攜<u>眉娘</u>往南雄販布，頗得資」算起至「明日，生即送<u>眉娘</u>返九龍，生倏然不知去向」一句。

53　由「忽一日，<u>眉娘</u>見<u>獨孤</u>生翩然而至……」算起至「<u>周大</u>言訖，生默不一言，出腰間劍令<u>周大</u>焚之，如焚紙焉」一句。

太重要的事卻佔了不少的篇幅：周大言自己和周家村事佔了約二百字[54]，眉娘的自述佔了約一百二十字[55]，眉娘述其外祖見聞約三百四十字[56]、眉娘鄰家嫗述其往事約有一千零七十字[57]。與故事發展沒有太大關係的插入故事竟在一部約七千五百字的作品佔了約一千七百三十字，那是〈焚劍記〉23%的篇幅。這些插入故事令〈焚劍記〉的敘事鬆散。

五、〈碎簪記〉（1916 年）分析

（一）時間性：數個月間的愛情悲劇

　　〈碎簪記〉沒有明確的年份和時間的標示，故事大體上是發生在某年的秋冬時份。故事在時間上沒有急劇的跳動。在情節之間，多是在「翌朝」、「翌日」、「明日」、「明晨」等發展下緩慢地前進。當中最長的，要算是曼殊因腸病留在西湖休養，他癒後即歸滬訪莊湜，兩者相隔了半個月的時間。因此，雖然〈碎簪記〉中沒有精確的時間標示，但整個故事大概是發生於某年秋冬時份前後的數個月之間。在曼殊因腸病留在西湖休養時，時間為「秋老冬初」，而在故事接近尾聲時，在一段曼殊與莊湜的對話中，曼殊謂：「子聽鳥聲乎？似云：將卒歲也」。因此，筆者判斷此故事發生在某年秋冬前後的數個月之間，結束時間不晚於該年的年

---

54 由「屍曰：『苦哉，……」至「此去不遠，為吾田莊，汝三人且同留止，暫避凶頑。』」。
55 由「女曰：『吾始生失母，……」至「言已，哭泣甚哀」。
56 由「眉娘為阿蘭言曰：……」至「世人均以此富人之道，為安身立命之理，可歎耳！』」。
57 由「嫗一夕語眉娘曰：……」至「亦不欲怨天尤人，但怨命耳！』」。

尾。

　　如是者，故事發生的頻率頗為急促。故事始於曼殊偕友莊湜遊西湖；曼殊與莊湜先後患病；莊湜先後糾纏於靈芳和蓮佩兩女之間；靈芳贈玉簪；叔嬸有意撮合莊湜和蓮佩；蓮佩搬到莊湜家中；莊湜嬸母命曼殊、莊湜和蓮佩同出外旅遊並同看泰西歌劇；靈芳因見莊湜與蓮佩出遊，加上莊湜叔父力勸而託其碎簪；莊湜見碎簪而不知就裡，悲痛欲絕，晚上就病故；蓮佩在莊湜表現得極為悲痛時出言關心，但百問而莊湜不一答，當晚就自裁於其臥室之中；莊湜和蓮佩身故的翌晨，曼殊遇靈芳婢，得悉靈芳亦於同一晚自縊身亡。以上的事情皆發生於數個月間，故事中事件發生的頻率頗為急促。

（二）外部空間的描寫：曼殊作品中的上佳之作

　　〈碎簪記〉在外部空間的描寫方面，可算是曼殊作品中的上佳之作。撇開〈斷鴻零雁記〉這部長篇小說及〈天涯紅淚記〉這未完成的作品不談。〈絳紗記〉礙於事件發生頻率急促，對於外部空間的描寫極為簡短，多數只為交代場景而描述，沒有收到什麼烘托的效果。而〈焚劍記〉對外部空間的描寫雖則跟情節配合，可以收到製造氣氛，或增強感染力的功用，但往往仍較簡短。〈碎簪記〉比這兩部作品寫得都要好，純為寫景的地方寫得清麗如畫，寫人物時與景色相配合，不只往往寫得人景交融，而且景的描寫亦能烘托人物的情緒。

　　曼殊寫景的時候，不少地方都把天氣、遊人和環境都仔細寫出。例如，曼殊在小說開首寫西湖的景色時就寫：「此日天氣陰晦，欲雨不雨，故無遊人；僅有二三采菱之舟，出沒湖中。余忽見楊縷毿毿之下，碧水紅蓮之間，有扁舟徐徐而至」。在與莊湜同遊時，

寫遊人高歌之事就寫：「余同<u>莊湜</u>既登孤山，見『碧睛國』人數輩，在放鶴亭遊覽。忽一碧睛女子高歌曰：『Love is enough. Why should we ask for more?』女歌畢，即聞空谷作回音，亦曰：『Loves enough.Why should we ask for more?』時一青年繼曰：『Oh! You kid! Sorrow is the depth of Love.』空谷作抗音如前。遊人均大笑⋯⋯」。在<u>曼殊</u>的夢中，他偕<u>莊湜</u>、<u>靈芳</u>和<u>蓮佩</u>同遊。夢中景色的描寫亦十分細緻：「從錦帶橋泛棹裡湖，見四圍荷葉，已殘破不堪，猶自戰風不已」，又寫花的顏色：「此數片小花，作金魚紅色者」，連花的名字亦道出：「此與蘋同種而異類，俗名『鬼燈籠』，可為藥料者也」。以上引例足見<u>曼殊</u>在〈碎簪記〉把景色寫得仔細非常。

另外，寫人物時又往往與景色相配合，這種寫作手法更能烘托人物的情緒。譬如，<u>曼殊</u>寫<u>莊湜</u>有心事時，就寫他見到<u>莊湜</u>：「沿堤行至<u>斷橋</u>，方見<u>莊湜</u>臨風獨盼」。夜半見<u>莊湜</u>在愁思時，就寫：「時萬籟俱寂，瞥眼見<u>莊湜</u>枯立欄前。余自後憑其肩，藉月光看其面，有無數濕痕」。斷橋、靜夜、月光、臨風獨盼等的景象，更能讓讀者感受<u>莊湜</u>悲傷的情感。又例如，在<u>曼殊</u>與<u>莊湜</u>同遊時，<u>曼殊</u>就以遊人歡樂的氛圍，烘托出<u>莊湜</u>的悲傷：「遊人均大笑。余見<u>莊湜</u>亦笑，然而強笑不歡，益增吾悲耳」。甚至，在<u>曼殊</u>的夢中有荷葉向他作出哀訴：「時或瀉其淚珠，一似哀訴造物；余憐而顧之，有一葉搖其首而對余曰：『吾非乞憐於爾，爾何不思之甚也？』」夢中荷池的景象：因風吹打而殘破不堪，並且落淚哭訴的荷葉，正好襯托著<u>莊湜</u>、<u>靈芳</u>和<u>蓮佩</u>複雜的關係，及三人之後悲慘的命運。

（三）人物及肖像的描寫：詳述女性為曼殊習慣

　　一如以往的作品，曼殊在〈碎簪記〉中人物及肖像描寫的方面，都只極力描述女性角色。例如，曼殊在描寫莊湜的時候，就只是十分簡單地寫他的個性「恭慎篤學」、「用情真摯，而年鬢尚輕……」、「天真誠篤，一經女子眼光所攝，萬無獲免」，外型「弱不勝衣，如在大病之後……」。至於有關曼殊的描述就更少了，只有「老於憂患矣」、「足跡半天下」，及其窮困的描述而已。

　　對於女性角色的描述則不然。女性角色比起男性角色的描述詳細逾倍有多。譬如，曼殊在寫靈芳時，就其外型而言有「此女風致，果如仙人也！」、「此女正當綺齡」、「麗絕人寰者也」之說法。蓮佩之描述更是眾多角色中最詳的。在個性方面，就有「斯人恭讓溫良，好女子也」之說。有關其學養方面，就有「彼為吾嬸外甥，幼工刺繡，兼通經史，吾嬸至愛之」、「此人於英法文學，俱能道其精義，蓋從蘇格蘭處士查理司習聲韻之學，五年有半，匪但容儀佳也。此人實為我良師」的描寫。至於外型方面，更是細緻描述，如「余且答且細瞻之，則容光靡豔，豐韻娟逸，正盈盈十五之年也」、「麗絕人寰者也」、「密發虛鬟，亭亭玉立者」等。而不同的場合中，在衣著方面更有不同的描述。如在書齋中談話時，曼殊對蓮佩的衣著打扮有仔細的描寫:「蓮佩待余兩人歸原座，乃斂裾坐於爐次，蓋服西裝也。上衣為雪白毛絨所織，披其領角，束桃紅領帶，狀若垂巾；其短裾以墨綠色絲絨制之；著黑長襪，履十八世紀流行之舄，乃玄色天鵝絨所制，尖處結桃紅 Ribbon；不冠，但虛鬟其發；兩耳飾鑽石作光，正如烏雲中有金星出焉」。在書齋聊天的翌日，蓮佩又有另一種打扮:「是日，蓮佩易紫羅蘭色西服；余等既出，途中行人，莫不舉首驚望，以蓮佩天生麗質，

有以惹之也」，曼殊都有具體的描述。

　　由以上所引述及較早的部份各小說的分析，曼殊在作品中都會對女性角色及其肖像有較詳細的描寫，這似乎是他一貫的風格。

（四）作者論述方面：批評朝秦暮楚的愛情

　　〈碎簪記〉是六記中分析至今第一部貫徹始終的愛情故事。故事所記的是莊湜、靈芳和蓮佩之間的情事，論述的也是男女的愛情事。曼殊在他之前的小說之中，都曾寫出他極為欣賞的女性，例如〈斷鴻零雁記〉的雪梅、〈絳紗記〉的五姑、〈焚劍記〉的阿蘭等。可是，在這裡的敘事中，曼殊一反常態，兩次道出「天下女子，皆禍水也！」一語。與其說「天下女子」真的是全天下之女子，謂曼殊此處是配合〈碎簪記〉故事而言，指的是靈芳和蓮佩兩位女主角更為恰當。

　　在曼殊的小說之中，有一點很值得留意的是，但凡曼殊所稱許的女子多是貞忠於自己愛情的女子。她們都是在自己的選擇下，發展自己戀愛的，而非盲從封建式的婚配。另外，她們都是從一而終的。〈斷鴻零雁記〉的雪梅雖然是在父母之言下與三郎立下婚約，可是二人在較早的時間已是彼此認識的。雪梅在交予三郎的信中寫：「蓋妾嬰年，嘗之君許，一挹清光，景狀至今猶藏心坎也」。三郎收信後憶出家之事來由時，謂：「余年漸長，久不與雪梅相見，無由一證心量……只好出家皈命佛陀……」。二人的關係明顯與一般的盲婚啞嫁不同。〈絳紗記〉的五姑雖同樣是因長輩的撮合而交往，甚至曾締結婚盟。但是，二人的戀情是有自主意願的。五姑養父麥翁害得曇鸞舅父破產，麥翁迫曇鸞簽字同意取消婚事，可是五姑選擇了與曇鸞私奔。她一心一意的對待曇鸞，海難後得重

病後奄奄一息，仍希望可以渡海見曇鸞。五姑死時更盼來生可再見曇鸞，足見她對戀情的堅貞。〈焚劍記〉的阿蘭早已在其兄口中曾聞得獨孤粲之名，甚為仰慕。後來與粲相處後，更是心繫其人。阿蘭對粲矢志不移。她後來得病，在彌留之間，仍三呼獨孤公子，含笑而終。

反之而言，曼殊曾貶抑斥責的就有〈絳紗記〉的霏玉女友和〈焚劍記〉的阿蕙。在〈絳紗記〉之中，曼殊就曾借霏玉妹之口指出，女子「必貞而後自由」，預示了霏玉女友的不忠。曼殊似乎是對於來自西方的自由戀愛風氣有很大的反感。值得注意是，曼殊對封建式的戀愛，和盲婚啞嫁的婚姻是反對的。〈焚劍記〉中的阿蕙就展示了盲從長輩之命，嫁一本不認識的男子。甚至，即使是他婚前病逝，阿蕙仍嫁其木主的一場愚忠悲劇。曼殊早就在小說早段的部份，借獨孤粲之口謂：「此女非壽徵也」。綜合以上的引述及分析，吾人大概可以推知曼殊的愛情觀：他對於封建式的戀愛是反對的；他支持人在自主選擇下，發展自己的戀愛；可是，他支持的是自由的選擇，卻堅持選擇後的從一而終，並反對人妄用自由而輕易地作出離離合合。

如果以此種想法應用在〈碎簪記〉的分析之中，則吾人可以見到此部作品大體上是一部論述愛情之作。就直接的論述而言，小說中不乏相關的聲音。例如，文中就出現了兩次「天下女子，皆禍水也！」一語。曼殊曾勸莊湜向叔父表明愛靈芳之心跡，然莊湜以「特以此屬自由舉動，吾叔故謂蠻夷之風，不可學也」而推辭。可是，這不啻是曼殊心聲。因為在此段對話之前，曼殊亦曾建議莊湜「收其向靈芳之心」。另又有一段曼殊的內心獨白，當中就明確的指出：「方今時移俗易，長婦姹女，皆竟佻邪，心醉自由之風。其實假自由之名，而行越貨，亦猶男子借愛國主義，而

謀利祿」。可以見到他對「自由之風」的反感，但是他又進一步標示出「假自由之名，而行越貨」。由此看來，與之前所述的一致，他不反對自由自主的戀愛，而是反對人假自由之名而出現朝秦暮楚的問題。

（五）敘事研究：曼殊旁觀，敘友人之事

〈碎簪記〉敘事是運用了「平敘」的手法，以第一人稱（第一身）的旁觀敘事觀點寫作，由曼殊的口將莊湜的故事道出。〈碎簪記〉的故事是由曼殊與莊湜遊西湖開始，一直平舖直敘地寫到莊湜的葬禮。通篇故事是以曼殊的觀察和思想去展現有關主角的故事。旁觀者是曼殊，作者是曼殊，敘事者也是曼殊。小說一直是以「余」的旁觀者第一身視角敘述事件。在這部小說之中，曼殊是用上了真名的。莊湜向其叔父介紹「故事的敘事者」，就道：「阿叔，此吾友曼殊君，同吾游武林者也」。小說中的「曼殊」不是一位烏有先生。小說中有關「曼殊」的種種描述，都與作者曼殊本人的資料相吻合。例如，曼殊經常自謂有「難言之恫」，書中的「曼殊」亦謂自己「吾老於憂患矣」。曼殊腸胃健康不佳，書中「曼殊」亦患腸疾。曼殊熱愛旅遊，小說中莊湜叔父就謂其「吾聞汝足跡半天下」。曼殊經常身無分文，書中「曼殊」亦然，小說中的曼殊就曾「捫囊只有銅板九枚」。以上種種例子可見，作者曼殊是希望讀者把敘事者曼殊與自己等同。作者運用了這樣的寫作手法，無疑令讀者感覺到〈碎簪記〉中所載之事，是作者本人耳聞眼見之事。這樣可以收到加強故事真實感之效。〈碎簪記〉的作者雖然出現在故事之中，但他並不是主角。〈碎簪記〉是述莊湜、蓮佩和靈芳之間的情事，曼殊是以旁觀者的身份告訴讀者，他目睹在主角莊湜身上發生的事。

雖然<u>曼殊</u>是以旁觀敘事觀點寫作，對於別人的心理活動只能作出間接的推測。可是，這部作品把人物的心理描述寫得十分細膩。譬如，<u>曼殊</u>見<u>莊湜</u>面有淚痕，出言慰問，<u>莊湜</u>不答。<u>曼殊</u>寫他自己，和推測<u>莊湜</u>心情時，他就寫道：「余心至煩亂，不知所以慰之，惟有強之就榻安眠。實則<u>莊湜</u>果能安眠否，余不知之，以余此夜亦似睡而非睡也」。翌日早上，<u>曼殊</u>甚至是由<u>莊湜</u>的表情推想了他的心聲：「翌朝，余見<u>莊湜</u>面灰白，雙目微紅，食不下嚥，其心似曰：『吾幽憂正未有艾。吾殆無機復吾常態，與畏友論湖山風月矣。』」。又例如，<u>曼殊</u>在寫<u>莊湜</u>收<u>靈芳</u>玉簪後，書中的「<u>曼殊</u>」輾轉思維<u>莊湜</u>與<u>靈芳</u>心中所想，其中思緒亦寫得甚為仔細。他在推測<u>莊湜</u>心中所想時就寫：「<u>莊湜</u>接其叔書，謂<u>靈芳</u>將結縭他姓；則心神驟變，吾親證之，是<u>莊湜</u>愛<u>靈芳</u>真也」，又想<u>靈芳</u>所思時寫：「余復思<u>靈芳</u>與<u>莊湜</u>晉接時，雖寥寥數語，然吾窺視此女有無限情波，實在此寥寥數語之外。余又忽憶彼與余握別之際，其手心熱度頗高，此證<u>靈芳</u>之愛<u>莊湜</u>亦真也」。在較後的情節，書中的「<u>曼殊</u>」又目睹<u>蓮佩</u>出言測試<u>莊湜</u>有沒有見<u>靈芳</u>。又一次由<u>蓮佩</u>面露的表情，推測她心中所想：「女凝視<u>莊湜</u>，而目中之意似曰：『枕畔贈簪之時，吾一一知之矣！』」。可見，<u>曼殊</u>此部小說雖運用了旁觀敘事觀點寫作，但是未有妨礙他於對人物的心理的描寫。〈碎簪記〉對於人物的心理描述寫得十分細膩。

(六)修辭研究：一貫的悲傷風格

在修辭方面，這部作品表現出<u>曼殊</u>一貫的修辭手法。他對於悲傷情緒的描述極詳，而且在描寫方面甚為細膩，並多用了誇張的字眼。例如，寫<u>莊湜</u>依欄愁思時：「藉月光看其面，有無數濕痕」以景色襯托出他的傷感。<u>曼殊</u>本來正在寫<u>莊湜</u>的憂鬱之情，忽又

調引發了他的傷感：「吾老於憂患矣，無端為莊湜動我纏綿悱惻之感，何哉？」。曼殊即使有寫及莊湜的笑面，那個場景也只是烘托出他的悲傷：「遊人均大笑，余見莊湜亦笑；然而強笑不歡，益增吾悲耳」。莊湜心中掙扎於二女之間，聞得曼殊的建議後，謂：「復悟君前日訓迪之言，吾心房碎矣！」。相比之下，小說中沒有什麼愉快的氣氛，更遑論對於愉快情緒有什麼詳細的描寫。對於悲傷情緒極力的描寫，可以謂是曼殊一貫的修辭手法。

　　另外，六記之中有三部的作品，有以書信代為敘事的寫作手法，〈碎簪記〉是其中的一部。查曼殊同期／時期相近的作品，有不少的作品都有這種的寫作手法。在徐枕亞的《玉梨魂》之中，就不乏夢霞和梨娘的書信。例如，在〈第四章　詩媒〉[58]和〈第五章　芳訊〉[59]之中，就分別有夢霞給梨娘的書信及梨娘的回信。在馮玉奇的《舞宮春豔》中亦有不少的書信。例如在〈第七章　痛到心頭聲明登驅逐　感深骨髓生死結同盟〉中，就有校長李鶴書寄予吟棟的信函[60]；在〈第十章　黑夜放槍浪人遭辣手　霓裳奏曲俏婢肖紅星〉中，就有友華兄妹所拾獲的書信草稿[61]。在張恨水的《滿江紅》的〈第十二回　婉轉陳詞通函勸撒手　佯狂發笑記事話傷心〉之中就有于水村寫給桃枝的書信[62]；和〈第二十三回　不作夫妻何須假兄妹　果為藝術自有好評章〉中就有李太湖寄給桃

58　徐枕亞，〈玉梨魂〉，張鶯、徐枕亞著，黃瑚、黃坤校注，《遊仙窟　玉梨魂》，
　　（台北：三民，2007），頁32-34。
59　徐枕亞，〈玉梨魂〉，張鶯、徐枕亞著，黃瑚、黃坤校注，《遊仙窟　玉梨魂》，
　　（台北：三民，2007），頁38-41。
60　馮玉奇，《舞宮春豔》，（武漢：長江文藝出版社，1994），頁73-74。
61　馮玉奇，《舞宮春豔》，（武漢：長江文藝出版社，1994），頁123。
62　張恨水，《滿江紅》，（北京：文化藝術出版社，2004），頁111-112。

枝的信函[63]。至於在曼殊的作品之中，〈斷鴻零雁記〉、〈絳紗記〉和〈碎簪記〉都有以書信代為敘事的寫作手法。與同期／時期相近的作品相異之處，曼殊作品中的書信全都在故事鋪陳上有重要的位置。比如在〈斷鴻零雁記〉之中，在三郎寫給靜子的信件之中，三郎向日本的家人交代了他身世有難言之恫、拒與靜子的婚事之原因，及為他日本省母之行劃上了句號。在〈絳紗記〉之中，碧伽女士給曇鸞的信是五姑的遺書，而此信件就引發了曇鸞往香港之行。之後運霏玉的靈柩、遇革命黨舟子陷害、下獄遇玉鸞未婚夫等情節，皆由此起。〈碎簪記〉中，靈芳給莊湜之信更是指出了叔父碎簪之原因，及導致莊湜鬱鬱而終的因由。相比之下，上述的如《舞宮春豔》和《滿江紅》中的書信在總體的故事骨幹來說是無關重要的。在曼殊的作品之中，書信的內容則往往是引發及後情節的重要樞紐。

六、〈非夢記〉（1917 年）分析

（一）時間性：最難推算時間的作品

在時間性上面，〈非夢記〉可謂是曼殊的作品之中，最難推算其故事時間的作品。這是由於在作品之中，有太多不明確之時間標示，如「一日」、「一夕」、「數日」、「四十餘日」、「一夕」等的字眼。如果要計算整部作品的故事發生時間，故事整體來說大概歷十四年的時間。小說開首指出主角燕海琴跟隨老畫師汪玄度學繪事，三年後「頗得雲林之致」，那時海琴十二歲。即故事開始時，海琴跟汪玄度學畫之事，是在海琴九歲的時候。燕海琴十二

---

63 張恨水，《滿江紅》，（北京：文化藝術出版社，2004），頁 223。

歲的時候喪母，後來隨父外旅。約一年後，燕父欲替海琴及汪女薇香訂婚，但因其病故而未果。海琴之後依嬸母劉氏生活。三年後，汪玄度重提海琴及薇香婚事，劉氏又借故推遲了三年。就是這樣，由小說開始至第一段落的結束，有關海琴的事已而歷十年的時間。〈非夢記〉所敘的故事，主要為海琴、薇香及鳳嫻的情事，至此仍未開始敘述。故事正式述海琴、薇香及鳳嫻三人的情事時，曼殊用了太多「一日」、「一夕」、「數日」等字，難以確實推知實際的時間。然而，文中有兩處標示了故事發生的季節，包括：一、「破夏，遣凡約生赴鼎湖，居報恩寺四十餘日，病乃弗瘳」，二、在故事後期再有「明年秋，有女眷遊息於寺，生瞥見一青衣……」。由此可推算，在破夏遊鼎湖的時候，「生不見薇香七稔」的海琴當時十九歲，而因此「明年秋」時應為二十歲。按此由遊鼎湖到明年秋遊寺的時間，約歷一年多。由「明年秋」至故事臨近尾聲的部份則較推測，因為當中不乏「忽一夕」、「一日」等眼。但是，估計時間應不會太久，由小說開始正式述海琴等三人的情事算起，至臨近尾聲的部份（即遣凡與阿娟對話），所歷的時間大概兩年。曼殊在最後一節中，寫「其後年春，遣凡行次五指山，遇一執役僧，即生也……」，指出故事結束在時間上，為遣凡與阿娟對話兩年後的春季。因此，總的而言，故事整體大概歷十四年的時間，而大部份的事件則發生於海琴十九至二十歲的兩年間。

　　若考慮海琴十九至二十歲間所發生之事，敘事的頻率呈現了一種由緩轉急的現象。在故事開始不久，海琴病，得鳳嫻用心照顧；後遣凡約海琴到鼎湖，因而重遇汪玄度一家；在鼎湖時，海琴才向薇香乳媼道出非薇香不娶之言，期後就因為見薇香與一男子約會，而命侍女阿娟將定情花簪歸還薇香；此事之後，海琴表面上與鳳嫻交往，實質心中已萌生出家之心；海琴其後托病再往

鼎湖，向鳳嫻表露他出家的意向，二人最終分別。至此，故事的發展仍屬緩慢。〈非夢記〉大概有七千二百字，故事至此大概只發生了五個較重要的時節，而佔了約三千九百字。故事在之後的部份開始由緩轉急。海琴再會汪家眾人時，得知之前目睹薇香與一男子約會之事是有人設局，目的是為了令二人產生誤會；汪玄度病故，海琴出資助其殮葬，後海琴與薇香各自回鄉；回鄉後，海琴嬸母劉氏再次力勸其娶鳳嫻，海琴到薇香家陳述劉氏之命，本欲向她表明心跡，薇香卻著他從家庭之命；海琴與薇香別後，劉氏設計陷害薇香，令她受刑下獄，而海琴不知情；海琴出家為僧，芸香及薇香乳媼欲找海琴，盼其能為薇香伸冤，可是芸香被劫而去，乳媼亦只得望門乞食；不久，有富人因求海琴畫不遂而誣陷他，令他不得不變易姓名出走；海琴出走後再遇鳳嫻，她資助海琴繼續旅程，他終於在大良的波羅寺落腳；海琴在波羅寺待至次年秋天，得芸香手簡，始知薇香下獄，乳媼不知所踪；海琴歸家而劉氏方使薇香出獄，出獄後薇香矢志不嫁人；海琴與薇香見面，海琴自陳其心跡，而薇香最終只勸海琴順嬸母之意，又趁海琴不為意時離去；翌日收薇香書信，薇香信中自謂已變心，海琴多番求見而不果，終又與遣凡重遊大良而去；海琴不辭遣凡而別，遣凡後來得知薇香而死；最後，遣凡一次偶然地於行經五指山時見海琴，其當時為一執役僧，遣凡見他山居寧謐，故別他而去。以上的種種情節，全都在小說最後的三千二百多字間出現。敘事的頻率在〈非夢記〉之中，呈現了一種由緩轉急的現象。

（二）外部空間的描寫：描寫較簡，以襯托為主

在外部空間描寫的方面，〈非夢記〉對於景物的描寫比較簡略。在〈非夢記〉中，外部空間的描寫多是為了襯托人物和氣氛，

而甚少光是寫景的。在襯托人物方面，例如：在襯托薇香和芸香的超然氣質時，曼殊寫道：「一日，生泛舟過一橋，有二女行釣水邊，微風動裾，風致乃如仙人」。又例如，寫汪玄度出場的時候，亦透過他所作之畫，畫飛鶴及松下老僧，間接襯托出他飄逸的氣質：「玄度粗衣垢面，而神宇高古，方伏案作畫，畫松下一老僧，獨坐彈琴，一鶴飛下」。文中有更多的地方，曼殊對於外景的描寫能收烘托故事氣氛的效果。例如，在描寫了一段海琴與汪家各人相處的情節之後，時節上轉入寒冬：「一日，閒步至山門，見柳瘦於骨，山容蕭然，知清秋亦垂盡矣」，而在時節上入冬的同時，就發生了有人設局令海琴和薇香二人產生誤會的情節。又例如，海琴萌生了出家的念頭，因而托病再往鼎湖，心懷百結望海時，所見的景色為：「一日，大霧迷漫，生晨起引目望海，海沉沉無聲」。還有一例，海琴與鳳嫻對話時，海琴的心情踟躕不安，當時二人見到的景色為：「天際雁群，忽而中斷，至於遙遙不見……」烘托出二人對話時的氣氛。整體而言，〈非夢記〉描寫景物較簡略，文中甚少出現純為描述景象的地方。

（三）人物及肖像的描寫：眾多作品中最簡

〈非夢記〉的人物及肖像描寫可以算是曼殊眾多作品中最簡短的一部。例如，曼殊在描述主角海琴時，就只有他的友人遣凡認為他「子有夙慧」一句。有關汪玄度的外型，只就他其中一次出場時作了描寫：「玄度粗衣垢面，而神宇高古」，及品格方面「為人正直，為里黨所推」。對於海琴友遣凡更無描述。在女性的角色方面，雖然〈非夢記〉仍可以見到曼殊一貫寫女性角色較詳的習慣。可是，比起其他的作品，仍然是較為簡短。例如，曼殊在描述薇香時，就她的外型只有海琴憶述「生不見薇香七稔，然幼小

之時，知其腰纖細，髮茂密，及其雙渦動處，今日尚歷歷憶之」，
和鳳嫻謂「向也阿娟謂此女眼色媚人，今乃知果清超拔俗也」二
句。有關個性方面，亦僅「愈思則愈見薇香淑質貞亮」一語。小
說中另一重要女角鳳嫻的描述亦不多。寫她外型方面，首次出場
時為「女郎稍立於燈畔，著雪白輕紗衫，靡顏膩理」，為人方面「幽
閑貞靜」。另外，對於薇香妹芸香的描述，更只有與其姊的共同描
寫，如「妻早亡，剩二女，長曰薇香，次曰芸香，均國色」，又有
「一日，生泛舟過一橋，有二女行釣水邊，微風動裾，風致乃如
仙人」此兩處。可見，此部小說有關人物及肖像描寫方面，遠不
如其他五記般仔細。雖則人物的描述甚為簡略，但是當中仍可以
見到曼殊一貫寫作的習慣，他描寫女性角色比男性角色較詳細。

（四）作者論述方面：「非夢」的兩個層次

在〈非夢記〉之中，曼殊的寫作再沒有「將軍」、「維新黨」、
「暴徒」、「革命黨」，和「思墟人國」的洋人等。在〈非夢記〉的
故事之內，曼殊沒有借敘事的背景、角色的話語，及人物的遭遇
去暗諷時弊。可是，這並不代表故事之中沒有曼殊的思想和論述。

〈非夢記〉以「非夢」為名，而筆者認為「非夢」是與情有
關的。查小說之中，有三處的情節與夢有關：第一、海琴思及他
在病榻上所見女郎與其所贈之盒時，心想「繼而更設一想，謂此
女郎或吾在夢中所遇，非真薇香，殆阿娟紿我耳。執盒細瞻之，
異常精好，凝香如故，則又明明非夢」；第二、海琴誤會薇香另交
男伴時，心生出家念頭，一日望海而思時，有言曰：「世人夢中，
悠然自得真趣；若在日間，海闊天空，都無意味也」；第三、海琴
被人誣陷而避禍其間，盼可夢見薇香：「生一夕獨坐凝思，冀伊人

之入夢也」。當中，大有<u>海琴</u>欲入夢而不願醒之意。在現實的生活之中，接二連三的不愉快事件、一次又一次的人為欺騙、接踵而至的悲劇等都令<u>海琴</u>感到痛苦。故事之中，為他帶來最大的快樂的，相信就是他在病榻之中，誤以<u>鳳嫻</u>為<u>薇香</u>，受到此「夢中女郎」無微不至的照顧那段時間。可是，病癒而人清醒後，嬸母以利行頭為他安排婚事、與<u>薇香</u>在關係上一次又一次的發生事故、<u>鳳嫻</u>的痴情等，都令他感到極大的痛苦。一切的發生的是真實的，「非夢」令他感痛苦。此說符合了<u>海琴</u>望海而自道的想法。

筆者認為「非夢」還有更深的層次。由入世間的角度而言，「非夢」是苦，可是由出世間的角度而言，「非夢」是寧謐的。值得留意的是，〈斷鴻零雁記〉是<u>三郎</u>是「淪入空門」的，〈絳紗記〉的<u>夢珠</u>是「必有隱情在心」而出家的，<u>曇鸞</u>是不知為何忽然披剃的。出家後，<u>三郎</u>再飽歷傷痛，而小說以「彌天幽恨，正未有艾也」為終；<u>夢珠</u>出家後的行為怪異，人以為其有瘋病，圓寂時懷中仍懷<u>秋雲</u>絳紗。在〈非夢記〉中，<u>海琴</u>確是因情路上的困頓而出家。可是，這部小說對於出家的描述，再沒有前五記般負面。文中寫<u>海琴</u>「有夙慧」、「吾多病，殆不能歸家，即於寺中長蔬拜佛，一報父母養育之恩，一修來生之果」，並且他是六記中唯一一個角色，以見故友「不談往事」及「山居寧謐」作他的結局。正如<u>曼殊</u>描寫<u>海琴</u>在波羅寺的情況時，謂：「寺為明時舊構，風景大佳。生飲水讀書，狷行自喜，人間幻景，一一付之淡忘」。當中大有了悟一切情事猶如夢幻泡影之意。總而言之，世間事不如夢境之美之好，而「非夢」令<u>海琴</u>感痛苦，是「非夢」之名的第一個意思；以世間情愛事為夢幻泡影而非之，筆者認為是「非夢」之名的第二個意思。

（五）敘事研究：善用了全知敘事觀點

在敘事方面，〈非夢記〉是以「平敘」的手法敘事，而敘事角度是屬於第三人稱（第三身）中的全知敘事觀點。故事是由海琴九歲時，從汪玄度學畫為開始敘述。大部份的篇幅是用以述海琴、薇香及鳳嫻的情事。故事以平鋪直敘的手法，寫至海琴在五指山過著寧謐的出家生活為終結。故此，屬於「平敘」的寫作手法。另外，曼殊在〈非夢記〉的敘事上，亦能用上了全知觀點的好處。由於在故事之中，不只一次出現有角色被人陷害的情節，若非運用了全知的觀點作寫作，難以描寫整件事的來龍去脈。例如，曼殊寫薇香被害下獄之事「遂押薇香於女牢，生不知也」。若以第一身的敘事觀點寫作，則難如此簡單地交代事情。另外，亦因為曼殊用上了全知敘事觀點，而在人物的互動和心理方面的描述比較靈活。如果曼殊用上了主角的敘事觀點寫作，若謂海琴一方面心緒悽愴，無一事令他喜悅，又另一方面能注意到鳳嫻的款款情深，則似不大合理。可是，用全知敘事觀點寫作，則可以靈活地同時寫海琴的木訥和鳳嫻的情款。以下是〈非夢記〉中的其中一例：

> 「鳳嫻微笑，執生之手，自脫珊瑚戒指，為生著之；遂以屬親生唇際，欲言而止者再，乃囁嚅言曰：『地老天荒，吾愛無極。』言已，竟以軟玉溫香之身，置生懷裡。生自還釵之後，心緒悽愴，甚於亡國。鳳嫻備悉其事，故沾沾自喜，以為生正在回心轉意，徐徐輸以情款，即垂手而得。劉即時時引生，同鳳嫻遊履苑中，生益憪然，覺天下無一事一物，能令其心生喜悅者。」

　　另外，由於曼殊沒有選定一角色，只主力描述他／她的心理狀況（如〈斷鴻零雁記〉選定三郎作主力的描述）。因此，用全知敘事觀點寫作令〈非夢記〉在描述各人的心理方面寫得十分細膩。例如，寫海琴向鳳嫻言及其出家的意向時，鳳嫻極為悲傷「鳳嫻聞言，蘊淚於睫，視生曰……言訖，嗚咽不已」；鳳嫻情意極濃，海琴不知所措「此時情網彌天而下，生莫知所可」；海琴憐憫鳳嫻之心起「又見鳳嫻已清瘦可憐，竟以手扶鳳嫻，恍然凝思，既而變其詞曰……」；二人分別，鳳嫻再向海琴展露柔情「鳳嫻此時，如石去心，復露其柔媚之態，抱生，以己頰偎生之頰，已而力加親吻，遂與生別」。可見，以全知敘事觀點去述各人的心理狀況，寫得十分靈活和細膩。

第二節　「六記」的創作心理分析

一、曼殊的寫作習慣：一貫性的悲傷風格

　　歸納以上「六記」的文藝分析，吾人首先可以留意到的是，「悲傷的格調」似乎是曼殊在寫作時一貫的風格。在他的用字上，悲傷的字眼是佔了絕大多數的修辭用語。在他的作品之中，他甚少詳細地描述快樂的情緒，比如在〈斷鴻零雁記〉之中，三郎遇上母親應為他人生最快慰之事。可是，曼殊的描寫全是：三郎「余即趨前俯伏吾母膝下，口不能言，惟淚如潮湧，遽濕棉墩」、義妹蕙子「依慈母之側，淚盈於睫，悲感不勝，此時景狀，淒清極矣」。

又例如，在〈天涯紅淚記〉中，<u>燕影生</u>與隱居老人及其女兒相處時，應是小說之中較平靜安穩的時間。可是，當中仍不乏「生此時心事乃如潮湧」、「晨來見先生<u>鬱鬱</u>」、「然吾今生雖抱百憂」等描述。在<u>曼殊</u>的寫作之中，悲傷的心理描述是一種常見表現。不只如此，他對於描述悲傷情緒時，更是往往用上了極為誇張的字眼。例如，〈斷鴻零雁記〉中有「日以淚珠拭面」、「殆極人世之至戚者」、「慘然魂搖，心房碎矣」、「余此時愁苦，人間寧復吾此者？」。〈天涯紅淚記〉中有「況復深於患憂如生者」、「面帶深憂極恨之色」、「然吾今生雖抱百憂，……惟蒼蒼者知吾心事耳」。〈絳紗記〉中有「其情楚惻，有落葉哀蟬之歎者」、「吾蹈海之日，魂復何恨？」、「余此際不望生，但望死，忽覺神魂已脫軀殼」、「余心俱碎」等。〈碎簪記〉中有「吾幽憂正未有艾」、「吾老於憂患矣」、「異日或有無窮悲慨」等。〈非夢記〉中有「適所言肆甚，須知吾心房已碎，不知為計……」、「生至此，咽塞不能續言，乃逆吞其淚，顫聲曰……」、「<u>薇香</u>披文下涕，輒思自裁」等。由以上的資料可見，<u>曼殊</u>寫作時甚少描寫愉快的心情，而多寫傷感之情。他對悲傷情緒的描述甚為細膩，並在用字方面多運用誇張的字眼。

　　<u>曼殊</u>不僅是在字詞上多運用了悲傷的字眼，營造傷感的格調。在故事佈局上，他的作品更全都沒有大團圓的美好結局。〈斷鴻零雁記〉的結局是<u>三郎</u>離開母親、<u>若姨</u>和<u>靜子</u>而去，乳媼死，<u>雪梅</u>死，而三郎尋<u>雪梅</u>墓不果。〈絳紗記〉的結局是<u>曇鸞</u>出家，<u>夢珠</u>死，<u>五姑</u>死，<u>霏玉</u>、<u>小玉</u>及其祖母死，<u>玉鸞</u>未婚夫死，<u>玉鸞</u>和<u>秋雲</u>出家。〈焚劍記〉的結局是<u>獨孤粲</u>和<u>周大</u>不知所踪，<u>阿蘭</u>死，<u>阿蕙</u>嫁一木主。〈碎簪記〉的結局是<u>莊湜</u>、<u>靈芳</u>和<u>蓮佩</u>全部死掉。〈非夢記〉的結局是<u>海琴</u>出家，<u>薇香</u>死。六記在故事佈局上，全部沒有美好的結局。不只這樣，小說的故事之中往往出現不少沒有結局，

未有完成的事。例如，在〈斷鴻零雁記〉終結之時，讀者難免會想三郎與母親的關係以後會如何、他這樣離家出走，他真的以後會與日本的家人斷絕連繫、靜子又會有怎樣的反應等問題。在〈絳紗記〉終結之時，其實曼殊有不少的問題仍未有交代和處理，如曇鸞和夢珠出家的原因、夢珠何以要賣掉秋雲所贈之玉、夢珠把懷玉的絳紗珍藏著有什麼意思等。〈焚劍記〉中獨孤粲和周大的去處、〈非夢記〉中的鳳嫻最後如何，都屬未知之數。在曼殊的作品之中，內藏了不少未有完成的故事，人物角色未知結局的情況。筆者曾對六記人物的身世／遭遇及人物結局作出整理和分析，以下以表格的方式將整理所得展示（見表 7.1）。

表 7.1 曼殊小說人物總覽表

人物名稱	小說	身世／遭遇	人物結局
河合三郎	《斷鴻零雁記》	生父河合宗郎，舊為江戶名族。因此，三郎應為純日本血統。 父早逝，由母親河合夫人照顧。其母隨三郎養父到中土。後來，母親東歸日本，養父不久亦去世，養母對三郎不好。三郎遁入空門。 東歸尋母後，由於母親及姨母極力撮合其與靜子的婚事，故留書出走。	得知雪梅之死，反思自己生命中虧待的人太多，如母親、姨母、靜子、雪梅。 尋找雪梅之墓不果，言欲自了殘生，法忍慰解，並勸其歸寺。 繼續為僧人。

河合夫人	《斷鴻零雁記》	夫逝，遺一女一子，後收蕙子為養女。 帶三郎到中土，由養父照顧。東歸日本不久收三郎死訊，傷心欲絕。直至三郎往日本尋母方團聚。 後因其與若姨極力撮合其與靜子的婚事，今兒子留書出走。	三郎留書出走後未有提及。
若姨	《斷鴻零雁記》	小說中未有交代其丈夫之事，但文中未曾出場。 按第十章若姨和三郎的對話中，可知她有一子，「現隸海軍，且已娶婦」。 靜子父母早逝，若姨為托孤之人。故希望撮合三郎與靜子，卻令三郎留書出走。	三郎留書出走後未有提及。
靜子	《斷鴻零雁記》	年少時父母逝世，依若姨生活已有十多年。 在第十二章，靜子雖稱若姨「阿母」，然而第十章若姨謂「靜子少失怙恃，依吾已十有余載」、第十二章河合夫人言「蓋若姨為托孤之人，今靜子年事已及，無時不系之懷抱」。按此說若姨非靜子生母，而是她的養母。 三郎東歸後，河合夫人與若姨極力撮合二人婚事。三郎亦愛之，但後來仍因自己已為三戒之僧而留書出走。	三郎留書出走後未有提及。

潮兒	《斷鴻零雁記》	三郎奶媼兒子。父早逝，與母親相依為命。孝順母親，偷偷兼職幫補家計。母親死後悲極為僧。	母親死後悲極為僧。
奶媼	《斷鴻零雁記》	農家出身，牧畜為業。夫短命早逝，遺一稚子潮兒。家計拮据，親友疏遠。後遇河合夫人，憐而招她為三郎奶媼。三郎母東歸後被人趕走。 與三郎重聚，著三郎賣花賺錢尋母。兩年後死亡。	死亡，死時約五十多歲。
雪梅	《斷鴻零雁記》	生母棄養，由生父繼母照顧。 其生父亦為三郎父執輩，早年將雪梅許配給三郎。後三郎養父死，生母不知所踪，雪梅父母欲迫其改配他人。雪梅弗從。 雪梅繼母逼雪梅為富家媳，雪梅絕食而死。	絕食而死。
法忍	《斷鴻零雁記》	初遇三郎時，三郎觀其外形猜他大概十六至十七歲。 自湖南來，外形枯槁。自幼失去父母，由叔父照顧。後叔父貪利，賣其予鄰邑巨家為嗣。 因養父認定他行為不佳被趕走。後來叔父誤會他賭錢而打他，他心儀的女子又爽約，繼而投水自盡。 為漁家所救，遂入岳麓為僧。	與三郎繼續為僧。

燕影生	《天涯紅淚記》	文中見其家有一母一妹。其餘家人未有提及。生活的時代為「涒灘之歲，天下大亂」的戰亂之時。 燕影生應為知識份子，文中有言他是因為避戰亂而辭別高等學堂。 與母親遊聖恩寺時遇一老漁夫，後來拜老人為師學習劍術，並愛上他的女兒。	（故事未完）
老漁夫	《天涯紅淚記》	身世不詳，不欲向燕影生提及自己的身世，甚至姓名。似有難言之隱。 外形神采英毅，懂劍術。有一弟一女。文中未有提及老人妻子。後來收燕影生為徒授予劍術。	（故事未完）
漁夫之女	《天涯紅淚記》	老漁夫之女，與父同住。懂劍術，詣藝甚深。文中交代她有一叔和姨母，但未有提及其母親。 文中謂其容儀佳，有天仙般美貌，性格更是肝膽照人，一如其父，並具俠骨。	（故事未完）
漁夫之弟	《天涯紅淚記》	老漁夫之弟，職業為卜者。 外形俊邁有風。	（故事未完）

曇鸞	《絳紗記》	文中提及他的舅父舅母，未有提及他其他家人。夢珠同學，在香港皇娘書院同習歐文。性格疏懶。 遇五姑，二人漸生情愫。本待舅父舅母替其完婚。舅父破產，曇鸞被迫退婚。二人私奔，遇海難後失散。 後知五姑經已在香港病故。欲謁五姑之墓。途中因被陷害而下獄，後獲釋。出獄後，抵香港，拜五姑之墓。 後抵上海入留雲寺披剃為僧。	戀人五姑病死。 偕秋雲找夢珠，見其坐化圓寂，肉身化灰。 在上海入留雲寺披剃為僧。
薛夢珠	《絳紗記》	姓薛名瑛，嶺南人。性格從容淡靜。為曇鸞同學，在香港皇娘書院同習歐文。文中未有提及他的家人。 秋雲戀上夢珠，夢珠不顧秋雲心意，到慧龍寺披剃。 人傳夢珠有瘋病，能食酥糖三十包。曇鸞以為他薄情忘掉秋雲，但疑有隱情。 最後坐化圓寂，懷中藏著秋玉的絳紗。風吹過後，夢珠肉身忽化成灰。	最後在無量寺坐化圓寂，風吹過後，夢珠肉身忽化成灰。

謝秋雲	《絳紗記》	醇儒謝翥之三女。戀上夢珠，以絳紗裹玉贈夢珠。夢珠不顧秋雲心意，把玉賣掉並到慧龍寺披剃。夢珠披剃令謝家面臨大禍。秋雲父親吞金自盡，秋雲自殺時為二姊所止，並送其到香港依嬭母生活。最後削髮為尼。	夢珠圓寂後五年，曇鸞經粵時見秋雲和玉鸞已削髮為尼。欲上交談時，兩尼已飄然不知所之。
麥五姑	《絳紗記》	麥翁之五女，非親生女兒。母親在堂，但文中未有實際出場。外形美秀，聲音清轉若新鶯，性格敦厚。與曇鸞相戀，後來私奔遇海難，二人失散。曇鸞後來客居上海友人霏玉之家，見碧伽方知五姑經已病故。	海難後依莊湘博士生活，但相處未夠三個月已患干血症，因病而亡。
馬玉鸞	《絳紗記》	香山人，居英倫研究心歷理五稔。在中國治泰西文學方面，成就卓越。文中提及她的父親，未提及其餘家人。曇鸞因誤會而下獄。與一犯人交談後推知他是玉鸞未婚夫。若此人確為其未婚夫，則玉鸞年齡為十七歲，父母健在。知大義，嘗割臂療父病。有一	夢珠圓寂後五年，曇鸞經粵時見秋雲和玉鸞已削髮為尼。欲上交談時，兩尼已飄然不知所之。

		指腹為婚的未婚夫。因其未婚夫生活奢華，家道中落，淪為乞丐。玉鸞父母悔婚。玉鸞曾贈金未婚夫以勸其改過，後來賭博輸盡。 最後削髮為尼。	
羅霏玉	《絳紗記》	番禺人，天性樂善。在梵王渡幫教英文，人敬愛之。文中提及其有一祖母及一妹。 1899 年夏，在美遇盧姓蘇州女子，秋間患病時受其照顧，互生情愫。1900年秋，霏玉與該女子定婚約。1900 年 11 月 26 日，霏玉與曇鸞郊遊至味蒓園，霏玉隔車窗見其未婚妻與綢緞莊主結婚。同日晚上，霏玉在臥室內自殺身亡。	1899 年 11 月 26 日，霏玉與曇鸞郊遊至味蒓園，霏玉隔車窗見其未婚妻與綢緞莊主結婚。同日晚上，霏玉在臥室內自殺身亡。遺體在運回鄉途中不知所踪。
羅小玉	《絳紗記》	番禺人，15 歲，幽閑端美。篤學有辭采，通拉丁文，然不求知於人。	將兄霏玉靈柩運返其間，巡勇搜棺，不見遺體，卻見手槍子彈藥包。霏玉祖母及妹相抱觸石而死。

玉鸞未婚夫	《絳紗記》	此人之父為望族，英朗知名。有一腹為婚之妻。若曇鸞推測無誤，則其未婚之妻為玉鸞。此人因其生活奢華，家道中落，淪為乞丐。 後未婚妻父母悔婚，暗中先後三次欲置其死地。其未婚妻試力諫，不果。一夜，她贈金予他，勸其改過。晨起見金，以為乃神所賜，賭博輸盡。 後被誤以為殺人，被捕入獄，受斬首之刑。	死亡，被誤以為殺人，被捕入獄，受斬首之刑。
獨孤粲（易名陳善）	《焚劍記》	其先累世巨富，但年少時父母逝，家漸貧，為宗親所侮。讀書人，專心篤學，三年不窺園。外形俊邁不群，風骨奇秀。 故事以「宣統末年」為背景，清朝止於宣統三年。是年獨孤粲16歲。 遇老人、阿蘭、阿蕙，經三年的相處後，老人死，託粲照顧二女，並許阿蘭予粲。 粲為復友仇離二女。阿蘭病死，阿蕙嫁一木主。粲焚劍後不知所踪。	與阿蘭生死相隔。 友仇得報。 知阿蕙嫁一木主。 粲令周大焚劍後，二人不知所踪。

老人	《焚劍記》	文中提及他有三個孫兒，劉文秀、阿蘭及阿蕙。 與粲初遇時，粲推測其為80多歲。自言棲身山林之間已有五十年了。 亂兵至老人住處，老人臨終時將二孫女交託粲。老人欲將阿蘭許配給粲，並託粲在阿蕙長大後替好找婚配對象。老人嘔血而死。三人將老人葬於屋側。	亂兵至，老人死，葬於屋側。
阿蘭	《焚劍記》	文中提及她早失父母。家人有祖父、兄劉文秀，及妹阿蕙。狀貌甚似其兄。天質自然，幼有神彩。能入廚、奏弦琴和唱歌。 祖父死時將她許配給粲。祖父死後投靠姨母。她後來為堅持與粲的婚約，居無定處。 行乞上路覓安身處，但因病卒於道上。彌留之際，三呼獨孤公子，氣斷猶含笑。眉娘賣身予一對賣布夫婦以葬阿蘭。夫婦二人將阿蘭殯葬。	祖父死時將她許配給粲。她後來為堅持與粲的婚約，居無定處。 行乞上路覓安身處，但因病卒於道上。彌留之際，三呼獨孤公子，氣斷猶含笑。眉娘賣身予一對賣布夫婦以葬阿蘭。夫婦二人將阿蘭殯葬。

阿蕙	《焚劍記》	文中提及她早失父母。家人有祖父、兄劉文秀，及姊阿蘭。天質自然，幼有神彩。 性格剛烈，重實務恥空談，重視貞節。 祖父死後投靠姨母。 其姨母即將阿蕙許配給其梁氏外孫。婚前數日，梁氏子癆病而死，阿蕙堅持不悔婚約，照樣與木制靈牌完婚。	其姨母即將阿蕙許配給其梁氏外孫。婚前數日，梁氏子癆病而死，阿蕙堅持不悔婚約，照樣與木制靈牌完婚。
周大	《焚劍記》	家中本有老母和一弟，被暴兵戳死，投之川流。文中未有提及其他家人。遇獨、阿蘭和阿蕙三人時（1914 年）應為 40 歲，文中他自言「吾年四十」。 獨帶二女投靠其姨母，周大亦能在其姨母家中作綱紀。 獨已為友復仇赴邊州，見周大，問阿蕙去向。周大言訖，獨不發一言，取腰間劍令周大焚之。自後粵沒有人再見到二人。	重遇獨後替之焚劍，其後二人不知去向。

眉娘	《焚劍記》	眉娘遇阿蘭時，眉娘仍未成年，文中謂她「年猶未笄」。	重遇鄰居老嫗，答應資助其生活。在一烟館作佣，烟館主人收眉娘為髮妻。後來眉娘兒女成群，視嫗如己母。
		眉娘始生失母，依父生活。有一繼母待她甚差，文中謂其繼母「往往以炭火燒余足，備諸毒虐」。父親畏妻，不加過問。眉如細柳，容顏朗秀。後欲投水自殺，不果。為阿蘭所救，同行另覓投身之處，情同姊妹。後阿蘭卒，眉娘賣身以葬阿蘭。眉娘賣身予一對賣布夫婦，他們對眉娘視如己出。後來夫婦二人被賊所殺，叄救回眉娘，並帶他回邊州。重遇鄰居老嫗，答應資助其生活。在一烟館作佣，烟館主人收眉娘為髮妻。後來眉娘兒女成群，視嫗如己母。	

楊姓老嫗	《焚劍記》	父姓楊，雲和人，有田十畝。母沈氏頗有賢德，為鄉黨所推。父終日縱酒，家計日難 嫗生而腰細，人稱「細腰」。 六歲時，嫗母因病棄養嫗，其父將嫗交由外公家託養。 父作車夫時載一妓傅天娥後，著嫗學歌舞，藝成賣嫗為娼。 廣東別駕胡氏贖嫗，卻知父親已歿數月。最後被丈夫離棄。 後來眉娘嫁烟館主人兒女成群，視嫗如己母。	後來眉娘嫁烟館主人兒女成群，視嫗如己母。
曼殊	《碎簪記》	莊湜好友。 患有腸病。	（故事未有提及）
莊湜	《碎簪記》	恭慎篤學，向未聞與女子交遊。 故事中言及他的叔嬸，未有提及他的其他家人。 同時愛上靈芳和蓮佩二女，但先愛靈芳。靈芳兄長更是對其有救命之恩。 莊湜後來得書函，是靈芳自書，她欲成全莊湜與蓮佩而請莊湜叔父碎簪。莊湜的病沒有起色，至晚上氣斷。	靈芳欲成全莊湜與蓮佩而請莊湜叔父碎簪。 莊湜的病沒有起色，至晚上氣斷。

| 杜靈芳 | 《碎簪記》 | 儀態萬千，麗絕人寰。初遇曼殊時為正當綺齡。
其兄杜靈運，為莊湜同學，而肝膽照人者。
兩兄妹弱冠失父，兄妹二人遊學羅馬四年，皆俱有好的名聲。
杜靈運為救莊湜而丟官，莊湜感激，決心要娶其妹。
莊湜後來得書函，是靈芳自書，她欲成全莊湜與蓮佩而請莊湜叔父碎簪。
曼殊後來由靈芳奴婢口中得知靈芳已經自殺。 | 靈芳欲成全莊湜與蓮佩而請莊湜叔父碎簪。
曼殊後來由靈芳奴婢口中得知靈芳已經自殺。 |
| 燕蓮佩 | 《碎簪記》 | 容光靡艷，豐韻娟逸，麗絕人寰。初遇曼殊時為正盈盈十五之年。
莊湜嬬母之外甥，幼工刺繡，兼通經史。從蘇格蘭處士查理司習聲韻之學五年半，精通英法文學。性格恭讓溫良。
莊湜發現靈芳之簪已碎而病重，病症頗危。當晚，蓮佩以小刃自斷喉部，自裁於臥室。 | 莊湜發現靈芳之簪已碎而病重，病症頗危。當晚，蓮佩以小刃自斷喉部，自裁於臥室。 |

汪玄度	《非夢記》	老畫師。其人正直，為里黨所推。妻早亡，剩二女，長女薇香，次女芸香。二女均國色天香。 與燕海琴之父為世交。早年燕海琴跟玄度學畫畫，玄度欲將長女薇香許配海琴。豈料完成訂婚之禮前，海琴父母俱亡。 後來病卒，海琴出資營葬於寶幢。	後來病卒，海琴出資營葬於寶幢。
燕海琴	《非夢記》	其父與汪玄度為世交，遣海琴從玄度學。 玄度愛海琴為己子，欲將薇香許配海琴，海琴父母喜。 海琴 12 歲時母亡。一年後，其父欲為二人行訂婚之禮，豈料其父亦因消渴症而亡。 父母亡後依其孀母劉氏生活。孀母劉氏嫌汪家貧窮，欲將外甥女鳳嫻嫁與海琴，使計拆散海琴和薇香，海琴因此生起出家念頭。	最後出家為僧。

| 汪薇香 | 《非夢記》 | 父親汪玄度，是一老畫師。其人正直，為里黨所推。母親早亡。薇香是長女，有一妹芸香。二女均屬國色天香。

其父與燕海琴之父為世交。早年燕海琴跟父親汪玄度學畫畫，父親欲將之許配海琴。豈料完成訂婚之禮前，海琴父母俱亡。父玄度病卒。

海琴嬸母劉氏使計令薇香下獄。後來，海琴知薇香下獄，海琴歸家後其嬸母請釋薇香。薇香出獄後為人繡花朵以自度，矢志不嫁人。

最後由阿娟口中知薇香已死，詳情不知。 | 海琴嬸母劉氏使計令薇香下獄。後來，海琴知薇香下獄，海琴歸家後其嬸母請釋薇香。薇香出獄後為人繡花朵以自度，矢志不嫁人。

最後由阿娟口中知薇香已死，詳情不知。 |
| 汪芸香 | 《非夢記》 | 父親汪玄度，是一老畫師。其人正直，為里黨所推。母親早亡。芸香是次女，有一姊薇香。二女均屬國色天香。
父玄度病卒。
海琴嬸母劉氏使計令薇香下獄。芸香與奶媼欲尋海琴，白其姊之冤，卻遭江上盜賊劫去。
遭劫後江學使重金購之，為此家女兒之侍兒。 | 芸香與奶媼欲尋海琴，白其姊之冤，卻遭江上盜賊劫去。
遭劫後江學使重金購之，為此家女兒之侍兒。 |

劉鳳嫻	《非夢記》	燕海琴嬸母之外甥女。家累千金。	（故事未有提及）

　　就以上的總覽資料而言，曼殊的寫作有一些明顯的特點。以下的部份將綜合他「六記」的共通之處作出闡述。

　　第一，就人物的身世而言，曼殊筆下的人物多是來自不完整的家庭。在〈斷鴻零雁記〉之中，河合三郎生父及養父均在他年幼時死去、靜子年幼時父母俱亡、潮兒父早逝、雪梅生母棄養、法忍自幼失去父母、蕙子依養母河合夫人生活，文中未見親生父母。在〈天涯紅淚記〉之中，文中只提及燕影生母親和妹妹，未有提及他其餘的家人。同樣地，小說中只提及了漁夫女依父生活，未有提及她的母親。在〈絳紗記〉之中，曼殊只寫了主角曇鸞投靠舅父舅母生活，未有提及他父母。女主角麥五姑並非由其父麥翁親生。另外，羅霏玉和其妹小玉依祖母生活，父母文中未見。在〈焚劍記〉之中，主角獨孤粲年少時父母已經逝世。主角友人劉文秀、其妹阿蘭和阿蕙早失父母，兩女依祖父生活。眉娘始生已失母親，依父生活。在〈碎簪記〉之中，杜靈運和杜靈芳兄妹弱冠失父。最後，在〈非夢記〉之中，主角燕海琴分別在十二和十三歲時失去母親和父親。女主角汪薇香和其妹芸香亦早失母親。由以上可見，曼殊筆下不少的角色都沒有健全的家庭。

　　第二，就人物的遭遇而言，曼殊作品中不少的角色都有著坎坷的遭遇。而且，他們承受的苦果多非由角色自身種下的因而致，並且非人力能挽救。在〈斷鴻零雁記〉之中，令三郎憂戚的事就有父親早死、母親忽然離他而去、疼愛他的乳媼被逐、養父死而養母苛待、雪梅家欲悔婚、化緣後被搶劫、雪梅絕粒而夭、出發

欲弔雪梅墓時銀票被偷走、乳媼死、雪梅女僕不把雪梅墓址告訴他等。所有三郎的悲苦遭遇都非他本人構成和可控制。他毅然離日本家以拒靜子的愛，是因為他早已出家；他之所以出家，是為了不影響雪梅的生活；雪梅家欲悔婚之原因，是因為三郎義父家運式微，而他生母又沒有消息；他的生母沒有消息，實情是因為三郎義母在三郎母回日不久就寫信給她，指三郎已死；可是，歸根究底，是因為三郎母忽然東歸日本而去。一切一切都非三郎可以控制的。不只是主角三郎，其他的角色之遭遇也出現這種情況。例如，雪梅因生父繼母不體恤她的心志，而間接導致她的死亡；法忍給舅父賣給鄰邑巨家為嗣，歷僕人的出賣、養父的不諒解，和鄰家女的辜負，終投水輕生，因自殺未遂而出家為僧；潮兒之所以悲極為僧，是由於母親的去世……凡以上等等，全都跟三郎的悲苦有異曲同工之處。在〈天涯紅淚記〉之中，主角燕影生之所以在故事一開始的時候要「倉惶歸省」，原因是當時天下大亂，亂兵街上攢刃蹀躞。在〈絳紗記〉之中，主角曇鸞之坎坷遭遇乃發端於麥翁之加害其舅父之故。之後，曇鸞與麥五姑的失散是因為忽遇海難之故。曇鸞與麥五姑陰陽永隔，是因為五姑患干血症而歿。曇鸞後來下獄是疑因被革命黨舟子所害。女主角麥五姑在故事中與男主角私奔、遇海難、最終因病身故，歸根究底是因養父加害曇鸞舅父。導致女角謝秋雲歷家破人亡的遭遇，全因夢珠無端披剃所致。羅霏玉自裁而死，是因未婚妻忽另嫁他人。羅小玉與祖母雙雙自殺，是因為被革命黨舟子所害。在〈焚劍記〉中，一眾角色之所以經歷苦難、流離失所，主要因為戰禍和亂兵的問題。在〈碎簪記〉之中，莊湜其實被動於杜靈芳和燕蓮佩兩女，並叔父叔母的安排之間，最後更因病身故。在〈非夢記〉中，主

角燕海琴本來較美好的生活，乃因父母相繼逝世而不再。燕海琴與汪薇香之不幸遭遇，主要原因是海琴嬬母劉氏使計作梗。由以上的各例可見，非角色本人構成的苦果及非人力可以控制的苦難，兩者是曼殊構思作品人物遭遇時的一大特色。

　　第三，就人物的結局而言，在曼殊的「六記」之中，幾乎所有的作品都有重要角色死去（《天涯紅淚記》除外，但故事未完，難以作準）。例如〈斷鴻零雁記〉中的奶媼和雪梅，〈絳紗記〉中的夢珠、麥五姑、羅霏玉和小玉，和馬玉鸞的未婚夫，〈焚劍記〉中的阿蘭及其祖父，〈碎簪記〉中的莊湜、杜靈芳和燕蓮佩，〈非夢記〉中的汪玄度及其長女汪薇香。死，似乎是曼殊筆下不少的角色之最終命運。另外，不論曼殊筆下的人物有沒有以死亡作結束，就主角們而言，他們全部都沒有大團圓的結局。〈斷鴻零雁記〉的河合三郎是心懷彌天幽恨而歸師靜室、靜子在不知情的情況下目送三郎離開、雪梅被繼母逼為富家媳，絕食而死。〈絳紗記〉的曇鸞的戀人五姑病死，最後披剃為僧、麥五姑遇海難與戀人失散，未幾患干血症而亡、薛夢珠坐化圓寂，肉身忽化成灰、謝秋雲家破人亡，又目睹夢珠坐化，最後削髮為尼。〈焚劍記〉的獨孤粲與情人阿蘭生死相隔，友仇得報後焚劍，最後不知所踪，阿蘭為獨孤粲一再逃避他人為她安排的婚事，竟淪落行乞度日，後因病卒於道上。〈碎簪記〉的莊湜、杜靈芳和燕蓮佩三位主角沒有一位在愛情上能開花結果，最後男主角病故，而兩位女角均自殺身亡。〈非夢記〉的燕海琴因嬬母劉氏在愛情路上一再從中作梗，最後出家為僧、汪薇香最後亦不知何故而死去。總的而言，「六記」之中的所有主角們都沒有美好的結局。

　　就以上綜合的資料可見，吾人絕對是可以「一貫性的悲傷風

格」去描述曼殊的寫作特色。對於這個現象，筆者以下將會以文藝文理學的方法嘗試進行解釋：為什麼曼殊會有如此的寫作風格呢？

二、悲傷風格的心理分析

（一）曼殊的精神病：重度憂鬱症[64]

本研究主要是以小說的分析為主，但並不以曼殊的小說為限。在研究較早的部份，筆者曾指出如果把曼殊所有不同類型的作品都加以考慮，吾人可以見到他越趨悲傷的寫作風格。如果要找出一道分水嶺，標示曼殊寫作上悲傷風格的形成。那就要算是在他省母之行及自言有「身世有難言之恫」之後。筆者亦注意到，不只是他的作品有越趨悲傷的表現，就連他的個人生活都出現了問題。大家都認識曼殊是一位有名「貪吃」的和尚。筆者更是留意到，他的貪吃不是自小而然，而是恰恰出於其自道「身世有難言之恫」之後。傳曼殊有精神病的傳言，皆發生在上述的時間。如馮自由就在其〈蘇曼殊之真面目〉一文中，指「據亡友林廣塵所談，曼殊與劉申叔夫婦同寓東京牛込區新小川町時，偶患精神病。有一夜忽一絲不掛，赤身闖入劉室，手指洋油燈大罵，劉夫婦咸莫名其妙」[65]。查曼殊的年譜，他在東京牛込區新小川町與劉師培夫婦同寓的時間為 1907 年 2 月至 8 月間，而曼殊重遇河合仙的時間剛巧是同年初秋的時間。另外，還有兩項資料是學者討論曼

---

64 有關曼殊患上精神病的論述，詳細可參考拙作：潘啟聰，〈習得無助感對蘇曼殊及其寫作風格之影響〉《彰化師大國文學誌》，2016 年第 32 期。

65 馮自由，〈蘇曼殊之真面目〉，《革命逸史》初集，（北京：中華書局，1981），頁 169。

殊精神病時經常引述的，第一則為〈《潮音》跋〉中所載的：「一時夜月照積雪，泛舟中禪寺湖，歌拜倫《哀希臘》之篇。歌已哭，哭復歌，抗音與湖水相應。舟子惶然，疑其為精神病作也」[66]，第二則為〈絳紗記〉中的夢珠：「其人類有瘋病，能食酥糖三十包，亦奇事也」[67]。前者正正是「身世有難言之恫」的出處之一；後者出版於 1915 年，時間上是省母之行及自言有「身世有難言之恫」之後。

　　筆者認為以現有的資料所示，曼殊的確是有精神病，而粗略估計最有可能是患上了重度憂鬱症（Major depression disorder）。根據《精神疾病診斷與統計手冊‧第五版》中所載，重度憂鬱症的診斷標準（diagnostic criteria）有以下的幾項[68]：

一、至少兩週期間內，同時出現下列症狀五項（或五項以上），且呈現由原先功能的改變；（1）憂鬱心情、（2）失去興趣或喜樂此兩項症狀至少應有其中之一。

注意：若症狀明確由於一種一般性醫學狀況、或心情不一致之妄想或幻覺所造成，則勿包含在內。

　　　a. 憂鬱心情，幾乎整天都有，幾乎每日都有，可由主觀報告

---

66 飛錫，〈潮音跋〉，柳亞子編，《蘇曼殊全集　三》，（北京：當代中國出版社，2007），頁 26。

67 蘇曼殊，〈絳紗記〉，柳亞子編，《蘇曼殊全集　二》，（北京：當代中國出版社，2007），頁 223。

68 此處主要是參考孔繁鐘、孔繁錦譯，《DSM-IV 精神疾病診斷準則手冊》，（台北：合記圖書出版社，2000），頁 163-165，〈重鬱發作〉一條目，但按最新的 DSM-V 英文版作出修訂。DSM-V 的資料可參考 American Psychiatric Association (2013), *Diagnostic and statistical manual of mental disorders : DSM-5. – 5th ed.*, VA : American Psychiatric Publishing, p.160-161.

（如感覺悲傷或空虛）或由他人觀察（如看來含淚欲哭）而顯示。（注意：在兒童及青少年可為易怒的心情）

b. 在所有或幾乎所有的活動，興趣或喜樂都顯著減少，幾乎整天都會，幾乎每日都有（可由主觀報告或由他人觀察而顯示）

c. 非處於節食而明顯體重下降，或體重增加（如：一個月內體重變化量超過 5%）；或幾乎每天都食慾減少或增加。（注意：在兒童，無法增加預期應增的體重即應考慮）

d. 幾乎每日失眠或嗜睡

e. 幾乎每日精神運動性激動或遲滯（可由他人觀察得到，而非僅主觀感受不安定感或被拖滯感）

f. 幾乎每日疲累或失去活力

g. 幾乎每日有無價值感，或過份或不合宜的罪惡感（可達妄想程度）（並非只是對生病的自責或罪惡感）

h. 幾乎每日思考能力或專注能力減退、或無決斷力（indecisiveness）。（由主觀陳述或經由他人觀察而顯示）

i. 反覆想到死亡（不只是害怕自己即將死去）、重覆出現無特別計劃的自殺意念、有過自殺嘗、或已有實行自殺的特別計劃

二、此症狀造成臨床上重大痛苦，或損害社會、職業、或其他重要領域的功能。

三、此障礙並非由於某種物質使用或一種一般性醫學狀況的直接生理效應所造成。

四、沒有其他的病症比重度憂鬱症更能對病人的症狀作出更好的解釋，如情感性精神分裂症（schizoaffective disorder）、精神分裂症（schizophrenia）、類精神分裂性疾患（schizophreniform

disorder）、妄想性障礙（delusional disorder）或其他心理性症
狀。

五、病人從未出現過躁狂或輕躁狂症的發作。

　　曼殊在他的個人書信之中，不少的地方都顯示了他憂鬱的心
情，並且沒有什麼活動可令他感興趣或喜樂。例如，在丁未九月
〈與劉三書〉之中，他就對劉三言：「蓋弟舍與故人留連風景之外，
無一足以消憂也」[69]；丁未十月〈與劉三書〉之中：「家庭之事雖
不足為兄道，每一念及，傷心無極矣」[70]；另一則，丁未十月的
〈與劉三書〉之中曼殊寫：「如兄肯為曼作傳，若贈序體，最妙；
因知我性情遭遇者，捨兄而外，更無他人矣。千萬勿卻。知己之
言，固不必飾詞以為美，第摹余平生傷心事實可耳」[71]；戊申四
月〈與劉三書〉：「曼日坐愁城，……」[72]；己酉四月〈與劉三書〉：
「久欲致書，每一執筆，心緒無措……」[73]；庚戌五月〈與高天
梅書〉：「衲行腳南荒。藥爐為伍，不覺逾歲。舊病新瘥，於田畝
間盡日與田夫閒話，或寂處斗室，哦詩排悶。『比來一病輕于燕，
扶上雕鞍馬不知』，惟有長嗟而已」[74]；庚戌五月〈與高天梅柳亞

69　柳亞子編，〈五　書札〉，《蘇曼殊全集　普及版》，（上海：開華書局，1933），
　　頁 10。

70　柳亞子編，〈五　書札〉，《蘇曼殊全集　普及版》，（上海：開華書局，1933），
　　頁 12。

71　柳亞子編，〈五　書札〉，《蘇曼殊全集　普及版》，（上海：開華書局，1933），
　　頁 13。

72　柳亞子編，〈五　書札〉，《蘇曼殊全集　普及版》，（上海：開華書局，1933），
　　頁 17。

73　柳亞子編，〈五　書札〉，《蘇曼殊全集　普及版》，（上海：開華書局，1933），
　　頁 23。

74　柳亞子編，〈五　書札〉，《蘇曼殊全集　普及版》，（上海：開華書局，1933），
　　頁 26。

子書〉：「生平故人，去我萬里，伏枕思維，豈不悵恨」[75]等。以上僅曼殊書信中的一部份。在他其他的書信之中，實在不乏言及愁思和憂鬱的心情，與上述的診斷標準的 1a 和 1b 吻合。

　　另外，在現存的資料之中，不只一次記錄著曼殊經常感疲累或欠缺活力。例如，在戊申十月〈與劉三書〉中，就記錄了曼殊只教學四小時已覺疲憊：「衲仕學林工課，每晨八時直至十二時，疲甚……」[76]；另外，在己酉四月〈與劉三書〉中，就寫了他因「腦病」、「腦痛」而不能長時間工作：「雪近為腦病所苦，每日午前赴梵學會，為印度婆羅門僧傳譯二時半，醫者勸午後工夫僅以一小時為限」[77]；又有周南陔在其〈綺蘭精舍筆記〉中記載了一件曼殊軼事：「憶民五時，曼殊在青島，與之遊勞山，汽車半山而止，復乘山轎，曼殊即不勝其憊，怨言思歸，一步三歎，遊興為之銳減。當時強之行，並迫其不許多語，而曼殊困苦之色，現諸眉宇，蓋其體力精神，內虧已甚矣」[78]。以上所引述的資料與上述的診斷標準的 1e 和 1f 吻合。

　　雖然曼殊在書信及他的真實生活上沒有紀錄他嘗自殺，但是仍有兩點是值得留意的：一、他在書信之中提及家事時，曾自言不欲棲於人世；二、陳獨秀的分析認為曼殊的暴飲暴食是他自殺的策略。前者，在丁未十月〈與劉三書〉之中，曼殊曾寫道：「家庭之事雖不足為兄道，每一念及，傷心無極矣。嗟夫劉三，曼誠

75 柳亞子編，〈五　書札〉，《蘇曼殊全集　普及版》，（上海：開華書局，1933），頁 27。

76 柳亞子編，〈五　書札〉，《蘇曼殊全集　普及版》，（上海：開華書局，1933），頁 20。

77 柳亞子編，〈五　書札〉，《蘇曼殊全集　普及版》，（上海：開華書局，1933），頁 22。

78 周南陔，〈四一　綺蘭精舍筆記〉，時希聖編，《曼殊軼事》，（上海：廣益書局，1933），頁 67。

不願棲遲於此五濁惡世也」[79]。後者，在陳獨秀與柳亞子關於曼殊的對話之中曾言及：「他眼見舉世污濁，厭世的心腸很熱烈，但又找不到其他的出路，於是便亂吃亂喝起來，以求速死」[80]。在他的自傳〈斷鴻零雁記〉中，更是有著他表示希望了結生命的描述：「余呆立幾不欲生人世」，另外又有欲自裁之言：「良友已矣，吾不堪更受悲愴矣！吾其了此殘生於斯乎？」。雖未能只由以上的資料判定曼殊符合了上述診斷標準的 1i，但仍可於未來的研究中備為一說。

　　最後，一如陳獨秀所言，曼殊的亂吃亂喝是事實應無人有異議。揭開《曼殊軼事》一書，隨手翻開內頁，曼殊的貪吃饞咀之事比比皆是：「曼殊嗜朱古力糖」[81]、「性善啖，得錢即治食」[82]、「喜啖糖，喜飲冰」[83]、「有囊金百金，盡以市糖果……」[84]等。更甚者，記錄中可見他的飲食是到了病態的地步：「一日飲冰五六斤，比閱不能動，人以為死，視之猶有氣。明日復飲冰如故」[85]、「嘗以所鑲金牙敲下，易糖食之……」[86]、「日食摩爾登糖三袋」、「余（柳亞子）嘗以芋頭餅二十枚餉之，一夕都盡，明日腹痛弗能起」[87]、「大師欲得生鰒，遣下女出市。大師啖之不足，更市之再，盡三器，余大恐禁弗與。急煮咖啡，多入糖飲之，促完書幅。……

---

79 柳亞子編，〈五　書札〉，《蘇曼殊全集　普及版》，（上海：開華書局，1933），頁 12。

80 柳亞子，〈記陳仲甫先生關於蘇曼殊的談話〉，柳亞子、柳無忌編，《蘇曼殊年譜及其他》，（上海：北新書局，1928），頁 285。

81 時希聖編，《曼殊軼事》，（上海：廣益書局，1933），頁 1。

82 時希聖編，《曼殊軼事》，（上海：廣益書局，1933），頁 12。

83 時希聖編，《曼殊軼事》，（上海：廣益書局，1933），頁 28。

84 時希聖編，《曼殊軼事》，（上海：廣益書局，1933），頁 32。

85 時希聖編，《曼殊軼事》，（上海：廣益書局，1933），頁 11。

86 時希聖編，《曼殊軼事》，（上海：廣益書局，1933），頁 12。

87 時希聖編，《曼殊軼事》，（上海：廣益書局，1933），頁 14。

是夕夜分，大師急呼曰：『不好，速為我秉火，腹疼不可止，欲如廁。』」[88]、「晨起，問其食湯包否？彼不答他去，人不為異；而曼殊已買得一籠，食半大半，腹漲難受，則又三日不能起牀矣」[89]等。可見，曼殊的亂吃亂喝是一定符合了上述診斷標準的 1c。根據《精神疾病診斷與統計手冊‧第五版》中所載，有些食慾增加的病患者會強迫自己進食，而有些患者更是會熱忱於某一種的特定食物，如糖果[90]。這些都完全符合了曼殊的情況。

由以下的曼殊手寫的開支雜記中可見，零食是他「日常性支出」的一部份。

---

88 時希聖編，《曼殊軼事》，（上海：廣益書局，1933），頁 17-18。

89 時希聖編，《曼殊軼事》，（上海：廣益書局，1933），頁 27。

90 American Psychiatric Association (2013), *Diagnostic and statistical manual of mental disorders : DSM-5. — 5th ed.*, VA : American Psychiatric Publishing, 頁 163. 英文原文是: "Appetite change may involve either a reduction or increase. Some depressed individuals report that they have to force themselves to eat. Others may eat more and may crave specific foods (e.g., sweets or other carbohydrates)."

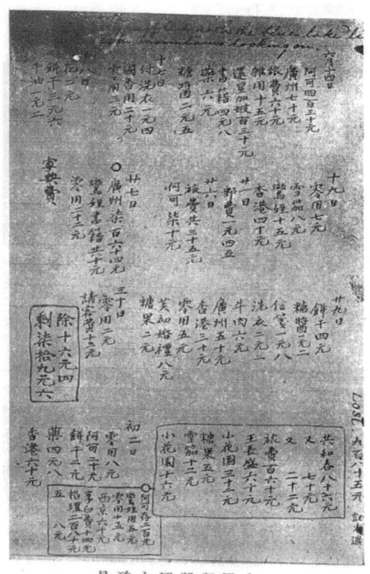

曼殊大師雜記四十一一
（蕭級秋藏）

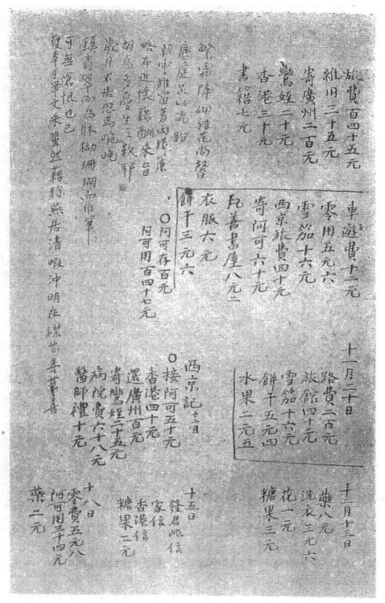

曼殊大師雜記三十九
（蕭級秋藏）

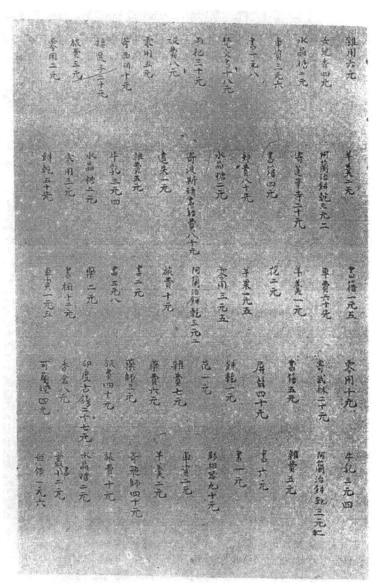

曼殊大師雜記十一
（蕭紉秋藏）

在《精神疾病診斷與統計手冊・第五版》中，亦在指出了有什麼的危機性因素會使人患上重度憂鬱症。《手冊》中所列的各項因素之中，環境性因素（Environmental factors）是完全與曼殊的遭遇所吻合的[1]。曼殊他有惡劣的童年經歷（Adverse childhood experiences），而且他童年夢魘的壓力源是多樣的（如生母離去、父親生疏、庶母虐待、鄉親歧視等）。另外，如研究較早部份所指出，他的亂吃亂喝不是自小而然的，他出現這問題是在成年後省母的不久之後。吾人有理由相信，夢魘般的童年經歷是曼殊心理健康中潛藏的危機，加上省母時的所歷（得知真正的生母是誰）這重大的生活壓力事件（Stressful life event），誘發了他患上重度憂鬱症。如前所述，在有關曼殊的生活資料之中，他的行為表現符合了最少 1a、1b、1c 、1e 和 1f 的五項症狀。因此，吾人有理由相信曼殊的確是患上了重度憂鬱症。

（二）曼殊的寫作風格心理分析

曼殊生命雖然已成過去，吾人無法確認在他的精神病與寫作風格之間，是否存在著因與果（causal）的關係。但是，在他創作的故事之中，的確出現了不少情節似乎是與他所患之病的特徵

---

1 American Psychiatric Association (2013), *Diagnostic and statistical manual of mental disorders : DSM-5. — 5th ed.*, VA : American Psychiatric Publishing, 頁 166。英文原文是: "Environmental. Adverse childhood experiences, particularly when there are multiple experiences of diverse types, constitute a set of potent risk factors for major depressive disorder. Stressful life events are well recognized as précipitants of major depressive episodes, but the presence or absence of adverse life events near the onset of episodes does not appear to provide a useful guide to prognosis or treatment selection.

具一致之處。精神病與創作的關係是一值得探討的領域。廣義而言，是指負面的情緒對於作家的創作有什麼影響，如壓力、創傷後遺、童年陰影、偶發的愁思與個性上悲觀的分別等；狹義而言，是指不同的精神病與創作有怎麼樣的關係，例如情感性疾患、精神分裂病、焦慮性疾患、人格疾患等在創作上有沒有不同的表現之問題。相關的研究在外國早已得到了正視[2]，例如賈米森（Kay Redfield Jamison）就曾研究一組著名的美國詩人，而發現在他們當中許多人都患有精神病，甚至曾自殺（見表 7.2[3]）。賈米森曾在論文中指出躁狂狀態的某種特質促進了創造力[4]。理查茲等（Ruth Richards）亦曾撰文指出心境障礙與創造力的關係[5]。

2　西方學界對此議題已有高度關注，並有不少論文對此作探討，如：Richards, R., Kinney, D. K., Lunde, I. Benet, M., & Merzel, A. P. C. (1988). Creativity in manic depressives, cyclothymes, their normal relatives, and control subjects. *Journal of Abnormal Psychology*, 97(3), pp.281-288. Jamison, K. R. (1989). Mood disorders and patterns of creativity in British writers and artists. *Psychiatry 52*, pp.125-134; Goodwin, F. K. & Jamison, K. R. (1990). *Manic depressive illness*. New York: Oxford University Press.

3　表格引自：杜蘭德著，張寧等譯，《異常心理學基礎》，（西安：陝西師範大學出版社，2005）頁 231。相關原文可參考：Goodwin, F. K. & Jamison, K. R. (1990). *Manic depressive illness*. New York: Oxford University Press.

4　Jamison, K. R. (1989). Mood disorders and patterns of creativity in British writers and artists. *Psychiatry 52*, pp.125-134

5　Richards, R., Kinney, D. K., Lunde, I. Benet, M., & Merzel, A. P. C. (1988). Creativity in manic depressives, cyclothymes, their normal relatives, and control subjects. *Journal of Abnormal Psychology*, 97(3), pp.281-288.

表 7.2 歷史記載患躁鬱症的生於 1895 和 1935 年間的

历史记载患躁郁症的生于 1895 和 1935 年间的 20 世纪著名的美国诗人的部分列表

诗人		获普利策奖的诗人	治疗过抑郁症	治疗过躁狂	自杀
Hart Crane	(1899—1932)		X	X	X
The odore Roethke	(1908—1963)	X	X	X	
Delmore Schwartz	(1913—1966)		X	X	
John Berryman	(1914—1972)	X	X	X	X
Randall Jarrell	(1914—1965)		X	X	X
Robert Lowell	(1917—1977)	X	X	X	
Anne Sexton	(1928—1974)	X	X	X	X
Sylvia Plath *	(1932—1963)	X	X		X

Plath 尽管没治疗过躁狂，但可能患双相日型障碍。
来源：F. K. Goodwin 和 Jamison，1990。

20 世紀著名的美國詩人的部分列表

　　經過筆者以上對於「六記」的考察，筆者發現曼殊在創作中所表現風格、故事格局、人物遭遇等，處處都與他所患的病症 —— 重度憂鬱症的病癥相符。例如，慣常性的悲傷格調、故事中不乏思及自殺的人物、無助被動於無常之中、人物出現消極的思維方式等，這些都正好與重度憂鬱症的病癥相符。在精神分析（原文是「心理動力」）視角下，藝術治療家們看重的是藝術創作和產品的內在的、無意識的或者幻想的意義。往往藝術作品是患者過去創傷的表現。[6]文藝心理學家陸一帆在他的《文藝心理學》一書中指出，文藝具有兩種情感的功能：一）藝術對情感有著滋養的作用 —— 他指出藝術能滿足人的審美、求知、親合、讚許、成就等方面的精神需要，引起人的各種高級情感[7]；二）藝術對情感有著宣洩的作用 —— 他指出人的情感，特別是否定性的情感過於強烈，就要發散宣洩。否則，身心就會失去平衡，造成不良後果。

---

6 高穎等著，《藝術心理治療》，（濟南：山東人民出版社，2007），頁 42。
7 陸一帆，《文藝心理學》，（江蘇：江蘇文藝出版社，1987），頁 149。

藝術就具此情感宣洩的特殊作用[8]。筆者有理由相信，曼殊與他的作品之關係正屬陸氏所指出的後者。曼殊把自己的悲慘的遭遇、哀傷的情緒，甚至是病症的病癥，都投射了在他的創作之上。以下逐一指出他的小說中所呈現的情節，如何與重度憂鬱症的特徵有高度關聯性（co-relational）的地方。

1.「身世苦」的呈現

在研究較早前的部份，筆者曾指出曼殊在〈斷鴻零雁記〉之中，表現了他身世之苦。如果細察曼殊的其他作品，吾人不難發現他筆下的角色亦多有不健全的身世。〈斷鴻零雁記〉的三郎生父早逝，母親攜他去中土後離開，養父不久死去，養母寡恩，親友鄰舍視之為無母之兒；潮兒父短命早死，依母生活，但故事後期已死；靜子幼失怙恃，依養母若姨生活；雪梅生母棄養，由生父繼母照顧；法忍自幼失去父母，由叔父照顧，後叔父貪利，賣其予鄰邑巨家為嗣，可是後因誤會被逐。在〈天涯紅淚記〉之中，曼殊是從未提及燕影生的父親，寫老人之女時亦沒有提及她的母親。〈絳紗記〉的故事中，亦沒有言及曇鸞、夢珠之父母；五姑非麥翁親生女兒；言霏玉和小玉兄妹家時，只提及祖母；言秋雲往事時，沒有提及母親，而父親吞金自盡。〈焚劍記〉中更甚為明顯，主角獨孤粲的身世是「少失覆蔭，家漸貧，為宗親所侮」；阿蘭和阿蕙走難時與兄失散，後依祖父生活，祖父死而二人投靠姨母，料其父母應不在人世；周大依老母和弟弟生活，後遇屠村之事，俱已被殺；眉娘出世時母親死，繼母苛待她，故事尾聲得知父親也死了。〈碎簪記〉中的所有角色都沒有提及其父母，已知的是主角莊湜有一叔一嬸；靈芳有一兄長，或依母親生活（故事末婢女指「主母」命她去當舖）；蓮佩是莊湜嬸之外甥女。〈非夢記〉的

---

8 陸一帆，《文藝心理學》，（江蘇：江蘇文藝出版社，1987），頁153。

海琴十二歲時母亡，十三歲時其父亦因消渴症而死；薇香和芸香姊妹母親早亡，依父親而生活，但故事中段時父亦病故；鳳嫻為海琴嬸母的外甥女，故事中曾寫她與其祖父同住，未有提及父母。

在曼殊有身世的痛和惡劣的童年經歷，令他所創作的角色就全都投射了他的傷痛。那不是一個偶爾的巧合，他筆下的角色是全部都有著不健全的身世及悲傷的童年。他創作的角色所歷之悲苦多是他經歷過的：他的生母河合若在他三個月大時離他而去，雪梅也是生母棄養的人；曼殊與父親蘇傑生關係生疏，他筆下的角色較多是有母親而沒有父親的，如燕影生、曇鸞、夢珠、五姑、莊湜等；曼殊常被庶母大陳氏虐待，他筆下的繼母幾乎全是見利忘義的壞人，如雪梅和眉娘的繼母；他兒時被嬸嬸輩歧視，獨孤粲亦為宗親所侮。由曼殊的寫作之中，吾人可以印證到一位作家創作與其生活經驗之關係：藝術活動中的意義總是建基於作者生活意義之上的[9]。曼殊在他的生活之中，一直累積著大大小小的悲傷事件、傷痛的感覺，因而也奠定了他一種悲傷的藝術表現的格調[10]。可見，他自身的「身世苦」與他所創作的人物所歷之苦是有著高度關聯性的。

2.「無常苦」的體現

曼殊大部份角色在小說中的悲苦遭遇，多非自身人為的錯誤所招至的苦果。而一如在其自傳〈斷鴻零雁記〉之中所表現的，曼殊小說人物的悲苦多是因無常而至的、非人力所可以挽回之事。曼殊的小說中經常出現驟生變化，且故事人物不能以人力挽回的

---

9 詳細可參：朱壽興，《文藝心理發生論：人文視野中的文藝心理學研究》，（長春：吉林大學出版社，2009），頁 157-164。

10 詳細可參：朱壽興，《文藝心理發生論：人文視野中的文藝心理學研究》，（長春：吉林大學出版社，2009），頁 54-61。

悲劇，例如天災、橫禍、病逝等。在他們身上都體現了無常之苦。
〈天涯紅淚記〉中的燕影生遇戰亂而走。〈絳紗記〉中曇鸞舅父破
產、與五姑私奔遇海難、五姑病故、曇鸞運霏玉遺體途中被陷害
而下獄等。〈焚劍記〉中阿蘭祖父因亂兵至而死、周大遇暴兵屠村、
阿蘭和眉娘投黑店險死、二人遇大水為災、阿蘭病故、眉娘剛被
好心人收養就被賊殺其養父母等。〈碎簪記〉中的蓮佩和靈芳在沒
有先兆的情況下先後自殺，主角莊湜則病故。〈非夢記〉中的海琴
十二、十三歲時先後父母雙亡、薇香兩次遭人陷害、後海琴又因
富人誣害而須逃難、最後薇香不知何故身亡等。各人都陷於「無
常苦」的當中。

　　其實，這種故事的創作與曼殊的心理狀況不無關係。曼殊之
所以出現了憂鬱症的問題，其中的一個主因是由於他如夢魘般的
童年。曼殊童年的壓力源是多樣的，包括了生母的離去、父子間
生疏、庶母虐待、鄉親歧視等。綜合他兒時的經歷，發生在他身
上的事，均為一些無希望透過努力能改善之事。在文藝心理學的
角度而言，童年的體驗對作家的影響是深刻的、內在的，它造就
了作家的心理結構和意向結構，他的體驗到最後即使不是直接寫
到，也常常會作為一種基調滲透在作品之中[11]。其實，不只是他
的童年經驗，曼殊在他以後的人生亦似乎充滿了挫折、不幸及坎
坷。曼殊在日留學時，生活艱苦：「因林氏只月助十元，僅敷下宿
屋膳宿兩費，乃刻苦自勵，遷於最低廉之下宿屋，所食白飯和以
石灰，日本最窮苦學生始居之」[12]。曼殊一生多病，即使不把因

11　金元浦編，《當代文藝心理學》，（北京：中國人民大學出版社，2009），頁
　　114。
12　馮自由，〈蘇曼殊之真面目〉，《革命逸史》初集，（北京：中華書局，1981），
　　頁167。

暴食而引起的腸胃病計算在內，曼殊亦曾患過痢疾、瘧疾、腦流之疾、肩下生瘡、肝跳症、肺炎、散里哆扶斯病等。曼殊在住西湖白雲庵時，時值劉師培夫婦公開投靠兩江總督端方，有人疑其與之同流合污，故忽然收到人投函恐嚇[13]。兩位好友（章炳麟和劉師培）交惡，而劉氏夫婦無端遷怒曼殊等。在他的生活之中，亦經歷不少令人沮喪而無能力挽之事。加上曼殊重度憂鬱症的問題，他這類的病患者在病發時期常有抑鬱、傷心、無希望、沮喪，或垂頭喪氣的情緒[14]。因此，不難理解，他的筆下全是悲傷的格調，而他的悲劇情節和角色當中的心情往往寫得十分細膩。「無常苦」常常出現在他的故事之中，因為那是他真實的體驗，過往的苦難坎坷經歷便成了他從事創作的「富礦」[15]。

3.「情困苦」的悲歌

曼殊的小說絕對可以見到他人生之中的一大矛盾點：愛情的熱忱與求不得之苦，而他「情困苦」的悲歌是植根於他的人格結構之中。本研究較早前的部份曾以佛洛伊德的理論分析曼殊的成長，並指出他的人格結構：一、他在襁褓之時母親離他而去，極有可能令他固著於口欲含合型的人格，而這種人格其中一項特徵為對愛情的貪婪和獲取[16]。二、又由於他在性器期期間，父蘇傑

13　馬以君，〈蘇曼殊年譜　七〉，《佛山大學佛山師專學報》，1988 年 06 卷 03
　　期，頁 69。

14　American Psychiatric Association (2013), *Diagnostic and statistical manual
　　of mental disorders : DSM-5. — 5th ed.*, VA : American Psychiatric
　　Publishing, p. 163. 英文原文是: "The mood in a major depressive
　　episode is often described by the person as depressed, sad, hopeless,
　　discouraged, or 'down in the dumps'."

15　錢谷融、魯樞元編，《文學心理學》，（上海：華東師範大學出版社，2003），
　　頁 93。

16　黃庭希，《人格心理學》，（杭州：浙江教育出版社，2002），頁 101。

生和被視為母的河合仙均不在旁，相信亦有力必多的停滯。從曼
殊生平資料所推測（例如暱妓女而不起性欲），他表現了性器期固
著型的反向作用，即對性的清教徒式的態度，過份羞怯[17]。兩者
的組合為曼殊帶來了一種人格結構中的永恆悲歌：「情困苦」──
他對愛情有熱忱的追求，可是又止於清教徒式的態度。

　　文藝心理學認為作家的情結是會在他的文學作品之中表現
的，曼殊亦不例外。「情結」是精神分析學的基本概念，指一種無
意識的心理糾葛。不管是積極的或消極的情結，在文學作品中都
會有著種種的表現。這些情結的表現正正是作品心理分析的對象
[18]。在曼殊的作品之中，每一部作品都有很大的篇幅描寫愛情，
如〈斷鴻零雁記〉的三郎、靜子和雪梅；〈絳紗記〉的曇鸞與五姑、
夢珠與秋雲；〈焚劍記〉的獨孤粲與阿蘭；〈碎簪記〉的莊湜、蓮
佩和靈芳；〈非夢記〉的海琴、薇香和鳳嫻。以上所有的男女主角，
曼殊在故事中都力陳他們的戀情，仿如將自己對愛情的貪婪和獲
取投射在角色之中。事實上，有論者亦曾指出曼殊小說的主人公
都有他自己的影子[19]。可惜的是，曼殊投射在小說人物身上的，
不只是他對愛戀的熱情，還有他對愛情進一步發展的克制及清教
徒式的態度。

　　就上述的角色而言，他們的愛情能開花結果的人數是零，而
他們的結局只有兩種：一、死亡，二、披剃出家。就死亡方面而

17　黃庭希，《人格心理學》，（杭州：浙江教育出版社，2002），頁 105。

18　錢谷融、魯樞元編，《文學心理學》，（上海：華東師範大學出版社，2003），
　　頁 326。

19　例如：劉心皇在分析曼殊小說時，就指出所有小說的主角都有曼殊的影子，
　　劉心皇，《蘇曼殊大師新傳》，（台北：東大圖書公司，1992），頁 183-207；
　　林律光亦持此說，林律光，《蘇曼殊之文特色研究》，（台北：花木蘭文化出
　　版社，2010），頁 60。

言，一如其重度憂鬱症的病症，曼殊筆下的人物有不少因情困而曾表達自殺意向的，如〈斷鴻零雁記〉的三郎和法忍、〈絳紗記〉的曇鸞等。有更多的角色是自殺身亡的，如〈斷鴻零雁記〉的雪梅、〈絳紗記〉的霏玉、〈碎簪記〉的莊湜、蓮佩和靈芳等。吾人不能不考慮，曼殊的創作似是投射了在他心裡一種自毀的意欲。加上前述的分析，吾人有理由相信他的病症與他的創作有著高度的關聯性。重度憂鬱症的診斷標準 1i 指出患者會：「反覆想到死亡（不只是害怕自己即將死去）、重覆出現無特別計劃的自殺意念、有過自殺嘗試、或已有實行自殺的特別計劃」。由是觀之，吾人再不難理解曼殊何以經常都在小說中寫有自殺的情節。

另外，由以出家為結局方面而言，這正好反映了他對性、對情愛方面持清教徒式的態度。三郎在〈斷鴻零雁記〉中的表現，是他筆下眾多的人物中最典型的例子。在第十三章中，三郎暗自思量：「繼余又思：日俗真宗，固許帶妻，且於剎中行結婚禮式，一效景教然者。若吾母以此為言，吾又將何言說答余慈母耶？」。明顯地，縱然可以在日本社會規範的許可之下，三郎可以繼續為僧又可以與靜子成婚。三郎仍然選擇了更為清教徒式的戒律，而離開了靜子。總而言之，曼殊筆下的戀情全部沒有開花結果，更是慘淡收場。這可謂是受作者的精神病及人格結構之影響，而在小說之中投射出一段又一段的愛情悲歌。

第三節　結　語

　　在本章節之中，透過文藝分析，筆者先指出了曼殊在他的文藝作品中所呈現的各種特質。悲傷是他一貫的創作風格；愛情的悲歌永遠是他故事的格局；人物遭遇不是生離就是死別；自殺、病故、災難等大多數都呈現在他的故事之中。經心理學理論的分析所示，其實當中處處都是與他所患的病症 —— 重度憂鬱症的病癥相符的。例如，慣常性的悲傷感、自殺的念頭、無助並被動於無常之中、消極的思維方式等。這些重度憂鬱症的病癥，都與他故事情節的特徵吻合。筆者有理由相信，曼殊有意無意地把自己病症的病癥投射在他的創作之上。由於常經歷悲傷的情緒，加上患上了重度憂鬱症，曼殊對於傷感有較深刻的體驗。因而，在作品之中，他對愁緒傷感的描寫就遠比其他的作家較為細膩。但是，相反地，由於較少經歷開心的情緒，他就無能寫出愉快的情感、開心的情節了。〈斷鴻零雁記〉正是一個好例子。久久思念母親的三郎，在重遇母親時，除了哭泣以外，別無其他的反應。當然，以上討論難以確定創作與精神病之間，是否存在著因與果（causal）的關係。然而，相信本章討論之所得，亦能合理地指出兩者是有著高度關聯性（correlational）的。

　　由曼殊的身世探討為始，到論證「身世有難言之恫」對曼殊的心理構成極大的心理創傷，筆者指出了曼殊悲傷個性形成的原因。然後，在此章之中，筆者展示了這可憐的作家，每每在他的作品表現著哀傷的格調。筆者假設曼殊的作品之所以呈現此現象，

是因為他把個人的愁緒投射在其創作之中。為支持這項說法，筆者指出了他的作品中所表現的哀傷格調是有一貫性的模式，那是一種重度憂鬱症的病癥高度相符的模式。對於「曼殊是誰？」的問題，至此筆者可以提供的答案是：他一位飽歷傷痛的可憐人、他是一位身世奇苦的混血兒、他是一位因身世之苦而患有重度憂鬱症的作家。對於「曼殊的作品如何解讀？」的問題，筆者可以提供的答案是：他的作品因受其身世傷痛、兼患重度憂鬱症之故，處處呈現了一貫性的哀傷格調。

第八章　重評蘇曼殊

　　研究來到最後的一章，筆者在此必須再一次提出引發是次研究最初的問題：就是「曼殊是誰？」及「曼殊的作品如何解讀？」兩大問題。本文採用心理分析研究法，但在詮釋文本之時，也取資於當代詮釋學的進路，試圖通過文本的新詮，進入作者生命，並反過來通過作者的生平，理解作品的內蘊；同時，又將一系列作品視為整體，彼此可以互相參照，也可以相互詮釋；前者指的是作者與作品的相互發明，後者指在同一作品之中，個別部分可前後詮釋，而作品之間又能彼此呼應，因為表現雖殊，但共為同一整體的部分，是以可以相互詮解。前者指向從作品詮釋作者的生命歷程，後者指向從部分詮釋作品整體，而共同形塑一個整體的意義世界。經過之前各個部份的探討，筆者以下將由各部份之所得重評一次蘇曼殊。以下將就學界最具爭議之處入手，重評曼殊的思想、重評曼殊的文學，及重評曼殊其人，此三處作出論述。以下將逐點作出分述。

第一節　重評曼殊的思想

　　不同的人評論曼殊的思想時，有著不同的評價。柳亞子指曼殊：「……無意之間卻露出同情於無產階級的思想來，真是『神龍

見首不見尾』」[1]。周作人評曼殊：「但是他的思想，我要說一句不敬的話，實在不太高明，總之還逃不出舊道德的樊籬」[2]。林律光謂曼殊：「蘇曼殊似乎是一個沒有健全理性的人，而是在一種情感極度亢進或極度哀憐的自我中生活，這樣的人本身就是充滿浪漫感傷氣質的」[3]。在經過在本研究之中對曼殊的小說作出分析之後，筆者對於曼殊的思想有以下的看法。首先，的而且確，曼殊並不是什麼哲人、高僧、學者。吾人現今討論清末民初的思想時，曼殊沒有提出過什麼理論，研究人員也沒有去提及曼殊此人之必要。可是，不要忘記，他本來就不是一個哲學家，沒有必要為人提出哲理。他是一個和尚，但即使在人前亦不守什麼清規戒律，似無意成為高僧大德，更不要說對佛法有什麼闡釋和弘揚。他會多種語言，曉翻譯，但他不是什麼語文的專家，對翻譯手法作出研究。曼殊他是一位文學家，是作家，高明的思想不應成為評價曼殊的標準之一。他治學不是讀四書五經、不是習經世治國之法。他愛看的書有《紅樓夢》、《茶花女遺事》，和拜倫、雪萊詩等。有如曼殊一般的作家，他若能建立一套有系統的思想來，那是他的本事大。若在清末民初如此的亂世之中，仍在作品之中仍能不諱言地表達出他對時世、政局、民生等議題的關懷和見解，那已是很不錯的了。在曼殊的作品之中，他充分地展示了知識份子對社會的關懷。縱然他的思想沒有系統，但他仍是一個對時局亂世有批判思考的人。

---

1 柳亞子，〈蘇曼殊之我觀〉，柳無忌編，《柳亞子文集・蘇曼殊研究》，（吳縣：上海人民出版社，1987），頁 350。

2 周作人，〈答芸深先生〉，柳亞子編，《蘇曼殊全集 四》，（北京：當代中國出版社，2007），頁 69。

3 林律光，《蘇曼殊之文藝特色研究》，（臺北：花木蘭文化出版社，2010），頁 64。

對時世，曼殊筆下的故事絕對反映了他對時代動盪的關注，包括西學東漸、戰爭、軍閥等的問題。在眾多作品之中，曼殊非常一致地表達了他對西方勢力（包括政府和文化）東漸的趨勢尤其不滿。例如，支持西學的新學黨在他眼中無疑是暴民，在〈斷鴻零雁記〉三郎就因新學暴徒而令他無法詣師面別，「二日已至廣州，余登岸步行，思詣吾師面別。不意常秀寺已被新學暴徒毀為墟市，法器無存」。當時政府和知識份子在救國的方法上爭持不下，在曼殊眼中無疑是未救國先亂國。在〈絳紗記〉中，曇鸞就曾目睹：「維時海內鼎沸，有維新黨，東學黨，保皇黨，短髮黨，名目新奇且多，大江南北，雞犬不寧」的狀況。曼殊又曾借角色之口，批評西學有損國民品德。〈絳紗記〉中羅小玉曾言：「吾國今日女子殆無貞操，猶之吾國，殆無國體之可言；此亦由於黃魚學堂之害」。曼殊不大喜歡外國人。在〈斷鴻零雁記〉中三郎雖然是對羅弼牧師大加稱許：「余特慕其人清幽絕俗，實景教中錚錚之士，非包藏禍心、思墟人國者」，可是此說豈非指景教中人（甚或是外國人）多為包藏禍心、思墟人國者？在〈絳紗記〉之中的外國人更是瞧不起中國人，視中國人的人命如草芥。曼殊寫曇鸞遇上海難時：「余仍鵠立，有意大利人爭先下艇，睹吾為華人，無足輕重，推吾入水中」。其實，怪不得他不大喜歡外國人及其文化。其中一個原因，相信是因為那時中國的內政多被外國干預。無怪在〈絳紗記〉中，曼殊借曇鸞舅父糖廠的情況，道出他對中外關係之看法：「余見廠中重要之任，俱屬英人。傭工於廠中者，華人與孟加拉人參半。余默思廠中主要之權，悉操諸外人之手，甚至一司簿記之職，亦非華人；然則舅氏此項營業，殊如累卵」。此說似乎是暗指中國的時局而言。

另外，曼殊明顯地憎惡軍閥及國內戰火不斷的情況。在他的

小說之中，曼殊明白地批評或諷刺軍方的人物。例如，〈天涯紅淚記〉中記童謠云：「職方賤如狗，將軍滿街走」、老人之弟曾斷一「耀武揚威、殘賊人民之某將軍」的右臂；〈焚劍記〉大多數的壞人角色當是由軍人擔任，如獨孤粲友人、亂兵、暴兵、食人腿的軍將等。在他所敘述的故事之中，戰火連天不只一次成為故事的背景。〈天涯紅淚記〉開首就是以「街上不通行旅，惟見亂兵攢刃蹀躞」為故事的背景；〈絳紗記〉的曇鸞之所以下獄，是因為革命黨借運棺木偷運軍火，意圖以炸藥焚督署；〈焚劍記〉更不待言，整個故事都是在戰亂的背景下發生的，阿蘭祖父是因亂兵至而死的、周家村被暴兵屠村、有軍將食人等。可見，曼殊在他的小說中反映了他對國內時局的擔心。他將軍方塑造成為壞人，所做之事多窮凶極惡（如食人、屠村、殘賊人民等）是表達了他對其極度不滿的情緒。

　　當然，要數他最有特色的思想，可謂他在小說中反映的愛情觀。柳亞子真的不愧是曼殊的好朋友。柳氏有一段對於曼殊的見解，筆者是完全同意的，現輯錄於此：「我以為曼殊是主張戀愛自由，而反對自由戀愛的。在前者近乎固定的一夫一妻制，即結婚之權，操諸自己，但『一與之齊』，卻仍舊要『終身不改』。在後者是主張戀愛有流動性，可自由結合，即可自由脫離，或者同時可以對於幾個人發生戀愛。曼殊贊成前者而反對後者……」[4]。可惜，柳氏並未有提出充分的理據支持他的說法。然而，筆者認為本研究較早前的分析與柳氏的說法不謀而合。筆者認為曼殊在〈絳紗記〉之中，就以盧氏姑娘自由結婚，背棄與霏玉的婚約而害死霏玉之故事，對自由戀愛作出了抨擊。在〈焚劍記〉之中，就以

---

4 柳亞子，〈蘇和尚雜談〉，柳亞子編，《蘇曼殊全集　四》，（北京：當代中國出版社，2007），頁75。

阿蕙盲從孀母之命，出嫁其梁姓外孫，婚前梁死而阿蕙仍嫁一木主之事，抨擊非操縱諸己的婚姻。因此，筆者以為柳氏對曼殊愛情觀的見解可信。

第二節　重評曼殊的文學

　　周作人在〈答芸深先生〉中曾將曼殊定性為鴛鴦蝴蝶派的人。他贊同芸深先生道：「先生說曼殊是鴛鴦蝴蝶派的人，雖然稍為苛刻一點，其實倒也是真的」，他更謂：「曼殊在這派裡可以當得起大師的名號」[5]。現在亦有不少人持相同或近似之看法。例如，劉心皇在其《蘇曼殊大師新傳》中評〈斷鴻零雁記〉時就謂：「……還是看看這篇小說，同時，也可以知道清末民初鴛鴦蝴蝶派的作風」[6]。游國恩等人編寫《中國文學史》時，就指曼殊的小說：「對辛亥革命後盛行於上海的『鴛鴦蝴蝶派』小說有一定的影響」[7]。袁行霈編寫《中國文學史》時，就將曼殊編入〈第九編　現代文學．第四章　近代後期的小說與戲曲．第四節　民初小說鳥瞰〉之中，此節探討的正是鴛鴦蝴蝶派的小說淵源與流變[8]。

　　「鴛鴦蝴蝶派」究竟是一個怎麼樣的流派，而曼殊又是否可以歸納於此一流派之中，甚至稱得上大師的名號呢？「鴛鴦蝴蝶

5　周作人，〈答芸深先生〉，柳亞子編，《蘇曼殊全集　四》，（北京：當代中國出版社，2007），頁70。

6　劉心皇，《蘇曼殊大師新傳》，（台北：東大圖書公司，1992），頁126-127。

7　游國恩、王起等編，《中國文學史》（第三、四冊），（香港：中國圖書刊行社，1990），頁379。

8　袁行霈主編，《中國文學史（第二版）》第四卷，（北京：高等教育出版社，2010），頁427-429。

派」一詞，在《中國文學大辭典》之中，被解釋為：「盛行於清末民國初的文學泡派，以小說創作為主，本世紀三十年代趨於衰微。因多描寫青年男女『相悅相戀，分拆不開，柳蔭花下，像一對蝴蝶，一雙鴛鴦一樣』，故名」，又指出：「因其文學觀重視遊戲、消遣，後常將『五四』前後二十年間傾向提倡趣味、娛樂、消閑的各類舊派小說歸入此派，或將之統稱為『民國舊派小說』」[9]。游國恩在《中國文學史》中，亦曾給予鴛鴦蝴蝶派一明確的定義：「『鴛鴦蝴蝶派』的文學主張是趣味第一，主要描寫婚姻問題，但他們所寫的婚姻問題決非為了揭露和批判封建制度的不合理；而是玩弄愛情，雖然在少數作品中也反映了一定的社會內容，但就它們總的傾向看是很腐朽的」[10]。在袁行霈的《中國文學史》之中，他對於鴛鴦蝴蝶派亦有以下的描述：「民國以後，小說創作作步了低谷，由開啟民智滑的徇世媚俗，形成了以消閑、趣味為創作宗旨的鴛鴦蝴蝶派」[11]。

　　本研究較早的部份曾詳細對曼殊在六記中的論述進行分析。若將分析所得加以考慮，筆者不得不指出曼殊並不屬於鴛鴦蝴蝶派。首先，在曼殊的作品之中，每一部都有他的論述。例如，對外國人及外國文化東傳的看法、對佛教界狀況的反思、對軍閥亂世的關注、對戰禍連連的反感、對封建式婚姻的反對、對自由戀愛的批評等。可見在題材上，曼殊的文學作品雖是以寫男女之情為主，然而並不以男女之情為限。另外，曼殊並不以他的作品為

9　錢仲聯等著，《中國文學大辭典》，(上海：上海辭書出版社，2000)，頁1417-1418。

10　游國恩、王起等編，《中國文學史》(第三、四冊)，(香港：中國圖書刊行社，1990)，頁386。

11　袁行霈主編，《中國文學史 (第二版)》第四卷，(北京：高等教育出版社，2010)，頁427。

一種文字的遊戲，以趣味和消遣為主。縱然現在的讀者可能不同意他的看法，覺得他有些的看法比較封建，如周作人所指：「逃不出舊道德的樊籬」[12]。但是，他的作品是明確地見到他對社會、時局、文化、民生等的看法和立場。「逃不出舊道德的樊籬」，這並不是曼殊一個人獨有的問題，而是那個時代不少知識份子，在新舊文化加快交流時出現的現象。他的立場既不腐朽，亦不含糊。若然他的作品是徇世媚俗的，他就不會批評自由戀愛之風氣。如果他的作品是以消閑、趣味為創作宗旨，他就不會總是寫社會的黑暗面，譜一段段的悲歌。其次，由實際的刊行狀況而言，曼殊的作品亦從未出現於鴛鴦蝴蝶派的刊物之上，如《禮拜六》和徐枕亞主編的《小說叢報》。在曼殊還在世的時間，〈斷鴻零雁記〉就曾刊於南洋泗水《漢文新報》和上海《太平洋報》第42至129號；〈天涯紅淚記〉曾發表在日本東京《民國》雜誌之上；〈絳紗記〉曾刊在日本東京《甲寅》雜誌上；〈焚劍記〉發表於日本東京《甲寅》雜誌，後來《甲寅》雜誌社把它與《焚劍記》輯為一冊，名為《〈絳紗記〉，〈焚劍記〉合本》，列入章士釗選定的《名家小說》叢書；〈碎簪記〉連載於上海《新青年》雜誌；〈非夢記〉發表於上海《小說大觀》第12集。在芮和師、范伯群等編的《鴛鴦蝴蝶派文學資料》中，亦沒有輯錄曼殊的作品[13]。可見，在刊行狀況來看，曼殊的作品可謂與鴛鴦蝴蝶派沒有什麼的關聯。由以上的理由看來，筆者認為曼殊並不屬於鴛鴦蝴蝶派。

---

12 周作人，〈答芸深先生〉，柳亞子編，《蘇曼殊全集　四》，（北京：當代中國出版社，2007），頁69。

13 芮和師、范伯群等編，《鴛鴦蝴蝶派文學資料》，中國社會科學院文學研究所總纂，《中國文學史資料全編　現代卷》，（北京：知識版權出版社，2010）。

第三節　重評曼殊其人

　　曼殊是誰？他有著怎樣的個性？他是否一位弘法利生的高僧？這些問題，筆者經過這項研究之後，大概有以下的結論。曼殊是誰？蘇曼殊是一位混血兒，有著悲慘的身世和夢魘般的童年。因為曼殊是父親蘇傑生與其小姨河合若私通而生下的兒子，所以在曼殊出生後，他的父親都不敢立即把他帶回蘇家。曼殊的生母河合若在他三個月大的時間離他而去，他一直把姨母河合仙當成為生母。曼殊在回蘇家之後，愛護他的河合仙不再在他身旁，父親亦常常沒有伴著他。在曼殊六歲（洋曆 5 歲）回鄉之後，即為他夢魘般的童年之開始。曼殊飽受著一個六歲小孩難以承受的事，包括庶母虐待、家姐排斥、嫡母歧視等。曼殊在日留學時，由於表兄林氏吝嗇，而曼殊又需依他資助生活，生活甚為困苦。曼殊一直都想與「母親」河合仙重聚，重拾依稀記得的家庭溫暖。可是，曼殊在二人重聚時，卻得悉他一直視之為生母的河合仙只是他的姨母，而他的生母卻是他一直稱呼為姨母的河合若。他對於重拾母愛和家庭溫暖的幻想徹底破滅。自此，引發了他半生的悲鳴：「身世有難言之恫」。曼殊最終不堪壓力，出現抑鬱的問題，並以暴飲暴食去排解他的愁緒。可憐的曼殊！他亦因他亂吃亂喝的問題，而出現腸胃病。最後，藥石無靈，結束了其短暫的一生。

　　曼殊有著怎樣的個性？由於曼殊的童年明顯地比較特別，估計會對他成年的人格有深遠的影響。因此，筆者選用了佛洛伊德的人格發展理論，嘗試對曼殊作出分析。分析後得出的結論為：曼殊的人格應屬於口欲含合的形態的假設。經仔細地搜集他成年後的行為表現，發覺與佛氏理論中所述的成年後表現完全吻合。

另外，由於他在性器期期間亦有異常的經歷（<u>蘇傑生</u>和<u>河合仙</u>均不在旁），相信亦有力必多的停滯。<u>曼殊</u>在愛情上的行為，正表現了性器期固著型的反向作用：對性的清教徒式的態度，過份羞怯。由此可以理解到，為什麼在實際的生活上，<u>曼殊</u>出現貪吃咀饞的問題，並終其一生都沒有建立正常的愛戀關係。

　　<u>曼殊</u>是否一位弘法利生的高僧？如果籠統地作出判斷，<u>曼殊</u>要麼是一位弘法利生的高僧[14]，要麼對佛法沒有任何的理解[15]，筆者認為不妥。首先，<u>曼殊</u>是一位僧人，客觀而言，這是無可否認的。其次，他甚至對於佛教界當時的一些現象，是有他的反思和論述的。由此可知，<u>曼殊</u>對佛教是有著不淺的認識。然而，有兩點是很值得注意的：第一、在他對於佛教的反思和論述之中，沒有討論修行的文章；第二、在他的文學作品之中，披剃為僧全都不是一種喜悅，亦無描寫因修行而來的解脫和清涼。由以上分析所得，筆者有以下的看法：首先，筆者認為<u>曼殊</u>投身佛教是認真的，他是有下工夫去了解自己的信仰。可是，他與佛教之間，只停留知識性的層面。出家為僧未有為他的人生帶來心理上的裨益。因此，在這個議題上，筆者對<u>曼殊</u>的評價，是界乎「弘法利生的高僧」與「對佛法沒有任何的理解」之間的。謂<u>曼殊</u>是「高僧」，他又未屬於得道、悟道者之列；說<u>曼殊</u>「對佛法無理解」，卻又不符事實。大概，筆者對<u>曼殊</u>的評價是，他是修行修得不太好，但對佛教有認識的一個和尚吧！

---

14 陳星，《多情乃佛心 —— 曼殊大師傳》，（高雄：佛光文化，1995），頁46。
15 林律光，《蘇曼殊之文特色研究》，（台北：花木蘭文化出版社，2010），頁80。

第四節　本研究的限制及未來的研究展望

　　本文研究的對象是一代奇人蘇曼殊。在他短暫的一生之中，他為人留下了不少的謎團，比如他的母親是誰、他的身世難言之恫是什麼、他是否有精神病等。由於他一生飄泊不定、居無恆所，有關他的資料多數只是零散的片言隻語。算得上是他密友的柳亞子，在寫他的傳記時就曾犯下了大錯，把曼殊當成了具純日本血統的一個人。他在犯下了〈蘇玄瑛新傳〉之誤後，不停地與曼殊的親友通訊，以求更準確的把握此朋友的生平。現在不少有關曼殊生平的資料，都是由柳氏一封又一封的信件、一條又一條的問題零散地組合出來的。即使筆者在本研究之中，曾極力對曼殊的生平作出整理和解釋，但限於上述的現象，筆者亦不敢托大，指拙作研究之所得應為曼殊生平及其「身世有難言之恫」提出了一鎚定音的結論。筆者一直都只謂本文是採取了「最佳說明推理」的方式作研究的標準，對曼殊的生平仍持一種開放的態度。如果將來發現了有關曼殊生平的新資料，本文的各項推論則應該被重新審視。

　　然而，若然筆者以上所說的情況果真出現，本文是否再無意義呢？筆者認為不然。如果有關曼殊生平出現了新的資料，本文的結論的確有被推翻的可能。可是，這亦正好是筆者深信本研究在文學研究中獨特的地方。一直以來，作家的分析、文藝作品的賞析似是茫無定準，各研究人員猶如自說自話。曼殊的研究正是一個典型的例子。曼殊又不是古人，他的作品亦不用注釋才可讀

懂。何以有人謂曼殊有極強的革命性、有些只道他的憂鬱淒涼；有人評他是弘法利生的高僧、有人指他完全不理解佛法；有人道他是佛門中人、有人指他具儒家底子；有人將他的《斷鴻零雁記》歸納為是愛情小說、有人說是道其省母之行……筆者既然是以文藝心理學為進路，可驗證性自然是本文的一大研究標準。按此，筆者先研究其人，再以分析所得作為基礎，去分析他的文藝作品；所以，筆者的推論是有根據的，並非沒有準繩之空談。亦正因如此，在新證據出現的情況下，筆者的研究結論自然是有被推翻的可能性。當然，筆者相信在未有任何新證據出現之前，不論是曼殊的生平研究、還是其「身世有難言之恫」的解說，以及按此分析他的作品之所得是可靠的。然而，即使在新證據出現之後，本文的結論果真被推翻。本文亦可作一例去說明，以文藝心理學為進路，能為作家的分析、文藝作品的賞析提出可靠的準繩以判高下或對錯。筆者希望在未來，學界的研究之中，更多的正視文藝心理學的進路所能提供的益處。[16]

第五節　結　語

蘇曼殊，一代奇人、奇僧、奇作家。他生來就是一個奇怪的人。他有著奇怪的出生。他是因父親為生貴子，私通小姨而生的。他有著奇怪的母子關係。他的生母在他三個月大時忽然離他而去。他把姨母當為生母，把生母當為姨母。他成長於一個奇怪的童年

---

16 可驗證性為使用文藝心理學研究方法的特點之一，詳細可參考拙作：潘啟聰，〈試論文藝心理學研究之科學性〉《人文社會學報》，2017 年第 13 卷　第 2 期。

之中。這父親夢寐以求的貴子，竟曾因病被棄柴房等死、被庶母虐待至冬天時無禦寒之物。他是一位奇怪的僧人。他一生都不嚴謹地持戒，會食肉飲花酒，甚至與妓女同衾共枕。可是，他一生都不捨戒，還要多次受戒。他是一個奇作家。一個和尚寫的不是禪詩，不是佛教的哲理散文。他的筆下沒有令人解脫的佛法，只有一個又一個的愛情故事。他的故事主人翁全都郎才女貌，可是永遠沒能開花結果。他奇怪的一生，終於一個奇怪的死法 —— 他吃壞了肚皮，最後因腸胃病而病逝。性格可愛卻又遭遇可憐的和尚，臨死之時倒是學起一般的禪師來，為吾人留下一句偈語：「一切有情，都無罣礙」就圓寂了。一向奇奇怪怪、不僧不俗的他，離世時終於像一個修行人了。

蘇曼殊大師寄柩聯票（蕭紉秋藏）

　　曼殊的生命雖短，但是他活了普通人幾輩子都未及的豐富生命。由於他的「奇」，他為研究他的人留下了一個又一個的謎團。他的謎團彷彿引人認真的去結識他、了解他。誰可以答到曼殊一問「我是誰？」就可以認識真正的他、解讀他作品的真正意思、明瞭他的寫作動機。本研究希望透過心理學的理論，了解他的個性、他的人格、他的心結，從而把他的作品讀個明白。筆者學力有限，絕對不敢言拙作可以有什麼學術貢獻或影響。若能讓讀者多了解這位可愛又可憐的和尚多一點，是次研究所付的努力亦不枉了。

第九章 結 論

　　回顧當前研究成果，本文發現兩大現象：
（一）對於蘇曼殊其人的研究並未能取得比較一致的共識，例如是他的個性、對他行為的解釋、他的個人生活等，多是人言言殊；（二）在曼殊的文學作品的分析上，前賢的研究雖算豐碩，但其中頗多衝突的結論，可惜在討論時，又欠缺學術性評定的標準。

　　這兩個相互關聯的現象，造成理解蘇曼殊及其作品的困難；為協助解決上述困難，本研究嘗試回答兩個問題：（一）蘇曼殊是誰？（二）曼殊的作品應如何解讀？

　　為有效地回應這兩個問題，本研究選取了文藝心理學的進路為基本取向。研究先以心理學理論解釋曼殊生平中的心理刺激，以及其所形成的人格（personality）特質。為深化對曼殊心理狀況的了解，研究又以他的自傳——〈斷鴻零雁記〉為基礎，對此文章進行心理傳記詮釋。然後，再以當中研究所得，進一步分析曼殊的個性對其在文學創作方面之影響，重新解讀曼殊的作品。最後，筆者在這些研究積儲上，嘗試重新評價蘇曼殊其人及其文，以便為學界清理多年的迷霧，並提出個人的管見。

　　綜合來說，蘇曼殊是一個悲劇的人物。研究至此，對於曼殊，筆者得到最深的印象是一個「悲」字。

　　考曼殊的家庭背景，他有一個悲慘的身世。一，曼殊的出生是一件門內醜，他的生母河合若是父親蘇傑生日妾河合仙之妹。

二，不知何故，他的生母在他三個月大的時候離他而去。三，他是在姨母河合仙的照顧下長大的，甚至把她誤認為生母。四，因為父母的關係有違倫常，曼殊一直到了六歲（洋曆5歲）才得以回到蘇家，自此更與河合仙分開。五，由於庶母大陳氏一直生不出男丁，她對突然出現的蘇家子嗣 ── 曼殊諸般虐待。六，曼殊擁有中日兩國的血統，他的身份特別尷尬，一則難逃雜種之譏，另外亦因中日衝突，自然不為鄉里所接受。七，他一直渴望重投母親懷抱，可是在長大後的重遇時，竟發現真正的生母不是河合仙，而是姨母河合若。悲慘身世最終令曼殊爆發出情緒病來，令他走上早夭的不歸路。

　　考曼殊的生活經歷，他一生中沒有什麼好的日子。小時候雖有河合仙照顧，卻體弱多病，甚至幾乎死掉。父親把曼殊接回蘇家後，不單飽受庶母虐待、大家姐蘇燕的欺侮，還要面對嫡母輩的歧視和排斥。赴日讀書時，由於表兄的供養太少，曼殊過的是最貧苦的生活。最後，曼殊更是因表兄斷絕接濟，而令他輟學回國。他試過賒借度日、友人間爭吵而被遷怒、收恐嚇信、病後因沒有錢而無法出院等。可憐的是，他的悲苦多是因無常而至，是人力無法避免和處理的。

　　他的作品亦受他自身的悲苦所影響，而出現了一貫性的悲傷風格。在他的作品之中，悲傷的字眼是佔了絕大多數的修辭用語。故事佈局上，他的作品更全都沒有大團圓的美好結局。總結他的寫作風格，「身世苦」、「無常苦」和「情困苦」是他每一部作品均會出現的主題。這是也許是到受作者的情緒病及人格結構之影響。由於曼殊常經歷悲傷的情緒，對於傷感有較深刻的體驗，因而在作品之中他對悲傷情感的描寫就較為細膩。

　　悲苦的人，是筆者對於「蘇曼殊是誰？」一問題的答案；而

悲傷的風格，則是筆者認為是可以好好解答「<u>曼殊</u>的作品如何解讀？」的一條鑰匙。筆者固然希望這個結論可以為學界清理多年的迷霧，然而筆者更希望文藝心理學的研究方法能被學界重視。反思<u>曼殊</u>研究多年的迷霧，歸根究底，是研究人員沒有什麼的共通標準可言。文藝心理學的研究方法先以作者的心理剖析作為基礎，再以之為研究積儲，嘗試評價作者其人及其文。作者的生平證據是可以被檢驗的、心理剖析是有心理學的理論根據的，以此建立的文藝作品分析就變得有一定準繩可言。

參考書目

中文專書

Anthony Storr 著，尹莉譯，《佛洛伊德與精神分析》，（北京：外語教學與研究出版社，2008）。

J.貝爾曼－諾埃爾著，李書紅譯，《文學文本的精神分析－佛洛伊德影響下的文學批評解析導論》，（天津：天津人民出版社，2003）。

Jerry M. Burger 著，陳會昌等譯，《人格心理學》，（北京：中國輕工業出版社，2000）。

Jess Feist & Gregory J. Feist 著，李茹、傅文青等譯，《人格理論》，（北京：人民衛生出版社，2008）。

白落梅，《恨不相逢未剃時：情僧蘇曼殊的紅塵遊歷》，（北京：華文出版社，2011）。

白落梅，《愛如禪，你如佛：情僧蘇曼殊的紅塵遊歷》，（北京：中國華僑出版社，2012）。

貝爾納‧瓦萊特著，陳豔譯，《小說：文學分析的現代方法與技巧》，（天津：天津人民出版社，2003）。

佛洛伊德，《論文學與藝術》，（北京：國際文化出版公司，2007）。

佛洛伊德著，常宏、徐偉譯，《論文學與藝術》，（北京：國際文化出版公司，2007）。

佛洛伊德著，林克明譯，《性學三論・愛情心理學》，（台北：志文
　　出版社，2011）。

佛洛伊德著，彭舜譯，《精神分析引論　新版》，（台北：左岸文化
　　事業有限公司，2012）。

馮自由，《革命逸史》，（北京：中華書局，1981）。

馮玉奇，《舞宮春豔》，（武漢：長江文藝出版社，1994）。

菲力浦・勒熱訥著，楊國政譯，《自傳契約》，（北京：三聯書店，
　　2001）。

杜蘭德著，張寧等譯，《異常心理學基礎》，（西安：陝西師範大學
　　出版社，2005）。

陶寒翠，《民國艷史演義》，（長春：吉林文史出版社，1993）。

唐寶林、林茂生，《陳獨秀年譜》，（上海：上海人民出版社，1988）。

童慶炳、程正民主編，《文藝心理學教程》，（北京：高等教育出版
　　社，2011）。

李莉、黃振輝編著，《實用社會調查方法》，（廣州：暨南大學出版
　　社，2010）。

李學勤主編，《十三經注疏》整理委員會整理，《十三經注疏・尚
　　書正義》，（北京：北京大學出版社，1999）。

李蔚著，珠海市政協編，《蘇曼殊評傳》，（北京：社會科學文獻出
　　版社，1990）。

劉勵操，《寫作方法一百例》，（台北：萬卷樓圖書有限公司，1990）。

劉心皇，《蘇曼殊大師新傳》，（台北：東大圖書公司，1992）。

[南梁]劉勰著，王運熙、周鋒譯注，《文心雕龍譯注》，（上海：上
　　海古籍出版社，2010）。

柳無忌編，《曼殊大師紀念集》，（香港：正風書店，1943）。

柳無忌編，《柳亞子文集・蘇曼殊研究》，（吳縣：上海人民出版社，

1987）。

柳無忌，《蘇曼殊傳》，（北京：三聯書店，1992）。

柳無忌、殷安如編，《南社人物傳》，（北京：社會科學文獻出版社，2002）。

柳亞子、柳無忌編，《蘇曼殊年譜及其他》，（上海：北新書局，1928）。

柳亞子編，《蘇曼殊全集　普及版》，（上海：開華書局，1933）。

柳亞子編，《蘇曼殊全集》，（北京：當代中國出版社，2007）。

陸一帆，《文藝心理學》，（江蘇：江蘇文藝出版社，1987）。

林律光，《蘇曼殊之文特色研究》，（台北：花木蘭文化出版社，2010）。

梁啟超，《飲冰室文集》，（香港：香港天行出版社，1974）。

魯迅，《魯迅全集　第七卷》，（上海：人民文學出版社，1981）。

魯迅，《魯迅全集》，（北京：華文出版社，2009）。

魯樞元，《文學的跨界研究：文學與心理學》，（上海：學林出版社，2011）。

羅洛・梅著，彭仁郁譯，《愛與意志》，（台北：立緒文化，2001）。

格里格、津巴多著，王壘、王甦等譯，《心理學與生活》，（北京：人民郵電出版社，2005）。

高穎等著，《藝術心理治療》，（濟南：山東人民出版社，2007）。

凱斯、達利著，黃水嬰譯，《藝術治療手冊》，（南京：南京出版社，2006）。

孔繁鐘、孔繁錦譯，《DSM-IV　精神疾病診斷準則手冊》，（台北：合記圖書出版社，2000）。

何向東主編，《邏輯學教程》，（北京：高等教育出版社，1999）。

黃鳴岐，《蘇曼殊評傳》，（上海：百新書店股份有限公司，1949）。

黃庭希，《人格心理學》，（杭州：浙江教育出版社，2002）。

錢谷融、魯樞元編，《文學心理學》，（上海：華東師範大學出版社，2003）。

金元浦編，《當代文藝心理學》，（北京：中國人民大學出版社，2009）。

趙鋼立等主編，《新編說文解字字典》，（開封：河南大學出版社，2007）。

周群，《宗教與文學》，（南京：譯林出版社，2009）。

[清] 陳澧纂，田明曜修，《[光緒] 香山縣志》。

陳碧月，《小說欣賞入門》，（臺北：五南圖書出版股份有限公司，2010）。

陳星，《多情乃佛心 —— 曼殊大師傳》，（高雄：佛光文化，1995）。

張堂錡編著，《現代小說概論》，（台北：五南圖書出版股份有限公司，2013）。

張恨水，《滿江紅》，（北京：文化藝術出版社，2004）。

張恨水，《啼笑因緣》，（台北：國家出版社，2008）。

張恨水，《金粉世家》，（南京：江蘇文藝出版社，2011）。

張鷟、徐枕亞著，黃瑚、黃珅校注，《遊仙窟 玉梨魂》，（台北：三民，2007）。

朱少璋，《燕子山僧傳》，（香港：獲益出版事業有限公司，2002）。

朱壽興，《文藝心理發生論：人文視野中的文藝心理學研究》，（長春：吉林大學出版社，2009）。

中山市地方志編纂委員會編，《中山市志〔下〕》，（廣州：廣東人民出版社，1997）。

時希聖編，《曼殊軼事》，（上海：廣益書局，1933）。

釋慈怡主編，《佛光大辭典》，（高雄：佛光，1988）。

邵盈午，《蘇曼殊新傳：情僧　詩僧　畫僧　革命僧》，（北京：東方
　　出版社，2012）。

芮和師、范伯群等編，《鴛鴦蝴蝶派文學資料》，中國社會科學院
　　文學研究所總纂，《中國文學史資料全編　現代卷》，（北京：
　　知識版權出版社，2010）。

曾德珪，《蘇曼殊詩文選注》，（禮泉：陝西人民出版社，1986）。

曾文星，《心理分析與治療》，（香港：中文大學出版社，2002）。

曹雪芹著，高鶚續著，《紅樓夢》，（台北：聯經，1991）。

蘇曼殊著，文公直編，《曼殊大師全集》，（台北：武陵出版社，
　　1983）。

蘇曼殊詩，馬以君箋注，《燕子龕詩箋注》，（成都：四川人民出版
　　社，1983）。

宋益喬，《蘇曼殊傳：情僧長恨》，（太原：北岳文藝出版社，1994）。

宋益喬，《蘇曼殊傳 —— 情會長恨》，（太原：北岳文藝出版社，
　　1996）。

阿部正雄著，張志強譯，《佛教》，（上海：上海古籍出版社，2008）。

游國恩等主編，《中國文學史》（第三、四冊），（香港：三聯書店，
　　1990）。

吳正榮，《佛教文學概論》，（昆明：雲南大學，2010）。

吳為山、王月清主編，《中國佛教文化藝術》，（北京：宗教文化出
　　版社，2002）。

王尚勤，《王尚義和他所處的時代》，（台北：水牛，1995）。

王尚義，《野百合花》，（台北：水牛，2004）。

王元長，《沉淪的菩提　蘇曼殊全傳》，（吉林：長春出版社，1996）。

袁行霈主編，《中國文學史（第二版）》第四卷，（北京：高等教育
　　出版社，2010）。

[宋]朱熹集傳，[清]方玉潤評，朱杰人導讀，《詩經》，（上海：上
　　海古籍出版社，2009）。

中文論文

包華，〈戀母仇父情結下的蘇曼殊〉，《作家雜誌・現當代作家作品
　　研究》，2009 年第 8 期。
馬以君，〈蘇曼殊年譜 一〉，《佛山師專學報》，1985 年第 2 期。
馬以君，〈蘇曼殊年譜 二〉，《佛山師專學報》，1986 年 01 期。
馬以君，〈蘇曼殊年譜 三〉，《佛山師專學報》，1986 年 03 期。
馬以君，〈蘇曼殊年譜 四〉，《佛山師專學報》，1987 年 01 期。
馬以君，〈蘇曼殊年譜 五〉，《佛山師專學報》，1987 年第 3 期。
馬以君，〈蘇曼殊年譜 六〉，《佛山大學佛山師專學報》，1988 年
　　06 卷 01 期。
馬以君，〈蘇曼殊年譜 七〉，《佛山大學佛山師專學報》，1988 年
　　06 卷 03 期。
馬以君，〈蘇曼殊年譜 八〉，《佛山大學佛山師專學報》，1988 年
　　06 卷 05 期。
馬以君，〈蘇曼殊年譜 九〉，《佛山大學佛山師專學報》，1989 年
　　07 卷 03 期。
馬以君，〈蘇曼殊年譜 十〉，《佛山大學佛山師專學報》，1991 年
　　09 卷 01 期。
唐蘊玉，〈喏班時代之蘇曼殊及其他〉，謝興堯編，《逸經》第十三
　　期。
李金鳳，〈《斷鴻零雁記》與五四浪漫小說－－以「飄零者」形象
　　為例〉，《濮陽職業技術學院學報》，2009 年 04 期。

李珺平，〈世界之交：文藝心理學的窘境與前瞻〉，《北京社會科學》，1999 年 01 期。

李萱，〈殊途卻同歸——蘇曼殊《斷鴻零雁記》與郁達夫早期小說比較〉，《廣東廣播電視大學學報》，2008 年第 1 期第 17 卷。

劉茉琳，〈戴著鐐銬跳舞的蘇曼殊〉，《名作欣賞‧學苑擷英》，2010 年 04 期。

林進桃，〈論蘇曼殊性格的複雜性與矛盾性〉，《赤峰學院學報（漢文哲學社會科學版）》，2010 年 10 月，第 31 卷第 10 期。

羅曉靜，〈"我"之語：清末民初小說個人化呈現方式的初顯〉，《教研天地‧新銳學者論壇》，2010 年 08 期。

郭洪雷，〈中國小說修辭現代轉型中的蘇曼殊〉，《廣東社會科學》，2008 年第 1 期。

何宏玲，〈蘇曼殊《斷鴻零雁記》新論〉，《南京師範大學文學院學報》，2009 年第 4 期。

賀國光，〈新時期文藝心理學簡評〉，《文藝爭鳴》，2002 年 04 期。

黃紅春，〈情佛兩難的矛盾與天性自然的和諧——蘇曼殊《斷鴻零雁記》與汪曾祺《受戒》文化意識比較〉，《南昌大學學報（人文社會科學版）》，2007 年第 38 卷第 1 期。

邢博，〈解讀蘇曼殊的人格之謎〉，《臨沂師範學院學報》，2005 年第 27 卷第 1 期。

徐軍新，〈蘇曼殊的性格與其小說創作〉，《甘肅政法成人教育學院學報》，2007 年 10 月第 5 期。

周硯舒，〈日本私小說概念的形成與變遷〉，《南京師範大學文學院學報》，2013 年 6 月第 2 期。

陳亞平，〈從蘇曼殊到郁達夫的現代感傷〉，《中國現代文學研究叢刊》，2006 年第 6 期。

陳亞平，〈中國現代知識分子的邊緣心態與感傷體驗〉，《南京師大
　　學報（社會科學版）》，2009 年第 3 期。

張娟，〈與自卑較量－－解構蘇曼殊〉，《書屋‧海內與海外》，2009
　　年第 3 期。

張學君，〈《孔雀東南飛》的心理學解讀〉，北京教育学院学报，2008
　　年 6 月第 22 卷第 2 期。

張佐邦，〈文藝心理學體系的完善及其對文藝學科建設的貢獻〉，
　　《學術探索》，2003 年 8 期。

朱麗穎，〈論日本私小說的歷史淵源及成因〉，《瀋陽大學學報》，
　　2006 年 12 月，第 18 卷第 6 期。

施春艷，〈蘇曼殊情愛小說的獨特風格〉，《青年文學家》，2009 年
　　第 19 期。

閆加磊，〈論余華作品中的俄浦斯情結〉，《語文學刊》，2010 年 01
　　期。

吳近，〈斷鴻零雁的愛中涅 論蘇曼殊小說的悲劇性〉，《安徽文學
　　（下半月）》，2010 年第 8 期。

武潤婷，〈論蘇曼殊的哀情小說〉，《河北師範大學學報（哲學社會
　　科學版）》，2000 年第 2 期。

王先霈，〈文藝心理學學科反思〉，《雲夢學刊》，2010 年 02 期。

王文娟，〈論蘇曼殊的"自戕"〉，《語言文學研究‧文教資料》，
　　2010 年 8 月號下旬刊。

英文專書

American Psychiatric Association (2013), *Diagnostic and statistical
　　manual of mental disorders : DSM-5. — 5th ed.*, VA：American

Psychiatric Publishing.

Breuer, J. & Freud, S. (1957), *Studies on hysteria*, New York: Basic Books.

Brulotte, G. & Phillips, J. (2006), *Encyclopedia of erotic literature*, New York: Routledge.

Doubrovsky, S. (1977) *Fils*, Collection Folio ed., Paris: Gallimard.

Goodwin, F. K. & Jamison, K. R. (1990). *Manic depressive illness*. New York: Oxford University Press.

Weiten, W. (2001), *Psychology : themes and variations*, 5th ed, U.S.: Wadsworth.

英文論文

1. Berger, J. (1997), Trauma and literary theory, *Contemporary Literature*, Fall 1997; 38.3.

2. Jamison, K. R. (1989). Mood disorders and patterns of creativity in British writers and artists. *Psychiatry 52*, pp.125-134.

3. Hartman, G.H. (1995), On Traumatic Knowledge and Literary Studies, *New Literary History*, Vol. 26, No. 3, Higher Education (Summer, 1995).

4. Richards, R., Kinney, D. K., Lunde, I. Benet, M., & Merzel, A. P. C. (1988). Creativity in manic depressives, cyclothymes, their normal relatives, and control subjects. *Journal of Abnormal Psychology*, 97(3), pp.281-288.

作者近年論著

學術論文

潘啟聰：〈文藝心理學之傳承及未來展望〉《中華文化論壇》（已通過審查，預計 2020 年第 3 期刊出）

潘啟聰：〈回到心理學去：文藝心理學發展反思〉《思與言》2019年 57 卷 2 期。

潘啟聰：〈論勒熱訥的《自傳契約》 對自傳研究的啟發〉《人文社會學報》2019 年第 15 卷第 2 期。

潘啟聰：〈恐懼蔓延－香港鬼故事的格式塔心理學分析〉《高雄師大學報：人文與藝術類》2019 年第 46 期。

潘啟聰：〈當代中國哲學與田立克的終極關懷〉《鵝湖月刊》2018年第 520 期。

潘啟聰：〈用生命感動生命：論香港蓮華分會監獄佈教之成就〉《人間佛教》2018 年第 17 期。

潘啟聰：〈佛教心理學之定義再省察〉《人間佛教研究》2017 第 8 期。

潘啟聰：〈試論文藝心理學研究之科學性〉《人文社會學報》，2017年第 13 卷 第 2 期。

潘啟聰：〈習得無助感對蘇曼殊及其寫作風格之影響〉《彰化師大國文學誌》，2016 年第 32 期。

潘啟聰：〈蘇曼殊文學作品中的佛教思想〉《臺大佛學研究》，2015年第 30 期。

潘啟聰：〈東宮學士與《文選》編纂工作考〉 《書目季刊》，2015年 49 卷 2 期 。

潘啟聰:〈杜甫秦州詠物詩的心理探析－用本土化應文藝心理學理論的嘗試〉《鵝湖月刊》，2015 年 2 月號。

潘啟聰:〈試論儒家經典注釋中之除魅與重魅:逐漸消失的「鬼神」〉《鵝湖學誌》，2014 年第 53 期。

潘啟聰:〈略論文藝心理學本土化的發展〉《鵝湖月刊》，2014 年 12 月號。

潘啟聰:〈寶玉性格形成分析 —— 以拉康精神分析理論為進路〉《鵝湖月刊》，2014 年 6 月號。

潘啟聰:〈由甲骨文的「隹」部文字看殷商的圖騰崇拜〉《殷都學刊》，2013 年第 2 期。

Wai S. Tse, Jayne Wu, Kai-Chung Poon, Motivation for achievement as perceived resource value in social rank theory of depression: A Structural Equation Modeling Analysis, *Personality and Individual Differences*, Volume 50, Issue 7, May 2011

專　書

潘啟聰:《當文學遇上心理學 —— 文藝心理學概論》（香港：中華書局，2019 年）。

潘啟聰、施志明:《香港都市傳說全攻略》（香港：中華書局，2019 年）。

潘啟聰:《東亞地區佛教心理學發展探析》（香港：香港中文大學人間佛教研究中心，預計 2020 年內出版）。

歐陽晧江、陳顯揚、潘啟聰:《大隧同源:大老山隧道與瀝源發展歷程》（香港：中華書局，2018 年）。

Au-yeung Ho Kong, Chan Yin Yeung, Poon Kai Chung and Ma Yuk Tung edited, *An Epoch Journey 30 Years in the Making*, (Hong

Kong: Tate's Cairn Tunnel Co. Ltd., 2018).

書 章

潘啟聰：〈從心理治療角度檢視〈斷鴻零雁記〉的寫作〉，黃湘陽主編：《第三屆中華文化人文發展國際學術研討會論文集》（香港：珠海學院中國文學及歷史研究所，2019年）。

潘啟聰：〈第九章 從馬斯洛需求層次 論分析烏托邦文學創作〉，吳有能、陳登武主編：《誰的烏托邦 ── 500年來的反思與辯證》（臺北：師大出版中心，2017年）。

潘啟聰：〈「鴛鴦蝴蝶」非蘇曼殊作品特質 ── 反思曼殊與鴛鴦蝴蝶之關係〉，黃湘陽主編：《第一屆中華文化人文發展國際學術研討會論文集》（香港：珠海學院中國文學及歷史研究所，2017年）。

潘啟聰：〈恐懼在生活中蔓延 ── 鬼故事的讀者心理研究〉，黃湘陽主編：《第二屆中華文化人文發展國際學術研討會論文集》（香港：珠海學院中國文學及歷史研究所，2017年）。

後 記

　　此書乃筆者的博士論文。拙作之所以能夠面世，筆者要感謝文史哲出版社的支持，還要感謝兩位恩師李立信教授和吳有能教授的鼓勵。有幸得這兩位教授當指導老師是筆者莫大的福氣。全賴兩位老師的指導，筆者才得以順利完成論文。兩位老師不但在研究上給予筆者很多寶貴的意見，他們的治學精神、態度和方法，更是筆者今後希望繼續努力學習的目標。謹此向兩位老師致以最深之謝意，老師的教導、提攜和勉勵，永世難忘。

　　另外，家人的支持和關懷亦是非常重要。還記得撰寫博士論文時，除了上班又要研讀相關書籍，我的太太為了讓我有充裕時間撰寫論文，她不怕辛勞，母兼父職，常常一個人帶著女兒，我心裡很是感激。求學之路實在不易，當年為了修讀博士班，我毅然辭退了大學助教的穩定工作而全身投入兼任教師的行列。她一句怨言也沒有，更是全力支持我。沒有她伴著我、鼓勵我，豈能完成此論文並出版成書。我由衷的感恩，她是本書的催生者。

　　在撰寫這份論文的過程中，筆者對曼殊很快就產生了一份特別的感情，很容易就投入對他的研究之中。筆者覺得曼殊很可憐，他一生坎坷非常，可是他的厄運往往不是由他自己的行為造成，而不管他有多努力亦對之無從有任何改變。曼殊生而有中日血統，因之飽受鄉人排擠。這是他的錯嗎？可是，努力能改善嗎？曼殊出生在一個庶母惡毒的家庭，因之在冬天被拿走禦寒之

物。家，他可以選擇嗎？蘇傑生不合禮法地使日妾之妹有孕而生曼殊，因之六歲前都不敢跟家人坦白其存在。家人之間情感的疏離是曼殊之誤嗎？曼殊一生就這樣地過著，身世難言之恫就這樣把一個天才毀掉了。他身故之後，他的友人連他的生平都弄個一塌糊塗。有多少人比曼殊更可憐呢？在研究初期，筆者已有一種想法，希望讓世人能了解他多一些。若拙作能夠讓讀者們與曼殊有一點感通，令孤僧不再孤，這算是以文祭悼這位可憐的天才吧！因此，筆者亦特意將論文名由《蘇曼殊「六記」分析 —— 從文藝心理學的進路探索》改為《行雲流水一孤僧：蘇曼殊及其六記之文藝心理學分析》。

　　最後，筆者在畢業後，曾建基於博士論文中的立論而作出一些延伸性的討論。經過投稿和審核之過程，筆者吸收了多位不同學刊編審老師之寶貴意見，因之有較新的觀點。為了行文流暢之故，筆者對原文沒有太大的改動，而是在相關的地方以註腳形式標示出涉及有關討論的文章。希望這樣能便利讀者的閱讀。